热血山河

八路军抗战

将领讲述

《热血山河丛书》编辑委员会 编

中国文史出版社
CHINA CULTURAL AND HISTORICAL PRESS

图书在版编目（CIP）数据

将领讲述. 八路军抗战 /《热血山河丛书》编辑委员会编. -- 北京 : 中国文史出版社, 2020.1

ISBN 978-7-5205-1434-7

Ⅰ. ①将… Ⅱ. ①热… Ⅲ. ①八路军—抗日战争—史料 Ⅳ. ①K265.06

中国版本图书馆CIP数据核字（2019）第246591号

责任编辑：张春霞　牛梦岳

出版发行：**中国文史出版社**

社　　址：北京市海淀区西八里庄路69号院　　邮编：100142

电　　话：010-81136606　81136602　81136603（发行部）

传　　真：010-81136655

印　　装：北京温林源印刷有限公司

经　　销：全国新华书店

开　　本：787mm × 1092mm　1/16

印　　张：32. 25

字　　数：415千字

版　　次：2020年3月第1版

印　　次：2022年5月第2次印刷

定　　价：72. 80元

编辑委员会

目 录
contents

朱　德

我们有办法坚持到胜利

——为抗战六周年而作　朱　德 / 2

彭德怀

八路军七年来在华北抗战的概况　彭德怀 / 10

左　权

坚持华北抗战两年中之八路军　左　权 / 46

聂荣臻

首战平型关　聂荣臻 / 66

百团大战　聂荣臻 / 74

罗荣桓

谈山东抗日战争　罗荣桓 / 88

贺　龙

依靠群众　夺取胜利

——一二〇师在晋西北抗战概述　贺　龙 / 98

王新亭

沁源围困战　王新亭 / 400

廖汉生

雁门关伏击战　廖汉生 / 416

刘志坚

巧妙设伏　出奇制胜
——忆七亘村大捷　刘志坚 / 424

黄新廷

威震冀中平原的齐会歼灭战　黄新廷 / 436

皮定均

邯长大道上的日日夜夜　皮定均 / 458

钱　钧

五井歼灭战　钱　钧 / 470

王振祥

回忆一二九师骑兵团开辟冀西抗日根据地片断　王振祥 / 480

杨世明

战斗在晋北铁路线上　杨世明 / 492

李懋之

日本“军官战地观战团”覆灭记　李懋之 / 502

目 录

刘伯承

我们在太行山上　刘伯承 / 112

徐向前

粉碎日军对晋东南的九路围攻　徐向前 / 126

平原游击战　徐向前 / 135

徐海东

冀察晋抗战回忆　徐海东 / 142

黄克诚

转战晋冀豫　黄克诚 / 150

陈　赓

抗战的回顾　陈　赓 / 166

傅　钟

敌后抗战的开端

——忆八路军总部开赴华北抗日前线　傅　钟 / 174

王　震

一二〇师与晋西北抗日根据地　王　震 / 202

吕正操

一个历史的转折　吕正操 / 230

杨得志

出师大捷

——回忆平型关之战　杨得志 / 250

陈锡联
夜袭阳明堡飞机场　陈锡联 / 264
参加百团大战　陈锡联 / 271

陈士榘
威震广阳　陈士榘 / 286

萧　华
——五师挺进山东及山东抗日根据地的发展　萧　华 / 296

张宗逊
滑石片歼灭蚋野大队之战　张宗逊 / 310
忆陈庄战斗　张宗逊 / 318

陈再道
反击敌人十一路围攻　陈再道 / 326

萧　克
抗战中的冀热察挺进军　萧　克 / 334

杨成武
“名将之花”丧命记　杨成武 / 358
东团堡歼灭战　杨成武 / 373

许世友
粉碎冬季大“扫荡”　许世友 / 388
秋季攻势捷报传　许世友 / 394

朱　德

我们一定要坚持华北抗战到底！一定要把日寇赶出中国去！

- 1886 年生，字玉阶，原名朱代珍。四川省仪陇县人。
- 1922 年，加入中国共产党。
- 1937 年 8 月，中国工农红军改编为国民革命军第八路军，朱德任总指挥（后八路军改称第十八集团军，任总司令），开赴山西前线，指挥平型关战役，配合忻口作战。
- 1938 年 4 月，指挥八路军和部分国民党军粉碎日军对晋东南抗日根据地的“九路围攻”。
- 1939 年，任第二战区副总司令。指挥抗日根据地的反“扫荡”，粉碎日军对太行山抗日根据地的第二次“九路围攻”。
- 1940 年 7 月，与彭德怀、左权共同部署百团大战。同年冬，提出“南泥湾政策”，号召边区军民开展“大生产”运动，为粉碎国民党顽固派对陕甘宁边区的经济封锁，打败日本侵略军建立了不朽功绩。
- 1945 年 8 月，以延安总部总司令名义向解放区抗日部队连续发布七道命令，准备受降。
- 1955 年，被授予元帅军衔。
- 1976 年 7 月 6 日，逝世于北京。

我们有办法坚持到胜利[*]

——为抗战六周年而作

朱　德

六年抗战的回顾

我们中华民族抗日的神圣的爱国战争，已英勇地进行了整整六个年头。所有已往的牺牲，准备着我们最后的胜利。六年来，我国军民，不顾武器的不精锐，准备的不充分，奋然起来单独抗战，首先抵抗日本法西斯强盗的侵略。经平型关一胜，台儿庄再胜，打击了日寇疯狂的锋芒。经过一年余的坚决抗战，停止了日寇的战略进攻，随着国际形势的变化，日寇国内困难的增加，战争就转入相持阶段。这期间日寇虽曾发动过十数次对我正面的战役进攻，和数千百次对敌后的残酷“扫荡”，但均遭我国军民奋勇抗击，使敌寇灭亡我国的企图，终于破产，而光荣的抗战，竟坚持了六年。如果总结六年抗战的伟业，应当指出：首先敌寇速战速决3个月灭亡我国的计划，宣告破产，一改为一年，再改为10年，到

---

* 本文根据1943年7月5日《解放日报》刊印。

东条内阁时则更改为“百年战争”了。就是说时间愈久，则敌寇泥足愈深。这是第一。第二，由于我国六年的抗战，特别是敌后普遍的游击战争，以及最近19个月来我盟国的积极动作，使敌寇战线延长。在陆地上，北起蒙古沙漠（包头），南至孟加拉湾（印缅边境），在大洋上则北起阿留申群岛，南迄新几内亚，各数千里之长。就是说敌寇树敌愈多，战线愈广，则兵力愈散，弱点愈多。第三，敌寇南战于南洋，北战于阿岛，特别在华北华中敌后数十万哩地域内，到处都有我军与游击队民兵的抗战，使敌寇在这广大的地域中，无时无刻不被迫进行战斗，最近一年来，敌后战斗，每日竟达60余次之多。就是说战斗愈频繁，敌寇人力物力的消耗愈浩大，因此战力减弱，战斗士气消沉，悲观情绪高涨，厌战自杀之事日有所闻。伪军之动摇反正，亦愈来愈多。第四，由于我国军民坚持了六年抗战，使我国国际地位大大地提高起来。百年来我国人所力求废除的不平等条约，已大体废除，我们已基本上取得在盟国中的平等地位，而日寇则反在国际上陷于孤立地位。

六年来共产党八路军新四军对国家民族的贡献

（一）在对敌作战上：我们八路军、新四军，在中国共产党领导下，坚持敌后抗战，曾给予敌寇在兵力兵器上以很大损失，并使各地敌军无一刻安静休息的时间，我们同敌人进行了大小战斗达66000次以上，杀伤与俘虏日军约达30万人，还钳制了在华日军50%，也就是说，我们八路军、新四军在敌后已打了半数以上的敌人。为了坚持这六年的敌后抗战，我们曾付出极大的血的代价，我们八路军、新四军在这六年中阵亡与失联络的指战员共达137000余人，六年来伤亡总数则为38万余人。由于我们在敌后给予敌寇以不断的打击，也扰乱了敌人所谓在东亚作战的“兵战基地”，这对于盟国抗战，或不无贡献。在对敌军工作上我们进行了许多次政治攻势，使敌军士兵厌战情绪为之大增，我们从战场上争取了许多敌国被迫来华作战的青年，争取他们到反战同盟中与共产主义同盟中，并开办日本工农学校，帮助日本革命者训练这批青年；在对伪军的争取工作上，我们也做了许多成绩，使伪军更加动摇到我们的方面来。（二）在收复失地团结敌后人民上：我们在敌战区中，收复了许多领土，在这些领土上，恢复了中国人民抗日的政权，同时并把这些政权建设成民主的政府，实施民主政治，使各阶层抗日人民，都有四大自由与三权（人权、财权、政权）保障。这种政府，在敌后同伪政权对立起来，那些伪政权是专替敌人作虎伥，以镇压人民抗日和掠夺本国同胞的壮丁、妇女与财产的。这种对立与对比，使敌后人民更加向心祖国。正因为这样，所以我们能够团结敌后所有抗日的人民一心一德，共同抗战，能够提高敌后人民的民族自尊心与自信心，能够加强全国人民抗战必胜建国必成的信念。也正因为这样，所以我们能够把这些地方，建设成为坚强巩固的敌后抗日根据地，以支持我军在敌后的长期抗战。（三）在打击敌人经济掠夺与进行根据地经济建设上：由于我军的积极动作，并与敌后人民密结在一起，组织起无数的游击队与民兵，到处袭击与破坏敌人，所以使敌人在华北华中占领区中的物质掠夺，受到很大的打击。敌人拼命推行其所谓“治安肃正”与“强化治安”运动……正是最好的证明。同时，我们也在自己的根据地上加紧经济建设，用自己动手的方法，发展公私生产，一切军队、学校、机关在不妨碍战争的条件下都动员起来参加生产，以求自给自足。政府、军队、党的机关，都积极帮助农民、工人提高生产，实行生产竞赛，奖励劳动英雄，实行减租减息，提高农民生产情绪，使根据地经济建设焕然一新；一面则同敌人进行经济斗争，反对敌人经济封锁与破坏的阴谋。

朱　德

我们曾遇到哪些困难？我们怎样克服这些困难？

敌后残酷斗争已进入第七个年度。胜利更加接近，则困难亦将更加增多。具体表现为：（一）敌寇由“碉堡”政策进而为“囚笼”政策，如筑据点碉堡与护沟护墙，来把我根据地分割破碎（特别是在冀鲁平原上），并加紧对各个被分割的根据地之封锁，使我军被迫分散，而活动与转移渐加困难。（二）敌寇对我军作战，由围攻到“扫荡”，最近更用连续“扫荡”、反复“扫荡”，以及对我后方的奔袭等战术，来求消灭我军、“蚕食”我根据地。虽被我军不断打败，但我之消耗因之加多，缴获因之减少。（三）敌寇实行“三光”政策，大杀我人民，大捕我壮丁，以摧残我根据地内的人力；大烧我房屋，大抢我粮食、器具、财物，以破坏我根据地内的物力财力。我方虽实行坚壁清野、空舍等工作，但根据地的经济建设工作不免遇到困难。（四）我军之弹药、被服、医药、粮饷等等，三四年来不能得到任何方面的补充。这种无弹药、无粮饷、无医药、无被服的数十万大军，在最困难的环境中苦战数年，恐怕是全世界空前未有的怪事奇闻，然而这确是我们抗战中的事实，自然也应该说是奇迹。然而我们还是克服了上述这些困难。我们看清敌后更加困难的环境，采取了坚持敌后抗战的方针。我们实行精简政策，实行分散游击的战术，对付敌人的“囚笼”政策；我们以密切联系群众，积极而灵活地打击敌人，粉碎敌之“维持”政策，以对付敌之“蚕食”政策；我们以军民密切合作，广泛组织民兵与武装工作队与更彻底的坚壁清野，以对付敌之“三光”政策；我们以加强根据地的经济建设与生产运动，以求自力更生，以克服无饷无弹无衣无药等困难。这样坚持了敌后六年的抗战，保存了我们主要的根据地与我军的精锐，并还能给敌寇以更多的打击，更好地建设自己的根据地，锻炼出一支坚不可摧的抗日军队，保证我们的胜利。

我们为什么能够克服这些困难坚持敌后的抗战呢？我们之所以能不被这些困难屈服，反而能够克服这些困难，坚持了六年苦战，是因为：第一，我们下定了决心。我们为了民族，为了国家，也为了自己的生存，下定决心，宁死不屈，坚持到底。我们看清国内外环境，坚信抗战必胜，建国必成。我们上下一致，军民一心，咬紧牙关，忍苦耐劳，牺牲一切，只求胜利。因此，我们能克服困难，坚持苦战。显然地，如果我们队伍中容许悲观动摇的情绪存在，如果我们遇到困难而屈服，那么我们敌后抗战早已不能继续了。第二，我们坚持进步。我们坚决执行抗日民族统一战线的政策，坚持与各界各军的团结，彻底实行“三三制”政权与兼顾各阶层利益的政策；我们彻底实施民主政治，使一切抗日人民都有言论、出版、集会、结社及武装等自由，都有人权、政权、财权、地权等保障，因此，我们能得到各阶层人士的同情与协力。显然地，如果我们不这样做，如果我们实行一党专政，那末，我们敌后的根据地，也早已不能存在了。第三，我们自己动手。我们素来主张以自力更生为主，辅之以争取外援。我们虽然得不到武器、弹药、器材、医药、被服和饷项的接济，虽然得不到外界物质的援助，但我们依赖军民一心，自己动手。我们发动生产运动，各地方政府设法帮助人民，提高人民生产，改善人民生活。军队实行爱民，人民实行拥军，军民相互帮助，大家努力生产，以求达到“建设经济，保障供给”的目的。同时我们提倡节约，节省开支，反对贪污腐化，严办贪污分子，以求节流。因此，我们解决了军民的衣食问题，我们也生产了相当数量的医药和弹药，以维持抗战到今天。敌人和汉奸亲日派希望我们因无饷无弹而被消灭，但我们依赖了自己的双手，自力更生了。我们敌后根据地在敌人严重封锁与破坏中，还能够依靠自己动手，求得自力更生，自给自足；那么我们全中国人口这样多，资源这样富，贤能这样众，如果能够全国实行生产运动，严惩贪污分子，以求自力更生，又哪有不可克服的困难呢？自然，我们敌后各根据地还有许多困难，还需要力求外援，如果我们能得到我们应得的接济，相信我们必能给敌人以更多与更大的打击。今后第七个年度的抗战中，我们希望能加强正面抗战与敌后抗战的更密切的策应和配合，希望能给敌后抗战以必要与应有的援助。我们全国也有许多困难，也需要友邦的援助。如果我国能得到更多的援助，我们必能进行战略反攻，并配合盟国，打败日本法西斯。我们也希望美、英、苏等盟国能加强对华的援助，以便予日寇以及时的打击。第四，我们实行精简。我们看清抗战的局面，看清敌后的环境，所以我们彻底实行精简政策。在党政军机关和民众团体中一律实行精简，使我们军队精简后能更适合于今天敌后的军事行动，使我们党、政、民在精简后，能提高工作效率，减少人民负担。由于实行精简，使我们能抽出许多人力，用于前线战斗单位中与后方生产战线上，使人力能更合理地使用，也使许多人能各得其所。显然地，如果我们不这样做，那么部队将会遭受更大的损失，经济将会更难维持。第五，我们依靠群众。我们一切力量都出于群众身上，一切办法也都由群众创造出来。我们依靠居民中的群众与军队中的群众的力量，战胜了敌人，战胜了一切困难。我们没有别的本事，我们的本事就只有同群众密切结合在一起。显然地，如果我们脱离了群众，我们就必然要失败。这就是我们之所以能够克服困难坚持六年苦战的基本原因。

前途的瞻望

抗战六周年的今天，在盟国方面是：中、苏、英、美及其他同盟国相互间的空前团结，军火生产力大大超过法西斯国家，战争经验逐渐丰富，战略行动配合一致，并取得了斯城、北非、瓜岛、阿图等地的伟大胜利，开始进行战略总反攻。在法西斯强盗方面是：德、意、日等法西斯侵略国在国际上更加孤立，内部困难更加增多，欧洲占领区中各国人民武装反抗与罢工、怠工、逃亡已成群众运动，军火生产由于盟机轰炸而开始减低，人民中胜利信心已被悲观失败情绪所代替，德意之间及其喽啰们之间的龌龊和德日之间的矛盾日益露骨，而日寇的困难则更多，主要表现于：（一）由于战线之延长，占领区之辽阔，无可避免地引起陆地上兵力分散，海洋上运输困难，加以日寇造船业既不如英美之发达，钢铁生产又不足，遂使日寇的船舰成为最大的困难。（二）六年来我国的抗击，与一年半来英美澳等盟军的打击，已使敌寇战斗力逐渐减低，这不特在陆战是这样，而在海战与空战中也可以看到。（三）六年战争也使得日寇国内经济走上困难的路上。（四）由于英美在太平洋上的力量加强与作战胜利和我国的坚持抗战，使日寇的战略地位陷入不利的形势中。（五）由于英美苏的团结及已开始联合作战并在斯城、北非取得伟大胜利，使法西斯头子希特勒受到严重的打击，今后还将受到更大的打击，因而就使得日寇在国际上陷于更孤立的状态中。所有这些，都是我们第七年抗战的有利条件。只要我们能善于研究自己六年来的经验。能使全民族团结于神圣的爱国战争中，发扬全国军民的人力，能善于与友邦团结争取外援，则我们的抗战必能得到最后胜利。敌后的抗战，虽然还将遇到更多更大的困难，但我们是有办法克服的，上面已经说过我们克服困难的办法，这些办法可以推行于全国。我们有了有利的国际形势，又有了这些克服困难的办法。只要我们努力，我们就能够胜利。这是我们全民族生死存亡的关头，我们必须坚持抗战到最后胜利，我们有办法能够坚持抗战到最后胜利。我们应该以最大的努力争取抗战的最后胜利。

彭德怀

伟大的中华民族，有着数千年的灿烂光辉的历史，有着高度的文化，有着不愿当亡国奴的四万万五千万同胞，有着无量的蕴藏着的资源，有着充分的条件，在持久抗战中迅速改变自己的劣势地位为优势地位，必能最后战胜日本帝国主义。

- 1898年生，原名得华，号石穿。湖南湘潭人。
- 1928年4月，加入中国共产党。
- 1937年全面抗战爆发后，任中共中央军委委员、八路军副总指挥，后任第十八集团军副总司令。与朱德等率部挺进华北敌后，创建华北抗日根据地，领导取得平型关等战役的胜利。
- 1940年秋，在华北组织发动百团大战，沉重打击了日本侵略军。
- 1942年8月，任中共中央北方局代理书记。
- 1943年9月，回到延安，协助毛泽东、朱德指挥华北敌后抗战。
- 1955年，被授予元帅军衔。
- 1974年11月29日，在北京去世。

八路军七年来在华北抗战的概况*

彭德怀

今天利用这个很难得的时机，和国际反法西斯的朋友们，美国的朋友们，谈一谈我们七年来华北抗战的情形，把华北战场上的敌军、友军和我军的情况，作一简单的介绍，以便反法西斯的国际战友们有一个概况的了解。

七年的华北抗战，可以分为4个时期：（一）平型关战斗至武汉失守；（二）武汉失守至百团大战；（三）百团大战至我国抗战5周年；（四）抗战5周年至今。现在逐一叙述其具体情形于下。

第一个时期——平型关战斗（1937年9月25日）至武汉失守（1938年10月25日）

（一）敌方情形

日寇进攻我国，最初是采取“速战速决”的战略方针，妄想在3个

* 1944年7月和8月，美军观察组分两批抵达延安，并在我敌后战场进行了考察访问。这是八路军副总司令彭德怀于1944年8月6、8、9日在延安对美军观察组的谈话。

月内灭亡中国。这个方针，用之于既无准备又无决心的国民党军队则可，用之于坚决抗战的八路军和抗日思想酝酿已久（自九一八以来即开始）的广大人民则不可，因而他只能获得初期的某些胜利。敌人进攻作战的重心，首先是在华北，这是根据田中奏折的老计划，由东北 4 省而进入华北，企图尽掠黄河以北，抢夺河北的棉花、山西的煤铁，然后举兵南下，经华中、华南而直抵南洋。在太原尚未沦陷之前，敌人作战的对手，主要的还是国民党的军队。当时，敌人的华北派遣军司令是香月清司，集 12 个半师团的兵力，为第五师团、第六师团、第十师团、第十四师团、第十六师团、第二十师团、第一〇八师团、第一〇九师团、第一一四师团、铃木旅团、酒井旅团、山井旅团等之全部，及第一师团、第二师团、第四师团、第八师团之一半，近 30 万人，约占当时日寇侵华兵力 20 又半个师团的 3/5 的兵力，作所谓“堂堂阵容”的正面进攻，由北而南，长驱直入，未及 4 月，即占领了平、津、保定、石家庄、太原，控制了北宁路、平绥路、正太路，以及同蒲路、平汉路、津浦路之北段。

太原、临汾相继失陷后，整个黄河以北的地区沦入敌手，友军望风南溃，退出了华北战场。此时在华北与敌人作战的，只有共产党人，八路军、山西新军决死队、河北的杨秀峰、山东的范筑先，以及由监狱释放出来的爱国志士和青年学生为骨干组织起来的游击队。这些新兴的抗战力量，团结在八路军的周围，与华北人民深相结合，就像雨后春笋一般，蓬勃地生长起来，到处发动抗日游击战争，和敌人周旋。从此，日寇在华北的作战，就以八路军为其主要敌手了。这时敌人提出“巩固已经占领的战略要点和交通线”，“确实掌握华北”的方针，在其占领的铁路沿线和城市周围，修筑据点碉堡，以便防守。同时又提出“以华制华”，“以战养战”的口号，进行培植伪军、伪政权和掠夺人力、物力、财力的阴谋毒计。为了镇压方兴未艾的游击战争，日本侵略军除调走两个半师团（第六师团全部及第一师团、第二师团、第四师团之一半）参加徐州会战外，复增派7个师团到华北战场（第二师团、第十一师团各一半，第二十一师团、第二十三师团、第一〇四师团、第一一〇师团和第二、第三、第四、第五混成旅团之全部），并另将铃木旅团、酒井旅团、山下旅团等3个旅团扩编为3个师团（第二十五、二十六、二十七师团），在华北兵力为18个半师团，约40万人，较战争第一年增加了6个师团，仍为当时日寇在华作战兵力30又半个师团的3/5。

敌寇初与我八路军交锋，尚不知我军特点和厉害，在战术上采取“突贯攻击”，单刀直入式地向我横冲直撞，以为我军如其他中国军队之易欺，企图把我们碰垮，但结果反而碰伤了他自己，常常遭受我们的歼灭打击，敌人遂不得不改变“突贯攻击”的战法为“分进合击”。在武汉失守之前，敌人以1000人以上兵力向我合击者已有10余次，以1万人以上围攻我一个地区者已有5次，企图乘我立足未稳，抗日根据地尚未臻于巩固之际，一举加以摧毁，以扑灭华北抗日游击战争的火焰。但这些合击，都在我集中力量打击一路之敌的战役思想指导下，被我一一击破，根据地在反围攻中逐渐巩固起来，我八路军也日益更加强大起来。

敌人为了巩固其占领要点，便利对我作战，吸吮我物资以达其“以战养战”的目的，乃开始修筑铁路。至1938年底，被我加以破坏而敌人重行修复的铁路，有平绥线、平汉线、北宁线、津浦线、同蒲线、坨里（良乡至坨里）支线、西陵（高碑店至易县西陵）支线、六河沟（安阳丰乐镇至六河沟）支线、济宁（滋阳至济宁）支线、口泉（大同至口泉）支线等10线，约2792公里，新筑（北）平古（北口）线146公里，合计2938公里，在部分地区，且已开始建筑碉楼据点，但为数还不多。

在华北的伪军，在抗战前即有李守信、王英与赵雷等组织的伪蒙军及冀东保安队。抗战初，大汉奸齐燮元成立“靖安自治军”（后改为“治安军”），初仅有4个连，至1938年底已扩大为5个团，为华北正规伪军的主力。此外，敌军曾大事收编散兵、土匪、会门武装，组织伪皇协军、

“剿共军”，以及伪护路保安队等，至 1938 年底，华北伪正规军与伪地方军合计约有 7 万人。但系统复杂，素质低劣，在我游击战争开展之下，多半（估计约 4.5 万人）为我八路军所消灭。

（二）友军情形

抗战开始，华北战场上的友军，有中央军、西北军、东北军、晋绥军等不下 75 万人，当时士气一般的还好，而且也打过几次仗，比如南口之战、忻口之战，并有若干将领于作战中英勇殉国，如赵登禹①、佟麟阁②、郝梦龄③等。但国民党当局对抗战缺乏信心，更无久远打算，所采取的政策是单纯的片面的军事抗战，而不是发动民众进行全面抗战，在战略指导上，又是正面单纯防御，而不是运动战与阵地战相结合，不是积极防御作战，更不承认灵活的游击战的战略地位，因而处于被动，形成处处招架，也就是处处挨打的形势。再加以若干高级将领的贪生怕死，拥兵自肥，比如韩复榘④不知搜刮了多少金钱，在敌人进攻时，不作抵抗，一味地保护着“私人财产”向后退却。晋绥军战斗力很差，但高级军官们个个会做生意，个个发大财。李服膺⑤当敌人占领大同，距敌尚有几十里远时，就望风而逃，急急向雁门关以南撤退，因而形成不战即溃，日蹙百里。而太原、临汾、新乡相继失守，在城市和铁道交通线被敌人控制以后，友军更溃乱不堪，争先恐后地抢渡黄河。就是当初高唱“守土抗战”的地方实力派阎锡山先生亦退至黄河以西。被敌人截断而留在敌后侧翼的，只有第九十三军（刘戡）的五十六师，也是惊慌失措。至

① 赵登禹，时任国民党军第一三二师师长，牺牲于北平南苑。

② 佟麟阁，时任国民党军第二十九军副军长，牺牲于北平南苑。

③ 郝梦龄，时任国民党军第九军军长，牺牲于山西省忻口。

④ 韩复榘，时任山东省主席、第五战区副司令长官兼第三集团军总司令，抗日战争爆发后，不战而放弃山东，又因与蒋介石矛盾很深，1938 年 1 月被蒋介石处决。

⑤ 李服膺，时任国民党军第六十一军军长，因弃守大同，于 1937 年 10 月被阎锡山处决。

于平时鱼肉人民的官僚政客，一闻炮声，即携带妻妾细软，逃之夭夭，而难民伤兵，军需器材，全被遗弃。更有摇身一变，奴颜婢膝以事敌人者，如王克敏、齐燮元、潘毓桂之流。人民目睹心伤，悲愤莫名。

（三）我方情形

抗战开始时，红军有官兵8万人，8月25日奉军事委员会命令改编为国民革命军第八路军，只给3个师的番号，按4.5万人编制和发饷，即第一一五师、一二〇师、一二九师的番号。9月，我们自韩城、潼关两处渡过黄河，沿同蒲路北进，踏入了华北战场，增援前线。当时，我们就知道中国抗战是长期性的，提出了“坚持华北抗战，八路军与华北人民共存亡”的基本口号，我党领袖毛泽东同志也给我们规定了作战指导的基本原则，“基本的是游击战，但不放松有利条件下的运动战”。因为根据敌我装备上的优劣悬殊，留置敌后进行长期战争的艰苦环境，以及我们具有发动群众进行游击战争的丰富经验与特长，只有在此种作战指导原则下，才能制胜敌人，这已是被7年的战争实际所证实了。

我军先头部队，由第一一五师师长林彪、副师长聂荣臻率领，甫抵前线，一与敌人接触，即创造了平型关大捷。我军在运动战中，歼灭敌精锐的板垣师团1000余人，创开战以来的胜利纪录，一扫友军节节败退的耻辱，大大振奋了全国人心。平型关战斗使敌锋受挫，但敌人已自茹越口友军防地突入长城以南，我军旋即迂回敌后，猛袭敌交通线，配合友军忻口作战，保卫太原。此时，我一一五师光复冀西、察南10余县，一二〇师数度占领雁门关，一二九师则袭入阳明堡飞机场，毁伤敌机20余架，敌人后方的交通联络线全被我军切断，忻口被围之敌，粮弹俱绝，死伤极重，大有被歼可能。狡诈之敌，乃由石家庄沿正太路西进，进犯娘子关，声援忻口之敌。我一二九师闻警驰援，尚未进抵阵地时，该关友军已弃守，刘伯承师长、徐向前副师长机断行事，在正太路南平行路上之七亘村、黄崖底、广阳[①]连打了3个胜仗，打开了敌人阵地的一个缺口，救出被围友军曾万钟之第三军，阻滞了敌人的西进，掩护了友军的撤退。但不久太原失守，遂使忻口敌人获救，至为可惜。

在此以前，我军在华北的作战，主要尚系配合友军行动；在此以后，我军在华北即开始单独作战，进行独立自主的抗日游击战争。

太原失守前，我军已预见华北之将沦为敌后，故即确定方针："变敌后为前线，发动广大群众，创建敌后抗日根据地，开展抗日游击战争。"至太原失守，即有计划地将兵力分置于同蒲路两侧与雁北敌后，以五台山、太行山、吕梁山、管涔山等为依托，从事创造抗日根据地。对于敌人之围攻与合击，我则以游击战与运动战相辅以对抗之，使敌人找不到我固定阵地与固定战线，常常扑空。我则灵活集中兵力，乘敌之隙，打击其一路，予以坚决粉碎。如敌人对晋东南和晋察冀的围攻，均合击一个中心点，待敌进至转换线上，我主力即跳出圈外，集中力量打击其一路，使敌人在尚未进抵中心点时，即被消灭与击溃。同时，我遣军东下冀鲁豫大平原，北击绥、察、热、冀东、长城口外，光复祖国河山，拯救沦于敌人铁蹄下的人民，协同中国共产党的地方党委与爱国人士，配合人民的抗日武装起义，开展抗日游击战争。在光复的国土上，我们即建立抗日民主政府，安抚流亡，救护伤兵，实行二五减租，废除苛捐杂税，实行廉洁政治，发动广大民众，团结各阶层人士，帮助友军进步。所有这些，都是为着增强抗战力量，树立长期抗战的基础，把华北创造成为坚韧不拔的抗日基地，使中国抗战在正面战场以外，更增辟出一个敌后战场，以便前后夹击敌人，制敌死命。

在这一时期，我军为配合徐州、武汉两大会战，一方面坚决粉碎敌人对我新建根据地的"扫荡"与围攻，消灭敌有生力量，钳制敌人的调动，

① 参加广阳战斗的还有一一五师三四三旅。

如1938年3、4月晋东南一二九师反对敌人九路围攻，长乐村一战，歼灭苫米地旅团主力，并使敌由同蒲路调兵东援徐州发生很大的困难；9月晋察冀军区聂荣臻部反击敌3万兵力的25路围攻。曾击毙敌正亚、清水两联队长……另一方面，我军又主动地向敌交通干线、战略要点进击，并扫荡日寇培植的爪牙——伪军，计1938年初，晋察冀我军大破平汉路北段，袭入保定、定县、望都、正定等县城；2、3、4、5月，一二九师破袭平汉路、津浦路，在南宫赶跑敌清水司令，消灭盘踞河北伪军崔培德等约5000人；3月31日，一二九师伏击东阳关与涉县间的响堂铺，焚毁敌汽车180辆；山东我军在台儿庄会战正酣时，破击鲁南之台（儿庄）潍（县）公路、台（儿庄）枣（庄）铁路支线，发动矿工起义；7月6日起，晋察冀我军同时出击平绥、正太、平汉诸铁路，激战3天2晚，毙伤敌1400余人，炸毁北平城西北石景山之发电厂，使北平顿成黑暗世界；7月16日，唐山矿工在我党领导下，发动抗日起义；七七抗战1周年，我宋、邓支队[①]进入冀东；冀东人民在共产党领导下，爆发20万人的大起义，占领遵化、玉田、迁安等10余县城；我一二九师所部主力进击平汉路、道（口）清（化）路，消灭冀鲁豫伪军扈全禄部；9月，一一五师陈光旅在晋西三战汾（阳）离（石）公路，8月13日，山东我军袭入济南；10月3日，山东我军又破坏胶（青岛）济（南）路50余公里……

由于游击战争之广泛开展，反"扫荡"作战的连续胜利，人民抗日情绪空前高涨，纷纷要求参加八路军，我军力量倍增，声威愈壮。活动区域东临渤海、黄海，北达冀东长城口外，南至陇海路，西襟黄河，几个大抗日根据地基本形成。在抗日民主政府确实管辖下的人民，为数达1000万以上。

① 宋、邓支队，指以宋时轮任司令、邓华任政委的八路军第四纵队。

第二个时期——武汉失守至百团大战（1940 年 8 月 20 日）

（一）敌方情形

敌人在未占领武汉之前，已深感八路军在其后方的严重威胁，认为是灭亡中国的“绊脚石”。1938 年 8、9 月时，敌华北派遣军即提出“五台与武汉并重”的口号。敌人占领武汉以后，立刻改变战略，对国民党正面战场以政治诱降为主，军事进攻为辅，而将其战争重心放在对敌后八路军的进攻。从此，中国抗战的两个战场（正面战场与敌后战场）即以敌后战场为主。

此时期内，敌寇回师华北，兵力骤增，1938 年敌寇在华北战场的兵力为 18 个半师团，曾调走第五、十、十四、二十、一〇九等 5 个师团参加武汉会战，但旋即新增第三十二、三十五、三十六、三十七、四十一师团，第六、七、八、九、十、十五混成旅团，及第二十师团之一半，共计 8 个半师团，因而此时期内敌人在华北战场的兵力为 22 个师团，44 万人，较抗战第 1 年（1937 年）增加了 9 个半师团，较抗战第 2 年（1938 年）增加了 3 个半师团，占当时日寇侵华总兵力（1939 年初为 48 个师团）之一半稍弱。

为了加紧进攻，敌曾二易其帅，由寺内寿一而杉山元而多田骏。其间阴谋层出，不断翻新。由于“速战速决”的计划破产，加以在上一时期敌人已饱尝我们的老拳，知道八路军和华北人民是个很“讨厌”的敌人，故改唱“百年战争”，说要“掌握民心”，与我“进行比赛忍耐力的斗争”。这自然是十分可笑的，因为任何延年益寿的仙丹灵方，也不能使日本法西斯有百年之寿。1939 年春，敌华北派遣军颁布所谓“治安肃正计划”，提出中国内战时期“反共英雄们”所早已唱滥的“三分军事，七分政治”

的方针，强调“军政民一体”的“总力战”。在军事上提出“巩固点（城市）线（铁道、公路），扩大面的占领”的方针。1939年9月，多田骏上台后，更提出“竭泽而渔”的“囚笼政策”，实行“分区扫荡、分散布置、灵活进剿的牛刀子战术”。“牛刀子战术”为一日本术语，取中国语“杀鸡焉用牛刀”之义，表示八路军虽“小”，但需要很大的力量去进行征战。在政治上则高唱中日“同文同种”，说什么“黄种人联合起来打倒白种的英美”，在敌占城市举行反英美宣传，并把侵略中国的战争叫作“打回祖国去”。对于老百姓则大烧、大杀，以辣椒水灌鼻，强迫人民承认“不抗日”，“反对共产党，反对八路军”，“反对英美”；一经承认则又施以小恩小惠，以事笼络，称之为“威德并用，软硬兼施”。在经济上，敌对我解放区施行严密封锁，说要陷我于“无衣无食”“自生自灭”的境地。这种封锁政策，以后长期继续，从未放松。敌人用这种军事政治双管齐下的毒辣办法，猛烈地向我们进攻。

战局是空前紧张，“扫荡”是大大加紧了，北起冀东及大青山，南迄黄河冀鲁豫，到处都爆发全面的“扫荡”与反“扫荡”。抗战第二、第三两周年，敌对华北1000人以上的“扫荡”有109次之多，使用兵力在50万左右。其中1万人至2万人的“扫荡”有7次，3万人以上的“扫荡”有两次，还有1次6万人以上的大“扫荡”。

配合这些“扫荡”，敌人疯狂地实施“囚笼政策”，大事修筑铁路、公路、据点、碉楼。1939至1940两年中，敌修复的铁路有同蒲、正太、胶济、道清、汾阳（平遥至汾阳）、微水、博山（张店至博山）、阳明堡（至原平）、周口店（琉璃河至周口店）等线，计长1870公里，新建铁路有白（圭）晋（城）、石（家庄）德（州）、新（乡）开（封）、凤山（南张村至凤山）、西佐（马头至西佐）等线，计长477公里，合计2347公里。新建公路有（北）平大（沽口）路、唐（山）大（沽口）路、邢（台）济（南）路、邯（郸）济（南）路等，计长1.56万公里。新建碉楼据点

2749个，1940年即较1939年增加4倍。

所谓“囚笼政策”，为德国塞克特的“堡垒政策”与清代曾国藩“步步为营”政策的结合，以铁路为链，公路为环，据点为锁，给敌占区人民加上一副深重的枷锁。在“囚笼”之内，强化伪政权，组织伪自卫团，厉行“人质”政策，掠夺粮食、棉花，倾销海洛因毒品，强迫人民种植鸦片。但无论什么办法也不能阻止人民的公开的和隐蔽的破坏和反抗，有八路军、解放区的支持，敌占区人民是绝不愿当“顺民”的。比如敌军散发鸦片种子，老百姓将它在蒸笼里蒸熟之后，再撒播在田里，自然不会发芽。敌人莫名其妙，大叫“皇军倒霉，皇军倒霉！”对于我根据地说来，“囚笼政策”则是封锁、割裂、“蚕食”、“扫荡”我根据地的依据。白晋路的贯通，把晋东南划成太行、太岳两区，平汉路封锁沟墙的修筑，断绝我山地与平原的物资流通。而在平原地区大修公路，将我平原根据地割裂成井字、王字、田字形，缩小了我军活动的回旋地区。此外，敌人还专门修筑了一种圆形或螺旋形的公路，以为包围合击我军的基线。在敌人进行修筑“囚笼”之前，必先以兵力向我“扫荡”，迫我让路，而“囚笼”筑成之后，“扫荡”遂更有所凭借，故“扫荡”愈繁，“囚笼”愈密；而“囚笼”愈密，“扫荡”愈烈。这是华北战场敌寇活动的规律。

“囚笼”政策的实施，使敌人产生另一弱点，即兵力愈加分散，更感不敷应用。而此时由于汪逆精卫之投敌，敌人遂更加强化其“以华制华”的政策，大量地有计划地培植伪军，繁殖其爪牙，并开始将伪军加以整顿，小股的合为大股。1939年下半年，更采取“精兵主义”，放弃过去的乱编办法，改“皇协军”为“剿共军”，改“靖安自治军”为“治安军”，并加强伪军训练，提高其战斗力，使之协助据守公路据点，配合“扫荡”及进行清乡，时常以一班敌军控制一排伪军而据守1个小据点。同时，又大量建立伪军之地方部队，如伪县警备队、伪警察、伪保安自卫团等。又建立爱护村和厉行“连坐法”，协助敌人守望道路、电线。

“连坐法”为古代专制魔王及内战时期“反共英雄”所用的“一人犯事，十人同罪”的杀人不眨眼的老办法，以期根绝抗日分子。至1940年底，华北伪军为数已达14.5万人，较第一时期内约增加一倍，而国民党军队这时已有投敌改编为伪军的，如驻防绥远的三十五军游击支队丁其昌、东北挺进军白凤翔，相继率部约1.3万人投敌；豫北的CC分子张岚峰，也率部数连叛变，使伪军的势力更加扩大。

（二）友军情形

国民党当局在武汉失守，汪精卫公开投敌之后，政治上即开始倒退。他们错认日本人再不会向他们进攻，他们的主要敌人是共产党、八路军，而不是日本人。因此，把抗日政策改变为反共、反民主、反人民政策，专制独裁，走向法西斯。1939年春，颁布了《防制异党活动办法》，9月，又颁布了可用军事进攻对付共产党的《异党问题处理方案》。此后，共产党遂被称为“奸党”，八路军遂被称为“奸军”或“匪军”。敌后解放区被称为“匪区”。抗战初期，他们曾将华北弃如敝屣。但到了八路军艰苦作战，解放沦陷国土，打开了一个抗日局面之后，他们又忌恨丛生，纷纷遣军北上，要再从抗日人民的手里去“收复失地”。这些被派到华北的国民党军队，其目的不是为了抗战，而是为了反共。因此这一时期他们在抗日方面，几乎什么都没做，做出来的都是反对共产党、八路军，危害抗战的罪行。

他们一方面下命令要八路军退过沧（州）石（家庄）路、正太路以北之线，另一方面调集大军26个师，以中条山为基地，杂牌军为先锋，嫡系部队在后督阵，自南而北向我追来，以与当时日寇的由张家口、北平一线，自北而南地向我军“扫荡”遥相呼应。而旧日被敌截留于敌后的石友三、张荫梧、秦启荣、赵云祥、胡和道等，当其托庇于我军之时，皆曾相安无事。此时在国民党顽固派的指使和特务阴谋的活动下，也就勾结敌寇，袭击我军后方，杀害我官兵，破坏我抗日根据地，破坏对敌作战。此时我军处于敌寇和国民党顽固派的两支大军夹击之中，前门拒虎，后门进狼，处境十分艰危。同时国民党当局又下令取消各地民选的抗日政府，连国民政府已经承认的晋察冀边区政府也企图加以取消，硬派一批法西斯分子充任县长、专员，压迫民众抗日运动，解散群众抗日团体，暗杀活埋抗日干部家属，摧毁一切抗日民主秩序。陈立夫、戴笠、康泽的特务系统更派来大批特务，混入解放区，造谣惑众，放毒暗杀，无所不用其极。至于我八路军，每月应得薪饷 63 万元，也从此取消，再无分文发给。总之，种种倒行逆施，使志士侧目，寇奸弹冠。记得当时北平敌伪还曾召开过一个庆祝会，庆祝国民党当局的“反共战绩”。

对于国民党当局的这种“内战内行”的措施，我共产党、八路军起初曾一再忍让，据理交涉，希以团结抗战为重，勿令盟邦失望，并陷民族于万劫不复。但竟未获见谅，反被目为“示弱”，而进攻愈急。有些人甚且高唱“曲线救国论”，决心“联日反共”，释其卖国行为为“先联合日本，打倒八路军，然后再行抗日”。在如此“反共第一”的政策下，终于爆发了 1939 年冬的第一次反共高潮，国民党顽固派军队正式向我们开火。当时情势紧急，迫不得已，乃对向我总司令部所驻之地进攻的朱怀冰的一个军予以还击。朱军起初声势汹汹，作战时且有日本飞机配合助战，暴露其与日军联合进攻之事实，全军官兵对此多数表示愤慨，一经接触，其内部即土崩瓦解。朱怀冰本人身为军长，竟经敌驻之邯郸，由平汉路、道清路坐日本人火车回大后方，至今尚在我大后方做官，诚为咄咄怪事。这次摩擦与反摩擦斗争，不仅是民主与反民主之争，而且是抗战与投降之争，这在以后看得更加明显。如果我军当时未能妥善应付，击退国民党顽固派的反共投降高潮，则华北早已被国民党顽固派断送给日本，决不会再有今日敌后抗战形势，也不会有今天全国抗战形势，更不会有与英美盟邦共声正义打倒日本法西斯的共同事业。

（三）我方情形

武汉失守后，中国抗战的正面战争进入相持阶段，华北的局面遂一天更比一天艰苦。这时期内，我们坚定不移地坚持华北抗战的既定方针，努力巩固各个抗日根据地。在军事作战指导上，针对着敌人的“联合扫荡”与“囚笼政策”，而着重进行游击战与运动战相辅的反“扫荡”战与军民结合的“交通破击战”。

反“扫荡”战，此时期内在全华北展开。在晋察冀，1939 年 5 月，敌人向边区北部进攻，我军在上下细腰涧与大龙华打了两个大胜仗，敌遗尸近千；9 月，敌向我腹地陈庄突进，被我包围歼灭千余；10 月，敌以 2 万兵力，分 12 路向边区进攻，血战 43 天，将敌击退，并于涞源黄土岭战斗中，毙敌阿部规秀中将，此为中国战场上打死敌人中将级军官之第一次，敌酋多田骏在追悼阿部之挽联上写道“名将之花，凋谢在太行山上”。在冀中，曾粉碎敌人的 5 次围攻，1939 年 4 月在河间齐会战斗中，我贺龙师长中毒负伤。为国际公法所禁止使用之毒气与达姆弹，敌寇在中国战场上于 1938 年就开始使用了。在冀察热，平西于 1939 年 1 月至 6 月，粉碎了敌人 3 次“扫荡”，冀东于 1939 年 3 月，粉碎了敌人的大举“扫荡”；7 月间，我冀热察挺进军派一部队伍越平绥路深入平北，在明代十三陵地区创造游击根据地。在晋冀豫，1939 年 7 月，敌以 6 万之众发动九路围攻，贯通白晋路，深入我腹地，尽占所有城市，企图“釜底抽薪”，一举摧毁我根据地，但终为我所粉碎。在冀鲁豫，敌于 1938 年至 1939 年底，连续发动 4 次大“扫荡”，兵力由 1.5 万至 3 万不等，并配备有机械化部队，也终归失败；1939 年 2 月，刘伯承师陈赓旅之一部，在威县香城固，创造平原歼灭战 1 小时内歼敌两个中队的先例。在山东，自我一一五师之一部于 1939 年春挺进山东后，战事即告紧张；6 月，敌以 2 万兵力合击沂蒙山区，为我击破；8 月，梁山战斗，我以 1 个营歼敌 300 余人；1940 年 1 月，敌以 3 万人“扫荡”鲁西南，又为我粉碎。在晋绥边区，1939年2月，粉碎万余敌的六路进攻；6月，我一二〇师三五八旅歼灭静乐敌600余；大青山区，也粉碎了敌人的两次“扫荡”。此外，在此两年中，敌曾7次进犯我陕甘宁边区河防，悉为我河防部队与一二〇师健儿联合击退。在这些胜利的反“扫荡”战中，我们的抗日根据地便日益巩固起来了。

为了破坏敌人的“囚笼政策”，我们发动了“交通斗争”。“交通斗争”不仅是军事斗争，而且是群众斗争，唯有军队与人民结合，协助破击，才能收到宏大的效果。这一斗争，起初是将重心放在平原，但也不放松在山岳地区的破击战。在山区，我们曾主动地发动白晋战役、邯长战役、平汉战役等，破坏敌深入我根据地的交通线，摧毁平汉路两旁的封锁沟墙。在平原，我们整年的从事有计划的交通破击战，在组织上，有军、政、民破路委员会的统一领导机关；破击时划分一定地段，且有指挥、掩护、联络、侦察警戒、破坏等之具体分工，破击性质有战术性的破击，有战役性的破击，破击时机，有季节性的破击（如春季河流泛滥时期，秋季青纱帐时期以及“扫荡”前后等），与随时的不间断的破击。特别是对沧石路、德石路的破击，冀中、冀南均各动员5万人以上，坚持时日甚久，敌人的修路计划为之推迟半年。总计抗战第3周年，八路军在华北共破坏铁路2660公里，公路8200公里，毁电杆42220根，收电线109246公斤；抗战第4周年，计破坏铁路1082公里，公路5242公里，毁电杆234501根，收电线703266公斤。平均每天破坏铁路3公里，公路15公里，桥梁1座半，差不多每7天炸毁1个火车站，9天炸毁1个火车头，每天炸毁敌人1辆汽车，每天毁电杆642根，收电线1926公斤。仅抗战第4周年所破坏铁路的长度，就将及1条平绥路，或1条半同蒲路，3条胶济路，给敌人的“交通建设”的打击之大，是不难想见的。

在平原地区作战，不仅要破坏敌人的“交通建设”，而且要挖掘道沟，以改变平原地形。道沟深2米，宽1.7米，刚好可通牛车，沟外有胸墙，以便我军凭之作战，沟内每隔1里挖一圆形或弧形沟，将积土堆在中间，既使敌人无法顺沟之纵深以行射击，而人马又可在此让路。1940年，河北平原已纵横皆是此种道沟，据冀中第8行政区统计，已挖成的此类道沟占所有道路的82%。有了道沟，我方可在沟中隐蔽运动，人民也可经由道沟行走，而敌方则遭到意想不到的困难，汽车装甲车不能畅行，速率降为与步兵相等，平均每小时只能走4至6公里。这样就使敌人失去了快速部队的优点，迫其像步兵一样的与我们作战。

拔除敌人据点，为反对“囚笼政策”的重要组成部分之一。据冀南经验，共有6种办法：（1）常用袭扰、袭击、强攻以袭敌；（2）钓鱼，即诱敌外出，以伏击之；（3）狐狸咬鸡，即埋伏于据点附近，待敌出来时给以意外的突然袭击；（4）利用坑道进行爆炸；（5）地道战，即在村庄内普遍挖地道，其内有横墙，并村与村相通，洞口多为隐蔽，内有储粮储水及防毒设备，如黄蜂窝形，敌来则利用此地道以进行战斗，小股敌则歼灭之，大股敌我则从地道中进行转移，伺机以打击之；（6）利用地窖封锁，并利用坑道钻入敌人据点内打击敌人。

为了更进一步地打击敌人的“囚笼政策”，大量钳制敌人的兵力，破坏敌人进攻西安、昆明、重庆的计划，以及克服当时严重存在的国民党当局内部的投降危机，我军于1940年8月20日发动了轰轰烈烈的百团大战。这是一个主动的大规模的战役进攻，系在统一的计划下各地区同时发动的，时间整3个半月，使用兵力达105个团，战线之阔，包括有晋、冀、鲁、豫、察各省。先后受我打击的敌军有第一一〇师团、二十五师团之全部，第二十六、三十六、四十一师团之各两个联队，第三十七师团、三十五师团之各一联队，第一、二、三、四、五、七、九混成旅团之全部，第六、十五混成旅团之各一部，平汉、津浦、同蒲、正太、平绥、胶济、白晋、石德等8大铁路，均被我破坏得支离破碎。

此役共分为3个阶段，第一阶段自1940年8月20日至9月10日，为交通的总破击战，重点是在正太路。我晋察冀军区部队与一二九师主力，同时通过和深入根据地的纵深堡垒线，突然出现于正太路上，以有组织的行动，扫清沿线据点之敌人，将沿路的重要桥梁、车站、隧道、水塔等彻底破坏，铁轨枕木或毁或焚，敌半年后始完全修复。第二阶段自 9 月 20 日至 10 月上旬，继续进行交通破击战，唯重点置于交通线两侧和深入我根据地内之敌据点和交通线，其中大的战役有晋冀豫的榆（社）辽（县）战役，晋察冀的涞（源）灵（丘）战役，冀中的任丘战役，冀南的破击石德路、邯济路，晋西北的同蒲路之宁武南北段的破击等。第三阶段自 10 月 6 日至 12 月 5 日，以反“扫荡”战为中心，在各地次第展开了大的反“扫荡”，时间不一，此阶段内我军又打了几次歼灭战，如关家垴歼灭战等。

在百团大战这个大的进攻战役中，我军毙伤日军 20645 人，伪军 5155 人；俘日军 281 人，伪军 18407 人；消灭敌据点 2993 个，破坏铁路 474 公里，公路 1500 公里，桥梁 213 座，火车站 37 个，煤矿 5 所，仓库 11 所，争取伪军反正者 1845 人，日军投诚者 47 人，解放煤矿工友 10120 人。

百团大战充分显示了中华民族潜在力量的无限伟大，并证明毫无接济的八路军是中国抗战的主力，整个中国战场，抗战以来，从来没有过这样大规模的战役进攻。

第三个时期——百团大战后（1940 年底）至抗战五周年（1942 年 7 月 7 日）

（一）敌人情形

百团大战使敌人大为震动，惊呼“对华北应有再认识”，多田骏因其“囚笼政策”之破产而滚蛋，继任者为冈村宁次，提出“治安强化运动”

的方针，取消战争初期“剿共灭党”的口号，而为致力于“剿共”。所谓“治安强化运动”，实系“治安肃正”之演进，意即强化其对华北的进攻、统制、奴役和掠夺，把华北变为日本法西斯的殖民地。在太平洋战争爆发后，敌人更提出“完成大东亚战争兵站基地，建立华北参战体制”的方针，企图将华北作为日本法西斯侵略太平洋的兵站补给基地。

此时期内，敌人抽走了第二十一、四十一师团去参加太平洋战争，第三十三师团也曾一度抽走，但不久即被调回，此外又新增了第十七师团，并将第十、十六混成旅团扩编为第五十九、六十九师团，经常保持着 15 至 17 个师团的兵力在华北。

在“治安强化运动”之下，敌人以“囚笼”为依托，将华北划分为 3 种地区：“治安区”（即敌占区），“准治安区”（即敌我争夺的游击区）与“非治安区”（即我抗日根据地），而施行不同的政策。对“治安区”以“清乡”为主，强调“乡村自卫力之强化”，县筑县界沟，乡筑乡界沟，强化保甲制度，实行“连坐法”，用圈村办法编制大编乡，肃清内部的“不稳分子”（抗日分子或动摇分子），掠夺粮食物资，以一切方法巩固其占领区，强化其奴役的统治。对“准治安区”以“蚕食”为主，恐怖与怀柔兼施，强迫居民“接头”“维持”，或制造“无人区”；并在这些地区广修封锁沟墙与碉楼，防止我军深入游击区、敌占区活动。对“非治安区”则以“扫荡”为主，实行杀光、烧光、抢光的“三光”政策，严重的摧毁和破坏，企图在人民中制造失败与悲观的情绪。在“扫荡”作战的战术上，则有所谓“铁壁合围”“捕捉奇袭”“纵横扫荡”“反转电击”“辗转抉剔”等。而“清乡”“蚕食”“扫荡”三者又是密切配合的。“清乡”以巩固其占领地的“治安”，限制我军活动；“蚕食”以伸张扩大其占领地，缩小与割裂我根据地，以便于进行大的“扫荡”；而“扫荡”的目的则是摧毁我抗日根据地，消灭我八路军主力，以便“确掌华北”，这便是敌人政策的中心目的。

在敌人的千奇百怪的阴谋进攻之下，华北战场的敌我斗争，愈演愈烈，至为复杂，至为残酷，非目睹者所能想象，以“扫荡”而言，抗战第4、5两周年，敌人对我根据地实行的1000人以上的“扫荡”达174次，较前两年增加2/3，使用兵力达83.89万人，较前增加一倍。其中1万人以上的“大扫荡”达15次，亦较前增加一倍。“扫荡”的性质也愈演愈为毒辣，有所谓“毁灭扫荡”“抢粮扫荡”等，时间有延长到两三个月的，企图彻底破坏我抗日根据地内人民的生产、收割，消灭我之“生存条件”，情形是十分严重的。

同时，“囚笼政策”仍然是继续强化，1941至1942年新筑与修复之铁路752公里，公路发展至37351公里，封锁沟墙增加至11230公里，新增据点碉楼共7801个，尤以平原地区为繁密。1942年10月，敌华北派遣军参谋长安达十三谈话：“华北碉堡已新筑成7700余个，遮断壕也修成11860公里之长，实为起自山海关经张家口至宁夏的外长城线的6倍，地球外围的1/4。”其工程之巨，扰民之苦，是骇人听闻的。这些堡垒、沟坝，都是拆老百姓房屋的木料，毁老百姓的田地，强迫老百姓的劳力而修筑起来的。被抓去的老百姓，二三十人一起做工，稍有怠慢，敌兵即用皮鞭抽打，并有以水泡石灰，使之滚热，将怠工者抛入，而被脱皮烧死的。

由于前一时期敌我“交通斗争”与我百团大战对敌之沉重打击，敌人对于交通线、据点的建筑和保护，也采取了许多新的办法。比如，填高铁路之路基。路轨不用螺旋钉钉在夹板上，而改以死钉钉死，使不易拔取与破坏，又在重要地段附近预置铁轨器材以便遭我破坏后迅速修复。公路两旁挖护路沟，深2.7米，宽4米，许多重要公路且筑有平行路，此条遭破击，另一条仍可通行。电线杆用钢筋水泥加固，上悬路灯，每隔三五里置一电话机，不断地联络通报。碉楼筑外壕，架铁丝网，最重要的且通以电流。最毒辣的是利用编乡保甲，强迫敌占区人民分段保护交通，要他们晚间放哨当“肉电杆”，哪一地段遭到破坏，即由该地段附近村庄负责修筑，赔偿损失，甚至屠杀人民，以为报复。这些，就使我们在破坏敌人交通上增加了很多困难。

由于交通线与据点之增加，需要更多兵力配备，同时敌人企图抽调兵力增援太平洋，乃更加大大地扩充与整顿伪军，虽有我军之争取与瓦解，华北伪军在 1942 年仍达 34 万之众，尤以山东为多，占 15.7 万人，多半是由国民党地方武装哗变投敌的。国民党在敌后，为敌人培植了不少爪牙，增加我抗战军民的许多困难与负担。

但这一时期，敌人也发生了许多新的困难和矛盾。主要的是：（1）“治安强化运动”之推行，奴役与掠夺分外加紧，民族矛盾空前增长，敌占区人民，无论哪一阶层都感到无法照旧生活下去，均增加了同仇敌忾之心，便利于我对敌占区工作的开展。（2）交通线与据点之增殖，敌人兵力不足的弱点愈益暴露，不能不更多地依靠伪军，并分散配备，只得将旧据点的兵力抽到新据点去；使其后方更加空虚，为我造下更多的活动余地，至于伪军的“不可靠”，更是敌人不可挽救的悲哀。（3）日军厌战情绪比以前严重，士气比以前低落，特别是太平洋战争爆发后，不少敌兵感到返国无望，悲观沮丧与不满情绪，日益增加。

我要在这里代表华北亿万同胞，控诉日本法西斯的罪行。这一时期，日寇在绝望之中的疯狂暴行达到登峰造极的程度，绝非世人所能想象。这种暴行并非个别日本士兵的行为，而是日本军部有计划造成的，反之，有许多日本士兵倒是不愿意而被强迫干的。敌人这个政策的名字，就是一提到都令人热血上涌的所谓“三光”政策。在“扫荡”中，凡敌人军行所至，人、畜、财、物、田产一扫而光，无一幸免，许许多多的村庄都成了废墟。杀人之惨，较之吃人生番的希特勒，有过之而无不及。许多平白无辜的老百姓都被杀掉。八路军兵士或抗日干部被俘虏了只有死路一条，有用以训练新兵射击或刺杀作活靶的，有用以训练战犬作猎物的，有被活埋的。杀人的方法更是多种多样，有滚水剥皮的，有挖眼睛的，有抽舌头的，有摘心肝的，有“五牛分尸”的，有将人挂在树枝上割为两半的。小孩子也被杀掉，并有剖开孕妇之腹以取出胎儿杀戮的。对于妇女的侮辱，更为古今中外所仅有，日寇对中国妇女任意强奸，甚至强迫父淫其女，子淫其母，以为作乐取笑，颠乱我中华民族的人伦和道德。虽疯狂的野兽，也赶不上日本军阀的残暴。敌人梦想其残暴兽行，可以收震慑人心，动摇我军民抗战意志的“功效”；但结果适得其反，我全体军民对日本法西斯的仇恨是更加深重，抗战意志是更加坚定，只有消灭日本法西斯才能获得解放，这笔“血债是要用血来偿还的”。

（二）友军情形

在第一次反共高潮后，友军遍布于晋、冀、鲁、豫各省的，号称 80 万大军，实际上约有 48 万至 50 万人。计中条山周围有曾万钟、刘茂恩、李家钰等部约 25 万人，晋冀豫交界地区有庞炳勋、孙殿英等部及地方纵队约 8 万人，山东有于学忠、沈鸿烈、秦启荣等部及地方保安队约 15 万人，此外还有阎锡山部队之一部。

国民党军队在华北的这个数目不能算小，但他们采取的方针仍是：“反共第一”。他们认为敌人“不足虑”，在“剿共”中容易与敌订“无言协定”（反共将军李仙洲语），因而对敌人则一味观战、招架与应付，求得“和平共居”，更有暗地与敌人谈判投降条件，信使往返于平津、太原、新乡，大摇大摆，毫不以为可耻。而对八路军与抗日人民，则视之若眼中钉，所谓中条山抗日基地实际上主要还是反共基地。庞炳勋窥我太行，阎锡山于第二次反共高潮时（皖南事变），复派四十三军与六十一军袭我太岳，1942 年李仙洲之奉命率部入鲁，也是为了反共。

敌人抓紧友军之“反共第一”的特点，采取诱降与威逼相辅而行的方针，在“和平”谈判不成时，即继之以军事压力。1941 年 5 月 7 日，敌人发动中条山战役，友军既以“反共”为事，对敌人作战就毫无准备，致使不三日而敌人尽占温县、孟县、济源、平陆、垣曲等县，全军溃散，被俘达10万之众，有第三十师师长公秉藩以及第三、九、十七、八十、九十三、九十八军之各一部均行投敌，为数约2.2万人。与此同时，日阎谈判失败，敌人进攻晋西南地区，晋军骑兵第一军被击溃，第五十一军的1个团被消灭，骑一师师长赵瑞，骑二师的团长杨诚，都率一部投敌。1942年6月，敌在"扫荡"太行我军之余，进攻陵川、林县，新五军暂三师的两个团溃灭，第二十七军四十五师溃不成军，预八师在当时仅得保存2000人，新五军副军长刘月亭率部3000人投降敌人。接着敌人又"扫荡"山东，第六十九军军长毕泽宇率3个团（约5000人）投敌。这就是友军在这时期内的表现。

此外，这一时期内华北友军投敌者逐渐增加，其较大者有：冀察战区游击总司令孙良诚率部6000人投敌；山东警备处长孙玉田率部3个团投敌；暂编二师师长张步云率部800人投敌；暂编三十师师长赵云祥率部4000人投敌；山东警备第三旅旅长、CC分子齐子修率部8000人投敌；新五军四师团长王天祥率部1个团投敌。此外，较小的在冀鲁方面的有杜心斋、吴恩胜、周长富、刘经川、高玉林、曹振东、苗春庭、董砚璞、成建基、董鸿儒、徐斌彝、杜孝先、莫正民、高玉璞、蔡吾康、李歧山等多人率领地方武装投敌，给敌人大大扩张了实力，且其中不少为地方武装（保安队等），对地方情形熟悉，为害不小。所有这些人的投敌叛变，国民党当局从无有一纸明令讨伐或通缉，而这时却正是国民党当局高唱"军令军纪"唱得最响的时候，所谓"军令军纪"为何，也就不难了解了。

（三）我方情形

百团大战给予敌人以重大的打击，但我也支付了相当的代价。百团大战时，我军使用兵力的总数为40万[①]人，而1941年曾一度略有减少。

① 这40万人员中，含地方部队。

同时，由于敌人在“治安强化运动”下采取了一套新的特别野蛮和狠毒的进攻办法，而我们在初期，还缺乏充分的研究，缺乏一整套针锋相对的方策，因而也曾吃了一些亏。至1942年春，华北抗日根据地面积缩小了1/6，人口锐减了1/3，冀中、冀南平原游击根据地变成了许多小块的游击根据地，处于非常严重的局面，这对于我们是一个很大的考验。但经过一个时期的斗争与锻炼，我们便积累了不少的经验教训，寻到了制胜敌人的办法，证明我们是经得起考验的。

我们的方针是：一面加强抗日根据地的建设，开展广泛的群众性游击战争，保卫根据地，同时，针对敌人的“总力战”，我们也实行了政治、军事、经济、文化思想上的一元化的对敌斗争，实行“敌进我进”，“向敌后之敌后进军”，深入到敌人心脏里活动，打击敌人的封锁、割裂和“蚕食”，使敌人“变华北为兵站基地”的企图归于破产。如果详细说来，则可分别为在根据地、在游击区、在敌占区的三整套办法如下：

（甲）在根据地

我们首先努力于抗日根据地的建设，因为只有根据地建设得好，抗日的力量增强，才能粉碎敌人的一切进攻。在建设根据地上，我们做的工作是：巩固抗日民族统一战线，加强各阶层的团结，实施三三制（即地主资产阶级、小资产阶级和无产阶级的联合）的民主政治；厉行减租减息与交租交息，精兵简政，减轻人民负担，改善人民生活，提高人民的抗日积极性，提倡生产，发展经济，开展农业增产运动，分散建设手工业，保证基本生活必需品的自给，冲破敌人和国民党顽固派的经济封锁；发展文化教育事业，增设国民小学和中学，加强冬学等社会教育活动，帮助报纸书刊的出版发行，提高人民民族民主思想和对反法西斯战争的认识；加强军区建设，培养地方武装和民兵，将正规军分遣于各分区，并抽调部分军队干部和武器分配给地方游击队和民兵，帮助他们发展，帮助他们训练，以提高其战斗力，建设起正规军、地方游击队和民兵三位一体的军事机构。因而1941年我正规军数量虽有减少，但质量提高了，而县以下的地方游击队和不脱离生产、又是兵又是民的民兵，差不多都较前发展了1倍。

在反“扫荡”作战方面，我们采取了“广泛的群众性游击战争”的方针。我们以一部分主力分散开来与民兵相结合，依靠地方游击队与民兵日夜和敌人扭打，敌进也打，敌退也打，不断地袭扰敌人，截住敌人，围困敌人。民兵利用土制的地雷、手榴弹和石雷到处巧妙地杀伤敌人，并实行坚壁清野，使敌人无所掠夺，以切实保卫人民的利益。同时，我另以有力部队转进敌后，破坏敌人交通，打断敌之补给线，摧毁敌占区的统治机构，错乱敌人的作战布置，主动地制造敌人的混乱与恐慌，然后灵活地集结主力之一部，坚决消灭敌之一部，迫使敌人撤退，粉碎敌人的“扫荡”。这就是依靠地方武装与民兵有力地坚持我腹地游击战争，使二者作为主力有力配合的战法。此时期中之后期，许多次敌人的大“扫荡”，都是在这种战法下粉碎的。

比如，1941年11月，敌以6万兵力“扫荡”我晋察冀北岳区，敌人事先有周密的计划，首先在晋东北与冀西交界处的高山岭上，建筑起一条南北250公里长的封锁线，然后反复合击我腹地，以寻求我主力决战，我即在腹地展开了广泛的群众性游击战争，同时以有力部队出击平汉线，敌虽坚持了3个月的“扫荡”，但终于支持不住，鼠窜而逃，沿途又遭受我严重打击。又如，1942年4月，敌以5万兵力，发动对冀中平原的大“扫荡”，采取“拉锯捕捉”的办法，企图歼灭我主力，但在群众性游击战的广泛开展下，其目的终归落空，唐河两岸地区虽为敌一时所控制，但不久在游击战争火焰的燃烧下，又把敌人在大“扫荡”中所获得的些微成果夺取回来了。再如，1942年5月，敌伪以8万兵力，对我太行山区实行“铁壁合围”，起初凶猛无比，但当我游击战争展开时，便疲于奔命，终于在我军不断袭击下，被赶走了。

（乙）在游击区

针对敌人的“蚕食”政策，我们向敌人展开反“蚕食”斗争，我们采取充分的群众运动和武装斗争的有机配合，实行“正面坚持和敌后配合”。在正面，我们组织联防线，以正规军、地方游击队、民兵三位一体的密切结合，乘敌立足未稳，给以坚决打击，斩断敌人的蚕食。在平原地区，堡垒林立，活动异常困难，我们便创造了黄蜂战，即以地道战（坑道和掩体），坑道爆炸（掘至敌人堡垒下，以硝药爆炸）和地面的游击战结合，以保卫村庄；敌人每占领一个村庄，一条河流，都需支付重大的代价。比如争夺冀中藁无县①的北堠村，敌人便死伤了700多人。在后面，我又以武装深入敌占区活动，激发群众的抗战热情，推翻伪政权，使敌人腹背受敌，顾此失彼。此外，我又集结主力，乘敌之隙，坚决拔除深入我内地的敌据点，或袭占敌纵深据点，或围点打援，迫敌处于被动地位。如此对付的方法，至1942年秋，敌人的“蚕食”政策，即归于失败了。

（丙）在敌占区（或敌后之敌后）

以反“清乡”斗争为主。我们组织了武装工作队，越过敌正面的封锁沟墙、据点、公路，潜入于敌人的格子网内（囚笼里面），在“中国人大团结一致对敌”的口号下，与群众共商对敌斗争的办法，切实保护人民的利益。

武装工作队是军队、政府、人民结合的一元化组织，也是军事斗争与政治斗争相结合的斗争形式。其成员包括军队中的中下级干部和模范战士、政府的负责人或工作人员、知识分子、敌工干部与日人反战同盟的战友等，组织精干，纪律严明，政治觉悟也较高。每个队员都是战斗员、宣传员、组织员，能打仗，又能独立进行政治活动，分合自如，出没无常，敌人找不到他们，他们与老百姓却经常会面，与敌人进行明的、

① 藁无县由藁城、无极两个县各一部分地区组成。

暗的、文的、武的、动的、静的各种斗争。其最高准则是处处为人民着想，一切为着人民利益，为着抗战利益。

武装工作队在敌占区的经常工作，是发动与组织人民，展开对敌政治攻势。比如寄慰问袋给日本士兵，利用机会与日本士兵用电话通话，上夜课，占领敌人的会场，宣传我军与盟国的胜利战绩，访问伪军家属，通过他们以进行对伪军的政治工作，总之，用各种方法，燃起日伪军的反战火焰。打击敌宪兵队、特务队及死心塌地、鱼肉人民的汉奸，使之不敢随便入乡勒索人民，减轻人民的负担与痛苦。同时对于可以争取的伪军伪组织人员，也设法加以争取。摧毁伪政权，伪情报网，解散伪合作社、仓库，使敌失去统治、奴役和掠夺人民的爪牙。反对敌人的抓丁、抢粮，在敌人抓丁抢粮时，予以袭击或截击，以解救壮丁，保护粮食等等。

武装工作队在敌占区活动，处处要取得人民的掩护与配合，因而宣传与组织人民为其经常的重大工作。比如，组织“反资敌联防线”“哄鬼大同盟”、游击小组、“保家民团”等，增加真正的人民自卫力量，以数村或数十村互通声气，齐心对敌。武装工作队在一个地区活动得久了，在老百姓中生了根，就可以创造出隐蔽的游击根据地，把敌人占领的土地从敌人的口中挖出来。

如此反“扫荡”、反“蚕食”、反“清乡”三者相结合的斗争，一方面粉碎了敌人的“扫荡”，停止了敌人的前进，使其压缩与摧毁我抗日根据地的计划失败；同时，又在敌后之敌后，解放出许多村庄，建立起抗日基地，把敌占区变为游击区以至游击根据地，使敌人的“治安强化运动”破产，“治安区”永远不安，其一切吸吮物资，征兵南下的计划均成泡影。比如，敌人1942年拟在华北征粮2000万石，结果其所得当不超过1/10（太谷县预定征粮6万石结果连抢带买只得3000石，仅及预征额的1/20）。在我政治攻势宣传下，日军士气逐渐下落，一有调往太平洋的风声，士兵们就愁眉不展，向人表示“死啦！死啦的！”山西、河北、山东各地，都一再出现日兵集体自杀或失踪事件，石家庄、安阳等地还发生过日兵暴动事件。这样士气的部队，即使有一两个师团调往太平洋作战，效能也要降低。抗战第4、第5两周年，我俘虏伪军33296人，反正的有9484人。此外，被我打散解放的伪自卫团与被征的壮丁，则更不计其数。无怪乎敌酋和汉奸头子王揖唐都叫苦连天，说什么“华北因匪患不靖，兵站基地的一切使命均无法实现”。

这就是我们从敌我的生死斗争中创造出的一整套办法，一整套战胜敌人的办法。

第四个时期——抗战五周年至今

这一时期的情形，由于交通困难，有些报告尚未收到，有些材料尚在整理，因而只能较简略地谈一谈。

（一）敌方情形

这一时期，敌人经常保持14个师团左右的兵力。敌人进攻中原时，曾从华北抽调了第三十七、一一〇师团和独立第七旅团、骑兵第四旅团。第一一〇师团原在石家庄地区，现已为敌新编师团所接替；独七旅团原在胶济路西端，已为申板旅团所接替；第三十七师团原在晋东南之三角地区，现为第六十九师团由晋中南移接替，而原第六十九师团所驻之临汾、汾阳地区，现由第十三旅团和特务旅团所接替；骑兵第四旅团原在陇海线开封、砀山地区，现为伪军张岚峰所接替。此外，第三十五师团他调后，新乡、开封及道清西段之防务，已由铃木旅团及第四旅团所接替。

在向我进攻的方针上，自“治安强化运动”破产后，1943年3月，敌提出新的诱降政策，即所谓“对华新政策”。这是敌人“以华制华政策”的新发展，因敌占领南洋后，企图利用汪逆的臭招牌接管敌后，以所谓“民族形式和地方形式”来统治和进攻我国。同时，在华北敌占区，敌人还发动了所谓“新国民运动”，是为“治安强化运动”的继续，不过其名词较为“温和”一些而已。

“对华新政策”的主要对象，是对付友党友军，并作为欺骗中国人民的幌子；而对于八路军的进攻和压迫，不但没有丝毫放松，反而更加疯狂和残暴。抗战第6、第7两周年，敌人对华北各抗日根据地的1000人以上的“扫荡”共177次，使用兵力为61.62万人，1万人以上的大“扫荡”22次，使用兵力29.7万人。此时期内“扫荡”的特点是以“铁壁合围”与“驻守清剿”相配合，即更带毁灭性与长期性。

在“对华新政策”的诱降下，华北友军大批叛变。敌人并以“青天白日”旗帜诱骗善良的农民参加伪军，伪军数量遂较前激增，总数达47万。齐爕元的伪治安军，即由号称7个集团军扩大为12个集团军。1943年冬，敌人更大事整顿伪军，表面上由汪逆统一指挥（实际上绝不能达到统一的目的），将“治安军”“剿共”军陆续改编为华北“绥靖军”，并另扩充伪中央军；逐渐向充实装备、严整编制的方面发展。

（二）友军情形

中条山战役以后，华北战场上友军的实力已大为削弱，剩下的只有在山西的晋军，在晋豫边的庞炳勋、孙殿英的第二十四集团军，在山东的李仙洲、吴化文（于学忠在李仙洲入鲁时奉命离鲁），此外，为一些地方性的武装，如山东的宁春霖、秦启荣，晋豫边的侯如墉等。这些在华北战场上残余的友军，不但没有从中条山战役失败中取得真正的经验教训，以求改弦更张，放弃“反共第一”政策，反而变本加厉，更为丧心病狂地采取与敌寇“联合反共”，“变奸伪区（反共将军们给我抗日根据地的称号）为敌区，再由敌区变为自卫区”的“借刀杀人”政策。这明明白白地是在为敌人效劳，和敌人的“以华制华”的“对华新政策”两相心照呼应。

但是，敌人并不完全满意于友军的如此若明若暗，若即若离的态度。

“对华新政策”中不仅有“拉”的手段，而且有“打”的手段。敌人见“拉”的手段已收到一定程度的效果，已把许多友军“拉”为实际上的奴才，乃进而迫其“明朗化”。1943 年敌人对友军连续进行军事上的压迫，有所谓“山东战役”与“昭和 18 年夏的晋豫之战”。友军精神上早已投降敌人，又熬不住敌后的艰苦，招架不住敌人的压力，乃纷纷公开投敌。除李仙洲部有一部退过黄河外，其他如第二十四集团军总司令庞炳勋、新五军军长孙殿英、预八师师长陈孝强、新四师师长吴化文、山东保安处参谋长宁春霖、二纵队夏维礼、三纵队秦启荣、四纵队侯如墉、九纵队李旭东、胶东四纵队王尚志、绥西伊盟游击军张励生等，都在国民党当局“机宜行事”的电令下，纷纷率部投敌，或者说奉“令”投敌。这就是为什么数十将级军官卖国投敌而国民党当局连一纸通缉令也没有的原委。自中条山战役以来，友军正规部队投入“汪逆之伪和平阵营”的，前后约有 15 万人。许多部队在投敌以后，番号不变，防地依旧，完全证明了是久已暗中通敌。而我英美盟国援助我国的武器弹药，不但早已不曾用之以打击敌人，而且整整齐齐地公开地奉献给敌人，实堪痛心。今天，这些伪军大多环伺我各抗日根据地周围，充当日寇向我“扫荡”之鹰犬走卒，其行为特别残暴和无耻，为我抗战军民之死敌。这就是国民党当局所一意孤行的反共反民主政策的恶果。

现在华北战场上仅存的友军，只有山西的阎锡山，山东的张里元（第三十六师）、赵保元（暂十二师），都是不择手段谋求自己的存在。阎锡山部号称 25 个师，实际每师平均只有 1500 人到 1800 人，大部都背靠后方，与日寇“和平共居”。只有 1 个六十一军，为进攻八路军和决死队，于去冬与日寇订立协定，在日寇掩护下由晋西南进攻晋东南，形式上好像是在敌后，实际上跟敌人是一家人，也就无所谓了。

（三）我军情形

1941 年至 1942 年的艰苦斗争，给我们奠下了这一时期胜利开展的基础。我们继续坚持反“清乡”、反“蚕食”、反“扫荡”的斗争，更努力于开展“敌后之敌后”的游击战争，坚决打击敌人的“对华新政策”，揭穿其各种各样的欺骗，宣扬美国在太平洋上反日战争的辉煌胜利，以振奋人心，更进一步动摇日伪军，并不断地主动出击敌人，打击敌人爪牙——伪军伪组织。

反“扫荡”作战方面：山东清河区曾于1943年4月与11月两次粉碎敌2万人的大“扫荡”。晋鲁豫太行区，曾于1942年10月与1943年5月，在4次反“扫荡”战中都取得胜利，特别是后一次反“扫荡”战，在主力与民兵紧密结合的作战方针下，依靠着出敌不意的袭击和广泛开展的地雷战、石雷战，显示了我军民作战的很大威力，辽县、武乡境内，凡与敌人接战村庄的民兵，平均每村打死13个日本兵，每5颗子弹打死1个日本兵，总部警卫团第五连与民兵相结合，100余人打死了123个敌人，自己仅有数人伤亡。晋察冀北岳区，于去年9月到12月，胜利地粉碎了历时3个半月的3.5万敌人的大“扫荡”。这次“扫荡”，敌人不仅想打击我主力，而且要破坏我秋收及屯粮计划，企图在经济上予我以摧毁，因而我们反“扫荡”作战的组织也十分复杂，一面艰苦作战，一面争取每一分钟时间从事生产，最后终将敌人赶走，并完成了秋收和屯粮计划。冀东区，曾于去年10月和今年2月至4月，击破敌人的两次大合击，第一次在山海关附近，第二次在锦（州）热（承德）路上。

各地我军主动出击和组织远征方面：晋冀豫的太岳区，在中条山友军退出后，即遣军南下，又从敌人手中重新解放了中条山地区，今年4月复攻克沁水等县，前后解放国土1.6万平方公里，我军先头部队已活动到黄河沿岸；太行区于今春收复林县、榆社；冀鲁豫平原，自德石路以南至陇海路，我军克复了清丰、内黄、朝城、城武、莘县、菏泽等县，并经武工队的活动，开拓了数十块隐蔽的小游击根据地，共解放人口1000万；晋察冀的北岳区，去年一年中消灭了敌人581个据点，恢复和开辟了3000个村庄；冀中，我连克任丘、肃宁、高阳等10余县城。敌人据点在1942年为1343个，至今被我消灭得只剩下495个了。冀察热我军北出长城口外，东向辽宁之锦州，热河之凌源、承德，新开辟了将近10万平方公里的敌后战场。此外，晋绥边区和山东我军的活动均有发展，山东方面已扩张至海岸线。

讨逆战争方面：去年8月，太行我军出动讨伐伪二十四集团军庞炳勋、孙殿英部，毙俘伪新五军6000人，伪副军长刘月亭为我击伤；11月，鲁南我军讨伐伪和平救国军第十军第三师刘桂堂部，将其全部消灭，滋扰六七省，为匪数十年之刘桂堂也为我击毙；同时，鲁西我军讨伐伪二方面军孙良诚部，孙逆总部直属队被消灭，伪二方面军甄参谋长以下官兵1600人就擒；又滨海我军讨伐伪和平救国军三十六师七十一旅，攻克赣榆县城，活捉伪旅长李亚藩等1200人，使之全军覆灭；鲁中我军于去年冬至今年春，曾3次讨伐伪和平救国军山东方面军吴化文部，将吴逆总部各处及伪四十六、四十八师两个师部，以及其部下13个团消灭殆尽。这些战斗大大削弱了敌人的羽翼，破坏了敌人“对华新政策”的某些收获，也使其始终无法由华北战场抽调大批兵力出去，其意义是很大的。

经过以上的许多战役，华北解放区的面积大为扩张，人口新增加了2000万，因而，这个时期，可以说是我军在华北敌后渡过严重困难后的再次开拓和发展的时期。我八路军经常抗击着敌人侵华兵力的2/5至3/5（伪军30余万还不在内）。最多时，曾钳制敌人22个师团。

七年中，我们和敌人进行了大小战斗74060次，平均每天与敌人作战29次；共毙伤日军351113人、伪军239952人；俘日军2407人、伪军148726人；争取日军投诚者115人、伪军反正者49461人，约等于已消灭侵华日军之半数和全国伪军之半数。缴获长短枪189028支，轻重机枪3120挺，各种口径炮489门。我们主要就依靠这些战利品来武装和补充自己。七年的艰苦战斗，我们也支付了巨大的代价。我负伤指战员

186593人，阵亡103186人，日伪与我伤亡的比例总平均为2 ∶ 1。

经过七年的艰苦斗争，我们在华北敌后，巩固地建立了5大块抗日民主根据地，军事上划分为5个大的军区，即晋绥军区、晋察冀军区、晋冀豫军区、冀鲁豫军区与山东军区。东自锦州、山海关、胶东半岛、黄海与渤海沿岸，西至黄河， 宽1100公里；北自热河之宁城，察哈尔之多伦、商都，绥远之百灵庙，南至陇海线，长900公里，包括晋、冀、察、鲁、绥、热、辽7省。抗日民主政府领导下的人民达5000多万，占全华北人口60%左右；有组织的群众为1600多万，占根据地人口30%以上；不脱离生产的民兵有158万，占根据地人口3%强。民兵的前途尚可大量发展，可能发展为根据地人口的7%，它是今天八路军在敌后作战的助手，也是我们将来进行反攻的强大后备力量。经验证明，农业社会动员兵力可以达全人口3%，将来反攻时，我们可以动员150万兵力。人力方面在我们是不困难的，食粮也可自给，再配合以强大的民兵作后备，我们自信有力量担任华北战场上的反攻。

在这些抗日根据地里，我们真正实现了民主政治，人民有充分的言论、集会、出版、结社、居住的自由，法律上一律平等。各级政府和官员，均由人民选举而产生。参议会和政府中，有各党各派各民族各阶层的代表人物参加，共产党员在政府中只占1/3，被选得多了就自动退出。在经济上，发展农业和手工业，老百姓的生活也有了改善，而且较战前还好。比如根据晋察冀北岳区的35个村庄的调查，由1937年至1941年，雇农上升为贫农的占28.37%，上升为中农的占10.28%；由贫农上升为中农的占18.57%，中农经济的比重，急剧增加。文化教育事业也在突飞猛进之中。虽然七年来受到敌人许多严重的摧残，但因我们在战争中始终注意建设，积蓄民力，培养民力，而且采取民主主义的政策，因此，在战争结束后的和平环境中，依靠着丰富的地下蕴藏和资源，一定可以建设起一个自由繁荣的华北，成为民主中国的重要组成部分。

彭德怀

七年来，敌人对我华北八路军的作战，曾用尽许多阴谋与残酷的手段，五易其统帅，由香月清司而寺内寿一，而杉山元，而多田骏，而冈村宁次，手段一个比一个狠毒。在作战指导上，亦曾变换多次，由“突贯攻击”，“分进合击”转变到“治安肃正”的“总力战”，“囚笼政策”，“分散配置，灵活进剿的牛刀子战术”；又转变到“治安强化”与“铁壁合围”。但所有这些，都为我八路军所击破，徒见其心劳日拙而已。我们并不否认，日寇辛苦经营华北七年，是有其某些收获的，主要是交通线与据点的扩张与繁殖。但总计起来，毕竟是得不偿失，且其战果极不巩固，一有变动，敌人就无法控制。日寇也很知道自己是站在一座火山上，认识到“真正的抗日势力始终一贯的是中国共产党”，并且一再地哀号：“华北有八路军存在，便无法安枕”。

华北抗战是在与后方完全断绝、毫无接济的情形下进行的。为什么国民党军队(他们有飞机运送，还多少有些后方的接济)不能在华北存在，而我八路军犹能屹然独存呢？为什么强大而野蛮的敌人不但不能消灭我们，相反，我们胜利地坚持到了今天，而且还要继续坚持下去直到最后胜利呢？其中道理有加以说明的必要。

首先看看敌人。日寇是一个强大而又野蛮的法西斯帝国，在军事上是占优势的。比如技术比较发达，装备精良，而常备役的军队，久经锻炼，黩武主义的“武士道”的毒中得很深，并且在战争爆发后不久，它就占领了华北所有的铁路沿线和重要城市，无论在作战和统治上，增加许多便利，因而它在七年的作战中有了某些微弱的收获。但它有一个根本弱点，就是在对付我们的群众游击战争中，深感兵力不足，以致顾此失彼，捉襟见肘。常常顾了前方，则后方空虚，集中兵力对某一区域进行疯狂的大“扫荡”，则其对另一个区域的控制就会削弱。敌人曾以各种办法消灭这个弱点，如繁殖伪军，培养爪牙，作战指导上的“分散配置，联合扫荡”；但伪军不可靠，易为我军争取与瓦解，反而常常要用日本兵加以监视，“分散配置”的结果，使敌守备更为薄弱，处处露出破绽。而且由于战争的持久，敌军本身的政治素质也日见降低，士气消沉，军纪败坏，战斗力亦不如前。在政治上，日寇所进行的是非正义的侵略战争，它不仅和我整个中国人民站在对立地位，而且和全世界爱好和平、维持正义的各民族相对立，对于日本国内劳动人民说，这个战争也是有害无益的。敌寇在华北的疯狂屠杀和残酷掠夺，激起我全民的义愤和反抗，这种反抗在中国共产党和八路军领导之下，就特别有力。敌人的一行一动，都遭到我人民明的、暗的反抗和破坏，真正是防不胜防。敌人收买和利用汉奸，并采取所谓“三分军事，七分政治”“恩威兼施”的办法。但汉奸究竟只有极少数民族败类去充当，小恩小惠的欺骗笼络，终掩盖不住其残暴掠夺的本质，至于强力压迫的结果，则是压迫愈烈，反抗愈大。日本法西斯是无法弥补这个政治上的基本弱点的。

我们的友军呢？与敌人比较起来，在军事上是处于劣势，但装备弹药比起八路军来，条件要好得多。有一个时期，友军在华北的数量要比敌人多，装备也差不得很远，而且有后方的接济。在政治上，按道理说来，应该是属于优势的。但是，可惜这些有利条件，他们都没有很好地加以利用。相反的，他们执行反共、反民主、反人民的错误政策，假抗战之名，行一党专政之实，心猿意马，动摇不定，时时求与敌人“和平共居”。驻防前线，不但不知体恤民困，发动民众，取得人民帮助；反而勒索无限，发国难财，随便吊打、杀害人民，有些地方老百姓称他们为“小日本”“二鬼子”。兵员的补充，不用政治动员，反用抓丁捆绑的办法。部队内部进行的是反共、反民主的法西斯教育。讳言抗战，长官们与敌人信使往返，也是“路人皆知”的事实，因而士气消沉，兵无斗志。部队与部队间待遇不平等，相互不团结，嫡系歧视非嫡系。步骤不一致，指挥不统一，作战时互相推诿，互不救援。当局甚至故意采取离间政策，扬甲抑乙，或抑甲扬乙，唆使互相摩擦，以便驾驭。战略战术公式呆板，缺乏主动性和机动性，平素又毫无准备，敌来只有挨打，又熬不住敌后的艰苦。更加上当局对抗日有功者，不独无赏，反而加之以罪，对通敌叛国者，不惟无罚，反而互通声气，保持联络。致使友军一遇敌人，上有叛心，下无斗志，只有溃散或投降两条道路。这就是友军不能在华北敌后存在的基本原因。

我八路军与敌人比较起来，在军事上也处于劣势，技术和装备远不如敌人，也不及友军，且无后方接济，武器弹药都要靠从敌人手中去夺取。但是，我们部队的政治素质较好，官兵上下一致，具有高度的抗日积极性，组织严密，意志坚强，士气旺盛，每个连、排、班，甚至每个士兵都可单独作战。作战上高度主动和机动，善于研究敌人，发现和利用敌人的弱点；指挥统一，行动一致，部队虽然分散在如此宽阔的战线上，却可以组织统一的战役，敌人“扫荡”某一区域，邻近区域的部队就会自动起来配合，从外线反包围敌人，击敌侧背，使敌首尾不能相顾。更主要的，我们实行民主，坚决依靠人民，一切为人民的利益着想，发动与武装人民参战，使战争真正成为全民战争，这使我们的抗日力量增强到千百倍。这就是八路军所以独能巍然屹立于敌后，制胜敌人的秘诀。

最近，我们获得敌上海《朝日新闻之友》半月刊，于去年 8 月 1 日所刊载的《中共军内幕分析》一文，称我军“有超乎常有以外的坚强意志和严密组织……战斗技术的两项特长，即精确的射击和敏捷的行动。”又有伪《中国青年》杂志上刊载有《八路军怪魔的游击战争》一文，其中对我军有如下的描述：

> 不用枪，只肉搏，见到了对方的机关枪，那可红了眼，不管火力多么硬，不管火网多么紧，他们常硬着头皮冲上去。……如果命令一下，干起来，向敌人冲去，即所谓“光荣”的躯干倒在地下，也不要紧。后面的马上实行“同志爱”，为保护这

流尽最后一滴血的遗体，也要保护这枪，使用绳子把它拉下火线，先是你拿枪，我解子弹，然后再把尸首背回去。……在攻碉堡的时候，是使用肉弹。在攻城夺寨的时候，没有飞机，没有大炮，就索性搬出几千年几百年前的办法来，几个木梯暂接到一起，多少个勇士扛着一个梯子，拥到碉堡根底，很快竖立起来。他们穿枪林、冒弹雨地跑上去，死的伤的掉下来，后面的又接着爬上去，这办法虽然愚笨，有的时候血多肉多，也会得到胜利的。

我们既不是“怪魔”，也不是“愚笨”，而是因为缺乏武器弹药，不能不以血肉之躯与敌寇拼殴。从这些字里行间，我们可以看到敌人对于我八路军战士的奋不顾身的英雄主义气概是十分恐怖的。我们相信，如果在我军这样英勇作战的士气上，再加以适当装备，则我们的战斗力必增强百倍。如果我们获得一定数量的轻炮、弹药和其他轻武器的装备，则我们即可扫除深入我根据地的敌据点和交通线， 把根据地融成更大块的。如果我们获得重炮、反坦克炮等装备，则华北即会有更多的类似“百团大战”的战役进攻，敌人的任何交通线将无法控制，敌人将会更多地被我们钳制在华北战场上，以至将敌人赶出去。我们有充足的人力，有高度的政治觉悟与勇敢善战的指挥员、战斗员，极愿对祖国抗战和整个反法西斯战争有更多的贡献。但令人遗憾的是国民党当局缺乏此远大眼光，不仅无任何帮助，反而多方限制与打击我们抗战力量的增强，这对于抗日战争与世界反法西斯战争都是十分有害的。

我把华北七年抗战的真实情形，向我们反法西斯的美国盟友介绍，就此结束。

左　权

名将以身殉国家，
愿拼热血卫吾华。
太行浩气传千古，
留得清漳吐血花。

● 1905 年生，原名纪权。湖南醴陵人。

● 1925 年 2 月，加入中国共产党。

● 1937 年 8 月，任国民革命军第八路军副参谋长。9 月与朱德、彭德怀、任弼时、邓小平一起率八路军总部挺进华北，指挥八路军开展游击战争，创建并巩固了华北抗日根据地。

● 1938 年春，指挥长乐滩之战，歼敌 2000 余人，缴获大量辎重。

● 1938 年 12 月，任八路军前方指挥部参谋长。

● 1940 年 8—12 月，协助彭德怀指挥百团大战。

● 1941 年 11 月，指挥八路军总部特务团取得黄崖洞保卫战的胜利。

● 1942 年 5 月 25 日，日军发起对太行山根据地的“扫荡”，左权为掩护中共中央北方局和八路军总部机关转移，在山西辽县十字岭突围中不幸中弹牺牲。

坚持华北抗战两年中之八路军*

左　权

一

我中华民族为抵御日寇的侵略，进行神圣的民族自卫战争已经整整两年了。我八路军坚持华北抗战也整整两年了。两年的华北抗战，大致可分作三个阶段：从七七事变到太原失守止，是第一阶段，在这一阶段中，华北是全国的主要战场，气势汹汹的敌人向我作猛烈的进攻，国民党军则节节退守；八路军为挽救当时危局，停止敌进，稳定山西战线之目的，星夜赶进参与战斗。太原失陷到广州、武汉失陷是第二阶段，在这一阶段中，敌人主要的进攻方向是津浦线与长江两翼，我们华北的抗战部队为配合徐州会战，配合大武汉的保卫战，一方面积极阻止沿津浦、平汉南进之敌，同时向敌后挺进，攻击敌人，收复失地，创立根据地，拖住敌人。从广州失陷到今天，是第三阶段，在这个阶段中，敌人主要的企图是引诱中国投降，而以其军事配合政治上的阴谋，在为实现"确实掌握占领地"口号之下回师华北，向我华北各个抗日根据地进行疯狂的"扫

* 此文写于1939年7月2日，原载《八路军军政杂志》第11期。

荡”。我们则为粉碎敌人的“扫荡”，坚持华北抗战，以保卫西北、西南，粉碎敌之政治阴谋，坚持持久战而奋斗。这三个阶段的战争，八路军自始至终都是参加了的，而且每一时期都创下了光辉的成绩。

回忆八路军由红军改编，奉命开入山西，加入第二战区战斗序列，正是敌人气焰最高涨的时候。那时平津要镇已经失陷，平绥线敌人攻破了南口、张家口等要隘，占领我归绥、大同等重要城市，正挟其锐利之现代武器，向晋北屏障——雁门关及东西长城各口，汹涌进攻，企图乘势冲破长城各险口，一鼓而下太原；同时津浦线、平汉线上之敌人，亦正笔直向保定、德州进击，期与平绥敌相互呼应，齐头南进，而国民党抗战部队则因种种原因节节退守，一时战局甚为混乱，企图苟安一时，避免作战者甚不乏人。而基本民众抗日运动，根本没有发动起来。八路军即于此时怀着满腔的热血，抱着无限的信心，一面修筑道路，一面加速前进，于9月下旬，我先头兵团开始开抵前线了。为适应当时紧急战况的需要，及根据我“基本的是游击战，但不放松有利条件下的运动战”之作战指导原则，未待部队集结，我即展开一一五师主力于恒山山脉，一二〇师主力于雁门关以西地域，配合友军，保卫雁门关及东西长城要隘。队伍还没有完全布置就绪，后续部队尚在源源开进中，敌人已蜂拥而至。9月25日，我一一五师主力即以机动、果敢、迅速、秘密的动作，予敌最精锐的板垣师团以迎头痛击，歼敌1000余人于平型关外。虽因某些毗邻部队配合不当，未能消灭更多敌人，扩大这一胜利，但这个胜利却创造了自抗战开始以来第一次最大的捷战，也为本军出师后胜利战的序幕。它给予亡国论、唯武器论、恐日病者当头一棒，它给予了华北军民，以至全国军民以最大兴奋与胜利信心，稳定了雁门阵线，安静了混乱状态，兴奋了作战部队的信心，即国际视听，亦顿时改变，路透社向敌发出警告，说日军以前没有与中国有名的红军作战，现在碰上了，就不容易再占便宜，即日寇自己此后也不得不提心吊胆，慎重自己的行动。

这次战斗，又给予以后全国抗战——尤其是华北抗战以很大影响，造成了以后忻口战役的重要前提。从此，我八路军便全部开始了艰苦紧张、连续不断的战斗生活了。

不久，保定、沧州相继陷入敌手，雁门关被闯破，各线敌人似又有长驱直入，压迫我华北各抗战部队之势，华北战场重入紧张危险状态之中。为挽救当时的危局，保持华北抗战的持久，保持山西有利阵地，八路军即向敌之两翼与后方开展广泛的游击战争，有名的杨成武等支队，即于此时逆着突破雁门关的敌人，向敌后方及其联络线出动，拖住敌之南进。同时卫总司令①所部亦兼程赶上，阻敌于忻口及其以北地区，开始了有名的忻口大战。在整个忻口战役中，一方面八路军以主力分布于进攻敌之两翼及侧后，以最积极的动作袭击敌人的远近后方，破坏敌人的交通运输，截断敌人的接济与增援，同时又以一部直接协同友军作战。在28天战斗过程中，我们把代县、平型关、灵丘、广灵、蔚县至张家口的交通要道完全破坏，打击、消灭以及最后彻底肃清该交通线上的敌人，收复了繁峙、平型关、灵丘、广灵、浑源、蔚县、西合营、阳原、涞源、紫荆关等处，完全截断了敌人的这一交通联络线。在平汉线方向活动的部队，又收复了曲阳、唐县、平山、完县、行唐、满城，进逼保定附近。在雁北活动的部队则又不断截击雁门关及其通大同大道，收复宁武、阳方口、平鲁、井坪，亦截断了敌人的联络，使忻口战场之敌，完全处于孤军深入，孤立无援与完全被包围的状态中。敌人的粮食弹药断绝了，机械化部队因缺乏汽油不能行动了，最后被迫不得不以飞机来输送给养，其困难亦可想而知。

正在敌人利用飞机滥肆轰炸我忻口正面阵地，以弥补其陆地部队战斗力之不足，也正在敌人利用飞机输送给养、飞机成为其生命线时，我

① 卫立煌，时任国民党军第二战区前敌总指挥、第十四集团军总司令。

八路军陈锡联团又奇兵突袭，以营长以下30余人牺牲之代价，于10月19日夜袭阳明堡飞机场，毁伤敌机20余架，更使忻口之敌恐慌万状！不料正待持久消灭该敌之际，平汉线敌川岸师团忽从娘子关沿正太线突入，企图威胁太原，抄我侧后，而解板垣之危。这时我军要使忻口战持久，必须扼住正太路西进的敌人，因之遂赶遣一一五师主力由五台地区南移，图与我一二九师靠拢，夹击敌人，但不幸敌已先我深入，逼近寿阳地区，我一二九师一部虽在平定、昔阳以东极力阻滞敌人，正面友军虽坚决抗击，终以正面压迫过重，于是我军不得不因情况之变动而改向正太以南移动，迟滞敌人西进，争取时间，以便各友军部队安全转移阵地。自11月4日起，我一一五师三四三旅与一二九师三八六旅主力先后在广阳镇、沾尚镇之线，奋勇侧击敌左翼部队于全线混乱状态中，独创广阳镇的胜利战斗，敌伤亡惨重，不敢沿原定路线进攻，行军迟阻，前后共被我阻滞约一星期之久，予友军转移新阵地以很大方便，而忻口战场我军也得以自动放弃，安全撤退。至此东、北两路敌人会合太原，华北战场第一阶段的作战，亦于此结束。

太原陷落的当时，我方复陷入严重之混乱状态中，多数部队受损过重，战斗能力锐减，不少部队尚未收容完毕，汉奸托派又乘机大造谣言，说山西、华北没有了，助长失败情绪，而敌寇亦有乘机挺进，直捣风陵渡之势。为停止敌之继续进攻，为消除当时之混乱状态，为全国抗战之持久，坚持华北抗战，坚持山西有利阵地，向敌后开展游击战争，有着重大之意义。当时共产党及八路军即提出“坚持华北抗战”，“坚持山西抗战”，“八路军誓与华北及山西人民共存亡”，“创造抗日根据地”，“开展游击战争”，“变敌后方为前线”等口号，这一正确的主张，固获得不少贤明人士的同情与拥护，但也有不少人们表示不信任的讪笑，不愿意了解这一正确主张之真实意义，反而抱着对这一正确主张的恶意的揣疑。

八路军为执行这一个具有伟大战略意义的正确主张，为消除当时之混乱状态，停止敌人之进攻，便展开自己之全部兵力于同蒲、正太、平汉、平绥沿线，积极阻击敌人，同时开始在敌人后方晋察冀边、晋西北及正太沿线南北，创造坚持华北山西抗战的根据地。八路军一一五师副师长聂荣臻同志留驻敌后五台坚决支撑。八路军一二〇师展开于晋西北各地直达大同、归绥；一二九师主力则活动于正太沿线，努力动员组织民众，建立民众武装，恢复已失政权，安定社会秩序，开展游击战争。在这过程中，这些部队在冰天雪地之中，积极向敌进攻，是完成了自己的任务的。一方面不断打击消耗了敌人，分散吸引了敌人兵力，争取了时间，给友军以休息、补充、训练、重新部署之机会。同时更因我敌后游击战争之开展，广泛的民众之组织与武装，使敌感受极大威胁。在敌军第一军参谋部第二课于 1937 年 12 月 20 日《关于全般的敌情判断》一文中，对八路军是这样说的："朱德、彭德怀所统率的共产军主力在榆社宜城镇附近，其主力部在五台山及太原西方山地，同时在各方面设立政治学校、民众训练所，努力军事的政治的训练外，还注意救济，所以民众有渐渐亲近他们的倾向，将来更合并各地的残败兵难民等，经过相当时期后，如果完成各方面的联络，势力一定会逐渐扩大……假如我方停止于现在配置状态，山西方面后方的捣乱愈发加多，共产军一定会协力夺还太原。"这就是当时敌人对八路军之恐惧，因之逼使敌寇不得不回头向其后方游击区作再次进攻。首先是敌板垣师团及其他一些部队，折转平绥线，配合平汉、正太线部队，共约 2 万人以上兵力，附空军与机械化部队向晋察冀边区作第一次的八路大举围攻，刚刚诞生的晋察冀边区，突遭此严重进攻，不无困难，幸赖我八路军以及八路军为骨干的新组织起来的民众武装的英勇抗击，以及全体民众勠力同心的协作，经过半个月的艰苦战斗，终于胜利地粉碎了敌寇的围攻，并予敌人以严重的打击。紧接着这个胜利，边区的青年武装又抓紧机会大举向平汉线出击，于 2 月 11 日袭占定州、新乐、望都、清风店车站、保定南关，破坏铁路数百公里，消灭守城部队1000余，缴获步枪五六百支，一时威震平津与平汉全线，群寇均面面相觑，丧魂落魄。而边区抗日根据地却从此扩大到平汉线以东及平汉线附近，且在战斗中日臻巩固起来。

同时敌人又以我晋北八路军不时破坏太原、大同交通线，几次收复忻口、原平、代县，尤其是八路军宋时轮支队多次恢复左云、右玉，直逼大同、归绥、朔县、岱岳、怀仁，给予敌人很大打击，因之一再向我宋支队进攻，但其结果终归是徒劳的。

同时正太、平汉敌苦于我正太线南方部队之威胁，于12月22日起，分由元氏、赞皇、昔阳、平定、寿阳、榆次、太谷抽调万余兵力向正太沿线我军猛烈强袭，企图肃清正太沿线我军之骚扰，踏破晋东根据地。这个进攻计划曾以平（定）辽（县）路为界分两次进行，但均为我一二九师主力及当地民众游击队所奋勇击退，使敌人落得个败兵折将的悲惨结局。

整整有三四个月时间，八路军在雁北与晋察冀边及晋东各地，风餐露宿，履坚踏冰地艰苦战斗，没有休息，没有整理，度过了一个寒冷的冬天，从而拖住了当时急欲南下的敌人，使友军获得了休息、整理、补充、训练和重新作战的条件，也为我军奠定了创立晋西北抗日根据地之基础，这对于山西及华北之能继续坚持抗战有很大意义。

敌第二期侵华战略的重心，已移往东部战场，不久徐州会战便开始了。而在山西方面，敌人配合其津浦会战，2月间便向韩侯岭猛攻，企图压迫我华北大军于黄河边，达到大举歼灭的目的。因此直下临汾、捣风陵渡，打通东阳关到临汾的交通线，并向茅津渡等处进逼。我华北山西抗战部队，分向同蒲线两侧散布。

由于敌进抵黄河边，我后方联络线被截断，大军转入敌后作战，这情况之巨大的变动，不无极大影响于坚持敌后抗战方针与办法，坚持华北抗战对于当时及将来配合全国作战之重大意义与胜利前途，是当时迫切待决的问题。

在当时严重混乱情况下，八路军一方面一本坚持华北抗战的正确方针与办法，以积极的胜利行动，打击敌人，稳定军民心情。同时于3月24日在晋东南地区召开东路军将领会议（当时八路军奉命组织东路军，总领晋东南一切抗战部队），阐明敌后抗战的诸多问题。彭副总司令在该会议上详尽的报告，不仅对敌第二期作战计划有明确的判断，对持久战中敌我的形势有明确的分析，特别对坚持华北作战问题更有清楚的指示。他说："我们在第二期抗战中，转入到敌人的后方作战是保卫武汉、保卫西北，借以争取持久作战的重要方针之一，我们知道在今天要保卫武汉、保卫西北以粉碎敌人第二期进攻的企图与阴谋，就只有在敌人的前后左右开展广泛的游击战和运动作战。"又说："我们要以民众性的游击战配合若干军队的机动战，来尽量地消灭敌人，特别是敌人的有生力量，使企图渡河的敌人，背后受到重大的牵制与打击，不敢侵犯西北，不易横截陇海路以策应津浦线，更不易配合长江敌军，进犯武汉，而达到胜利地保卫武汉与西北，以致造成战略上反攻，收回失地的条件。"他详尽地规定了坚持华北作战的纲领，创立华北抗日根据地的民众工作、军队战时的政治工作，以及瓦解敌军工作等。这一会议，大大地振奋了军民的心情，稳定了晋东南各方面的抗战情绪，坚定了坚持敌后抗战的信心。这一会议，对于不久以后晋东南粉碎敌人之九路围攻，以及坚持整个华北的抗战，都具有极重大的意义。

在敌人进占风陵渡后，八路军始终是在敌后方积极活动的，抓住敌人，配合友军作战。晋西北方面，我八路军一二〇师配合友军，坚决驱逐侵入晋西北之敌，恢复岢岚、五寨、神池、宁武、河曲、偏关，并继续不断地在同蒲线北段及平绥线以南动作，威胁张家口、大同、归绥等重要城市。晋西方面我一一五师配合友军抗击敌南下部队，大麦郊、石口镇、午城镇、井沟各役，给予南进敌右翼队以从未遇到之重创。在晋东南方面，我八路军一二九师除以一部努力开向冀西工作外，并对深入长治之敌不断予以打击，神头岭、响堂铺两次大捷，及道（口）清（化）沿线之积极袭扰，予敌极大威胁。在东路军将领会议甫告闭幕时，敌人由同蒲、平汉、正太三线抽调兵力数万，分九路大举围攻晋东南，东路军所部即按既定方针，以游击战与运动战相配合，在统一指挥下，共策共勉，一致奋起，整齐步伐与敌展开晋东南的空前大战。经20余日的血战，最后于4月15日长乐村一战，将敌九路围攻完全粉碎。八路军并反攻南下，收复长治、长子、潞城等县。其时徐州会战方殷，八路军奉命东击东阳关，越平汉线追击敌人，深入河北战场心脏，开展冀南游击战争，聚歼冀南敌伪，破坏津浦线路，创建冀南抗日根据地，配合徐州会战。而晋察冀又第二次粉碎敌人围攻，四次收复涞源，并总攻涞水、高碑店、涿州、琉璃河、卢沟桥，呼应徐州会战。八路军山东纵队则更在鲁南动员当地民众，破坏台潍公路与台枣线，阻敌军运，直接在其近后方骚扰敌人。台儿庄之大捷，得助于此配合实大。

徐州失陷后，凶恶的敌人，又向武汉进逼，保卫武汉成为全国军民的紧急严重任务。八路军为配合正面主力军保卫大武汉，更向华北所有干线积极行动。八路军晋西部队数次奇袭汾离公路，5月15日在汾阳属南北偏城毁敌汽车40辆。八路军晋西北一二〇师大战平绥线北击绥远大青山，袭击丰镇、凉城。晋察冀边区则发动向平汉线北段数次大攻击，为纪念“七七”一周年，大举攻袭平西，克复昌平，直捣香山，与敌血战数昼夜，弹雨横飞北平城楼，震恐平津敌伪，同时并派遣强有力的宋邓纵队，绕道超越北平，深入冀东广大地区，收复冀东丰润、玉田、遵化等县，伪保安队纷纷反正，创造冀察热辽抗日根据地，控制长城古北口等各要口，威胁热河省会承德，引起世界各国的注意。八路军冀中、冀南部队，则大举扫荡周围所有敌伪，发动平汉线、津浦线之历次总破路，切断该两线交通，该两沿线伪军如李福和、崔培德、李台、苏明启，亦被我肃清殆尽。伪军伪组织根本动摇。八路军山东部队于8月间配合友军一度攻入济南，并向胶（青岛）济（南）沿线出击，胶东由八路军领导下起义之民众武装，则粉碎敌海陆空联合大进攻，击落敌机，击毙敌伪极众。

这一游击战的开展，对于敌寇威胁是非常之大的，敌人进驻于华北的30万以上的兵力，除分驻于几十个大小城市以外，仅能守着几条铁路线，而大城镇之郊外及铁路线之两旁，概为我收复，即为敌寇经营多年之冀东区，亦转入了大规模游击战的漩涡。在敌寇出版的《支那事变阵中新闻》第27号（昭和十三年3月20日版）所载《败敌是用这种方法瞄准着我们的》一文中关于游击战争对敌寇重大的威胁是这样写着的："他们最后的挣扎，是专赖游击战术的后方捣乱来应酬我们，这种游击战术如我们认为于战局的大势上缺乏重要性而加以疏忽，就会受到意外的损害。"

随着这一广泛游击战争之开展，广大失地之收复，八路军在各个区域纷纷地进行着广大民众的发动与组织，组织各个抗日民众团体，帮助着当地民众恢复政权，恢复社会秩序，繁殖新的游击队与继续扩大游击战争，这一时期中，华北各个抗日根据地均已臻巩固地建立起来了。

总之，自太原失陷以迄武汉放弃为止，八路军无日不以坚持华北抗战，积极动作，配合主力战场战斗为自己的光荣任务。而在这一时期中，执行此任务之具体办法，一方面为消灭打击敌人，破坏敌人交通，另一方面则为深入敌人后方，开始巩固与扩大抗日根据地，缩小敌占区面积。这是第二阶段的情形。

武汉、广州失陷，战局转入第三阶段，敌人的战略攻击方向在西北、西南。本来进攻西北之企图，敌人在去年2月占领风陵渡后，即跃跃欲试，但敌为实现其"速和速决"，进行广泛之政治阴谋以图诱降，同时又因华北的坚持抗战，拖住了他的泥脚，使他不能背荷重负，渡河前进。因之，在占领武汉后，正面战局骤然停顿，敌寇即在“扫除后方不宁”，“确实掌握占领地区”，“开发华北资源”的口号下面，增兵华北，由30万增至60万以上之兵力，向华北各个根据地大举“扫荡”。

当敌人才开始“扫荡”华北以前，不少人对华北抗战形势，及其可能的演变，总是抱着一种不正确的估计。速胜论者认为：敌人再也无力了，不会也不敢再来进攻各个抗日根据地了，因之，便发生太平观念，不努力于抗战工作；而顽固分子们更大肆其制造摩擦之能事，专向八路军手里去“收复失地”，要赶走八路军，摧毁抗日政权，取消抗日群众团体，捏造各种谣言，制造各种事件，陷害共产党人及八路军。我们共产党人及八路军人，则完全相反，我们早就指出坚持华北抗战的艰难困苦时期尚在前面，敌人必将回师“扫荡”华北，争取华北抗战的胜利，仍待万分的努力，没有华北1万万军民的团结，没有各方面工作大踏步的进步，没有民众的依靠，坚持华北抗战的胜利是不可能的。我们坚决反对破坏团结，反对摩擦，我们要拼一切精力，准备对付敌人的“扫荡”战，对付这种艰苦环境。我们下定决心，不管顽固分子如何破坏与摩擦，不管敌人如何来“扫荡”，我们要坚持华北抗战到底，并以坚持华北抗战来保卫西北及全中国。

敌人的对华北进攻，是分政治、经济、军事等各方面的，而尤强调“三分军事，七分政治”的口号，加紧其政治阴谋。在政治的进攻方面：一是利用汪派、托派、汉奸，以及隐藏在抗日阵营内部的民族败类，进行挑拨离间制造摩擦，破坏我内部团结，并以“反对共产党、反对八路军”的口号，诱惑我国某些民族意识薄弱的抗战部队与地方政权；一是以军事进攻并假手以某些反共分子摧毁我抗日政权，并在其占领地区，笼络不明大义的少数地方士绅，收买流氓地痞，建立傀儡政权；一是以形形色色的欺骗宣传与糖皮毒药的怀柔政策，麻醉愚弄我民众；一是派遣汉奸托派，收买和训练若干小孩、小贩、流氓、僧道、耍把戏者、妓女、相公、窃贼及其他各色各种人员，散布于各要点并混入军政机关内部，盗取机要文件，并从内部来瓦解我抗战部队。

其次在经济方面：一是施行经济封锁，窒息我抗日根据地的经济生活；一是大量发行联合准备银行伪钞，强迫民众行使，并贬低法币[①]价值，以伪币套取法币，盗取外汇；一是实行工商业统制，排挤英法美等国的商品，施行敌货倾销；再一是在进攻时摧毁掠夺我物资，特别是粮食、牲畜农具等等，破坏我长期抗战的物质基础。

在军事方面：其作战的战略战术，也与以往不同。在作战指导上，一般用“分区扫荡”“分进合击”办法，日本侵略军的大本营说：“把握着消灭战略与消灭战术可以给敌人各个击破……广大广大的开展、压缩压缩的圈灭”。这几句话就说明了敌人在华北分区围攻，与每区“分进合击”的方法。进攻时多加强纵深配备，沿途修筑公路碉堡，巩固支点，囤积充足粮弹，徐徐推进，企图分割各抗日根据地为多数小块，缩小我之机动地区，限制我之机动能力，以图聚歼我军。但亦视地区不同，情形不同而生差异，在平原地带则发挥其机械化部队的机能，东西乱撞，并以强大火力，抓住我弱点，实行突击；此外又利用飞机轰炸与散放大量催泪性、窒息性、糜烂性毒气，摧毁我战斗力。

这一“扫荡”战于去年 9 月就已开始，首当其冲的是晋察冀边区。因为这个区域深入敌后，其力量最强大，给予敌人的威胁也最大。敌人分 20 余路向边区进攻，但边区经过多次反围攻的陶冶，发挥其顽强的战斗意志，军政民三位一体的亲密合作，英勇无比的与敌抗斗，经过将近两个月的战斗，终将敌人之围攻粉碎。我方虽蒙相当重大损失，然敌更损兵折将，伤亡共计 9000 余人，抗日根据地虽受部分摧残，但并未为

① 法币，即国民党政府于 1935 年 11 月以后发行的货币。

敌根本摧残，而且各方面愈见其进步，阵容愈见其整齐，边区日益巩固，边区部队的战斗力日益强大。

其次是向冀中、冀南平原大举“扫荡”，由平汉线、津浦线东西夹击，北宁线、沧石线南北骚扰，分路“扫荡”。各区“扫荡”兵力不下三四万人，其目的是想以“分进合击”办法，缩小我回旋地，压迫我主力于不利的作战地区，一鼓施行歼灭。半年以来冀中、冀南经历了残酷苦战，敌人虽利用其优势兵力闯进来了，在大平原钉上了一个个的“梅花桩”（即据点），但并不能完成其预期歼灭我军的目的。我八路军挺进冀中的一二〇师及冀中第三纵队和在冀南的一二九师部队，配合当地抗日民众，已给敌极大消耗损失，冀南香城固之歼灭战，冀中齐会及卧佛寺两次大捷，更创造了平原战之模范战例。而组织民众武装，到处游击敌人，遍地发出悲壮的怒吼，冀中、冀南两行政主任公署领导所属行政机关，由专员、县长、区长亲率民众武装游击队，与敌誓死周旋。敌人虽施用飞机轰炸，投射毒弹，然亦未能动摇我军民抗战的铁的坚强意志于毫发。而且我愈战愈勇猛，愈战愈奋发，誓为坚持平原游击战，驱逐日寇出平原而奋斗。

此外，敌人又向我晋东南区步步进逼，由于晋东南地区广大，地形复杂，人口众多，交通不便以及曾有过九路围攻被粉碎之痛苦教训，所以敌之进攻步调更特别慎重，步步推进，逐渐缩小我占领区。其进攻开始，起于进攻和顺县、辽县，曾一度占领辽县，为我八路军一二九师配合八路军晋豫边支队与决死队一、三纵队一部将敌击退，收复辽县。敌另一部突破子洪口，占领南关，正巩固支点，随时有进窥沁县企图。安泽、浮山也在再次激战。预料晋东南的大战，将继续发展。再如晋西、晋西北、平西、鲁西北、鲁西、鲁南、陇海路东段、大青山等，都曾遭敌“扫荡”或正在“扫荡”中，八路军的部队也都经受了，或正经受着残酷的艰苦的战斗。

由于华北各抗战部队之坚持，由于八路军之坚持，由于华北党政军民之团结与坚持，10 个月来反敌人之“扫荡”作战，虽未能完全粉碎敌人之“扫荡”计划，但已给敌人不少的硬钉子。敌寇用了 60 万的兵力，花了 10 个月的时间，虽完成了“扫荡”计划中之某些部分，就是说向我各抗日根据地都“扫荡”了一次，并进占了某些所欲占之城镇，给予我某些损失与困难，但敌之“扫荡”战之目的却并没有达到。相反的，我们保有大块地区，仍能在各个地方继续坚持作战。敌已遭极大的消耗损失，60 万大军被我游击战争抓住了，一切交通联络线仍时刻遭我破坏，往返移动部队仍不断遭我袭击，各个大小城镇仍处在我游击战争之包围中。

“扫荡”战继续到今天并没有结束，但又有些人们正在想着敌人进攻西北，即将停止“扫荡”华北了。我们认为这种想法又是错误的。事实证明从本年 5 月下旬开始，敌人又增兵华北，并向晋察冀边区及冀中区更番进行“扫荡”，目前边区正处在紧张的战争环境中，敌人要进攻西北，必然“扫荡”华北，“扫荡”华北是进攻西北之直接准备；同时在进攻西北中，仍将不会停止“扫荡”华北。在整个相持阶段中，敌人仍将以最大的力量来进攻华北，华北是处在长期的紧张艰苦的战争环境中，争取坚持华北抗战胜利是有充分可能的。但必须熬过这一长期紧张艰难的战争环境。八路军将以最大的耐心、决心和最大的努力，来和敌人拼斗，渡过这个难关，迎接总的反攻，迎接华北抗战的胜利。

二

八路军自踏入华北战场第一天开始，便以英勇的战斗姿态出现于敌人眼前，两年来不管战局如何演变，困难如何加多，总是不屈不挠地主动地寻求敌人战斗。八路军的部队驰骋于晋、冀、察、鲁、绥、热各省，足迹踏遍华北每一个地区，鲜血洒遍了每一个角落。只要是在华北的敌人，到处都可以听到我们的枪声。我们不但是枪在手中的战斗者，而且是武装宣传员和组织者，我们团结了鼓舞了全华北的民众，掀起华北广大民众的武装斗争，我们发动华北广泛的民众性的游击战争，我们创造了大块小块的抗日根据地，我们决不放松每一个机会来和敌人做斗争，来配合正面战场的战斗。抗战两周年纪念，也是我们和敌人浴血苦战的两周年纪念。

两年抗战，八路军究竟有什么成绩呢？有些什么收获呢？我们的成绩和收获是难以统计的；我们有在战略上辅助了全国抗战，坚持持久的巨大收获，也有在政治上、经济上以及给予全国民众精神上的收获，这些巨大的收获是不能以数目字来表明的，单就直接在战场上战斗胜利的统计来说，也是很难有一个完整的统计。我们的部队散布得这样的辽阔，我们的大小战斗又这样的多，即使要统计一天的成绩都很困难。因之，我们只能根据已接到的各部队的报告来作出概略统计。

总结两年来（实际上前年 9 月 20 日到今年 5 月 30 日）八路军直接协同友军或单独作战（绝大多数是单独作战），共计 2689 次，这是比较大的战斗，许多小战和向敌侦察袭击等战斗均不在内，即此较大战斗，平均每日在两次以上，其中最为著名的有平型关、阳明堡、平鲁、井坪、灵丘、午城镇、井沟、南偏城、宁武、平社、牛武村、岱岳、洪子店、旧关、定州、保定、望都、昌平、兴平、涿州、涞水、琉璃河、门头沟、清风店、神头岭、响堂铺、沾尚镇、水冶镇、马房、威县、长乐村、张店镇、王安镇、西合营、彭城镇、町店、香山、王家池、冯家沟、耿家庄、阜平、张家湾、直峪、滑石片、上阳武、川口、蠡县、巨鹿、辽县、齐会、大曹村、卧佛寺、曲周、香城固、南宫、黄家庄、猫儿寨、景县、徐沙村、大营镇、大宗家、北魏镇、三十里铺、卧佛堂、大王庄、董庄、上下细腰涧、对村林、大龙华等战斗，尤其是最后这几次，最为剧烈，战斗每继续至数昼夜之久，敌人伤亡每次百计或千计。

这些战斗大多是八路军主动积极去寻求的，我们常常处于机动地位，因此我们便能常常灵巧机动地战胜敌人，以较小的代价，换取最大的胜利。两年来在这 2689 次较大的战斗中，我们共杀伤日军 65090 人，伪军 15430 人，骡马 4361 匹。俘虏日军 385 名，伪军 9615 名，缴获骡马 5020 匹。击毙敌联队长以上军官多名。争取 63 批伪军反正，共计反正官兵 19361 名，摧毁伪维持会及伪组织更不计其数。破坏铁路 437 次，共计 653.5 公里，破坏公路 734 次，共计 1230.5 公里，毁车站 36 处，破坏桥梁 387 座，收回敌人电线 10 万公斤，这些破坏又多是在战斗中进行的。此外，缴获和破坏敌人资财则更多，缴获步马枪就有 2 万余支，轻重机关枪 400 余挺，缴获与毁坏大小炮 100 余门、汽车 2000 余辆，毁伤飞机 20 余架，其他东西难计其数。

有人说八路军“游而不击”，但是上述这些数字便足以粉碎他们的造谣诬蔑。获得这些胜利与成绩，绝非取巧所能取得的，自然八路军的胜利依靠它的正确主张与办法，依靠其艺术的作战指导与主观的努力，而我们所付的流血的代价，也是非常之大的。两年来仅八路军各部主力在华北抗战中阵亡将士计有 1.5 万余人，负伤 4 万余人，其中有中华民族最优秀的军事指挥员，贺龙师长的中毒，陈锦秀、叶成焕、邓永辉、朱仰兴同志等的阵亡。在这一伤亡总数中有 50% 以上的共产党员。我们以无限的哀痛谨向这些作了壮烈牺牲的英勇将士深致哀悼与崇高的敬意，向无数的光荣负伤的将士深致亲切的慰问与关怀。

三

为什么八路军能在敌人后方坚持，能不断战胜敌人，能取得上述成绩呢？当然有许多原因，这里应指出的在八路军本身具备着的是：

第一，在于八路军有高度的政治觉悟和民族觉悟。八路军的每个将士都能认识当前大敌，知道抗日高于一切，一切服从抗日的大道理，八路军每个将士都能了解自身献身于民族解放的意义，知道这次战争是为求民族的自由，为求中华民族从帝国主义锁链下解放出来。同时，八路军将士更清楚知道，自身阶级的解放和全国人民的解放，也是从这次战争中去求得。正因为八路军有这样高度的民族觉悟和阶级觉悟，这种对于国家民族无比的忠诚和对于战争的最高信心，才产生这种英勇牺牲的精神，不屈不挠的意志，顽强的刚果的毅力，能够在任何条件下奋斗。八路军没有优良的武器，在全国抗战部队说来是武器配备最差的部队，但是他能以低劣的武器和优势敌人搏斗，并从他们手中夺取武器，这全仗八路军有坚强的意志和战斗的英勇顽强。我们的精神战胜了物质上的困难，而这种精神，其基础却在于政治觉悟和民族觉悟。

第二，在于八路军能坚决把握抗日民族统一战线，知道与友军合作，知道与友军配合作战，知道帮助恢复政权，扶助政权，华北抗战之能支持，首先在于统一战线的发展与巩固，而八路军之能在华北坚持战胜敌人，首先在于八路军能与友军协作，能取得地方政权与民众团体的帮助。军政民的三位一体是战胜敌人的基本因素，而八路军却能把握住这一点。八路军能团结抗战力量，并发挥这些力量。八路军很多胜利的获得，就依仗于统一战线执行得正确。

第三，在于八路军能团结民众，能取得民众的爱戴、拥护和帮助。八路军以模范的纪律来影响民众，并发动组织民众，民众和八路军像一家人一样，他们爱护八路军，掩护八路军，配合八路军作战。民众为我们担任运输、担架、侦察、警戒、交通、联络等等工作，民众帮助我们破坏道路，民众自动参加作战。这一切，解除了八路军很多困难，几乎没有一次战斗没有民众参加。正由于民众帮助我们，我们才更容易取得胜利。要是没有民众，想在敌人后方生存和发展，是很难想象的事。全国范围的抗战部队今天都应认识动员民众的重要。有某些这样的分子，他们不了解这点，奇怪为什么八路军能打胜仗，甚至认为八路军故意夸大民众的作用，故意动员民众来作要挟，于是压迫民众运动，摧残民众运动。然而事实教训他们，没有民众他们要吃大亏，有很多人已经吃了亏。正因为八路军能和民众亲密合作，与民众打成一片，就得到了民众热烈的拥护和帮助。因之也就能胜利、发展和壮大。

第四，在于八路军有健全的政治制度。八路军战士有很好的政治文化教育，有活泼的文化娱乐工作，能上下一心，指挥员与战斗员一律平等，指战员相互间的亲爱和睦、团结得像一个人一样，更有优秀的共产党员在部队中起模范作用，因之八路军部队中富有生气，部队能十分巩固与坚强，能克服困难，发扬艰苦奋斗的精神。我们部队的政治工作，大大地提高了我们部队的战斗意志和战斗力。

第五，在于八路军有传统的指挥作战艺术，机动、灵活、迅速、秘密，能善于抓住敌弱点，能够灵活地运用游击战和运动战，能够巧妙地使用正规战和游击战，相互辅导，以游击战袭击敌人，骚扰敌人，疲困敌人，迷惑敌人，分散敌人，制造敌人的弱点，以正规军来歼灭敌人，击溃敌人，解决战斗。我们这种灵活的战斗动作，使自己避去很多不必要的牺牲，同时又使敌人遭到我们很大的打击。

八路军虽有上述的许多优点，保障了我们的胜利，但却不是没有困难的。在抗战愈益发展中，我们的困难可能愈益增加。但这些困难是可以克服的，熬过困难的一段，光明的坦途就会到来。

第一个困难，在于当敌人疯狂的“扫荡”之下，华北各个抗日根据地和各个抗日根据地内部地区日益被分割，交通联络和指挥上的困难加多了。八路军的部队散布很宽，但今天敌人以重大兵力，向我八路军部队进攻，我们各部相互间不能联合对敌作战，困难因此增加。如在冀中、冀南的八路军，在平原地带作战，每天都在剧烈地战斗与转移中，要行军又要作战，在这种艰苦的情况下，我们不能如某些人那样在敌人来时弃民众而逃，我们誓死要与敌人周旋，我们要完成坚持华北抗战的任务，我们也相信这一困难在战斗的历程中能逐渐克服。

第二个困难在于敌人的阴谋破坏。敌人利用汉奸、汪派、托派来挑拨离间友军和我们之间的团结，破坏抗日民族统一战线，用各种卑鄙龌龊手段向我们进攻，而某些反动分子、投降分子是为帝国主义所愚弄，甘心为日寇作应声虫，不以国家民族为前提，不认清当前大敌，高唱反对共产党、八路军，并且见诸行动，阻挠我们的对敌作战，损害我们的抗战力量，破坏我抗日部队的威信，甚至暗杀活埋我八路军人员，在敌人进攻时，配合着敌人的行动向我们“收复失地”，尾后暗计射击，这增加了我们很多困难。我们衷心希望这些分子，能够迅速醒悟，不要为敌作伥，不要唯私利是视。要消除各种摩擦，大家“集中意志，集中力量”，使抗战力量更能发挥。

第三个困难是物质经济的缺乏。这是八路军自抗战以来所深深感到的困难，八路军是国民革命军之一部分，但却未享受到国民革命军之一般待遇，为坚持敌后抗战的需要，八路军为了我民族整个战争之需要，奉命分布到整个华北。八路军经常吸引了敌寇 14 个师团之兵力，在自己面前作战，要完成这一巨大严重之任务，八路军的充实与扩大是非常必要的，这不是一己之利，而是民族的需要，坚持华北抗战的需要。我们已发扬了艰苦奋斗的优良传统，把每个人的生活水平，降到最低程度，但如无最低限度的必要的物质经济的供给保障，就难以完成自己的战略任务。八路军亦曾想尽种种方法来解决这个问题，如厉行严格的节约运动，在不妨害战斗的条件下实行生产运动，以及发动自制衣服鞋袜等等，虽也解决一部分问题，但距客观的需要相差极远。我们希望能顾及民族国家的需要，坚持华北抗战的需要，根据八路军部队的实际情况，予以必要的物质经济补给，使八路军将士无给养之忧，而能一心作战，更多地发挥我坚强的战斗力。

第四个困难是武器装备的困难。八路军自抗战以来，武器装备从未得到补充。所持低劣武器与敌转战中夺取了一部分敌人的武器。武器不足与武器落后，障碍了八路军更多胜利之获得，被我击败之敌眼见得不难立时全部消灭，但往往因武器落后，火力不足，竟被其漏网或竟不能消灭。现在抗战行将转入相持阶段，敌后方之作战，将愈见其重要，我们盼望武器方面能得到相当补充，以发挥敌后抗战之更大作用。

但是八路军虽有如此许多困难，我们却决不在困难面前屈服，我们将尽量运用各种有利条件，以大无畏的精神来努力克服困难，坚持华北抗战的胜利。

坚持华北抗战已两年了，我们八路军依靠着正确的方针与办法，已取得一些胜利与成绩。但华北的艰难，严重局势仍然存在，一方面敌人仍将继续向抗日力量进攻、“扫荡”；另一方面顽固分子“防共限共”的加剧，投降妥协危险之严重存在，争取坚持华北抗战之胜利，还待更大的努力。在今日纪念抗战两周年的时候，我们唯有更感自己责任之重大，唯有励精图强，奋力向胜利前途迈进！

聂荣臻

集师上寨运良筹，敢举烽烟解国忧。
潇潇夜雨洗兵马，殷殷热血固金瓯。
东渡黄河第一战，威扫敌倭青史流。
常抚皓首忆旧事，夜眺燕北几春秋。

- 1899 年生，字福骈，四川江津县（今重庆市江津区）人。
- 1922 年 8 月参加旅欧中国少年共产党，1923 年春转入中国共产党。
- 1937 年全面抗战爆发后，任八路军一一五师副师长、政治委员。同年 9 月，与林彪共同指挥平型关战役，取得平型关大捷。11 月，聂荣臻受八路军总部之命任晋察冀军区司令员兼政治委员，在晋察冀边区创建华北敌后第一个抗日根据地。
- 1939 年秋，率部粉碎了日军分十二路向晋察冀边区进行的“扫荡”，并在黄土岭战斗中与杨成武指挥部队击毙日“名将之花”阿部规秀中将。
- 1940 年 8 月，在百团大战中，指挥部队对正太、津浦、平汉、北宁等铁路线进行破袭战，使日军的交通枢纽陷于瘫痪。
- 1945 年 8 月 11 日起，部署晋察冀军区部队对日反攻作战，解放了察哈尔、热河省全部，河北省大部，山西、绥远、辽宁省部分地区。
- 1955 年，被授予元帅军衔。
- 1992 年 5 月 14 日，逝世于北京。

首战平型关 *

聂荣臻

1937 年 9 月中旬，日本侵略军兵分三路在华北展开全面进攻。一路以一个半师团的兵力，沿津浦路向南进犯；第二路以四个多师团的兵力，沿平汉路向南进犯；第三路以三个旅团一个师团的兵力，沿平绥路东段、同蒲路北段向南进犯。第二路是日军的主攻方向。第三路分为左右两翼：右翼一个派遣兵团的三个混成旅团占领大同后，准备出山阴进犯雁门关；左翼第五师团集结于怀来、宣化，分两路西进：一路经蔚县、广灵前进，一路经怀安、阳原向浑源进击，企图突破平型关与大同之敌会师雁门关。这两路日军总的企图是，由晋北打开通路，攻占太原，以大迂回的动作，迫使国民党军队撤退，达到不战而占领华北五省的目的。阎锡山感到日军此举威胁到山西的腹心地区，侵犯他的根本利益，因此多次要求我军尽快向灵丘方向开进，配合他阻滞日军的攻势。正是在这种形势下，我军紧急开赴晋东北前线。

我们在原平没有停留多长时间，因为前边的情况很紧急。国民党军队那种不战而退的恐慌情绪，实在使我担心，说不定，他们很快就会从

---

* 本文节选自《聂荣臻回忆录》，解放军出版社 2007 年版。

晋东北全部败退下来。况且林彪已经到前边看地形去了，我必须赶紧带着部队开上去。

我率师司令部和三四四旅绕向五台山的山间小路前进，没走代县、繁峙比较顺的那条大路。因为那条路上国民党败退的军队一帮接着一帮，堵塞着道路。我还担心他们大量散布的失败主义情绪，会影响到部队的士气。为了摆脱这些溃兵对部队情绪的影响，因此，我决定避开他们。

祖国的大好河山即将沦入敌手，一路所见，令人心寒。群众情绪惶恐，村庄冷冷清清，想从村里找一个向导，或是找人打听前边的情况，都非常困难。

我们先经过五台，又沿着崎岖的山路穿过龙泉关，从阜平北面的丁家庄插到了平型关东南的上寨镇。

我记得，到达上寨的时间是9月23日。在这里，我同林彪会合了。这时，灵丘城已经失守，国民党军队的一帮溃兵跑到上寨砸老百姓的店铺，被我们的战士轰跑了。我见到林彪以后，告诉他部队都带上来了，问他前边的情况怎么样。他说，敌人的大队人马正向平型关方向运动，这里的地形不错，可以打一仗。他摊开地图，同几位参谋一起，把平型关周围的地形和初步的作战设想介绍了一下，问我的看法。我表示，可以在这里打一仗，居高临下伏击敌人，这是很便宜的事。我说，现在不是打不打的问题，而是要考虑怎样打得好，这是我们同日本侵略军的第一次交锋，全国人民都看着我们，这个仗必须打好，打出八路军的威风来，给全国人民的抗日情绪来一个振奋！

在平型关打一个大仗的计划，就这样定下来了。当时，这样的作战计划，前线指挥员有权根据情况决定。好打就打，只要事后报告一下就行了。事实上，事先请示也不可能，军委和总部不十分清楚前线的具体情况，敌军怎么样？地形怎么样？特别是进行游击战争，上午打了，下午就有可能要离开，事事请示，就会贻误战机。至于同阎锡山第二战区方面的关系，我们是“独立自主”的。八路军进入山西以后，部队的行动和作战，用不着直接向阎锡山打招呼，他有什么想法，可以在太原同恩来同志讲或是通过八路军总部转达。

为了打好平型关这一仗，我们在上寨召集全师干部举行动员会议，说明当时情况，我们胜利的条件和作战应该注意之点。

进犯平型关的日军，属于敌板垣第五师团。板垣本人在中国待了很久，他的全名叫板垣征四郎，是个有名的“中国通”。他早在1929年就在关东军任参谋，当时是大佐军衔。九一八事变后，日本侵略军在东北组织伪满洲国，就是由他代表关东军同溥仪谈判的。由于组织傀儡政府有功，1937年卢沟桥事变爆发的时候，他已经升任中将师团长了。板垣师团武士道精神很强，在日军里面有些名气。板垣所以选择平型关作为迂回的路线，因为他清楚这里是山西和河北交界的地方，是个比较薄弱的环节。他自带队进攻华北以来，遇到的都是不战自退的国民党军队，气焰骄纵得很。他有个错误的估计，以为我军不可能这样快东渡黄河，根本没有估计到在他眼皮底下会有一支严阵以待的八路军队伍。对于敌军的这些情况，当时我们还不甚清楚，敌军的番号和进攻意图，是平型关战斗之后，从缴获的战利品和作战地图上了解到的。

在干部会上，我简要地介绍了日军由灵丘西进的情况。同志们情绪非常热烈，摩拳擦掌，准备打一个大胜仗。我军的战斗部署是：独立团和骑兵营插到灵丘与涞源之间和灵丘与广灵之间，截断敌人交通线，阻止敌人增援；以三四三旅两个团为主攻，三四四旅一个团到平型关北面断敌退路，一个团作师的预备队。攻击部队全部在平型关东侧山地设伏，准备给敌以猛烈打击。林彪讲完兵力部署后，我在讲话中强调了为什么要打这一仗，为什么必须打好这一仗，并向各级党的组织提出了要求。会议一结束，师的主力就连夜赶往距平型关30余里的冉庄待命。

我抓紧这个空隙，到前边察看了这一带的地形。平型关确实是一个伏击敌人的理想地域。从平型关山口至灵丘县东河南镇，是一条由东北向西南伸展的狭窄沟道，地势最险要的是沟道中段，长10多里，沟深数十丈不等，沟底通道仅能通过一辆汽车，能错车的地方极少，而南北沟岸却是比较平坦的山地，我们的部队正好埋伏于此。

24日，在断断续续的炮声中，前沿部队报告，敌人有于翌日大举进攻的可能。傍晚，师部又收到了阎锡山部队送来的一份“出击计划”，说他们担任正面防御和堵截。我和林彪在马灯下，摊开军用地图，把各方面汇集的情况又做了一番详细的研究，随后用电话下达了出击的命令：三四三旅本晚24时出发进入白崖台一线埋伏阵地，三四四旅随后开进。

白崖台一线，距敌预计经过的汽车路仅二三里地。那天夜里，天下起了倾盆大雨。干部战士们既无雨衣，又缺御寒的服装，只得任凭秋雨湿透征衣，沿着崎岖的山沟向前行进。最糟糕的是山洪暴发了，湍急的山洪咆哮着，盖住了哗哗的雨声。大家只得把枪和子弹挂在脖子上，手拉手结成“缆索”，或者拽着马尾巴从激流中蹚过去。师里虽然有工兵营，也能架桥，但是，水势凶猛，大雨滂沱，短期内难于成功。徐海东同志的三四四旅走在后边，闯过去了一个多团，另一部分被越来越险恶的山洪拦住了。我看到有的战士急于过去被洪水冲走了，就同林彪商量，这个旅过来的一部分作预备队，没有过来的不再强渡，以减少不必要的牺牲。林彪同意了这个意见。所以，平型关伏击只使用了由杨得志、陈正湘同志率领的六八五团和由李天佑、杨勇同志率领的六八六团。独立团和骑兵营已于23日分别向平型关东北和以东开进，24日，独立团在灵丘与涞源之间的腰站，同日军打了一个遭遇战，毙敌300余名，有力地完成了打援任务，配合了正面作战。

经过大半宿行军，我们赶到了目的地，雨停了，天也亮了。按照预定计划，将大部兵力布置在由平型关到东河南镇10多里长的沟道通路的东南山地上，同时派出了一支部队迅速由南向北以隐蔽动作穿过沟道通路，占领了东河南镇以北的一个高地，以便切断敌人后路，造成两面夹击的阵势。我们的师指挥所设在沟东南边的一个小山头上，站在指挥所，用望远镜可以纵观全沟。不知哪位有心的同志，当时给师指挥所拍了一张照片，从那张照片上，可以清楚地看到我和林彪的指挥位置。部队部署完毕，我举起望远镜朝师指挥所前侧的山头望去，看到部队隐蔽得非常好，经过一夜风雨侵袭的战士们，正忍受着饥饿和寒冷，趴在冰凉的阵地上，等待战斗。

这时，山沟里传来了汽车的马达声，进犯平型关的日军已隐约可见。这是板垣师团第二十一旅团的辎重和后卫部队，共近2000人。前面是100余辆汽车，接着是200多辆大车，除军用物资以外，车上坐满了戴着钢盔的日本兵，再后面是驮着九二式步兵炮的骡马和骑兵。车马连成一线，马达声和马蹄声充斥在山沟间。敌人那种骄横的阵势，得意扬扬的样子，真使我们难于忍受。他们没有什么防备，因为他们南下以来，基本上没有遇到什么抵抗，所以，虽是辎重和后卫部队，仍然大摇大摆地走着，如入无人之境。

伏击部队的报告同时汇集到师部：敌军已全部进入伏击圈。这时，我们下达了攻击命令。我看了看表，记下了当时的时间，是清晨7时整。

战斗一开始，全线部队即居高临下地向敌军展开猛烈袭击，一下子把它的指挥系统打乱了。山沟里，汽车撞汽车，人挤人，异常混乱。我同林彪研究了一下，决定把敌军切成几段，分段吃掉它，随即下达了命令。

立刻，巨大的冲杀声响彻山谷，战士们勇猛地向公路冲击，同敌人展开了短兵相接的白刃肉搏战。侵华战争初期的日军与后期的不同，他们经过严格的军国主义训练，抵抗得十分顽强，虽然失去了指挥，仍分散着跟我们厮拼。有的爬在车轮下和沟坎上射击，有的向坡上爬，妄图夺取阵地。战斗始终打得很激烈，甚至出现了敌军的伤兵与我们的伤员打成一团的情况，互相用牙齿咬，用拳头打。敌人虽然很顽强，但它无法抵住我军的猛烈进攻，不能摆脱失败的命运，大部分被歼，只有小部分突围逃跑了。

到中午，战斗临近结束之前，我随同出击部队下到沟底的公路。这次伏击战的战果，可以说是很壮观的。公路上，敌军人仰马翻，燃烧的汽车，遗弃的武器，比比皆是，堵满沟底。我在察看战果的时候，还碰上一个日本兵，躲在山洞里面向战士们放冷枪，战士们对着山洞用中国话喊："缴枪不杀！"他以枪弹回答，死不投降。我说，丢手榴弹，消灭他！那时，我们的战士还把日本侵略军当成内战时期的敌人，以为打狠了就会缴枪，岂不知他们都经过长期训练，受麻醉很深，满脑袋装的都是怎样占领中国，所以即使剩下一个人，也很顽强。

当我们完全控制了这条山沟，马上按预定计划，命令一部分部队向东跑池一带的日军进攻。这里原定是阎锡山部队阻击的目标。当我们在十里长沟与日军激战的时候，他们一直没按预定的作战计划行动。敌人经东跑池突围的企图已经非常明显了，他们仍旧按兵不动。这样，东跑池的敌军未能全歼，黄昏时，突破阎锡山部队的团城口阵地向北逃窜。

平型关战斗，我军歼敌板垣师团第二十一旅团1000余人，毁汽车100余辆，大车200多辆，缴获九二式步兵炮一门，炮弹2000多发，机枪20余挺，步枪1000余支，战马50余匹，其他武器辎重甚多。还缴获了一批日军作战用的地图和文书。听到我军打了大胜仗的消息，附近山沟里的老百姓，都自动出来帮我们搬战利品。

平型关大战获得重大胜利的消息，立时传遍全国。全国各界人士给我党我军发来了大量贺电、贺信，甚至连蒋介石也来电表示祝贺。这一胜利，确实使全国人心大振。

平型关大战后，不少爱国人士曾经议论过这样一个问题：久驻华北的国民党几十万大军尚不能打一个小胜仗，为什么刚到前线、可以说是仓促上阵的八路军，却能一举取得如此辉煌的胜利？其实，这个问题并不难回答，从根本上讲，这是由于我们党坚决抗日的政治路线所决定的。八路军东渡黄河以来，官兵士气高涨。战前，同志们就憋足了劲，决心严惩侵略者；战斗中，战士们勇敢顽强，不怕牺牲。六八六团副团长杨勇同志在战斗中负了伤，仍继续指挥部队作战。连长曾贤生同志带领战士们上好刺刀冲下公路时，高喊着："我们要用刺刀消灭敌人，就是牺牲，也要堵住敌人！"他首先冲进敌群，在肉搏中光荣献身。担负穿插堵击任务的一个连队，打得非常顽强，战斗结束时，全连干部除一人以外，全部负伤，三个排长英勇牺牲。干部战士们英勇无比的精神，是取得胜利的决定因素。另外，从指挥上讲，我们选择了有利地形，居高临下，两面夹击，在狭窄的山谷给敌以突然袭击，使它的装备优势无法发挥。从敌军方面说，它长驱直入华北，异常骄纵轻敌，也导致了它的这次惨败。

平型关大捷，是我军出师华北前线打的第一个大胜仗，也是中国抗战开始以来的第一个大胜仗。这一胜利首先在于它的政治意义。在国民党军队一败涂地的混乱战局下，平型关大捷雄辩地说明，中国共产党领导的人民军队，确有战胜任何敌人的勇气和力量，使全国人民看到了民族希望之所在。对于这个胜利，我再引用一位著名爱国志士写的一段文字来说明它的影响。国民党老同盟会会员、当时的第二战区战地动员委员会主任续范亭先生曾经著文写道：

> 谨按平型关战役，八路军的大捷，其估价不仅在于双方死亡的惨重，而在于打破了"皇军"不可战胜的神话，提高我们的士气。在敌人方面，从南口战役以来，日寇长驱直入，如入无人之境，在平型关忽然受到惨重的打击与包围被歼，使日寇知道中国大有人在，锐气挫折，不敢如以前那样的长驱直进。忻口战役敌人未敢贸然深入，我军士气高涨，未尝不是平型关歼灭战的影响。

续范亭先生的估价，代表了当时全国人民对这次胜利的看法。除此之外，饱受日本侵略军和国民党溃兵祸害的华北人民，从平型关的胜利中看到了希望，认为共产党和八路军是可以信赖的。这为后来我们在这一地区创建敌后抗日根据地，奠定了广泛的群众基础。

我们出师以后，第一仗就是平型关战斗，它打出了中华民族的志气，树立了八路军的威信，对国内外产生了很好的影响，尤其是在“恐日病”和“亡国论”到处流行的时候，这一胜利大大增强了全国人民抗战的决心和信心。这是平型关战斗胜利最重要的意义。

百团大战 *

聂荣臻

1940 年 8 月，在八路军总部的统一指挥下，组织晋察冀军区、晋冀鲁豫军区部队，进行了以正太铁路为重点的大规模交通破袭战。这就是后来所说的百团大战。

战斗的展开

这次战役开始的时候，并没有百团大战的说法，只是进行正太路破袭战。

发动正太路破袭战，是 1940 年春天，我到晋东南时就酝酿确定的。那一次，我们几个同志在一起议论过正太路破袭战的问题。先后参加议论的有彭德怀、左权、刘伯承、邓小平等同志和我。议论中，有的同志曾提出，想把正太路搞掉，使晋冀鲁豫和晋察冀两个根据地连成一片。我说，这个计划如果能够实现，那当然好；不过，我们要想完全控制正太路，或者把它彻底摧毁掉，恐怕难以实现。因为，日本侵略军为了巩

---

* 本文节选自《聂荣臻回忆录》，解放军出版社 2007 年版。

固它的后方，正企图通过巩固交通线，把山东、河北、山西三个地区紧紧连在一起。当时，平绥路到同蒲路，还不通车，石家庄到德州这段铁路，虽然日本人正抓紧修，但是由于屡遭我们的破袭，还远没修通。在这种情况下，敌人把正太路看成是连接山西、河北的重要交通命脉，如果丧失对正太路的控制，它在山西的占领军一切运输补给都难以保障，敌人是不会善罢甘休的。就是我们能够在短时间内炸断、摧毁正太路，暂时断绝了它的交通，从敌人具备的技术力量来看，很快可以修复。鉴于这些考虑，在议论中，我的意见是，完全搞掉正太路，将两个区域连在一起，这个想法不够现实。至于对正太路进行破袭，我完全赞成。对敌人交通的破袭战，这是我们在游击战争中经常进行的，几乎天天都在破袭嘛，这有什么不可以！

就是这一次，商定了对正太路进行大规模破袭战的问题。

6月初，我同晋察冀军区南下支队回到了唐县和家庄。7月22日，总部发布了《关于大举破击正太路战役的预备命令》。根据总部下达的任务，晋察冀军区负责破袭正太路石家庄至平定段，袭击重点为娘子关到井陉煤矿段及其两侧地区。另外，总部还要求晋察冀军区对管区内的平汉路、北宁路、津浦路、石德路、沧石路等铁路、公路进行广泛的破击，以阻止敌人向正太路增援。

我们接到总部的命令后，按照要求，抽调了八个步兵团、一个骑兵团又两个骑兵营、三个炮兵连、一个工兵连和五个游击支队，分别组成三个纵队：即熊伯涛指挥的左纵队，杨成武指挥的中央纵队和郭天民、刘道生指挥的右纵队，还有一支钳制部队和一个总预备队，担负这次作战任务。对平汉路等其他交通线也作了相应的破击部署。

守备正太路沿线的敌人，东段井陉到石家庄两侧地区，是日军独立第八混成旅团；西段娘子关到寿阳一带，是日军独立第四混成旅团；太原、榆次地区，是日军独立第九混成旅团。敌人在沿铁路线的各个据点，都构筑了坚固的堡垒群。各堡垒之间又有交通壕相连，周围设有铁丝网、外壕等障碍物，并且构成严密的火网。仅平定到石家庄两侧，就有敌人据点40余个。

这次破袭战，是在相当长的战线上进行的广泛攻坚战。为了达到预期的战役目的，我向晋察冀参战的各部队提出，一定要在战前进行充分准备。各部队抓紧时间，进行攻坚和破路的短期训练，还派出小部队侦察了地形、敌情，完成了进攻道路的选择，爆炸器材的准备，部队和群众的动员，兵站的建立，粮秣的贮存等各项准备工作。应该说，正太路破袭战的战前准备，是很充分、很出色的，这是保证破袭战取得胜利的一个非常重要的方面。

按照总部的规定，正太路破袭战于8月20日晚10时全线发起攻击。在战役开始的前几天，我带着一个精干的指挥班子赶到了前线。我的指挥所设在井陉附近的一个小山村里，这个小山村叫洪河漕，仅十来户人家。发动攻击的那一天，正赶上下雨，部队冒雨穿过山间小路，在黄昏前秘密运动到敌人鼻子底下。由于战前的充分准备和群众密切配合部队封锁消息，敌人始终没有发觉我们的行动。

20日晚，正太路全线准时发起了攻击。三个纵队的任务分工是：右纵队破袭乱柳至娘子关段，奏效后向阳泉方向扩张战果；中央纵队指向娘子关至微水段及井陉煤矿；左纵队攻击微水至石家庄段的据点。我们计划攻击的重点是井陉煤矿和娘子关。我清楚地记得那一时刻的情景，真是壮观得很啊！一颗颗攻击的红色信号弹腾空而起，划破了夜空，各路突击部队简直像猛虎下山，扑向敌人的车站和据点，雷鸣般的爆炸声，一处接着一处，响彻正太路全线。指挥所的几个年轻参谋激动地对我说，他们参军以来，还没见过这样红火的战斗场面。这个时刻，不只我们这里，整个正太路沿线和同蒲路部分地段，都淹没在八路军和人民群众大破袭的火网之中。

这里，我要特别说一说攻占战略要地娘子关和歼灭井陉煤矿敌人的战斗。这是晋察冀军区在战役第一阶段所取得的突出战果。

天险娘子关是正太路上冀、晋两省交界的咽喉。抗战前，国民党军队就在这里构筑了不少国防工事。1937 年 10 月被日军侵占后，敌人又依据险峻的山谷，在旧有的工事上，加修了四个大堡垒。另外，在关下的村子里还驻守了一部分伪军。战斗开始的当夜，担负主攻任务的是右纵队五团的部队。他们潜入娘子关村，解决了村里的伪军，然后依托村庄，向据险顽抗的日军进行强攻。在陡峭的山坡上，战士们冒着浓密的火网，前仆后继，向娘子关上敌堡垒仰攻，经过三小时的反复冲击，终于夺取了敌人的堡垒。天近黎明的时候，我军胜利的旗帜已经插上了娘子关头。在侵略军铁蹄下生活了近三年的娘子关地区的同胞，看到八路军的红旗高高地飘在关头上，兴奋地流出泪水。占领娘子关以后，我军乘胜破坏了娘子关东面的铁路桥，收割了大批电线。21 日，日军增援部队赶来，我军破坏了堡垒工事后，主动撤离了娘子关。

中央纵队重点进攻井陉煤矿。担负主攻任务的是三团。战斗发起前，攻击部队就同矿区的工人取得了联系，在矿区工人的配合下，首先切断了矿区电源，靠夜幕掩护，向守敌展开猛烈进攻。经过一夜激战，到 21 日黎明即将敌人全部歼灭。有的同志进入井陉矿区后，舍不得撤出来，觉得好不容易攻下来了，想守在那里。我立刻给他们打电话，我说，占领井陉是没有意义的，现在不是占领一两个矿区、城镇的问题，主要任务是消灭敌人，扩充我们自己的力量。接到电话后，部队撤离了井陉。在这一点上，我的思想比较明确，该撤退的时候就要撤退，陷在那里干什么！破袭的任务完成了，就要立刻转移，游击战争就应该是这个样子。

左纵队攻击井陉以东靠近石家庄的岩峰、上安两个铁路据点，因为敌人凭坚固的工事据守，不易攻下。为避免过大的伤亡，最后放弃了攻占这两个据点的计划。

到8月底，晋察冀军区部队组织了四个团的兵力向盂县、寿阳以北地区出击。这时，日军独立第四混成旅团已经南调，向一二九师反扑。盂县、寿阳以北的敌人兵力很单薄，各据点的守敌慑于我军锐猛的攻势，极度恐慌，当我们的部队逼近时，纷纷放弃据点逃跑。我军乘胜追击，几路逃敌先后被我歼灭。

正太线作战20天，据战后的统计，晋察冀军区参战部队共毙、伤、俘敌伪军900多名，攻克据点10余处，破坏铁路60多里，破坏桥梁18座，并且缴获大批枪支弹药，其中有火炮5门。在晋冀鲁豫军区和晋察冀军区两支部队联合打击下，正太路全线曾一度陷于瘫痪。

到9月10日，晋察冀军区参战部队，除留下两个团在盂县东北稍事休整，准备配合一二九师行动外，其余部队开始向边区的东北部转移，准备执行第二阶段的作战计划。

扩大战果

晋察冀军区参战部队，离开正太路向边区东北部转移的时候，我们的指挥所也撤离了井陉前线，回到唐县和家庄。

这次战役，从第一阶段结束到第二阶段开始，中间有10天的空隙。为了执行好下一步的作战计划，我要求各参战部队，抓紧这短暂的时间进行休整。因为20多天来，各部队一直处在极度紧张的战斗之中，已经十分疲劳了。自三年前，我们挺进敌后开展游击战争以来，进行这样大规模的破袭战，持续时间又这样长，这还是第一次。部队转移的时候，我的电台始终同各部队的指挥员保持着联系，我嘱咐他们：决不能因胜利而麻痹，因疲劳而松懈，同时，要掩护好参加破路的数万民兵和群众，保证他们的安全。

第二阶段的战斗，是9月20日开始的。总部赋予我们的任务是：

破击涞源、灵丘境内的公路，夺取这两座县城。为此，我们组织了“涞灵战役”。“涞灵战役”也是分两段进行的，第一段在涞源，第二段在灵丘，两个阶段的具体指挥分别为杨成武和邓华，参战的主要是一分区和五分区的部队。为配合“涞灵战役”的作战行动，冀中军区组织了任（丘）河（间）大（城）肃（宁）战役，各地区还发动了一系列对铁路公路的破袭战。

涞灵地区战略地位极其重要，敌人同我们争夺得相当激烈，它的一些据点，已经深入到了边区内部。展开这次战役的目的，就是扫除这些据点，使根据地更加巩固。

当我们出击正太路的时候，涞灵地区的敌人已有所警觉，各据点相继增加了兵力，仅涞源城就增至500多人，东团堡、白石口等敌人据点，都增加到百人左右。敌人为对付我军的袭击，纷纷加固工事，储备粮弹，严加警戒，这就大大减少了我军突袭成功的机会。

9月22日晚，一分区部队对涞源城发起攻击。经过一夜激战，一团攻占了城关东、西、南三面，大部守敌退进城内防守。进攻其他据点的部队，虽然也取得了一些进展，但遭到敌人猛烈的反击和施放毒气，不得不撤了出来。

第二天，一分区部队报告，根据头晚的作战情况，他们感到攻击涞源及其他外围各据点的我军兵力过于分散，准备改变部署，只留一支部队监视城内敌人，先集中兵力扫除周围各据点，而后再攻涞源城。我立即复电，同意他们的计划。

改变部署后，一团和二团的各一部攻击涞源城东的敌三甲村据点。这个据点工事坚固，守敌有日伪军80余人。23日晚，我军以炮兵配合，猛攻敌人的堡垒，战士们冒着枪林弹雨，越过重重障碍，冲进碉堡，冲进村庄，激战数小时，将守敌全部歼灭。

在这同时，三团在邱蔚团长的指挥下，集中力量攻击东团堡。这里的守敌是由日军士官生组成的井田部队，抵抗十分顽强，并不断施放毒气。我军勇猛冲击，激战到24日夜间，把村周围堡垒全部攻下。残敌退入村中，凭几间房屋死守，并继续施放毒气，组织反扑。参战的干部战士几度苦战，伤亡很大，不少同志中毒，到25日黎明，部队又撤到村边。下午，我军再度发起猛攻，同敌人展开白刃战。经反复冲杀，敌支持不住，又不愿投降，遂将据点所存武器、物资、粮食全部纵火焚烧，然后跳火自尽。东团堡之战，是以顽强对顽强的典型战例，充分显示了我军的战斗力，对敌人震动很大。日军为此作了所谓《大日本皇军驻东团堡井田部队长恨歌》，有“一死遗憾不能歼灭八路军，呜呼团堡”之句，刻于石上。可见东团堡之战，对日本侵略军打击之深。

10月2日，我们又组织了四个团、一个支队另两个营的兵力，向灵丘、浑源、广灵地区出击。灵丘敌人发现我军动向，抽调南坡头、古之河据点的敌军，合击我二团的部队。南坡头敌人调出一部后，我一团一营乘机袭入南坡头据点，一举歼灭日军70余名，这个战斗打得十分干脆漂亮。

当我军进一步展开攻击的时候，灵丘、浑源、广灵地区各重要据点的敌人，会同大同增援的敌人，纷纷向我军反击，同时，其他方向的敌人也在作进攻我根据地的准备。我接到出击部队和各情报站的报告后，估计敌人可能趁我主力在灵丘、浑源、广灵地区作战的时机，向边区大举“扫荡”。因此，我电告参战部队，立即转移至适当位置休整备战。整个战役于10月10日结束。

涞灵战役进行了18天，共歼日伪军1100多名，缴获各种枪支290多支（挺），各种枪弹45000多发。我军也有较大伤亡。

一个半月接连不断的破袭战，使华北敌人极为震惊，一度陷入混乱状态，伪军也纷纷动摇。敌人为挽救局势，急调华北境内所有能够调遣的兵力，对我军进行疯狂的报复。于是，“扫荡”与反“扫荡”的斗争，便构成了战役的第三阶段。

敌人的“扫荡”，首先由晋东南开始，然后是平西、北岳区和冀中区。为了在反“扫荡”中力争主动，晋察冀军区部队作了这样的部署：留一部分兵力同敌人保持接触；主力在不利于作战的情况下适时地转移，寻找机会，在敌人的各公路据点之间展开破击；各地的游击队、民兵则在主力部队的支持下活跃于外线和内线，以打乱敌人的“扫荡”计划。

敌人对北岳区的“扫荡”，是11月9日开始的，集结的兵力达12000多人，先由北向南，然后由东向西，分路平行推进。敌人所到之处，见房便烧，见人便杀，仅就易县6个区在“扫荡”后的统计，被烧房屋达2200多间。我主力部队和游击队在各地寻找战机，连续不断地给敌人以打击。我们的地方干部和民兵则始终不离开当地，敌人来了，就掩护群众上山，敌人一走，立刻回村抢救被毁坏的财产。那个时候，地方干部和民兵们有一个口号，叫作：“敌人进村我们出村，敌人出村我们进村。”这次“扫荡”过后，平山的同志同我讲过平山下庄民兵在反“扫荡”斗争中的故事。这个村的民兵把石头打上眼，装好药，放在敌人必经的路上，还在山上插上许多草人。敌人遭到石雷轰击后，误以为我大部队在阻击，立即架起机枪、大炮进行攻击，费了好大力气攻上山头，才发现上边原来都是些草人。这个故事，显示了人民群众的聪明才智。

在我军民的英勇打击下，进攻边区内地的敌人到11月底开始撤离。他们原指望用反复、连续的合击和疯狂的烧杀来挫伤我军主力，摧毁我根据地，但是，由于边区军民团结一致，相互配合，敌人的企图再一次失败了。

胜利中的问题

从8月20日开始的这次空前规模的破袭战，前前后后历时三个半月。这次战役，给了日本侵略军以沉重的打击。战役破击的主要目标正太路，经过参战军民夜以继日地炸桥梁、毁隧道、拆铁轨、烧枕木、平路基、割电线，许多地段受到严重破坏。就晋察冀军区负责破袭的石家庄至平定这段线路来看，沿路敌人所有的守备据点及部队都遭到了致命的打击，大部分桥梁、隧道、水塔、车站等建筑物都被摧毁。连同一二九师部队破坏的平定至榆次线段，使整个正太路全线瘫痪。我们负责破袭的平汉路、北宁路、津浦路以及敌人正在修建的石德路和沧石公路，在冀中、冀东、北岳等军区部队的共同努力下，所有预定要破坏的线段，也都取得了预期的战果。

根据北岳、冀中和平西三个地区的战后统计，军区部队在三个半月的连续战斗中，作战 330 多次，毙、伤、俘日伪军 4900 多人，缴获各种炮 6 门，长短枪 900 多支，弹药 10 万余发，还有大量军用物资。

兄弟部队的战果也是非常可观的，从整个华北战区统计的数字来看，在这三个半月的战斗过程中，各战区军民与敌人进行了大小战斗 1800 多次，毙伤日伪军 25000 余人，俘日军 281 人，伪军 18000 余人，拔除敌人大小据点 2900 多个，缴获各种炮 53 门，步枪、马枪 5000 余支，轻重机枪 200 余挺及其他大量武器弹药、军用物资，破坏铁路 900 多里，公路 3000 余里，桥梁、车站、隧道等 260 余处，使正太路中断一个月之久，给了华北敌人以沉重打击。1940 年 10 月 15 日，敌华北方面军向日本陆军省提出的报告说："正太路破坏极为严重，规模之大无法形容，敌人采用爆炸、焚烧、破坏等方法，企图对桥梁、轨道、通信网、火车站设施等重要技术设备，予以彻底摧毁。在进行破坏时，隐秘伪装得极为巧妙。"敌华北方面军的作战记录记载说："此次袭击，完全出乎我军意料之外，损失甚大，需要长时期和巨款方能恢复。"

而最重要的战果，则是严重打击了敌人的"囚笼政策"，钳制了敌人大量的兵力，拖住了它进攻正面战场的后腿，遏止了当时妥协投降的暗流。1940 年，正是国际上法西斯势力最猖獗的时候，希特勒用闪击战打垮了欧洲许多国家，气焰极为嚣张。悲观失望、妥协投降的空气，在国民党反共顽固派中弥漫一时。日本侵略军则扬言要进攻西安、昆明、重庆，企图压国民党政府投降，并打击美英在远东的势力，进一步与希特勒相呼应。就在东条英机做好梦的时候，在华北地区5000里长的敌后交通线上迸出了战斗的火光，像一声霹雳，出乎意料地给了东条英机当头一棒。日本防卫厅编写的《华北治安战》一书提到百团大战时说："共军乘其势力的显著增强，突然发动的百团大战，给了华北方面军以极大打击。因而促使方面军，特别是情报工作负责人作了深刻的反省"，"日方从未想到中共势力竟能扩大到如此程度"。

这样一个在我国抗战史上空前大规模的进攻战役，使全国军民莫不感到欢欣鼓舞，大后方许多报纸都发表了庆祝这一胜利的社论，各地群众纷纷来信来电，表示钦敬和慰问。可是，这样一个大仗，在作战中却没有得到国民党军队的任何配合和支援，那些国民党反共顽固派对抗日没有兴趣，而且正在一心策划破坏抗日根据地的阴谋。法西斯头子东条英机在1941年对贵族院、众议院所作的军事总结报告中，曾这样说："昭和十五年度(即1940年)，敌人(指国民党)迄未进行主力的反攻，只有共产军于去年在华北举行大规模的出击。"

这次战役，使我军得到了极大的锻炼，声誉大增。总部和军区在战后的总结中，高度评价了各地参战部队。广大指战员在作战中不仅经受了连续战斗的考验，而且取得了攻据点、破铁路等战术技术经验，创造了许多突出的战例。边区广大民兵英勇参战，群众热烈支前，涌现出无数感人事迹。

当然，这个大规模的战役，事后看也是有教训的。这些年来，对这个战役的评价，曾出现过不同的意见。我的看法是，战果是巨大的，总的来说是应该肯定的。但是，胜利之中也有比较大的欠缺和问题。首先是在宣传上出了毛病。这次战役本来是对正太路和其他主要交通线的破袭战，后来头脑热了，调动的部队越来越多，作战规模越来越大，作战时间也过于集中，对外宣传就成了“百团大战”。毛泽东同志对“百团大战”的宣传很不满意。我们到延安参加整风的时候，毛泽东同志批评了这件事。有种传说，说这个战役事先没有向中央军委报告。经过查对，在进行这次战役之前，八路军总部向中央报告过一个作战计划，那个报告上讲，要两面破袭正太路。破袭正太路，或者破袭平汉路，这是游击战争中经常搞的事情，可以说，这是我们的一种日常工作，不涉及什么战略问题，这样的作战计划，军委是不会反对的。说成是“百团大战”，这就是战略问题了。毛泽东同志批评说，这样宣传，暴露了我们的力量，引起了日本侵略军对我们力量的重新估计，使敌人集中力量来搞我们。同时，使得蒋介石增加了对我们的警惕，你宣传100个团参战，蒋介石很惊慌。他一直有这样一个心理——害怕我们在敌后扩大力量，在他看来，我们的发展，就是对他的威胁。所以，这样宣传“百团大战”，就引起了比较严重的后果。

还有，在战役的第二阶段，讲扩大战果，有时就忘记了在敌后作战的方针，只顾去死啃敌人的坚固据点，我们因此不得不付出了比较大的代价。死啃敌人坚固据点的做法，是违背游击战争作战方针的。

由于宣传“百团大战”，使日本侵略军把主要的进攻矛头指向了共产党和八路军。这次战役之后，敌人迅速抽调大量兵力回师华北，连续对我根据地进行“扫荡”。一方面，是“百团大战”的宣传，引起了敌人的警觉；另一方面，敌人为发动太平洋战争，要肃清后方的抗日力量。于是，敌人大量增兵华北，实行更为残酷和恶毒的“治安强化运动”和烧光、杀光、抢光的“三光政策”。敌人的“扫荡”，1940年对晋东南，1941年对北岳区，1942年对冀中区和太行区，一个地区一个地区地轮番进行，使敌后各抗日根据地都遭受到极其严重的破坏和摧残。左权同志就是在1942年太行区的反“扫荡”中牺牲的，这是抗战期间我军牺牲的最高级将领。晋东南的地形与晋察冀还有些不同，铁路线紧靠着山边边。晋察冀这里，距铁路线都还有一段距离。他们在山里搞了不少工厂，造出一些东西，敌人分几路来“扫荡”，等敌人逼近了，才安排撤退。那一次，左权同志亲自在后边督队，掩护总部撤退，不幸牺牲。左权同志是我军卓越的高级指挥员，为他的牺牲，全军许多领导同志都流了泪。在红一军团工作期间，我与左权同志长期相处，结下了同甘苦共患难的手足之情。对他的牺牲，我是非常悲痛的。听到这个噩耗，我淌着泪水，写了一篇《祭左权将军》的文章，登在《晋察冀日报》上，寄托我对这位可敬战友的哀思。

震惊中外的这场大规模战役，距今已过去40多年了。今天，从它在抗日战争历史上所起的作用来估量，我认为，这次大战是不应该否定的。当然，在肯定的前提下，也有教训。辉煌的胜利和存在的问题，这两个方面，都不应该被我们所遗忘。

罗荣桓

所谓分散性的游击战争，就是更加依靠群众，与地方密切联系起来，打成一片，以对付敌人的全面压缩……唯有这样，才能在今天的敌后生存。

- 1902 年生，湖南省衡山（今属衡东县）人。
- 1927 年，加入中国共产党。
- 1937 年 8 月，任八路军一一五师政治部主任。
- 1938 年，到吕梁山地区，参与开辟了吕梁山抗日根据地。与代师长陈光指挥午城、井沟和薛公岭等战斗，保卫了黄河河防。
- 1939 年 3 月初，与陈光率一一五师师部和主力一部进入山东，参与开辟鲁西、鲁南、鲁中等敌后抗日根据地。参与指挥樊坝、梁山等战斗，重创日伪军。
- 1941 年 8 月，任山东军政委员会书记。
- 1943 年 3 月，任山东军区司令员兼政治委员，一一五师政治委员、代师长，中共中央山东分局书记，统一领导山东抗日民主根据地的党政军工作。
- 1944 年 3 月，组织一系列战役，实行局部反攻，巩固、发展了山东抗日根据地。
- 1945 年 8 月，组织部队展开全面反攻，恢复了除青岛、济南以外的山东广大地区。
- 1963 年 12 月 16 日，病逝于北京。

谈山东抗日战争*

罗荣桓

山东人民对抗日战争和解放战争都有重大贡献，前后出的兵员总数在 100 万以上。现在山东籍的干部遍布全国，有好几个军是从山东发展起来的。山东人民在极端困难的情况下，始终跟着共产党走。到抗日战争末期，山东是较大的根据地之一，拥有一千几百万人口。如果没有山东根据地，要集中那么多的兵力进军东北是不可能的；没有山东根据地，解放战争初期集中我军向北转移就没有立足点，对后来的大江南北的作战支援也将是很困难的。所以，对山东人民在抗战时期的功劳应有充分的评价，对山东的人民和军队所取得的光辉业绩一定要好好歌颂。

那么，怎样正确认识和评价山东在抗日战争中的地位、作用和贡献呢？

我认为，看待军事斗争必须以毛泽东同志的战略思想和军事思想为指导，不能脱离当时的整个政治形势，否则，就难以作出正确的分析和评价。譬如平型关战斗，它的意义主要在于振奋了全国人民的抗战斗志，坚定了必胜的信心，如果脱离了当时全国的形势，那就看不出它的价值

* 此文根据罗荣桓在 1959 年 6 月 2 日、1960 年 12 月 12 日、1962 年 7 月 11 日关于济南军区编写山东抗日战争史的谈话记录整理。

和影响了。又如梁山战斗，假若光看抓了多少俘虏，缴获了几门炮，这只能说明在军事作战上的成绩，仅看到这一点还很不够，主要应该看到在当时大家对平原作战还缺乏经验，这次作战后增强了胜利信心，感到在平原和山地一样可以作战，消灭敌人。这样，就把某些战斗的战略意义突出出来了，军事斗争就有了一定的政治意义。

那么，又怎样看待山东抗日战争的各个历史阶段呢？我认为，按照其发展的客观过程，山东的抗战可以分为以下 4 个阶段。即：从 1937 年 7 月 7 日卢沟桥事变后，山东各地区我党组织发动群众举行抗日武装起义，开展游击战争，为其开始发展的第一阶段；从 1938 年 12 月，中央决定成立八路军山东纵队，为其发展的第二阶段；从 1939 年 1 月前后一一五师陆续入鲁，后来与山东纵队合并成立山东军区，为其发展的第三阶段；从 1943 年山东实现党政军一元化领导，到抗日战争的最后胜利，为其发展的第四阶段。

各个阶段的基本情况是这样的：

第一阶段，主要是面对日本侵略者入侵，国民党山东省政府主席兼第三集团军总司令韩复榘率 10 万大军逃跑，人民奋起抗战。七七事变以后，平津相继失守，日军分兵沿津浦路南犯渡过黄河，山东的政治形势发生了巨大变化。主要因为韩复榘和国民党官吏纷纷逃跑，丢下了很多枪支，出现了很大空白。当时，我党以黎玉同志为书记的山东省委就把坚持抗战的责任独立自主地担当起来了，并根据中央和北方局的指示精神，发出“每一个优秀的共产党员，应该脱下长衫到游击队去”的号召，要求各地的党组织迅速发动群众，抓紧时间举行武装起义。在地下党的领导下，山东各地人民的抗日武装起义风起云涌。在没有八路军主力部队支援的情况下，起义队伍，仅以少数红军干部和地下党员，以及从监狱里出来的同志作骨干，依靠平津和山东各地经过抗日救亡斗争锻炼的学生、地方上的爱国人士，收集了一些民间枪支并争取改造了一部分地方游杂武装。那时，虽然党的组织还不够健全，也缺乏斗争经验，但是可以说“秀才造反”是造对了。

在这个时期，先后举行的徂徕山、黑铁山、天福山、牛头镇、十字路、泰西、湖西、鲁西北、冀鲁边、苏鲁边等地武装起义，为开辟山东抗日根据地，坚持抗日斗争奠定了良好的基础。

第二阶段，主要是统一武装，加强领导。为了加强对山东抗日斗争的领导，把山东的武装斗争统一起来，党中央决定于1938年12月，成立八路军山东纵队，并从延安调来郭洪涛、张经武等一批党员、干部（其中有一些是红军干部），制定了整顿部队的方案，将山东人民起义武装编成几个支队，一律使用八路军的番号。由于我军英勇抗战博得了广大群众的拥护，部队得到了迅速的发展和扩大，使山东纵队成为一支坚持山东抗战的骨干力量。

这个时期的形势是，山东已完全沦为敌人后方。敌人的矛头主要向南，控制中心城市、重要港口以及铁路交通线，对山东腹地广大山区和平原尚未进行大的“扫荡”。这种形势为我党领导山东人民开展广泛的游击战争提供了有利条件。这时，国民党在山东也乘机发展武装，企图恢复其统治。原在山东内地的和逃跑后又回来的一些国民党分子，官吏及地主豪绅等，都纷纷自立旗号，扩充势力。其实，是在共产党领导下的人民抗日武装挺起胸膛打击敌人的嚣张气焰，恢复了大片国土的条件下，才使他们某些被隔断于敌后的军队（如石友三、高树勋部）获得援救，也才使溃散支离的沈鸿烈的山东省政府得到个藏身之地。但是，他们并不承认人民对他们的支援。他们一旦站住脚便借其所谓合法的名义，到处委派专员、县长，限制和破坏人民的力量。在这种形势下，党中央和毛泽东同志多次指示山东我党，要独立自主地广泛发动群众，开展游击战争，建立抗日民主政权，正确执行党的抗日民族统一战线政策。

应该承认，沈鸿烈、石友三他们是很有统治经验的。他们对抗战并不积极，却热衷于扩充实力，抢地盘，抓政权。所以，他们很快获得了战略上的有利地位，控制了一些重要山区，妄图把我军逼到平原地区和铁路沿线。

但是，当时山东的环境还比较平静，敌人还没有进行大规模“扫荡”。我军已经有了相当的发展，山东各地的形势还是好的。这样，在山东开始出现了敌、顽、我的三角斗争的态势。

第三阶段，主要是相继入鲁的一一五师部队同山东人民抗日武装并肩作战，不断粉碎敌人的进攻。1938 年 9 月，萧华纵队和六八五团先后进入冀鲁边和湖西地区，一一五师师部和六八六团于 1939 年春天进入鲁西，秋天进入鲁南，进一步加强了山东的抗战力量。

1939 年 8 月，党中央为了统一指挥苏鲁一带我方的军事力量，派徐向前、朱瑞等同志前来山东成立了八路军第一纵队，徐向前任司令员、朱瑞任政委。在这些领导同志的组织指挥下，山东纵队与一一五师协同对敌作战，取得了很大成效，对加强抗日斗争的领导和推动抗日形势的发展起了重要作用。

但是，那时日军为了扼杀敌后发展起来的抗日力量，在停止对国民党军正面战场的进攻之后，从前线抽调大批兵力回师山东，占据了大部分县城，并开始“扫荡”平原。山东的国民党顽固派在第一次反共高潮的影响下，也调整部署，加强实力，积极反共。于是，在山东战场上的三角斗争形势日趋尖锐复杂。

从 1939 年春，国民党军于学忠部 2 万余人先后进入山东，占据沂（山）鲁（山）、莒（县）日（照）、临（沂）费（县）等重要山区；国民党军沈鸿烈部也由鲁北进入鲁中山区，抢占了沂鲁山区的要点，并积极与我摩擦。这个阶段，党中央、毛泽东同志规定山东的中心任务是：坚持敌后游击战争，坚持已得的阵地，发展人民力量在各方面的优势。根据中央的指示，山东我党我军在对敌伪顽斗争中取得了一定胜利，山东各地区也得到了一定的发展；但是我军仍然常常处于敌顽夹击之中，到 1941、1942 年是我们比较困难的时期。

造成这种形势的主要原因，是由于国民党顽固派所实行的投降分裂政策。山东伪军数量冠于华北各省，共达 20 多万人。他们绝大部分是从国民党的武装中投降过去的。这些伪军又和国民党顽固派保持着密切联系，积极反共。他们的所作所为对于日本侵略者巩固在山东的地位和势力起了很大作用。这种敌伪顽的狼狈为奸，给山东人民造成了深重的灾难。

一一五师进入鲁西后，敌人集中力量对付我师直属队。在陆房（今肥城市）、梁山（今梁山县）战斗后，一一五师转入鲁南抱犊崮山区，接着开辟了郯（城）马（头）地区和天保山地区。后来，山东分局要求一一五师北上与分局和山东纵队靠拢。一一五师除留下一部分部队坚持鲁南斗争外，师部及其他部队向北移至临沂以北青驼寺附近。但因山区太困难，连吃饭问题都很难解决，师部就南下滨海。留下的部队坚持鲁南斗争是有重要意义的。否则，东北军第五十一军、五十七军将完全占领鲁南山区，我们将被压缩到沂蒙山区，将来南下就没有出路，对陇海路南和湖西地区的联系也都不利。当时，一一五师坚持鲁南，后来开辟滨海地区，打开甲子山区，都有力地配合了沂蒙山区的抗日斗争。如果不这样，沂蒙山区就会处于孤立的地位。像 1941 年冬，日军 5 万人对沂蒙山区进行“铁壁合围”时，如果没有鲁南、滨海两个外围地区的配合，沂蒙地区就很难坚持住。这说明了一一五师及山东人民抗日武装力量的团结奋战和广大人民群众的大力支援，对坚持山东抗战是有决定作用的。

当时，在军事上有一个重要的原则问题，那就是搞分散游击战，还是搞运动战或运动游击战？山东处在敌人的后方，只能以游击战为主，不能搞大兵团运动战。尤其在当时山东的主要山区已被国民党顽固派军队掌握了，我处于敌顽夹击、两面作战的不利地位。在这种情况下，我们只能广泛发动人民群众，进行灵活的游击战。后来，在反“扫荡”、反“蚕食”斗争中，又在进一步发动群众的基础上，提出了“翻边战术”[①]，组织敌后武工队，开展政治攻势等等。这些都是为了执行游击战争的方针。

这个阶段还有一件十分重要的事，就是山东分局所作的“四年工作总结”。1942 年 4 月，山东分局在刘少奇同志的直接指导下，作出了《抗战四年来山东我党工作总结与今后任务》的决议，系统地总结了山东抗战四年来的成绩及经验教训，明确了以我为主，发动群众，开展分散游击战争及对顽斗争的方针，指出了以后的各项任务及斗争方向；指出了山东工作中存在的缺点、错误。这个总结使山东我党我军达到了思想上的统一，对山东工作的转变有着重大的历史意义。这次总结以后，各个地区深入开展了减租减息运动，坚决地贯彻了独立自主的方针，分散游击战争也有了广泛的发展。

第四阶段，主要是实行党政军一元化领导，夺取抗日战争最后胜利。从当时的情况看，山东实现一元化领导，实际上从 1943 年 3 月山东纵队与一一五师合并成立新的山东军区就开始了。因为当时主要是军事斗争，实行一元化领导，首先要统一军事指挥。这一时期的主要任务是反“扫荡”、反“蚕食”、反伪化斗争。1943 年，敌人继续扩大面上的占领，加紧对我根据地的“扫荡”和“蚕食”，我各根据地的斗争十分紧张。在鲁南，敌人搞得我们只剩下了“一条线”；滨海区南部也被搞掉了；冀鲁边很困难，要以清河区作依托；清河区这一年遭到敌人三次万人以上的大“扫荡”。根据这些情况，为了改变被分割封锁的不利地位，我们广泛地开展了分散的群众性的游击战争和政治攻势，进一步加强了全面的对敌斗争。同时，我们还紧紧抓住有利时机，推动国民党积极抗日，

① 翻边战术，即敌人打到我这里来，我就打到敌人那里去。

反击其反共阴谋，团结中间力量，送东北军出鲁，粉碎了李仙洲部入鲁反共的企图。从此，山东已无国民党的主力军队。从 1943 年下半年起，山东地区的斗争形势开始好转，到 1944 年有了明显的变化。在粉碎敌人的“扫荡”“蚕食”的同时，我集中部队打击大股伪军和日军孤立的据点。这时山东的国民党残余部队已经大部投敌，剩下的或依敌自存，或成为敌之外围。我军则在鲁中区发起了讨伐伪军吴化文部的战役，在滨海北部收复了诸城地区，与胶东打通了直接的联系；渤海、胶东和鲁南地区也展开了攻势作战，扩大了解放区，还争取了如莒县的莫正民等几大股伪军起义。山东形势虽然有了基本好转，但是形势的根本好转，还是在完成了 1945 年 5 月至 7 月“三个月作战计划”的时候。

“三个月作战计划”，主要是开辟胶济路东段的两侧地区，以扩大渤海和胶东，以及它们同胶济路以南地区的联系；再就是争夺临沂、费县，使胶济路以南的鲁中、滨海、鲁南地区完全连成一片，为大反攻创造了有利的形势和条件。但是，正当我军准备发起攻势之时，山东敌人兵力突然增加达 10 万人以上，并进行了一次全区性的大“扫荡”。这次“扫荡”是不是“1941 年的形势又来了”，是否要分散作战，化整为零，取消“三个月作战计划”？实际上，敌人这次的大“扫荡”，只不过是为实行其重点防御而采取的以攻为守的行动，是借“扫荡”掩护调整部署。这时，苏军已打到了柏林，欧战即将结束，我国的抗日战争已进入大反攻的前夜，形势是很好的。我们根据这一正确估计，坚决执行了“三个月作战计划”。经过 5、6、7 月的作战，基本上完成了预定计划，打通了几个战略区的联系，创造了最后反攻日军的有利阵地。有了这个基础，我们就主动多了，就能集中很大兵力参加大反攻。在苏联对日宣战的第二天，我们就编成了 50 个团，这也是执行“三个月作战计划”的收获。否则，大反攻来了，我们的兵力还没有集中起来，内地的敌据点还没有肃清，那就被动了。

在三个月作战的基础上，我军又经过一个多月的大反攻作战，获得了巨大胜利，山东我军的兵力发展到27万余人。可以说，山东党、政、军在实现一元化领导之后，坚决执行了我党独立自主的方针，最后取得了抗日战争的全面胜利，这不仅充分体现了党中央和毛泽东同志的决策是非常英明的，也充分体现了毛泽东军事思想的胜利。

最后胜利的取得，除上所述，还应该归功于山东的党和人民。没有他们，要想夺取最后的胜利是根本不可能的；没有他们的配合、支援和作为坚强的后盾，我军主力部队很难发展和壮大；没有他们的英勇奋战，山东的抗日斗争史就很难写得这样辉煌。因此，正如开始所讲到的，我们永远也不要忘记山东地方党和广大人民群众在抗日战争中做出的巨大贡献。

贺　龙

几年来的斗争是异常艰苦的，但是，我们拼着一口气，为国家、民族出力，取得了重大胜利：一是胜利地坚持了敌后抗战；二是建立了许多大大小小的抗日根据地；三是在战略、战役上有力地配合了各线友军。

- 1896 年生，原名贺文常，字云卿。湖南桑植人。
- 1937 年 8 月，任八路军一二〇师师长、军政委员会书记，率军奔赴晋西北。10 月，指挥雁门关伏击战，毙伤日军 500 余人。
- 1938 年 2—4 月，粉碎日军对晋西北的围攻，收复七座县城，开辟了晋西北抗日根据地。12 月，率师主力挺进冀中，开展平原游击战争。
- 1939 年 2 月，任冀中区军政委员会书记、冀中区总指挥部总指挥。指挥了齐会等地的战斗，粉碎日军多次“扫荡”，巩固了冀中抗日根据地。
- 1940 年 8 月，指挥一二〇师参加百团大战。12 月，兼任晋西北军区司令员，指挥晋西北军民粉碎敌人的冬季“大扫荡”。
- 1941 年 8 月底，指挥晋绥军区部队对日伪发动秋季攻势。
- 1942 年 6 月，任陕甘宁五省联防军司令员和财政经济委员会副主任，统一领导陕甘宁和晋绥两地区军事指挥和财政经济建设。同年 9 月改任晋绥军区司令员。
- 1955 年，被授予元帅军衔。
- 1969 年，逝世于北京。

依靠群众　夺取胜利 *

——一二〇师在晋西北抗战概述

贺　龙

一二〇师与晋西北有血肉相关的联系

一二〇师自 1937 年 9 月开赴山西抗日前线的那一天起，就在晋西北与穷凶极恶的敌人——日本帝国主义作无情的斗争，为保卫中国、保卫华北、保卫晋西北而英勇地流血牺牲。一二〇师的部队先后粉碎了敌人对晋西北的三次大举进攻，开展了汾河平原及雁北地区的游击战争，支持了晋西北的抗战。一二〇师的部队不怕严寒，不怕酷暑，不怕一切艰难困苦，以血肉创造与保卫了晋西北抗日根据地。因此，一二〇师和晋西北有着血肉相关的联系。

当一二〇师开始进入晋西北地区的时候，山西前线已经发生了严重的危机。由于李服膺不战而逃，致使大同失陷，跟着雁北也沦入敌手。不久，

---

* 此文是由贺龙的夫人薛明根据贺龙 1939 年至 1943 年论述八路军第一二〇师在晋西北艰苦奋战的几篇文章摘编而成的。标题为摘编者所加。

敌人跨进长城，突破了雁门关一线，并继续南下，接连占领了代县、崞县、宁武，伸至原平、忻口一带。由于敌人的长驱直入，政权被敌人摧毁了，地方官吏逃亡了，汉奸政权——维持会产生了，而溃兵又到处骚扰，居民惶惶不安。这种情况，使晋西北前线和接近前线的后方，成了一种非常混乱的局面。当时摆在一二〇师面前的紧急任务，就是挽救战局，克服危机。

日本帝国主义原来是想不费什么气力，在很短的时间内就要达到完全侵占我们整个华北的目的。到 1938 年，日军在表面上虽然暂时掠夺了我们华北大部分领土，特别是大城市和交通线，但是它原来那样的计划，显然是失败了！

拿山西来说吧！日本帝国主义开始的打算，是想迅速地长驱直下风陵渡。但是，由于在山西抗战的军队无比英勇，不断地进行顽强的抗击，日军不能不付出极大的代价，经过几个月的血战，然后才取得太原。平型关之战，给了敌人以重创。实际上并不算天险的忻口，却能阻敌20余日。这是出乎敌人意料之外，而不能不为之胆寒的。这就使敌人占据太原后不敢轻易南犯；使在山西所有英勇抗战的军队，争取了更充裕的时间，进行整理和巩固新阵地的工作。造成这样的局面，一方面是由于友军以坚决抗战的精神，不断地给予敌人以重创；另一方面，是由于在晋察冀边与晋西北广大地区，我军积极活动，一刻不停地迷惑敌人，扰乱敌人，打击敌人，消灭敌人，破坏敌人的交通；特别是广大民众抗日斗争的发动，群众游击战争的开展，抗日根据地的创立，使敌人一天一天地增加着不可克服的困难。

我们在晋西北是这样战斗的

晋西北是支持华北抗战的重要根据地和主要堡垒之一，是大西北的屏障。坚持晋西北的抗战，不仅威胁着敌人在山西的主要交通线——同蒲路，对其他敌后抗日根据地起着重要的战略配合作用，而且钳制着进攻大西北的一大部分敌人。所以，晋西北抗日根据地的巩固和发展，对于坚持敌后抗战，保卫大西北，是具有伟大的意义的。

我们为了坚持晋西北的抗战，在军事上，把主力部队和游击部队巧妙地配合起来，积极地打击敌人。

首先，我们派遣宋时轮支队深入雁北，收复了平鲁、右玉，摧毁了伪政权，开展了雁北地区的游击战争。主力则参加忻口战役，配合友军打击敌人。我配合友军作战的部队，是分三路进行的：一路切断崞县之十里铺；一路切断原平、崞县间之白家村；一路夜袭崞县城。七一五团在十里铺附近发现敌人的汽车 100 余辆，满载步兵由北向南增援。“打他一个来不及！”大家都这样准备好了。当场毁敌汽车 10 余辆，烧毁 20 余辆，毙伤敌 100 余人。敌人认为是最厉害的武器坦克车、装甲车又一齐奔向我军侧翼，飞机数架也配合作战。我们一个模范班长，果敢地率领全班战士齐投手榴弹，击毁敌人的坦克车、装甲车各 1 辆，同时打退了敌人增援的骑兵。敌又开来大批增援的汽车，我们这一班英勇战士又掩护我军安全地退出了战斗。

这一战斗，明白地告诉我们：在平地里，在敌人坦克车、装甲车、飞机、步兵配合作战的情况下，虽然我们少于敌人，切不可慌张失措；只有积极沉着地采用适当手段，对付敌人的进攻，才不致遭受无谓的损失！

为着更密切地配合忻口友军作战，我军曾数次攻占崞县之班村、永兴镇和上下白水，不断地切断敌人的交通。

天险的雁门关，也被我七一六团在 10 月 18 日占领了。我军到达雁门关后，敌由北向南满载步兵之汽车数十辆，正向雁门关开来，该团突然施以袭击，毁伤敌人汽车 20 多辆，毙伤敌 300 余人。此役我军虽有 100 余人的伤亡，但是给了敌人一个意想不到的重大打击。

第三天再度占领雁门关，我军分三路：一路占领雁门关，一路往广武镇，一路向太和岭，破坏桥梁道路，一夜彻底破坏8座桥梁，许多险要的道路一段段地分崩了。快要拂晓时，我军迅速收回分散在各处工作了一夜的步兵，集结隐蔽，准备消灭南北两面前来的敌人。拂晓后，南北两面，果然都发现敌人，好像他们是约好了出发时间的。他们因有第一次痛苦的教训，在离关很远的地方就下车搜索，在空军的掩护下，以乌龟的速度向前推进，经过一天一夜的时间才到关上，贼胆懦怯，由此可见！经我伏兵痛击，敌死伤数十。

雁门关是敌人唯一的交通线，由于我军曾两次占领，敌人已设置坚固的守备。主要的道路两旁，装置了铁丝网，铁丝网上还系着许多响铃，处心积虑，可谓周到已极。我军为了切断雁门关，使我忻口友军更顺利地抗击敌人，乃增加兵力第三次进攻雁门关。部队摸到雁门关，毁坏雁门关以北桥梁数处。当天关上的天气虽然酷冷，战士的衣裳虽然单薄，甚至有些已经没有了鞋子，打着赤脚，干部战士都很疲劳，但是为了配合友军杀敌，为了中华民族的解放，战士们的英雄气概不但没有丝毫减弱，相反地更加发扬了。一个个精神抖擞，领受指挥员的命令，在那里分外紧张地完成着各种不同的战斗动作。虽然由于敌人的防守周密，我军一时未能得手，但给了敌人以扰乱和疲劳，使得敌人坐卧不安。天险的雁门关，我们中华民族的儿女是要把它夺回来的！

我们在敌人的侧后与地方游击支队一起，经过大小战斗数十次，收复了宁武、神池、平鲁、右玉等县城，不仅使敌人遭受很大的损失，并且振奋了友军和群众。我们收复了失地，摧毁了汉奸政权，恢复了我们的政权，适当地安置与收容了散兵游勇并将其组织起来送归友军建制；建立了地方的秩序，使民心得以安定；然后发动群众，组织民众，开展晋西北的游击战争，在保卫晋西北的斗争中，建立了不可磨灭的功绩。

太原失守后，我们协同友军反攻太原，在同蒲路北段积极活动，切断同蒲路，阻敌援军。在保卫徐州，保卫武汉诸战役中，我们都在指定地区积极活动，使敌人不得不分散兵力，对付其背后的游击战争。我们部队的壮大和根据地的巩固，使敌人遭受到严重的困难。

1938年2月下旬，在粉碎日军首次对我晋西北根据地大举围攻的战役中，开始是敌人长驱直入，连陷五寨、宁武、神池、偏关、河曲、保德等县城，继续向岢岚前进，后来又攻占了岢岚。敌人的铁蹄毫无顾忌地践踏着晋西北的大地，企图以强大的兵力来摧毁晋西北抗日根据地。当时，我们一二〇师的部队正在太原以北，切断同蒲路，配合我军阻敌南下风陵渡及协助友军进攻太原。此任务将完成时，适值敌向晋西北开始大举进攻，乃不避艰险，不畏饥寒，兼程赶往岢岚迎击进攻的敌人。我们全体指战员英勇地与敌人搏斗，一个月之内，连克7城，最后将敌人赶出了阳方口。

1938年12月，我们一二〇师主力一部分开往冀中，仍留一部分部队在晋西北，继续坚持晋西北的抗战。他们与进攻晋西北的敌人艰苦鏖战，在晋西北广大群众的拥护与帮助之下，和敌人周旋着，把失去的土地从敌人手里夺回来。

我们在晋西北和友军同生死，共患难。比如我们在乃合堡配合国民党第三十五军作战，在偏关掩护友军的战斗[①]，在战场上所流的血交溶成一片。我们尽力地帮助了友军、政府和群众团体，同时，也得到了友军、政府和群众团体的帮助，特别是晋西北广大群众的热烈拥护。

一二〇师在抗战过程中，倍极艰苦、英勇之至。它为着人民大众的利益而战斗，建立了很多的抗日根据地，抗日政权，广泛地与日军展开各种各样的斗争。日军曾对我抗日根据地采用了所谓“分进合击”“突然袭击”“铁脚闪击战”和“铁壁合围”等战术，进行反复的“扫荡”

---

① 1938年5、6月，国民党傅作义部要收复绥远。一二〇师除用部分部队切断平绥路，钳制敌人外，还派三五八旅协同傅部连续作战；后来傅部撤退，敌人追击，占领偏关县城，三五八旅和警备六团又掩护其撤退，并积极向敌进攻，收回偏关。

和“蚕食”，甚至用改变河流、改变地形来限制我们的活动，但均在我军民齐心合力的斗争中被打垮了。

1942年，党中央号召我们：熬过困难的两年，迎接将来的胜利。并告诉我们：要坚持游击战争，要组织民兵，到处打敌人，疲劳敌人，消灭敌人。我们已经这样做了，我们八路军、新四军各部队也都这样做了。

1942年，敌人对我晋西北抗日根据地的基本方针，是采用“蚕食”政策，并配合着不断的“扫荡”，企图缩小并消灭我根据地。其“蚕食”的方法是：（一）从政治上来瓦解我们，除散布悲观情绪，宣扬“王道乐土”等等以外，还派遣汉奸、密探打进我根据地来，进行破坏活动；或利用封建迷信团体来发展汉奸组织；或利用伪组织、伪军的亲戚朋友关系来发展维持会；或利用根据地内少数不明大义的地主豪绅，并经过他们收买地痞流氓，秘密组织维持会等，其目的都是为着推翻我抗日政权，建立伪政权。（二）从经济上来破坏我们，一方面实行烧杀抢掠的“三光”政策，破坏根据地的春耕秋收；另一方面是对群众必需品的绝对封锁与奢侈品的大量倾销，其目的是使我根据地的军民无法生活下去。（三）配合上述阴谋，实行军事上不断的“扫荡”，毁灭我根据地的人力、物力，打击群众的抗日情绪，并威胁群众参加维持会。

针对敌人这些毒辣的政策，我一二〇师各部队在朱德总司令和彭德怀副总司令的领导下，配合晋西北的广大民众、党政机关和山西新军，开展了反“蚕食”、反“扫荡”的艰苦斗争。一年中，与敌进行大小战斗1212次，其中我主动攻敌的次数为被动应敌的次数的3倍半以上，并毙伤敌伪5800余人（民兵游击小组的战斗未计算在内）。在历次战斗中，我指战员以英勇牺牲的精神，谱写了许多动人的故事。如敌“扫荡”我三分区时，我七团的第六连据守大柏山，1000余敌军分11路向我包围。我六连从晨至晚，给敌人以重大杀伤，我阵地仍屹立不动。战士们的子弹、手榴弹打完了，便用石头滚；敌人迫近来了，便用刺刀肉搏，没有刺刀的则用枪托打，一直坚持到黄昏以后，我始安全突围。驰骋于大青山的我骑兵支队，在一年三季都要穿棉衣的酷寒地区，在马不能卸鞍，睡不能解衣的环境下，与敌进行残酷的斗争，坚持着自己的阵地。我们的战斗英雄吴士正同志（排长），一个人就打死过敌人50余名，内有军官两名，而自己却没有受过一次伤。民兵和游击小组的行动也是很积极的。离石县的游击小组，每月作战平均10余次；岚县的游击小组，经常跑出一二十公里，深入到敌人据点附近捉拿汉奸；岚北民兵捉到敌人派出的密探。各县民众之参加破路、破电线的斗争，动辄数百人。1943年2月间，离石县7个据点之间的敌电话线，为我彻底破坏50余公里，使敌费时一个月始修复起来。

捕捉敌探汉奸，摧毁公开与秘密的维持会、伪政权等，也获得不少成绩。仅一个分区的统计，擒获敌探达300余人，摧毁600多个自然村和40多个行政村的维持会，并在摧毁敌伪组织后，建立了抗日的政权。因此，我抗日根据地的少数地区，不仅没有在敌人的“蚕食”政策下缩小，反而得到了发展。接近敌占区的民众，生活在一种紧张的战斗环境中，为对付敌人的“三光”政策，只得在敌人不易到的山上挖小窑洞，预先把路挖断，把粮食用瓮藏到地里，平时在本村进行生产，敌人来时就躲到山上去。这样就减少了群众的损失，并使群众的斗争更能够坚持。

在山地进行反“蚕食”斗争的同时，在平川我则展开了武装工作队的活动与对敌的政治攻势。武工队穿着便衣，依靠当地群众的掩护，昼伏夜出地深入到敌人的据点附近及中心地区，进行争取敌伪军，争取敌占区民众的艰苦工作。在这一工作中，我们也取得不少的成绩，并表现出我指战员英勇牺牲的精神。在某地，我们的武工队员7人，被敌人包围了，便立即拔枪抵抗，直到全部英勇牺牲。

为支持长期斗争，在毛泽东主席和朱德总司令的号召下，我们除作战外，还进行了生产运动。除开最前线的警戒部队外，其余在机动位置的部队及后方机关，全部参加了生产工作。为解决吃饭问题，我们进行了开荒。晋西北荒地虽没有陕甘宁边区那样多，部队也不能全部参加生产，但我们一个旅也有开数千亩地的。在陕甘宁边区的三五九旅，1943年开荒突破10万亩以上，创造了惊人的成绩。为解决穿衣问题，我们发动群众自己纺纱织布，并大批养羊，做到冬季的皮衣能够大部自给。弹药的来源，除依靠缴获敌人的以外，我们自己开设工厂，翻造子弹，自造手榴弹、地雷，并且成绩不错。我们还组织采药队，用中药来代替西药。结果，我们虽然几年来得不到国民政府的任何接济，但是，仍解决了坚持抗战的各种物资困难，并改善了部队的生活，减轻了群众的负担。同时又帮助了群众的生产工作。许多群众说："我们从来没有见过这样的部队，打仗能行，种地也能行，种起地来，连我们庄稼人都赶不上。"

总之，几年来的斗争是异常艰苦的。但是，我们拼着一口气，为国家、民族出力，取得了重大胜利：一是胜利地坚持了敌后抗战；二是建立了许多大大小小的抗日根据地；三是在战略、战役上有力地配合了各线友军。

我们在总结这些胜利的时候，忘不了那些流血牺牲的指战员、共产党员。我们伤亡的人员中，有许多杰出的干部，优秀的共产党员，共产党员在伤亡的人数中占60%以上。他们有的在火线上负伤或牺牲了，有的是深入敌巢而罹难了。他们英勇牺牲的壮烈行为，创造了无数可歌可泣的光辉业绩，表现了中华儿女的高尚气节！这不但是中国共产党的光荣，也是整个中华民族的光荣。

坚持抗日游击战争的几点经验

几年来的经验证明，游击战争和革命政治工作的结合是中国战胜日本帝国主义的有力武器。

由于我们部队正确地执行了毛主席关于"基本的是游击战，但不放松有利条件下的运动战”的战略方针，所以能不断战胜敌人，保卫了抗日根据地。我们在粉碎敌人每一次的进攻中，都是以主动的游击动作来扰乱敌人，迷惑敌人，疲惫敌人，消耗敌人，造成对我有利的条件，大举歼灭敌人。

游击战争不单是战术问题，而且是一个战略问题。游击战争是发动与组织广大群众与敌人进行武装斗争的最好的形式。在敌人后方，不但部队和普通的游击队、游击小组、武装的人民，不断地与敌人或汉奸武装进行斗争，就是政权组织、群众团体以至于文化机关，必要的时候也得打游击；特别是在敌占区，只有打游击，才能使自己存在和发展。因此，游击战争绝不是单纯的军事问题，而且还是一个重要的政治问题。部队必须有很高的政治质量，严明的群众纪律，必须与群众真正打成一片，必须从政治上启发群众的觉悟，而不用强迫和欺骗的手段使其加入部队，这样才能生存，才能得到群众的拥护和帮助，才能在与敌人残酷的斗争中，克服一切困难，获得不断的胜利，逐渐地生长壮大起来。

我们的部队，因为有最先进的政党——共产党的坚强领导，并且保持和发扬了革命的政治工作的光荣传统，才能有今日的成绩。坚强的政治工作，保证了各种任务的完成：

一是保障了部队的高度杀敌勇气。无论新老战士，无论任何情况，无论物资供应如何困难，由于政治工作之深入与不间断地进行，部队始终保持着高度的战斗勇气与胜利信心。

二是保障了部队的巩固与扩大。抗日战争中，因为加强了政治工作，我们部队逃亡现象是很少的。部队的补充与扩大，也依靠政治工作之深入民众，使军队与民众打成一片，使民众能爱护军队，民族觉悟也不断提高，因之民众参加抗战、参加抗日军队的热情，大大高涨。

三是保障了部队铁一般的团结。无论上级与下级，指挥员与战斗员，以及同志与同志之间，无不亲密友爱，大家同心同德，一个意志——把日本帝国主义打出中国去，争取中华民族的独立、自由和解放。

四是保障了部队的供应补充。在平时与战时，在行军与驻军中，部队不断需要物资的供给与补充，但我部处于物质条件极度艰难的地区，更需要依靠政治工作的动员，贯彻自力更生的方针，依靠人民群众，来保障物资的供给、补充。

而所有上述问题的解决，主要的是由于中国共产党的坚强领导与共产党员的骨干作用。

经验还证明，游击战争必须有根据地的依托，才能坚持和发展下去。因为只有建立根据地，才能使武装斗争与其他形式的斗争结合起来，以收指臂之效。

我们在敌人后方，建立了许多大大小小的抗日根据地。敌人突破雁门关时，立刻大举南下，当时的守军与地方官吏多闻风而逃。敌人一面继续前进，一面利用汉奸成立伪政权，人民沦入水深火热之中，苦不堪言。我们一二〇师恰于此时开入晋西北，立即进入战斗，打退了敌人，收复了失地，建立了新的政权和抗日根据地。并继续扩展到雁北、大青山、平西等长城内外的广大地区。我们还曾经跨过同蒲、平汉两道交通线，为保卫晋察冀边区和冀中平原抗日根据地而英勇战斗，并且获得了辉煌的战绩。这些根据地不但有雄厚的武装力量，而且普遍地建立了统一战线及各阶层抗日的民主政权、群众团体、民众抗日武装。敌人虽然一次一次地“扫荡”，特别在相持阶段以来，敌人一面进行连续“扫荡”，一面强化伪政权，一面实行经济上的封锁和破坏，斗争更加残酷。但是，敌人摧毁这些抗日根据地的阴谋都失败了，而且敌人“扫荡”一次，我们反“扫荡”的经验更多一次，我们的工作也更加强一次。

敌人虽然占领了大部分的城市和重要交通线，但是，广大的土地和人民仍然是我们的。这些抗日根据地，在与敌人的残酷斗争中，在实现民主与改善民生的实践中，日益成为牢不可破的堡垒；不但成为坚持抗战的有力战略支点，实行反攻的前线阵地，而且是敌后抗战一切人力物力财力的源泉，有非常重大的意义。

经验告诉我们，要取得战争的胜利没有群众是不可能的。

我们部队的武器和装备，不但比不上敌人，就和其他同是国民革命军的友军相比，也是相差很远的。加以弹药缺乏，衣食困难，地瘠民贫，气候恶劣，在敌后作战，备尝了一切艰难困苦。但是，我们并没有为这些艰难困苦所阻碍，仍然坚持了这一斗争，并且取得了不断的胜利。这一方面是因为我们的指战员都有高度的政治觉悟和艰苦奋斗的精神；另一方面则因为我们的主张和实际行动取得了群众的信赖和热烈的拥护。兵员的补充，物质资财的供给，一切运输、担架、带路、送信工作，一直到直接帮助作战，无一不是依靠于敌后广大的群众。有了群众，可以造成山，可以造成海，可以造成长城。反之，失掉了群众，就只有灭亡。

发动群众的先决条件，是必须坚决抗日，这样才能得到群众的爱戴与拥护；必须给群众民主自由，改善他们的生活，这样才能发挥他们抗战的热忱，积极地进行抗日。在抗日根据地内，群众能够选举自己的政府，有言论、出版、集会、结社与武装抗日的自由，一切抗日的活动，都受到政府的保护与帮助。苛捐杂税都废除了，一切抗日负担都出自合理的原则，普遍实行了减租减息，优待抗日军人的家属，阶级的关系得到了适当的调整。只有真正甘心当汉奸的人，和坚决投敌反共、破坏抗战的分子，才受到法律的制裁。因此，敌后抗日根据地的群众运动，与国民党大后方有显著的不同。

在敌后抗日根据地，我们的军队、政府和人民是三位一体的。军队是保护政府和人民利益的军队，政府是爱护军队和人民的政府，人民是爱护政府和军队的人民。

军政民的紧密团结，是战胜敌人的伟大力量。

经验还告诉我们，坚持抗日民族统一战线，是争取抗战最后胜利的基本保证，没有全民族的统一与团结，是不能进行胜利地抗战的。

巩固民族团结与统一的唯一方针，就是巩固扩大抗日民族统一战线与国共合作。有些人专门反对统一战线，破坏统一战线，挑拨国共合作，污蔑八路军，破坏八路军，其用心是很显然的，无非是为破坏抗战，便利于日本灭亡中国。因此，这些人应该遭受到全国人民的唾弃与反对。

华北的游击战争，在不断与敌人的斗争中，在不断粉碎敌人的围攻中，广泛地发展起来了，它的前途是光明的。

在华北坚持敌后抗战的一二〇师，过去完成了光荣的任务，今后也必然能够完成更艰巨的任务。我可以向全国同胞宣布：我们是最彻底地、最坚决地、时刻和全国人民一起，为坚持抗战到底，为巩固抗日民族统一战线，为实现新中国而奋斗到底的。

刘伯承

……这三个因素要形成像一个人的拳头那样，正规军就是这个拳头的骨，游击队就是它的筋，自卫队就是它的肉，这样形成一个一致的有机体的动作。这也可以说就是抗日游击战争的特点。

● 1892年生，原名刘明昭，字伯承。四川省开县人。

● 1926年5月，加入中国共产党。

● 1937年8月，任八路军一二九师师长。同年组织指挥所部进行了夜袭阳明堡、七亘村伏击战以及长生口、神头岭、响堂铺等战斗。后又取得晋东南反“九路围攻”和冀南反“十一路扫荡”的胜利，创建了晋冀豫抗日根据地。

● 1939年7月，领导军民抗击5万日军对晋冀豫抗日根据地的“大扫荡”。辽县石匣伏击毙敌300余人。

● 1940年8—9月，组织部队参加百团大战，协助晋察冀军区破坏正太铁路，攻占沿线大部分据点，指挥榆（社）辽（县）战役，攻占榆辽公路大部分据点。

● 1955年，被授予元帅军衔。

● 1986年10月7日，逝世于北京。

我们在太行山上

刘伯承

一

太行山位于晋冀豫三省边界，高山连绵，地势险要，西有吕梁山，北有五台山，南临黄河，东接冀鲁平原，是华北的战略要地之一。

抗日战争一开始，党中央、毛主席就已估计到华北抗战形势必将日趋恶化，并预定在日寇深入山西时，以八路军的三个师，分别控制吕梁、五台、太行诸山脉，作为开展华北游击战争，建立敌后抗日根据地，积蓄力量，坚持长期斗争的战略基地。

1937 年 9 月底，八路军一二九师继一一五师、一二〇师之后出师抗日，到达了山西前线。

这时，华北的日寇在占领北平、天津以后，以 20 万兵力沿平汉、津浦、正太、平绥诸铁路大举进犯，连陷保定、石家庄、邯郸、沧州、德州、大同等重要城市，并图一鼓而下太原。国民党在华北的许多军队和政府人员，弃城失地，狼狈溃逃。华北地区陷入一片混乱。

一一五师、一二〇师出师之后，即在平型关、雁门关、井坪镇等地有力地打击了日寇，取得了巨大胜利。一二九师在 10 月 19 日，夜袭阳明堡敌飞机场，烧毁敌机20余架，继而在正太路南侧，协同一一五师的部队，连续在马山村、七亘村、黄崖底、广阳等地给了正向太原急进的敌人以沉重打击，前后又歼敌2000余人。

国民党百万大军，由于执行不要人民群众参加的、单纯政府的片面抗战的路线，在敌人面前或则一触即溃，或则闻风而逃，并到处散布恐日情绪，为害人民，造成抗战危局。八路军在我共产党提出的全国人民总动员的全面抗战的路线下，以三师之众，向北挺进，连战连捷，团结人民，挽救抗战危局。两幅不同的图画，形成非常鲜明的对比。“民族救星共产党，国家干城八路军”，只有在共产党领导下实行全面抗战的路线才能胜利。这在抗战一开始就已经十分明显了。

1937年11月初，上海、太原相继失守。毛主席指出，抗战正处在片面抗战到全面抗战的过渡期中，“在华北，以国民党为主体的正规战争已经结束，以共产党为主体的游击战争进入主要地位”①。在党内、在全国都要反对投降主义，既要坚持、扩大和巩固抗日民族统一战线，又要在统一战线中坚持独立自主的原则，放手发动敌后游击战争，建立敌后抗日根据地。稍后，毛主席又发表了《抗日游击战争的战略问题》和《论持久战》，有力地驳斥了亡国论和速胜论，阐明了持久战的道理和游击战争的重大的战略作用，并且英明地指出了中国取得抗战最后胜利的道路。毛主席的这些指示，以无比的光辉，照耀着中国人民前进的方向。

一二九师根据毛主席创建以太行山为依托的晋冀豫抗日根据地的指示，在中共中央北方局和八路军总部直接领导下，立即大刀阔斧地展开了开创根据地的工作。一面命令各团以营或连为单位，进到平汉路、正太路沿线，发动群众，开展游击战争，打击继续南犯的敌人；一面抽调

① 毛泽东:《上海太原失陷以后抗日战争的形势和任务》,《毛泽东选集》合订1卷本，人民出版社1964年版，第358页。

大批干部和一些连队，组织了许多工作团和游击支队，分散到太行山区的各地发动群众。原来这一地区的党组织，虽在国民党多次摧残之后，力量不大，但也积极地执行着毛主席的指示，大力发动群众，组织抗日武装。这时，地下党的同志运用统一战线政策组成的山西牺牲救国同盟会、山西青年抗敌决死队等进步的群众组织和抗日武装，也在晋东南地区积极地开展工作。冀西地区成立了冀西游击队。这几支力量结合起来，展开了轰轰烈烈的创建抗日根据地的斗争。晋东南和冀西的几百万人民起来了。工会、农会、青救会、妇救会和抗日自卫队到处组织起来了，新的抗日民主政权建立起来了。工人、农民和青年知识分子争先恐后地参加抗日武装，每一个城镇和乡村都出现了“母亲叫儿打东洋，妻子送郎上战场”的动人事迹。游击队在各地如雨后春笋般地生长起来。太行和太岳两块抗日根据地开始创建起来了。

“分兵以发动群众，集中以应付敌人。”这是毛主席在第二次国内革命战争时期就总结出来的创建和扩大革命根据地的经验。我们遵循着毛主席的这个指示，在分兵发动群众的同时，也抓住有利的时机，集中兵力消灭敌人。1938 年 2 月，日寇集中了 3 万余人，向晋南发动进攻。国民党军队仍然是望风披靡，不战而溃。至 3 月上旬，日寇便又侵占了临汾、长治、风陵渡等数十座城镇，控制了邯郸经长治到临汾的大道和同蒲路南段，并继续向晋西南黄河各渡口猛犯。为了打击侵入晋东南的敌人，钳制日寇的进攻，我们将分散活动的部队适当集中，寻机歼敌。2 月 22 日，在正太路东段，包围旧关村，设伏长生口，消灭了由井陉出援旧关之敌一个加强中队。随即转师南下，寻歼占领邯郸、长治大道之敌。3 月 16 日，袭击黎城，设伏神头，迅速、干脆地歼灭了由潞城出援之敌 1500 余人。半个月后，又在黎城、涉县间的响堂铺地区布下伏兵，将由黎城东开的敌汽车 180 辆全部烧毁，全部歼灭其掩护部队。

太行山上的抗日运动风起云涌，我们的主力又三战三捷，歼敌数千。

敌人感到这块抗日根据地对他的威胁太大，于是在4月初，集中了3万多人，举行九路围攻，企图合击歼灭我军。但是我军在广大人民的支援下，机动灵活地转出了敌人的合击圈，并且于4月16日，在武乡长乐村地区抓住了敌人的一路，以极为勇猛的动作，将敌压在狭窄的河谷里，截为数段，然后经过一整天的激战，歼敌1500余人。这一战，给了敌人九路中的主力一〇八师团以严重打击，其他各路敌人即纷纷回窜。我各部乘胜追击，连克长治、沁县等18座县城（其中我军收复12座，友军收复6座），将敌人赶出晋东南。

粉碎敌九路围攻的胜利，使我们的脚跟在太行山上站得更稳了，使我党我军的威信更为提高，广大人民的胜利信心更为高涨。我们根据毛主席抓住大好时机，以太行山为支点迅速分兵，由山地向平原发展的指示，乃留一部分兵力继续在晋东南和冀西发展游击战争，建设根据地，而以一二九师的主力和一一五师的六八九团，向冀南进发。

冀南地区，自国民党军队南逃后，土匪和一些旧军官即招兵买马，各霸一方；豪绅地主亦纷纷成立反动道会门和民团。日寇为达到其统治冀南的目的，一面笼络豪绅地主成立“治安维持会”，并大量收编土匪，组织伪军，一面挑拨各色武装互相火并，从中操纵，使他们都为其控制和利用。冀南的我党组织，在抗战开始后，立即发动群众，组织抗日武装。一二九师也曾在1937年底、1938年初，先后派挺进支队、东进纵队、骑兵团等挺进冀南，结合地方党所组织的抗日武装，展开创建抗日根据地的工作。5月初，一二九师的主力和一一五师的六八九团到达冀南后，首战威县，打跑了盘踞该县的日军，接着乘胜分兵向漳河南北和卫河两岸发展。至9月底，消灭了伪军1万多人，解放了临清、高唐、临漳、滑县等20余县。同时收纳和整编了大小数十股游杂武装和20余县的民团、保安队，加强教育，进行改造，逐渐提高其政治质量。1939年1月，日寇集中3万余人，对冀南进行大规模的“扫荡”。我军依靠广大群众，积极展开斗争，粉碎了敌人的“扫荡”。2月10日，在威县香城固全歼日军1个加强中队，击毙敌大队长以下200余人。

位于河北、山东、河南三省接合部的冀鲁豫地区的党组织，在抗战开始后，也积极地发动群众，组织抗日武装，并团结了一部分愿意抗日进步的国民党人员如山东第六区专员范筑先等与我合作，创建了鲁西北、泰西（泰山以西）、湖西（微山湖以西）、冀南（河北省南部）、鲁西南等抗日根据地。1938年12月以后，一一五师东进，在冀鲁豫地区有力地打击了敌人。在1939年5月的陆房战斗中，毙伤日寇1300余人。冀鲁豫抗日根据地也迅速发展起来。

1940年初，日寇实施“囚笼”政策，以铁路为柱、公路为链、碉堡为锁，企图分割和封锁各抗日根据地。我们结合广大人民，对敌展开了全面的交通斗争。1940年秋，在以正太战役、榆（社）辽（县）战役为中心的大破击中，我们参加战役的部队，作战极为英勇，共毙伤日伪军5000余人。

从1937年冬到1940年，以太行山为中心的太行、太岳、冀南、冀鲁豫几块抗日根据地都迅速地创建和发展起来。东至津浦路，西到同蒲路，北至沧石路、正太路，南至黄河、陇海路的广大地区，成为敌后重要的抗战基地之一。这是坚决执行了党中央、毛主席放手发展敌后游击战争，建立敌后抗日根据地的指示的结果。

二

创建晋冀鲁豫抗日根据地，不仅和日寇进行了激烈的斗争，并且和国民党反动派作了激烈的斗争。国民党几十万大军和省、县等各级官员，在日寇进攻面前狼狈逃窜；但当我军奋勇抗击敌人，收复失地，创立敌后抗日根据地时，他们却又回头来对我们加以多方的限制和破坏，叫嚣要向我军“收复失地”。我们始终是处在日寇和国民党反动派夹击之下，既要前门打虎，又要后门拒狼。这种形势在1938年冬日寇占领武汉以后，更为严重。这时，日寇对国民党采取了政治诱降为主、军事打击为辅的政策，逐渐转移其主要军事力量对付敌后我军。国民党则采取了消极抗战、积极反共的政策，对敌后抗日根据地军民加紧摩擦，为投降妥协做准备。在晋冀鲁豫抗日根据地周围，日寇逐渐增加兵力，从1938年11月到1940年底，对我冀南、冀鲁豫根据地进行了多次的“扫荡”，企图首先摧毁这两块平原根据地，然后摧毁太行、太岳山区根据地。国民党反动派也以冀南、冀鲁豫为重点，加紧摩擦。首先派鹿钟麟为河北省主席，到冀南进行反共。接着又将石友三部由鲁南调到冀南和冀鲁边，增加反共力量。他们提出“撤换县长，驱逐八路”的口号，要取消冀南行政主任公署，并且委派县长、区长，同抗日民主政权对立。他们到处勾结劣绅土豪，地痞流氓，横征暴敛，欺压人民，一再杀害共产党员和抗日群众。我们遵循着党中央、毛主席的指示，一方面耐心地争取他们团结抗战，多次和鹿钟麟会谈，晓以团结抗战的大义；另一方面也展开了反对国民党反动派设立第二政权的斗争，并做了应有的自卫准备，以便在忍无可忍时，给进犯者以必要的反击。1938年8月，我们对肆意摩擦，悍然向我进犯的反共专家张荫梧部作了“礼尚往来”的回击，坚持了抗日民主阵地。

1939年下半年，国民党反动派在日寇诱降、英美劝降的形势下，加强了反共活动。11月，国民党调整了他们在晋冀鲁豫地区的力量，安排了互相配合着的三路反共大军：一路是以它在太行山南部和中条山区的军队，配合阎锡山反对山西新军的活动，从南面、西面压迫我军，企图消灭太行山南部与晋南的山西新军和八路军；一路是以九十七军军长朱怀冰所部进到太行山北部，配合鹿钟麟等，企图控制冀西地区，割断我太行和冀南的联系，尔后进取冀南；一路是以石友三部的两个军和冀察游击总指挥孙良诚等部，从东面向冀南、冀鲁豫我军进攻。

对国民党行将发动大规模的反共投降活动，我党早有准备。毛主席在1939年下半年所写的《反对投降活动》《必须制裁反动派》《目前形势和党的任务》等文件中，早已指出了这种形势，要全党做好准备。并且，毛主席还在《〈共产党人〉发刊词》《中国革命和中国共产党》等著作中，总结了我党过去斗争的经验，阐述了在统一战线中又团结又斗争，以斗争求团结的方针。毛主席的这些著作，武装了我们的头脑，使我们能够清醒地来进行斗争。

12月初，阎锡山发动了进攻山西新军的十二月事变，开始了国民党第一次反共高潮。12月中、下旬，阎锡山的爪牙孙楚[①]指挥其所属部队，在晋东南摧毁了沁水、阳城等7个县的抗日民主政权，共产党员和进步人士被屠杀和逮捕者达2000人左右，决死三纵队被反动军官拉走了4000多人。同时，蒋介石下令逼迫我军撤至白晋路以东、邯长路以北；朱怀冰部已进入冀西，抢占要点，并指示早已暗通日寇的侯如墉[②]部向我进攻；石友三部在冀南、冀鲁豫也大肆进行反共活动。在这种情况下，我军就只有进行自卫的反击了。

在晋东南，我们一方面严正地拒绝了蒋介石逼我退出太行山南部和太岳区的命令，以一部分主力部队进入太岳，加强了该区的斗争力量，以另一部分主力部队坚持太行山南段的斗争。另一方面，根据阎锡山欲利用蒋介石的力量恢复其对晋东南的统治、蒋介石欲乘机将阎锡山势力排挤出晋东南的矛盾，以及孙楚攻我最为积极，蒋系各军怕损失实力，不甚积极的情况，采取了集中打击孙楚，麻痹太南蒋军、巩固太岳、逐步恢复太南的方针，先后重创了孙楚所率的独八旅及阎锡山的新编第二师、暂编第二旅。当蒋系的二十七军向我太岳区进攻时，我一面派人与之谈判，晓以曲直利害，一面给以适当惩戒，制止其进攻。

① 孙楚，时任国民党山西第三行署主任。

② 侯如墉，时任国民党别动第四纵队司令。

在冀西，我继续向鹿钟麟、朱怀冰等说明我团结抗战的主张，进行争取，同时集中了一定的部队，对附敌有据，罪恶昭著，人民蓄恨已久的侯如墉、乔明礼[①]等部，实施进攻，将其8000余人大部消灭。在此情况下，朱怀冰处境孤悬，心虚胆怯，乃于1940年2月初率部与鹿钟麟一起南撤至武安、涉县、磁县，继续进行其反共摩擦，破坏抗战的活动。

在朱怀冰部南撤后，我一面对其保持戒备，仍望其能改变反共反人民的态度，转而抗日，一面集中冀南、冀鲁豫及冀中、冀鲁边南来的部分兄弟部队共25个团，给附敌反共的石友三部以坚决打击，毙伤其3000余人。石友三率余部渡过漳河，逃向清丰一带。

这样，太岳区和太行山以南地区的局面稳定下来了，我取得了粉碎国民党反共高潮的第一个回合的胜利。但是，蒋介石并不甘心，他命令朱怀冰、鹿钟麟部在磁县、武安、涉县、林县地区，与退至漳河以南的石友三等部联成一片，并急调四十一军、七十军向太南开进，企图向我举行新的大规模的进攻。为了粉碎蒋介石的这一阴谋，我乃乘四十一军、七十一军尚未到达之际，于3月初在平汉路以东、以西，分别进行了反击石友三部、朱怀冰部的战役。经过4天战斗，将石友三部击溃，余部逃往陇海路边，将朱怀冰部大部歼灭，我控制了邯长路以南、临淇以北的地区。

蒋介石在其前锋反共爪牙遭我连续反击后，还图增调兵力，布置新的进攻。这时，党中央、毛主席仍本着尽可能争取蒋介石集团继续抗战的方针，命令我们适可而止，结束反击作战，和国民党第一战区进行谈判。在谈判中我既坚决地揭露其反共阴谋，又作了必要的让步，最后议定了以临屯公路及长治、平顺、磁县之线为界，该线以南为国民党军队驻区，以北为我军驻区。我们并立即将进至上述界线以南的部队撤回线北。

---

① 乔明礼，原为张荫梧部下，1939年11月24日任河北民军总指挥。

在粉碎国民党反动派的第一次反共高潮中，我们的胜利，是毛主席在统一战线中又团结又斗争、以斗争求团结的政策的胜利。在斗争中，我们高举“坚持抗战，反对投降；坚持团结，反对分裂；坚持进步，反对倒退”的旗帜；坚决执行“有理，有利，有节”，“利用矛盾，争取多数，反对少数，各个击破”的策略原则，因而能够扭转严重的形势，稳定局面，使人民在抗战初期获得的果实得以保持。

以后，晋冀鲁豫边区军民，对国民党反动派的挑衅和进攻，继续进行了不断的斗争。如国民党反动派发动第二次反共高潮后，冀鲁豫区军民对孙良诚部的斗争，1942 年太岳区的军民对阎锡山部侵占我太岳区南部的反击，国民党反动派发动第三次反共高潮后，我军对大举侵入冀鲁豫区的李仙洲部的斗争，等等。在这些斗争中，无一不是根据毛主席的指示办事，因而都赢得了胜利。

三

1941 年以后，日寇更加紧了对敌后抗日根据地的进攻。在华北，连续实施了五次“治安强化运动”，对其占领区实行“清乡”，对我边沿区实行“蚕食”，对我根据地实行“扫荡”，并使三者结合起来，反复进行。在平汉路西侧，敌人大力地进行“蚕食”，构筑了三道封锁线，企图割断我太行与冀南、冀鲁豫的联系。在冀南、冀鲁豫平原，敌人实施了多次的全面进攻，以纵横交叉的公路和碉堡，将我根据地分割成为王字形、田字形、米字形的许多小块，造成“格子网”的形状。1942 年，敌在冀南增筑的公路和封锁沟、封锁墙就达 480 多条，全长 5000 余公里，平均 4 平方公里就有 1 个据点。在太行、太岳山区，敌人以“蚕食”和“扫荡”相结合，以“蚕食”占领的点线作为“扫荡”的依托，又在反复的“扫荡”中继续加速“蚕食”。其“扫荡”的方法经常变换，从“分散配置”“灵活进剿”“牛刀子战术”，到“铁壁合围”“反转电击”“抉剔扫荡”等等。而每次“扫荡”又必实行杀光、抢光、烧光的“三光”政策，企图歼灭我军，摧毁根据地军民的生存条件。国民党反动派则大肆宣传“曲线救国”，敌后的国民党游杂部队大批投敌，公开充当日寇进攻抗日根据地的爪牙，就是尚未公开投敌的，也暗中与日寇勾结，互相配合，共同反共。加之，1942 年、1943 年连年灾荒，根据地的斗争愈来愈艰苦、愈困难了。

党中央、毛主席指出 1941 年以后抗日根据地的困难是“黎明前的黑暗”，鼓励全党全军增强团结，克服困难、积蓄力量、争取胜利，并且宣布了《关于抗日根据地土地政策的决定》《关于统一抗日根据地党的领导及调整各组织间关系的决定》和《关于领导方法的决定》，强调了必须彻底实行“精兵简政”，使战争的机构适应战争的形势，要求各个根据地都要展开大规模的生产运动和整风运动，指出这将会产生根本性质的效果，使我党立于不败之地。党中央、毛主席的这些指示是我们克服困难、争取胜利的指针。

1942 年，晋冀鲁豫全区展开了大规模的减租减息运动。大批的干部，深入农村发动群众，领导广大农民开展减租减息的斗争，并且教育农民把改善生活的斗争和抗日斗争结合起来。这样，广大的农民进一步发动起来了，农村的面貌发生了新的变化，人民武装和人民政权也跟着迅速地加强了。边区军民，在增产节约、自给自足的号召下展开了大规模的生产运动。这时，财政经济工作也已粗具规模，统一了税收和金融币制。冀南银行发行的钞票，通用晋冀鲁豫全区。这就大大加强了对敌斗争，保证了军需民用。1941 年 7 月 7 日，晋冀鲁豫边区人民的代表机关——边区临时参议会开幕。这次会议选举了边区政府委员，成立了边区政府，晋冀鲁豫边区的各项工作更进一步展开了。

在深入发动群众、加强人民武装和人民政权、开展大生产运动的同时，根据地的军队和党、政机关一样，坚决地实行了“精兵简政”政策，大力紧缩机关，充实连队。一方面加强了地方武装的建设，另一方面又保持了骨干力量。在根据地的各项工作中，都加强了党的一元化领导。在党的一元化领导下，更统一了对敌斗争的各项政策。在根据地、边沿区组织了正规军、游击队和民兵、自卫队相结合的游击集团，向敌占区“格子网”内派出非常精干的小部队和武装工作队。各区都抽调了大批干部，进入党校或组成干部整风队，进行整风，收到了巨大的效果。在整风运动中，提高了干部的阶级觉悟，发扬了“实事求是”的作风，改进了领导方法，更加认识了毛主席领导的英明和伟大，更加紧密地在党中央、毛主席的周围团结起来。

在反“扫荡”中，我们一部分地方武装和民兵坚持腹地斗争，广泛开展游击战争，打击敌人的“清剿”部队；主力则转至外线，配合边沿区的游击集团和敌占区的武工队、小部队，积极破坏敌人的交通线，捣毁其补给点。敌人的“扫荡”虽然来势汹汹，但进入我根据地后，立即遭到了沉重的打击。敌人出发了，我们遍布各地的情报站、瞭望哨就以各种方法传递消息，使广大军民随时都知道敌人的动向。敌人所到之处，不仅遇到彻底的空室清野，并且到处触发地雷，遭受袭击。部队和民兵，时而分散，时而集合，用各种武器袭击敌人，而敌人却到处找不到他们。真是“四面楚歌传来，一拳打去是风”。敌人的交通线和后方的据点、碉堡，又不时这一处，那一处，为我转出外线的部队破坏、袭击、夺取，敌人到处损兵折将，顾了这里，顾不了那里，最后不得不狼狈退出我根据地。

在敌占区“格子网”内，武工队、小部队积极地发动群众，和群众一起对敌进行了极为有力而又巧妙的斗争。他们把合法斗争和非法斗争、军事打击和政治攻势很好地结合起来，创造了许多有效的斗争方法。敌人在据点附近，甚至在碉堡内也会突然遭到打击，被打死或被活捉。在这种情况下，许多伪军，伪人员不敢再做坏事，并逐渐向我靠拢，与我建立了联系。我们逐渐地在敌占区内创立了许多小块的隐蔽的游击根据地。

在对敌斗争中，山地和平原互相支援。在冀南、冀鲁豫平原坚持斗争的军民，灵活地进行着各种斗争，经常挖沟、破路，破坏敌人的交通，并且吸取了冀中军民地道斗争的经验，挖了许多既便于隐蔽又便于出击作战的地道。许多地方的地道，不仅是户户相通，而且是村村相连。除地道外，还在村内堵起了原有的街口、大门，另辟通道出入，做好射击设备，与地道结合，把整个村落变成了打击敌人的阵地。在太行、太岳山区，粉碎了敌人多次极为残酷的“扫荡”。太行山，不仅在抗战初期是我们据以开辟冀南和冀鲁豫地区的支点，在抗战中期，还支援了平原地区的斗争，在形势极为困难的情况下，冀南、冀鲁豫地区的许多干部和一部分部队则调到太行山区来休整、训练，成为支持整个山地、平原游击战争的基地。这样，山区和平原互相配合，充分地发动群众，军民团结一致，就形成了不可战胜的雄伟力量。我们就是依靠着这个力量，坚持了艰苦、复杂的斗争。

四

1943 年，晋冀鲁豫抗日根据地进入了恢复和再发展的新阶段。在这个新的阶段中，我们继续粉碎了敌人的多次“扫荡”，并且对一切可能夺取的敌占城镇和据点，展开了进攻。对深入我根据地内突出、孤立的敌伪军据点，采取了以围困为主的方法夺取之。如围困沁源就是一个典型的范例。在这次围困战中，我们以少数部队配合当地民兵和广大群众，以广泛的游击战争袭扰敌人的据点，打击敌人的运输，从 1943 年初到 1945 年 4 月，前后杀伤了敌伪军 4000 余人，最后收复了沁源县城。对盘踞在根据地周围的敌伪军据点，在可能夺取的条件下，就集中一定的兵力，以偷袭、强攻、里应外合等各种手段夺取之。1943 年至 1944 年，太行、太岳、冀南、冀鲁豫都曾组织了几次较大的战役。如 1943 年七八月间连续进行了卫南战役和林南战役，共歼灭了敌伪军 1.2 万余人，收复了卫河以南和林县以南的广大地区。1944 年 3 月日寇大举进攻河南，国民党 40 万军队溃退，豫西沦入敌手。我们又遵照党中央的指示，前后派遣了几支部队，开创了豫西抗日根据地，扩大了豫东抗日根据地。以后，在晋冀鲁豫抗日根据地周围，又举行了多次的战役，猛烈地扩大了解放区，缩小了敌占区。1945 年 8 月 8 日苏联对日宣战，出兵我国东北以后，晋冀鲁豫全区军民坚决地遵循着党的第七次代表大会的指示，勇猛地向敌人展开大反攻，在一个短时期内即歼灭敌伪军 5 万余人，收复了县城 59 座，和全国兄弟战略区相互配合，获得了抗日战争的胜利。

在抗日战争中，晋冀鲁豫抗日根据地所获得的胜利，是党的胜利，毛泽东思想的胜利，人民的胜利。毛主席对于抗日战争，作了极为深刻的分析，并根据这种分析，确定了“全面抗战”的路线，统一战线中独立自主的原则和“基本的是游击战，但不放松有利条件下的运动战”的战略方针；又根据战争发展的情况，制定了实现这个路线、原则、方针的一系列的具体政策。这是抗日战争获得胜利的根本原因。晋冀鲁豫抗日根据地能够迅速开创，能够粉碎日寇的多次围攻，能够击溃国民党军队的多次挑衅，能够在敌顽夹击下克服严重困难转入反攻，取得胜利，都是在党中央、毛主席的领导下，贯彻执行了正确的路线和政策，充分地发动了群众，军民同命，英勇奋斗的结果。毛主席说：“兵民是胜利之本”。这一相信群众、依靠群众的英明思想，在太行山，在晋冀鲁豫边区，也像在其他抗日根据地一样，得到了证实。

徐向前

巍巍太行起狼烟，黎涉路隘隐弓弦。
龙腾虎跃杀声震，狼奔豕突敌胆寒。
扑灭火龙吞残虏，动地军歌唱凯旋。
弹指一去四十载，喜看春意在人间。

- 1901 年生，原名徐象谦，字子敬。山西五台县人。
- 1927 年 3 月，加入中国共产党。
- 1937 年 8 月，任八路军一二九师副师长，与刘伯承、邓小平共同创建以太行山为依托的晋冀豫抗日根据地。
- 1938 年 4 月，奉命率一二九师和一一五师各一部挺进冀南，开展平原游击战争，创建了冀南抗日根据地。
- 1939 年 6 月初，徐向前奉命赴山东，任国民革命军第十八集团军第一纵队司令员，统一指挥山东和苏北、皖北八路军各部队，坚持抗日游击战争。
- 1942 年，任陕甘宁晋绥联防军副司令员，后任抗日军政大学校长。
- 1955 年，被授予元帅军衔。
- 1990 年 9 月 21 日，逝世于北京。

粉碎日军对晋东南的九路围攻

徐向前

1938 年 4 月，华北日军为摧毁我刚刚建立起来的晋冀豫抗日根据地，调集 3 万多兵力，以分进合击的战术，分九路对晋东南地区进行“围剿”。我八路军第一二九师，一一五师三四四旅，决死一、三纵队和各基干支队、地方武装，以及驻晋东南之友军，在朱德总司令和彭德怀副总司令的直接指挥下，经过半个多月的浴血奋战，彻底粉碎了日军的围攻，取得了歼敌 4000 余人的重大胜利，有力地巩固和发展了晋冀豫抗日根据地。

反九路围攻前的晋冀豫根据地

1937 年 11 月上旬，日军侵占太原之后，又继续南犯，华北大部地区相继沦入敌手。50 万侵华日军中，在华北即达 9 个师团又 5 个旅团约 30 万人。国民党在华北虽有兵力 60 万之众，但由于执行消极抗战路线，迭失重地，华北局势十分严峻。

当时，毛泽东同志对华北战局作了精辟分析。他说，在华北以国民党为主体的正规战争已结束，以我军为主体的游击战争已开始转入主要地位，日军不久即将移主力向山西内地各县之要点进攻。毛泽东同志并具体指出了日军向山西内地进攻的要点是：晋西北的神池、宁武、静乐，晋东北的五台、盂县、蔚县、广灵、灵丘，晋东南的昔阳、和顺、辽县、晋城，晋西南的离石、中阳、孝义、灵石、蒲县。毛泽东同志还指出，国民党为保卫河南，在晋城、临汾未失守以前，晋军不至于退出山西，国民党川军刘湘部亦有开入山西的可能。但是，不能指望国民党军队长期支持战争，必须以八路军为全山西游击战争的主体。他要求八路军各部队发扬独立自主精神，放手发动群众，扩大武装，多打小胜仗，以影响全国。依据这个分析，中央军委将八路军的三个主力师部署在三个战略支点上，一一五师在吕梁地区，一二〇师在晋西北，一二九师在晋东南，准备充分力量，长期坚持游击战争，对付日军向内地的进攻。

从 1937 年底到 1938 年 4 月，我山西境内八路军各部队，根据中央军委的指示，在八路军总部的直接指挥下，对日军的作战和根据地的创建，都取得了很大胜利。

我一二九师大刀阔斧地展开了创建以太行山为依托的晋冀豫抗日根据地的工作。3 个多月的时间里，取得了显著成绩。

一是建立抗日民主政权，抓紧根据地建设。那时，晋东南各县，差不多都有我党掌握的“牺盟会”（即山西牺牲救国同盟会）组织，但各县、区、乡级政权还未得到根本改造。这些政权的头头脑脑，多属阎锡山的骨干，对八路军不信任、不支持，甚至有刁难、限制、破坏的，给我们的筹粮、筹款、扩大兵员、发动群众带来了许多困难。不解决政权问题，根据地建设就是一句空话。在那几个月里，我们组织了不少小分队，到各地去宣传群众，组织群众。很快，大部分县、区、乡都建立了抗日政权，建设根据地的工作进展迅速。

二是建立军分区和各县、区的游击支队，迅速发展抗日武装。晋冀豫抗日根据地，是指同蒲路以东、黄河以北、正太路以南、平汉路以西地区，也就是太行山地区。在这里，先是建立四个军分区，继而由师参谋长倪志亮同志负责，组建晋冀豫军区。同时，我们派出约2/3的兵力，一般以连为单位，配上营以上干部，分散到各县区，组织游击支队。较早建立起来的一批队伍有秦（基伟）赖（际发）支队，汪乃贵支队，赵（基梅）涂（锡道）支队，谢（家庆）张（国清）支队。还有平定游击队，长凝游击队，祁县游击队，太谷游击队，榆社工人游击队，寿阳游击队等。游击队成员，主要是农民，也有工人和学生，还包括一部分收编的国民党散兵。那时，晋东南一带，跑散的国民党官兵甚多。他们打着“抗日军”“游击队”的牌子，为非作歹，骚扰百姓。这是一大祸患，直接危害我抗日根据地的开辟与巩固。为此，我们发表了《告散兵书》，欢迎他们加入八路军。条件是打日本强盗，为民族解放，不侵犯民众利益，共同艰苦奋斗。不愿留者，则发给路费，开具证明，让他们走。这件事对我们非常有利，有的散兵编入游击队以后，经过政治训练，很快成了骨干。为了加强游击队建设，我们还办了一所晋冀豫军政学校，重点培养游击队骨干。游击队的建设，一开始就置于党的绝对领导之下，所以，在后来的抗日游击战争中，游击队发挥了重要作用。

三是积极开展游击战争，打击日军的嚣张气焰。抗战初期，我们主要是运用游击战法，打击与消耗敌人。游击战，每战战果不大，但积小胜为大胜，具有战略意义。从1937年底到反九路围攻前，一二九师先后取得了凤凰山战斗、长生口战斗、神头岭战斗、反六路围攻和响堂铺战斗的胜利，累计歼敌2500人。响堂铺一次伏击战，就歼敌400多，打掉敌人汽车180辆。

四是开展统一战线工作。当时国民党在山西境内的驻军除阎锡山的部队外，还有曾万钟的第三军，李家钰的第四十七军，武士敏的第一六七师，朱怀冰的第九十四师，还有冯钦哉的第十四军团，骑兵第四师，以及汤恩伯率领的第三十一集团军。这些部队，数量是可观的。可是，蒋介石的政策不对头，虽拥有重兵，但消极避战。尽管这样，我们还是努力做争取团结的工作，巩固和扩大统一战线。像汤恩伯，他退到了榆社，不敢与日军接触，整天想着到黄河以南去。伯承、小平和我到他那里去同他交谈，劝他以大局为重，留在山西携手抗日。但没有留住，反九路围攻之前，他就率部跑到河南去了。我党在建立统一战线的同时，还利用统一战线关系，组织和发展武装力量。山西青年抗敌决死队，就是在我党与阎锡山合办的军政训练班、国民兵军官教导团的基础上形成的，实际是我党领导的抗日武装，薄一波同志是主要领导人。杨秀峰同志还以国民党河北民训处的名义，组成了冀西游击队。

抓紧政权建设，扩大抗日武装、坚持独立自主的游击战争、开展统一战线，是根据地建设的重要内容。到反九路围攻前，晋冀豫抗日根据地已初具规模。几百万人发动起来了，游击队、自卫队、抗日民主政权以及工会、农会、青年救国会、妇女救国会等群众组织在各地如雨后春笋般地生长起来。巍巍的太行山上，抗日运动风起云涌，到处都是埋葬日军的坟墓。这就为反九路围攻的胜利奠定了基础。

反九路围攻开始的战场形势

晋冀豫抗日根据地的创建和游击战争的普遍开展，特别是我在军事上的重大胜利，搅得日军昼夜不得安宁。为解除我军对他的威胁，日军遂于1938年4月初，以其第一〇八师团为主力，纠集第十六师团、二十师团、一〇九师团及酒井旅团各一部，计10多个联队（其中8个步兵联队，骑兵、炮兵、工兵、辎重各一至两个联队），由邯（郸）长（治）大道上的涉县、长治，临（汾）屯（留）公路上的屯留，正太路上的平定，同蒲路上的榆次、太谷、洪洞，平汉路上的邢台，以及元氏、赞皇、昔阳、祁县等地，分九路向晋东南地区发起大规模的围攻，妄图以“分进合击”的战术，速战速决，将我军围歼于辽县、榆社、武乡地区。日军一方面进行欺骗宣传，另一方面疯狂地对根据地人民进行烧杀抢掠，他们所到之处，烟火滚滚，尸横遍野。

从缴获的文件中，我们已发现了敌人“4月上旬有较大攻击”的企图。朱德总司令和彭德怀副总司令，及时在沁县小东岭召开东路军各部队高级将领军事会议，制定了粉碎敌人围攻的作战方针，指示我们采用运动战、游击战的作战原则：在日军未进入我“利害变换线”[①]以前，采用内线作战，集中兵力，各个击破，当打敌一路时，余路钳制之；当日军进入我“利害变换线”内时，则从敌间隙中转到外线作战，袭击敌之侧背，亦求集中兵力，各个击破。并作了具体兵力部署。

4月6日，我一二九师在西井召开团以上军政干部会，讨论反围攻的具体作战方案。刘伯承师长认为，我们要先发制敌，与友军一起分头截击敌人，特别要抓紧平汉、正太、同蒲诸线和白晋公路，先粉碎其新计划，推迟其围攻，再给以更大打击。当时决定，先在涉（县）武（安）间打敌一路。会后，邓小平政委和陈锡联同志去辽县，指挥北方各部，动员群众，“空舍清野”，布置后方工作。伯承同志和我率部执行涉武作战计划。原定在涉县、武安间的鸡鸣铺山地设伏，打一个伏击。后因敌情有了变化，正太线之敌占了襄垣，八路军总部命令我们西移，配合国民党曾万钟第三军作战。这时，晋东南各部队，包括友军，在朱德、彭德怀同志指挥下，各自都进入了作战地域。

反围攻开始阶段，主要进行游击战，消耗疲惫敌人，并寻找有利战机，在运动中给予打击。因此，敌人的各路围攻，大都受到了八路军与友军

---

① “利害变换线”，就是选择和掌握好跳出敌军合击圈的时机和地点。如果敌军几路兵马同时围过来，我们跳得太早，被敌发觉，他就会掉过头，组织新的合围；如果我们跳得太迟，就会被敌军围住。所以，指挥员在突围前，要计算敌军合击圈直径的大小，侦察各路敌人前进的路线、速度。在“扫荡”之敌开始活动，即将形成但尚未形成合击圈之前，我军主力在小部队佯动之下，跳出敌军预定的合击圈，转到外线，变被动为主动。

的不同程度的抗击。

敌第二十师团七十七联队，由洪洞进犯安泽、沁源，被我一一五师一部、决死一纵队和友军高桂滋部给堵住了；酒井旅团的一个步兵联队附骑兵、工兵、炮兵和辎重各一部，由太谷、祁县进犯子洪口，在东西团城地区，遭到友军武士敏和朱怀冰等部的阻击。敌第一〇九师团两个大队由太谷、榆次，经长凝，向阔郊、马坊进攻，以榆社为目标，前进没多远，就受到我秦赖支队的钳制。敌第十六师团兵分四路向我围攻，第一路是一个联队，由平定、昔阳经和顺，向辽县进攻，这一路由于友军没有积极抗击，使敌人顺利到达辽县；第二路也是一个联队，由平定、昔阳经皋落，向辽县进攻，在松烟镇附近，被我曾国华、汪乃贵两支队截击，颇有伤亡；第三路是一个大队，由元氏、赞皇西攻浆水，被我一个支队和地方武装迎击；第四路是两个大队，由涉县攻麻田，遭到了友军骑兵第四师和我师一部的钳制。敌第一〇八师团一个联队由长治经襄垣、西营、下良进迫辽县；步兵工藤联队附骑、炮、工、辎各一个大队，由屯留、虒亭，向沁县进攻，被曾万钟军打了一下，没有堵住，即占领了沁县、武乡，逼近榆社。这后两路均为苫米地旅团长指挥，是此次向晋东南围攻的主力。

粉碎九路围攻的关键一仗

那时我任一二九师副师长，随师部从鸡鸣铺撤出后，经偏店、桐峪、左会、石门，13 日到贾豁镇。根据八路军总部命令，伺机在武乡、榆社间打一歼灭战。

这时，敌一一七联队进占武乡，并以主力北犯榆社，企图与太谷、榆社南犯之敌会合。但在我总部特务团和一一五师三四四旅一部阻击下，感到深入危险，又退回武乡。估计他们有两个企图，一是向西，增援从子洪口进来陷于苦战的敌人；二是向东，退走长治。我们判断，敌人向东的可能性大。于是，决心消灭这一路。

15日，我部进至马牧、胡家垴、型庄、长庆凹一带。黄昏后，武乡之敌开始向襄垣方向撤退，遂急令三八六旅和一一五师之六八九团尾随追歼。我们赶到武乡时，武乡县城处于一片硝烟火海之中，当即命令部队帮助群众救火。

三八六旅旅长陈赓同志将部队分为左右两路。七七二团、六八九团在左，七七一团在右，七六九团为预备队，尾左路之后，沿浊漳河两岸山地猛追。陈赓同志率七七二团先行。经武乡、小河、黄红坡，16日晨，在南窑科地方，发现巩家垴有敌侧翼警戒部队四五百人。为避免暴露企图，该团即在山下牛家庄隐蔽起来。敌未发觉，继续东行。

这时，敌人大部已过长乐村，其辎重尚在白草延附近，而我七七一团已到达白草延对岸之郑峪村、张庄以北高地，与七七二团两岸平行。这是一个好机会。遂令两团相对突击，将敌拦腰斩断。敌之辎重人马被压制在长乐村以西之型村、李庄、白草延、马庄一线的一个狭窄的河滩隘路上，无法展开。在我两侧部队猛烈地攻击下，敌人丧魂落魄，欲战无力，欲逃不能，人马尸首和辎重遍布河滩。战至中午，已过长乐村之敌主力1000余人返回解围，被七七二团一部和六八九团截住，战斗十分激烈。为争夺要点，我们的部队反复冲锋七八次，才将敌打退。中午，敌一〇五联队从辽县、蟠龙方向来增援，向我主阵地实施反突击，炮火十分猛烈。

此时，国民党第三军曾万钟部，就在蟠龙附近。如果他们能在蟠龙一线截击援敌，我们的压力会小一点。可是他们没有尽力。原定是我们配合他们行动，结果是我们唱主角，他们却成了观战者。事后，陈赓同志讲，这次战斗若得到曾万钟第三军的很好配合，将苫米地旅团歼灭是无疑的。未将该旅团全歼，是最可惜的一件事。

由于曾军不能配合，我军弹药消耗很大。为避免过大牺牲，遂以七六九团和六八九团各一部布成游击网，扭击与迷惑敌人，主力撤至云安村、合璧村一带隐蔽待击。一场恶战始告结束。这就是有名的长乐村战斗。

这次战斗，消灭日军1500多人。但由于敌我双方反复争夺，我们的部队撤出战斗匆忙，缴获甚微，只有60多支步枪，3挺轻机枪，战马10余匹。战斗中，六八九团和七七二团都曾夺过大炮，但又被敌人夺回去了。

这次战斗，我们伤亡800多人。七七二团团长叶成焕头部负重伤，两日后牺牲。这是我们的一大损失。他作战勇敢，为人忠厚，能团结人，对革命事业忠心耿耿。开追悼会那天，大家都很悲痛，许多同志流了泪。

长乐村战斗结束后，蒋介石还给我们发来了“嘉奖电”，但对贻误战机的曾万钟却没有一点制裁。

长乐村战斗是我粉碎日军九路围攻中具有决定意义的一仗，敌人在这里遭到歼灭性打击后，其他各路纷纷回窜。我军各部乘胜追击，又在沁源以南及沁县、沁源间，辽县、和顺间，有力地打击了敌人，先后收复了辽县、黎城、潞城、襄垣、屯留、沁县、沁源、高平、晋城等县，使长治之敌陷于孤立。4月下旬，长治之敌经白晋公路和曲（沃）高（平）公路向同蒲路南段撤退，又被我三四四旅、决死一纵队截击，伤亡近千。至此，日军的九路围攻被我彻底粉碎。

粉碎敌人的九路围攻，意义十分重大。

其一，经过以我军为主的反围攻作战，不仅打破了敌人企图用分进合击战术驱逐或消灭晋东南我军的计划，而且歼灭日军4000多人，收复县城18座（其中我军收复12座，友军收复6座），最后将日军全部赶出晋东南。以太行山为依托的晋冀豫地区，基本上为我所控制，这就进一步奠定了晋冀豫抗日根据地的基础，为游击战争的大发展，创造了有利条件。

其二，使广大人民群众更加看清了日本帝国主义的狰狞面目，进一步密切了我军同广大人民群众的关系。日军此次围攻，采取了大烧大杀的手段，所到之处，烧光杀尽方休。洪水、武乡、蟠龙等镇，均化为灰烬。蟠龙镇为辽县、武乡间之大镇，平时商业颇繁盛，此次日军经过，一火焚之。少数房屋未着火者，门窗家具也毁坏殆尽。对人民群众的屠杀更惨不忍睹。武乡境内的马村，被杀者60多人，妇女多是奸后再杀死，连七八岁的幼女也不放过，惨景难书。敌人用血与火教育了群众，人民从屠刀下醒悟过来，认识到“不抗日活不成”，“不把日寇赶出去，大家不得安宁”。同时，人民群众也进一步看清了八路军才是真正抗日的队伍。于是，纷纷起来，协助我军作战。在反围攻过程中，晋东南人民，在各地党组织的领导下，空舍清野，困扰敌人，给我们带路送信，报告敌情，运送伤员，使我军耳聪目明，行动自如，能适时地集中兵力打击敌人。

其三，反围攻的过程，对以往根据地建设的工作，是一个很好的检验。在襄垣、武乡一带，为了避免同国民党的摩擦，反围攻前收回了我派出之工作人员。这样，原先建立起来的游击队的建设就受到些影响，加之成分复杂，所以，在此次反围攻中，这些游击队和各村之自卫队没起多大作用。而在正太路以南、平汉路两侧之昔阳、辽县、临城、赞皇等地却相反，由于我们坚持了正确的领导，这些地方的游击队、基干队、游击组，在反围攻中发挥了很大作用。这就告诉我们，根据地建设，必须实行独立自主的方针，坚持党的领导。任何犹豫和动摇，哪怕是微小的，也会招致损失。

平原游击战 *

徐向前

我河北平原抗日根据地和游击区的形成，严重威胁日军后方及平汉、津浦两大交通命脉，大大增加了敌人的后顾之忧。冀中、冀南、冀东根据地，是日寇“扫荡”的主要目标。

1938 年 9 月，日军在进攻广州、武汉的同时，向冀中根据地发起大规模围攻。种种迹象表明，“扫荡”冀南，亦是指顾间的事。根据总部和师部的指示精神，10 月下旬，我们在南宫县城召开营以上干部会议，专门布置反“扫荡”的准备工作。我在会上作了报告，分析了当时的形势，估计敌人在占领武汉后，必然打通平汉线，巩固平汉线两侧，抽兵“扫荡”我敌后根据地。那时，毛泽东同志的《论持久战》和《抗日游击战争的战略问题》两篇文章，已发营以上干部学习，起到了统一部队思想，增强胜利信心的作用。我读得很仔细，随身携带，反复阅读，对毛泽东同志的伟大战略思想和预见事变进程的能力，由衷敬佩。我们的反“扫荡”准备工作，以这两篇著作为指南，结合冀南的敌情、我力及地形、群众条件，着重解决如何坚持平原游击战的问题。在冀南平原作战，有利条

* 本文节选自《徐向前回忆录》，解放军出版社 2007 年版。

件是：群众已经发动和组织起来，对惨无人性的日寇极端仇恨，与八路军形成了鱼水关系，地势辽阔、平坦，乡村稠密，便于我军分散和周旋；敌人兵力有限，供应不足，不可能占领全部县城和村落，一次“扫荡”的时间，亦不会太久；我主力部队长于运动、夜袭、伏击，战术灵活多样，士气旺盛。不利条件则是：平原地区，交通方便，利于敌人运动和增援；城池坚固，被敌占领固守，我不易夺回；根据地刚刚形成，部队和群众缺乏平原游击战的经验；国民党故意制造摩擦，我们既要对付日寇的进攻，又要对付国民党的破坏，处在两面应付的地位；一些隐藏的汉奸，尚未彻底清查出来。据此，我们提出如下反“扫荡”措施：（一）尽快筹集大批粮食、衣物、款项，做好物资准备。（二）向冀中学习，采取多挖路沟、设路障及破坏道路、空舍清野的方法，迟滞敌人。（三）分散作战，灵活制敌。不要死守县城和村落，而是依托广大乡村，分散游击，与敌周旋，会躲会藏会打；不打则已，打则必胜，昼伏夜袭，打了就走。（四）坚决镇压汉奸，警惕国民党制造摩擦，防止新编杂色武装倒戈等。会后，由行政主任公署下达紧急动员令，根据地军民开始了紧张的反“扫荡”准备工作。

11月中旬，日军对冀南的第一次“扫荡”开始。其独立第三混成旅、一一四旅团各一部及伪军一部共约3700余人，兵分四路由石家庄、德州、邯郸、邢台出动，向我根据地腹心地带南宫合围。我军陆续放弃了隆平、故城、武城、恩县、高唐、夏津、临清、南宫等县城，主力化整为零，活跃在广大乡村间游击敌人。杨秀峰率行署机关转移到广宗县，我率指挥机关活动在南宫、威县、清河交界地区。历时16天，我军民配合作战28次，歼敌600余人，迫使敌人的“扫荡”中止，南宫、隆平、故城、临清等县城均被我收复。日军所到之处，奸淫烧杀，罪行累累，令人发指！在此期间，鲁西北的聊城失陷，范筑先先生誓与聊城共存亡，壮烈殉国。

这次反“扫荡”，虽然迫使日军撤出冀南中心区，但宁晋、永年、故城、恩县、高唐、聊城等均落入敌手，形成由东、南、西三面包围我中心区的态势。那时，抗日战争已进入相持阶段，日寇停止了正面战场的战略进攻，转为重点保守已占领的土地，向华北大举增兵，采取“先控制平原，后进攻山地”的方针，妄图摧毁我敌后根据地。1938年底，敌人在华北的兵力，由13个半师团增至22个师团，其中用于包围我晋冀鲁豫根据地的兵力即达11个师团，约20余万人。毛泽东同志指出：“大抵在敌人结束了他的战略进攻，转到了保守占领地的阶段时，对于一切游击战争根据地的残酷进攻的到来，是没有疑义的，平原的游击根据地自然首当其冲。”（《毛泽东选集》第411页）我冀南根据地，成了敌人进攻的首要目标。

1939年1月，日军对冀南的大“扫荡”开始了。敌人出动五个师团的主力共3万余人，分11路从平汉、津浦东西两线出动，稳扎稳打，步步为营，向冀南中心区合围，企图消灭我军于冀县、南宫、威县地带。形势是严重的。当时，刘伯承、邓小平均在南宫。我们商定，“先溃后收拾”，即让出主要的县城、据点，避实击虚，经过一段消耗敌力的时间，再转入反攻，收拾局面。具体部署是：将现有力量分成五个战斗集团，分区游击，独立作战，互为策应，在保持有生力量的原则下，经常以小部队与敌接触，但不放松有利时机消灭敌人。

从1月到3月，我冀南军民同仇敌忾，奋勇杀敌，共进行大小战斗百余次。开始，我以一部兵力阻击和伏击进犯之敌，而以另一部兵力袭击宁晋、广平、肥乡、高唐等县城，多次取得战斗胜利，打击了敌人进攻的凶焰。从隆平进攻邢家湾的日军，途中遭我伏击，伤亡百余人，三天只前进了20公里。平乡日军东犯广宗、威县，屡遭阻击、伏击，半个月内未能接近县城。曲周日军步骑百余进占安寨，被我全歼。宁晋日军进占大杨庄，遭我夜袭，200余人被歼。此后，敌主力占领南宫、冀县、枣强等中心区域，我军即转至敌侧后，重点袭击敌人的运输线及守备部队。正太、津浦、平汉铁路屡遭我袭击，火车被炸毁，交通被中断。从德州往临清行驶的日军汽船，亦被击沉一艘，30多名敌人毙命。2月10日，陈赓、王新亭部在威县香城固一带设伏，诱敌出笼。敌人钻进了“口袋”，激战八小时，我歼敌200多人，缴炮4门、汽车9辆。次日，敌出动2000余人及汽车70余辆，进行反扑，陈赓已率部安全转移。再后，敌又以南宫、巨鹿、威县、广宗等地为重点，反复“扫荡”。我主力转入豫北，经南乐、清丰、濮阳，直至滑县、淇县一带；留下一部兵力组成许多游击小组，在根据地中心区域与敌周旋。3月间，太行山区吃紧，刘、邓遂率主力一部返回太行，我带一部兵力重新回到南宫、威县、清河地区，继续坚持斗争。至5月间，完全打破了敌人的“扫荡”，前后战斗达400余次，共歼日伪军5000余人。

这次反“扫荡”异常艰苦，依靠冀南军民的共同努力，在广大平原地区保存了自己，消灭了敌人，意义非同寻常。

冀南的平原游击战争，有哪些特点呢?

首先，它不是在偏远地区，而是在临近敌人重要交通命脉的平原地区坚持下来的。冀南根据地，北靠德石路，东西两侧紧邻津浦路、平汉路，沿线的重要城镇，均有敌重兵把守。敌人进攻根据地，交通方便，合围迅速，增兵容易，几天之内，便可直捣我腹心地带。在这种地区与敌作战，无疑比偏远的山区或平原困难得多。可是，五个月的反“扫荡”经验证明，我们不仅坚持了游击战争，而且逼得日寇走投无路，不得不返回老巢去。这是因为，敌人虽有机动方便的条件，但兵力有限，不敷分配，占了县城，控制不了乡村；顾了前面，顾不了后面。我军依托广大乡村，分散游击，与敌周旋，零敲碎打，避实击虚，便能变被动为主动，弄得敌人疲于奔命，捉襟见肘。久而久之，敌人经不起兵员、物力的消耗，只得结束“扫荡”，仓皇撤走，天下还是我们的。由此说明，平原游击战争大有文章可做，毛泽东同志关于发展平原游击战争的指示，是完全正确的。

其次，它是在充分发动群众，建立“人山”的基础上，坚持下来的。冀南平原人烟稠密，村镇如网，虽然没有崇山峻岭，但800万人口，却是难得的进行游击战争的依靠力量。群众是真正的铜墙铁壁。所以，我们一到冀南，就提出建立“人山”的思想，放手发动群众，组织群众，武装群众，团结一切抗日力量。由于抗日战争的正义性，由于我党的正确路线、方针、政策及八路军的模范作用，加上日本侵略者实行极端野蛮的政策，激起人民无比的仇恨，因而短时间内，冀南的群众便迅速发动起来，形成了真正的“人山”。各县、区、村均建立起群众性的抗日武装，18至45岁的男性几乎普遍参加了自卫队或游击小组。各种抗日群众组织，迅猛扩展。仅南宫县的农民协会、妇女救国会、工会、青年抗日先锋队等团体，即拥有数十万会员。在反“扫荡”中，群众创造了挖地沟对付日寇的办法。在广大平原上挖了总长达万里的道沟，既限制了日寇的机动能力，又利于我军民隐蔽、转移和伏击敌人，充分证明了人民群众的伟大智慧和力量。千难万难，依靠群众就不难，这是颠扑不破的真理，是冀南平原游击战争胜利发展的根本原因之一。

再次，它又是在灵活机动的战略战术原则的运用中，坚持下来的。在平原地区进行游击战争，必须根据敌情、我力及地形条件，制定正确的战略战术，不能机械搬运山地游击战的那一套。我们当时以毛泽东同志的《抗日游击战争的战略问题》为指南，结合冀南的实际情况，总结了反“扫荡”的一些战术原则：（一）战略上是持久的、防御的，战术上是进攻的、速决的。行军要秘密而迅速，飘忽不定，让敌人摸不着头脑。（二）冬季防守，夏季进攻。夏季有青纱帐，敌人的快速部队不易活动，冀南多枣、梨、杏等果木树，加上大面积的高粱、玉米等高秆作物，利于我到处隐蔽，伏击敌人。（三）白日隐蔽，夜间行动。（四）破坏道路，迟滞敌之交通。（五）指挥与勤务机关随时准备战斗。（六）无固定后方作战。（七）开展麻雀战。（八）部队不断转移位置。这些原则，被证明是行之有效的，对粉碎敌人“扫荡”发挥了重要作用。

1939 年 5 月，我奉中央指示去山东工作。从此，便离开冀南，离开了一二九师。

徐海东

在统一战线广泛的号召之下，全国已经凝成一个固体。全国的民众，全国的军队，都只有一个共同目标，就是争取抗日的民族自卫战争的胜利。

● 1900 年生，湖北黄陂人。

● 1925 年，加入中国共产党。

● 1937 年 8 月，任八路军一一五师三四四旅旅长。9 月，率六八七团参加平型关战役。

● 1938 年 4 月，参加晋东南粉碎日军“九路围攻”，追歼残敌，收复黎城、潞城。6 月，指挥町店战斗，歼灭日军第一〇八师团一个联队，毙伤日军近千人，并击退来援之敌。

● 1939 年 9 月，任新四军江北指挥部副总指挥兼第四支队司令员，转战于皖东一带。

● 1940 年 1 月，由于紧张的战斗生活，多次负伤，加之劳累过度，旧病复发，病倒在皖东战场上，此后长期休养。

● 1955 年，被授予大将军衔。

● 1970 年 3 月 25 日，逝世于郑州。

冀察晋抗战回忆

徐海东

在统一战线广泛的号召之下，全国已经凝成一个固体。全国的民众，全国的军队，都只有一个共同目标，就是争取抗日的民族自卫战争的胜利。

我们参加这个伟大的抗战，已经有半年多了。在冀察晋一带，经过无数次的大小战斗，目击敌人对民众的残酷野蛮，也看见群众对抗战的热烈拥护。半年多的经验，更加强了我们的胜利信念。

首先，我想先简单地说明我们这一部分的抗战经过。8 月 13 日，日本大举向中国分路进攻，我们的战士们渴望着抗战已久，8 月 25 日得着八路军总司令部的命令，开赴前方。大家都很兴奋，从三原、桥底出发，在三原以东等候从咸阳来的火车，驻扎了 5 天。后来改为由侯马上车，横过洛水平原，9 月 4 日抵资川，渡黄河。行军的几日，都遇着大雨，战士们一个个都是水淋淋的，但是大家却依然兴高采烈。8 日到了侯马，因为介休一带大雨山崩，铁路不通，在侯马驻留 3 天，11 日上火车，12 日下午抵原平，赶赴平型关。先头部队一个团赶到，全团担任从左翼突击的任务，配合陈旅大败板垣师团。关于这一战，外面的记录像是很多，这里不再重复。平型关战斗之后，奉命破坏由灵丘到团城口、大营的交通线。从小寨到老爷庙的汽车路，全部被破坏。敌人在团城口和大营集中500余步兵、6门大炮向我军进攻，企图恢复交通，与六八七团接触之后，被全部击溃。这一战毙敌百余人，缴获步枪24支，单筒炮两门。我们为了彻底破坏敌人交通路线，就夜袭团城口和东泡泉，敌人仓皇退至大营，我们缴获步枪12支、轻机枪4挺。我们接着以一部向灵丘进攻，敌人被迫退出县城，向广灵后退。我们又包围大营，进占繁峙。敌人得信后，立刻由代县派出56辆载重汽车，满载步兵，前来增援。在繁峙与大营之间，我们早已派部队埋伏在沙河，敌人经过时，突然猛烈袭击，打死200多敌人。大营的敌人和新城应援部队会合，向代县退去。此战毁敌载重汽车20辆，缴获步枪11支。此外，还抢到敌人的罐头食品数百箱，每箱内有100罐。连着几天，战士们饭都不想吃，专吃牛肉罐头。克复灵丘、大营之后，又奉命破坏张家口到代县的交通。一部乘敌人势虚，配合独立团袭占广灵；另一部占领浑源，在浑源得到很多防毒面具和一些其他的军用品。浑源敌人退至大同。大同之敌曾一度企图恢复浑源，集中400步兵、几门大炮，配合200骑兵反攻，与我军相遇，激战4小时，敌人被击溃，又退回大同。浑源战后，某团奉令向南移动，在崞县商庄和敌人激战，打死170多敌人，在代县河东中街口又打死200多敌人，缴获二三十支步枪。当我军主力在忻口、原平一带和敌人作战的时候，从灵丘到大营的汽车隘路全部被我们破坏。我军主力进至太原后，又奉命赶赴关城岭以东，侧击进攻太原的敌人。11月9日抵关城岭时，太原已失守，与敌发生几次激烈战斗后奉令向河北出动，破坏正太路与平汉路，打击两路上的敌人。我们到河北的平山、灵寿和井陉一带，破坏了井陉煤矿所有的水管。从井陉到获鹿之间的大铁桥，曾被我们破坏数次。两度袭击井陉煤矿的车站，打死了300多敌人。敌人感觉到重大的威胁，便从石家庄、获鹿和井陉分派800余步兵，6门大炮，向小寨、方山进攻。这一次进攻，敌人不但没有达到目的，反而损失200多人，阵亡了一个大队长，丢了好几条步枪。敌人遭受这一次重大打击，非常愤怒，在井陉、获鹿、石家庄和平山一带集中2000余人，分两路向洪子店进攻。一路由平山，另一路由井陉、方山、南北马庄前进。我们以一部在温塘附近埋伏，给从方山前进的敌人一个突然袭击，打死300多敌人，另一路敌赶至，我们已迅速撤出战斗。此时另一部进到盂县以北，当即击退进攻苌池、上社敌人，并进驻中村镇。盂县敌人感受我威胁，就集中寿阳、平定、盂县之敌分路向牛村进攻。一部由盂县出动，约600余人；一路由河底出发，约三四百人。河底之敌被我伏击，死亡200余人，因另一路敌人赶至，才没有被我们完全消灭。此后又配合一二九师夹击正太路，围攻南峪、北峪。该处敌人筑有坚固堡垒，被我袭击之后，北峪敌人几乎全部被我消灭，少数滚下山坡，始获脱逃。敌人知道南峪、北峪被袭，立刻由石家庄派来300人增援，在火车上又被袭击，死亡大半，剩下的退入堡垒，死也不敢再出来。第二次，敌人又从娘子关增援300余人，半途又被击退。最后，敌人从石家庄集中1000余人前来应援，附带大炮数门，5时许抵南峪。因天已昏黑，我军乃撤回。以后，敌人又由石家庄向余桥岭进攻，全部被击溃，死伤百余人。

这些是我们这一旅作战的概况，许多零碎接触，和游击队的积极活动，都未曾记入。在战斗中，我们目击日本强盗对民众的残酷野蛮，简直是难以想象的。我们收复繁峙之后，到从前的伤兵医院里去检查剩余的药品。走到医院门外，就已臭不可当。进去一看，原来400余我军伤兵，完全被日敌屠杀干净，横七竖八地到处躺着。在东门外的河湾，也被日敌屠杀了二三百民众和伤兵。在大营，老百姓被打死刺死烧死的，总共有1000多人。我们进城的时候，瞧见东边树上吊着一具死尸，西边屋檐上也挂着一具死尸，到处血淋淋地飘着臭气。大营的房屋被烧掉十分之八，在余烬里还发现许多大大小小的尸体，景象惨不忍睹。在灵丘，沿汽车路两侧烧杀景况比大营更甚。敌人向洪子店进攻，在温塘附近中我埋伏失败之后，仍然逞凶，大肆屠杀。新庄共有 154 口人，被杀 118 口，只有几个脚快的老早溜掉，才逃了命。洪子店被杀数十人，房子大部被烧，第二天敌人由平山退到东回舍，那地方的妇女，从 10 岁起到 70 岁止都被奸淫。年轻的有的投井自杀，有的竟至奸死，有的躺着几天不能起床。日军在南峪、北峪、娘子关一带，强迫 40 岁以下的妇女搽粉穿新衣服，陪他们取乐。夜晚，男子们就被强迫出去放哨站岗，自己的房子就由日军来睡，妇女们就被迫陪宿。不从的，除掉硬行强奸之外，还添上种种特别的污辱。在娘子关的沙河滩，日本人牵了老百姓两头牛，给了 3 斤米做牛价，说是公买公卖。老百姓不高兴，他们就说，有米给你还是好的呢！牵了老百姓的毛驴只给两毛钱，也说是公买公卖。这一类的事情数也数不清，说也说不完。

群众受了这种残酷的教训，更坚定了他们抗日的决心。灵丘、广灵和大营都自动组织了游击队。这些地方恢复政权之后，游击队的数字更行增加。在灵丘有 × 百人，在广灵有 × 百人，在大营有近 × 千人。此外，各地还有自卫队，民众自动把守各小路、隘路，到各处放哨，如果没有军队或政府的路条，任何人都不能通行。美国高级参赞有一次没有带路条，一个人走在前面，被一个童子团的孩子用矛子指着胸脯，死不放他过去。后来，他再也不一个人独自跑到前面了。

一方面由于群众抗日情绪的高涨，另一方面更因为八路军有严格的群众纪律，老百姓和军队普遍地保持着非常好的关系。对部队加强教育，使战士们自动严格遵守三大纪律和八项注意，处处维护群众利益，不侵犯群众一丝一毫，在每一个细微的地方都注意到清洁，对群众永远保持亲密的关系。战士们都努力使自己成为人民的战士，老百姓也真正地认清了军队是人民的军队。我们无论到了哪里，和老百姓就像一家人一样。这并不是表面的敷衍，在军队和群众之间，实际上是深深地交流着友爱。尤其是在战斗中，更能具体表现。例如在洪子店战斗中，老百姓冒着枪林弹雨，自动到火线上来帮助我们抬伤兵，完全用不着我们自己操心。方山之战，老百姓送来大量的馒头，我们的战士吃了两天还吃不完。我们有九十几个受伤的战士住在东黄岸，三四十里以内的老百姓自动地送来了700多只鸡，灵寿、平山一带的老百姓送来了几千个鸡蛋。战士们连拒绝都不能说，说了有的人还不高兴，结果只好放开量来吃，吃了半个多月还剩下许多。河北出产很好的白菜，各处老百姓都大量地挑来慰问战士。久不吃蔬菜的战士们，无论怎样吃也还是够的，吃不掉的都变成黄色。还有一种是前清时拿来进贡的黄小米，老百姓也毫不吝惜地自动拿来劳军。单就东黄岸一处，这家几升，那家一斗，就给受伤的战士们凑足了好几担。在我们到过的地方，无论贫富都非常热情。我们在前方也常常感到粮食的困难，因为和后方交通切断了联系，不能得到接济。这种时候，亦有富户们热情帮助，自动捐助粮食。当我们驻扎平山县时，我住在一位姓齐的富翁家里。有一次，我们偶然谈到了抗战，谈到了部队的给养困难，他立刻自动捐助150担小麦。我们有时也到了极其困难的境地，但是，在这种时候，我们宁愿军队忍受，也从不曾强迫征收什么。

在敌人曾经占领的区域，国民党的组织本来已经破坏了，当我们收复那些地区之后，我们就尽力帮助国民党恢复他们自己的组织。我们站在友好帮助的立场上，恢复了国民党在冀察晋边区各地方的旧有组织。我们的工作人员和国民党员在一起工作，这种真诚无私、亲密合作的精神，继续地发展着。根据半年余的作战经验，我觉得日本兵有以下的弱点：

（一）陆军的攻击精神不强，专靠大炮和飞机配合，没有这种配合，攻击力就很差。

（二）战术和中国不同，被袭击之后，常常退守山洞，不占高地，因此常遭我手榴弹的爆击。

（三）习惯于机械化战斗，离开大炮、坦克车和飞机之后，就失去作战的信心。

（四）只能打平原战争，在山地就呆板。

但是日军也有他们的长处：

（一）班以下都很机动，进攻时采取很小散兵群，或3人一组，或5人一组，很少有一个班以上的兵力集中进攻。

（二）打败之后，能各自为战，即使剩下最后的几个人，也不容易缴枪。这是因为日本帝国主义民族武断宣传和我军过去对日军士兵争取工作不够而造成的，他们以为给中国军队抓住了一定残酷处死，老百姓复仇。最近经我们的宣传和战斗时的日语喊话，这种现象已有好转的趋势。

（三）目标隐蔽。日军善于利用地形，又因为制服的颜色是黄的，和北方的土色很相像，不易被人发现。

（四）通信设备健全，联络灵活。这是日方最大的特长。大队长的指挥用信号，连抛掷烟雾弹都是用旗语。进退灵活，协同一致，很迅速。

无论敌人有些什么特殊优点，我们对于华北抗战的胜利都是有把握的。在全中国民族空前未有的伟大团结之下，利用华北特殊的地形，发挥我们一切游击战和运动战的特长，配合坚决抗战的友军，再获得广大群众的积极热烈拥护，我们一定能克服一切困难，坚持整个华北的抗战，配合全国抗战的力量打击日寇。最后，我们相信中华民族将要发挥无比的潜力，在中国的历史上创造一个最光荣的事迹——驱逐日本强盗而获得民族的独立自由和解放。

黄克诚

在坚持平原游击战争中，不仅粉碎了日军的连续围攻、“扫荡”，而且发展壮大了自己。

- 1902 年生，湖南省永兴县人。
- 1925 年，加入中国共产党。
- 1937 年 8 月，任八路军一一五师三四四旅政治委员，同旅长徐海东率部转战晋冀豫，开展敌后游击战争。参加晋察冀边区反“九路围攻”、晋东南反“九路围攻”，参与指挥温塘、张店、町店等战斗。
- 1940 年春，任八路军第二纵队政治委员、冀鲁豫军区司令员、冀鲁豫军政委员会书记。5 月，组建八路军第四纵队并任政治委员，8 月任八路军第五纵队司令员兼政治委员。
- 1941 年 1 月，皖南事变后，所部改编为新四军第三师，任师长兼政委，领导苏北军民开展敌后游击战争，挫败日伪军“扫荡”和国民党顽固派的进攻。
- 1955 年，被授予大将军衔。
- 1986 年 12 月 28 日，逝世于北京。

转战晋冀豫*

黄克诚

根据抗日战争形势的发展，毛泽东及时地为八路军提出了独立自主的山地游击战的战略方针。1937年9月21日，毛泽东在致彭德怀的电报中说："今日红军在决战问题上不起任何决定作用，而有一种自己的拿手好戏，在这种拿手好戏中一定能起决定作用，这就是真正独立自主的山地游击战（不是运动战）。要实行这样的方针，就要战略上有有力部队处于敌之侧翼，就要以创造根据地发动群众为主，就要分散兵力，而不是以集中打仗为主。"9月25日，毛泽东又致电北方局，明确指出："整个华北工作，应以游击战争为唯一方向。"抗日战争的实践证明，毛泽东的这一战略方针是非常英明的。运用了毛泽东的这一战略方针的部队和地区，形势就发展得越来越好。反之，违背了这一战略方针，就遭致了挫折和损失。对此，我有颇为深刻的切身体会。

1937年10月，八路军一一五师收复了涞源、广灵、蔚县等县城，开创了以五台山为中心的北岳抗日根据地。这时，日军兵分两路向太原进犯。一路自大同经应县茹越口突破长城防线，沿北同蒲线逼近忻口；

---

* 本文节选自《黄克诚回忆录》，解放军出版社1989年版。

另一路自石家庄沿正太路西犯，欲打通娘子关后，配合沿同蒲线南犯之敌会攻太原。为了保卫太原，国民党集中8万余兵力，以第二战区副司令长官卫立煌为前敌总指挥，组织忻口会战。同时，在晋东娘子关以数万兵力设置防御阵地，阻敌西进。我八路军为配合国民党军队保卫太原，在敌后开展了阻击、伏击、袭击作战，牵制、消耗敌人兵力。八路军总部则率一一五师主力由五台山地区驰援正太路，于10月下旬进至正太路以南地区。10月19日，八路军一二九师第七六九团以一营兵力，夜袭敌阳明堡飞机场，炸毁敌机24架。但国民党部队不战自退，望风溃逃，先后放弃了娘子关和忻口，使日军得以长驱直入，太原遂于11月8日陷落。日军继续沿同蒲线南下，先后占领平遥、交城、文水。与此同时，在绥远方向的日军已陷包头；沿平汉路南犯之日军已占领安阳；沿津浦路南犯之日军已占领济阳，进抵黄河北岸。至此，华北基本沦入敌手。以国民党军队为主体的阵地防御战陷于崩溃，而以八路军为主体的山地游击战则成为华北敌后的主要斗争形式。

太原失陷后，日军锋芒即移向津浦路方向和长江流域，华北敌兵力减少，为我们发展敌后游击战争造成了有利机会。八路军三大主力遂全面向敌后实行战略展开，配合我地方党，放手发动群众，创建抗日根据地。聂荣臻率杨成武的独立团和总部特务团等部留守五台地区，建立了晋察冀抗日根据地，聂荣臻任晋察冀军区司令员兼政治委员。林彪率一一五师第三四三旅南下汾河流域，开辟晋西抗日根据地。徐海东和我率三四四旅作为总部的机动部队，在五台地区参加了晋察冀根据地反围攻作战之后，集结在晋北浑源、繁峙一带。12月，奉命沿滹沱河岸向冀西靠近晋冀边界一带转移，部队先在太原以北对敌进行袭击作战，旅部驻在盂县的西烟镇。

三四四旅是以红十五军团为基础改编而成的，大部分干部是原鄂豫皖苏区红二十五军的。他们作战英勇，敢打敢拼，是一支战斗力很强的部队。但这时还不适应游击战的打法，与日军作战仍沿用过去打国民党军队的战法，猛打猛扑，因而往往吃亏，尤其是对付抗战初期的日军更是如此。再就是还有点山头主义，对由中央红军来的干部不大欢迎。我刚到这支部队时间不久，由于关系不熟，开展工作困难很大，一些干部对我这个政治委员不大理会，不仅我讲话他们不怎么听，而且平时在生活上也有些故意为难的地方。尽管如此，我仍是耐心做工作，诚恳以待人，相信日子久了，会把关系搞好的。关于打仗的事情，开始我一般不多说话。后来见部队在作战中常常吃亏，我就劝说大家研究新战法，避免打被动仗和阵地战。可是，这些话也不大起作用。我也不着急，还是采取耐心做工作，逐渐说服的办法。在整个抗日战争和解放战争中，我一直和这支部队同患难，共生死，结成了最亲密、最深厚的战斗情谊。

1937 年底到 1938 年初，三四四旅奉命开至正太路以北的盂县、平山、获鹿、井陉、正定一线，开展敌后游击战争，发动群众，建立抗日民主政权。这时三四四旅在原来两个团、一个警卫营的基础上，又增编了一个第六八九团，以韩先楚任团长，康志强任政治委员。这期间，三四四旅同日军进行了两次较大的战斗。一次是在盂县的牛村，是第六八七团为主打的，由该团团长张绍东指挥，打的仍是运动战。虽然歼灭了敌人一部，但我军亦有较大伤亡。另一次是在平山县的温汤，是第六八八团为主打的，时间是在 1938 年 1 月 22 日。当时由于旅长徐海东生病，由我指挥。温汤一仗，本来计划将进入温汤之敌 500 余全歼，但在实战中，我军各部队没有配合好，这一仗没有打好。激战中，敌人由平山派出援兵五六百，携重炮猛轰我六八八团阵地。我军干部战士缺乏避炮经验，遭到较大伤亡，六八八团团长陈锦秀被敌炮弹击中而阵亡，第一营营长也于此役牺牲。

为了打击和削弱进入晋东南地区和占领长治之敌，以牵制日军向黄河防线的进攻，八路军一二九师根据总部的命令，于 1938 年 3 月上旬南下到邯长大道以北的襄垣、武乡一线。我们三四四旅亦同时奉命南下晋东南，进入太行山区。在从河北越过正太路到达山西平定、昔阳地区时，徐海东和我率第六八八、第六八九团走在前面，第六八七团殿后。这时，第六八七团团长张绍东和参谋长兰国清欲将该团拉走，投敌叛变。但该团所有的政治工作干部坚决不跟张、兰走，并设法稳住了部队。最后，张绍东、兰国清只拉走了一个营长和几个连排长，部队全部由政治工作干部带了回来。张绍东是大别山一带人，他跑到大别山区后，就投靠了国民党。全国解放时，张绍东被我军抓获，当即枪毙了。

部队过正太路南下时，我与彭真相遇。当时彭真奉命到晋察冀边区工作，路过这里，晚上我同他住在一起。他因为刚被营救出狱不久，急于向我了解中央苏区的历史情况。我根据自己的了解和体会，同他谈了一晚上，主要是说王明路线是错误的，应当相信毛泽东。

这期间我还见到一位美国人，名叫卡尔逊，是美国的海军中校。卡尔逊同情中国的抗日战争，对八路军很感兴趣，专门赶来采访。我同他谈过之后，送给他一架小照相机作为纪念。这架照相机是杨勇在平型关作战时缴获后送给我的，我没有用过。因为这是我军对日作战的战利品，我把它送给了卡尔逊，卡尔逊非常高兴。

三四四旅进入太行山区之后，上级任命我兼任太南军政委员会书记，与徐海东一起，指挥三四四旅第六八七、第六八八团以及曾（国华）支队等部，坚持太行山南段抗日游击战争。第六八九团则根据总部命令划归一二九师指挥，由团长韩先楚、政治委员康志强带领随一二九师行动。张绍东叛变后，第六八七团团长由田守尧担任，政治委员改由吴信泉担任。陈锦秀牺牲后，第六八八团团长由韦杰担任，政治委员仍是刘震。

我们在武乡一带活动了大约半个月时间，集中对侵入晋东南的日军后方运输线进行破坏。到 4 月间，日军为解除其后方威胁，集结了 3 万余兵力，向晋东南地区大举进攻，号称“九路围攻”。当时八路军总部和一二九师师部都驻在太行山。总部决心指挥一二九师、三四四旅和山西决死一、三纵队等部，粉碎日军的围攻。第六八九团随一二九师转移到日军合围圈外作战。徐海东和我率第六八七、第六八八团配合兄弟部队在内线广泛开展游击战，拦截打击日军。并发动群众搞坚壁清野，使敌人处处扑空，陷入饥饿疲惫和被动挨打的境地。4月中旬，第六八九团随第一二九师在武乡以东的长乐村，同日军主力打了一场恶仗，歼灭日军2000余。至4月下旬，各路围攻之敌纷纷撤退，我军即乘机发起反击。这期间，三四四旅率第六八七、第六八八团同日军打了两次大仗。一次是在襄垣城西北的虒亭镇，另一次是在长子以南的张店镇。这两仗都是按照游击战的原则部署进行的，战斗打响后，我军指战员似猛虎下山一般，猛扑敌群，与敌拼搏在一处。予敌以大量杀伤，但我们自己亦受到不小伤亡。

在总部统一指挥下，反“九路围攻”作战，从4月初一直打到月底，敌人的围攻才被粉碎。此役共歼日军4000余，收复沁县、榆社、武乡、辽县、沁源、屯留、长治、黎城等十余座县城，巩固和扩大了晋东南抗日根据地。此次作战结束之后，三四四旅奉命率第六八七、第六八八团进至长治一带休整，第六八九团则开至冀南敌后休整补充。

是年6月底，日军第一〇八师团主力，沿晋城至曲沃大道西进，驰援沿同蒲路继续南犯之日军。八路军总部命令三四四旅在晋城以西地区截击西援日军。徐海东和我受命后，即率第六八七、第六八八团由长治出发，于7月初进抵阳城以北町店地区待敌。7月6日近午时分，日军数十辆汽车满载步兵，到达町店。町店位于沁水河畔。时值盛夏，日军在町店停车大休息，有的下河洗澡，有的在树荫下睡觉。此时我军已占据町店周围制高点，日军的一举一动，尽在我们视线之内。而日军对我军的行动毫无察觉。这种情况，为我军伏击歼灭该敌造成了十分有利的态势。当时我军如果采取周围架设迫击炮和机枪轰击、扫射，予敌以重大杀伤之后再发起冲锋的打法，则完全可以以较小的伤亡获得较大的战果。但我军第六八七、第六八八团都是惯于猛打猛冲的老红军部队。战斗打响不久，就与敌人拼开了刺刀。日军在毫无准备的情况下，突然遭到我军打击，开始有点措手不及，被消灭了不少。但敌人很快就稳住了部队，组织了顽强抵抗，死不缴械。日军的枪法也相当准，他们趴在汽车底下或躲在芦苇中向我军疯狂射击，我军也被杀伤不少。日军边拼命抵抗，边组织撤退，企图突围。但我军紧紧咬住不放，使其无法突围。激战至傍晚，日军援兵到达，终使町店之敌残部逃脱。我军因伤亡太大，亦随即撤出战斗，进驻沁水县端氏镇休整。町店一仗，歼敌500余，击毁敌汽车20余辆。此役我军伤亡也有二三百人。

町店一仗没有打好，部队在端氏镇进行学习整训期间，朱总司令亲自到端氏检查三四四旅的工作，对徐海东旅长批评比较严厉。徐海东本来身体就不好，这时更支撑不住了，便请求离开部队去延安治病和学习。后经总部批准，徐海东就去了延安。

徐海东决定要走，旅长一职空缺，就发生了由谁来代理旅长职务的问题。第六八七团团长田守尧，是红十五军团的老同志，论资格、能力，由他代理旅长较为合适。朱总司令当时也是这样考虑的。朱总司令征求我意见时，我表示完全赞成由田守尧代理旅长职务。于是朱总司令就找田守尧谈了话，明确告诉田守尧代理三四四旅旅长职务，仍兼第六八七团团长，等候总部任命。但嗣后朱总司令电报打到总部和延安，彭德怀和毛泽东都不同意由田守尧代理三四四旅旅长，回电说要另派人前来任职。我得知这一情况后，就向朱老总建议说：“老总，这件事情恐怕不大好办了。你还是再拍一份电报，把详细情况报告延安和总部，说明事先已同田守尧本人谈过话，田代理旅长已既成事实，不好再改变了。否则会影响情绪和今后的工作。”朱总司令不以为然地说：“这有什么关系！戏点到谁谁就唱，共产党员嘛！”后来总部从三四三旅调杨得志来任三四四旅代旅长，田守尧就有点不高兴了，旅部为徐海东送行举行的聚餐会他也不参加。朱总司令见田守尧真的闹起情绪来，便对我说："召开个党委会吧，开展批评与自我批评，对田守尧进行帮助。"于是，我就召集党委会，朱总司令也出席了。会议开始之后，沉默了好长时间，谁也不开口讲话。我是旅政治委员，又是党委书记，看到与会同志都闷在那里不吭气，我只好带头发言，对田守尧进行了批评。由于我当时考虑到部队的关系和今后的工作，因而对田守尧的批评比较婉转，不够深刻和尖锐。我发言之后，朱老总就发火了，站起来一个一个指着我们说："你们这是什么鸟党委会？不敢进行批评和自我批评，算什么共产党员！"接着朱总司令就对田守尧进行了严厉的批评。最后又说："戏点到谁谁就唱，没点到你就不能出台。共产党员嘛！我们都要听党中央的，不能闹情绪。"

在这次党委会上，三四四旅的干部中，只我一个人对田守尧提了批评意见，因而引起了不小的误会，甚至以为上级没有批准田代理旅长，也是我从中作梗。我又不能作解释。自此以后，有好长时间没能解开这个疙瘩。后来经过长期相处，直到部队到了苏北，田守尧对我的芥蒂才最后解开。

三四四旅在朱总司令的亲自指导下，经过端氏镇学习整训，总结了抗战以来的作战经验和教训，在战略思想和战术指挥上，实现了以打游击战为主的根本转变。杨得志代旅长到职后，部队即以团、营为单位，深入敌后，开展游击战争。六八七团到豫北焦作、获嘉、修武一带活动，六八八团到安阳、汤阴、大名、清丰、内黄一带活动。旅部则进驻林县。到 8 月份，六八九团自冀南回到太行山归建，活动于晋冀豫边区之平汉路两侧。9 月中旬，六八八团和六八九团在汤阴地区发起彰南战役，歼灭了与我为敌、民愤极大的苏启明、扈全禄部伪军，给予平汉路两侧地区的伪匪势力以沉重打击。此役我军俘获很多，增加了装备，扩大了部队。12月，六八八团一部随陈赓驰援鲁西聊城范筑先部，随即在鲁西和冀南收编了冀炳南、王道平等部，扩大了武装，成立了三四四旅特务团，由覃健任团长，常玉清任政治委员，张池明任政治处主任。六八八团政治委员刘震、六八七团政治处主任李雪三分别带领一个营为基础，不久发展成为一个团的规模，后来编为冀鲁豫支队第一大队，刘震任大队长，李雪三任政治委员。

这个时期，我们还组建了许多地方武装，活动区域日益扩大。我遂向总部建议，将三四四旅分成两摊子活动，我和杨得志二人，一人留守旅部，一人过平汉路东开辟新区。总部回电要我在旅部留守，要杨得志过路东。1939年初，杨得志同旅政治部主任崔田民带了一部分干部和部队到了冀鲁豫，不久组建了冀鲁豫支队，杨得志任支队司令员，崔田民任政治委员兼政治部主任。冀鲁豫支队辖五个大队。除刘震、李雪三的第一大队外，覃健、常玉清的特务团编为第二大队。第三、四、五大队则是由地方武装为基础发展起来的。

杨得志、崔田民离开旅部到冀鲁豫之后，我带旅部由林县回到太行山区，先驻在长治，后移驻高平。各团分散开活动了一个时期之后，都有很大发展，但同时山头主义倾向又有滋长，甚至有点不大听指挥了。我便将三个团所有部队都集中到太行山进行整训，把各团主要干部召集来开党委扩大会议，批判山头主义，以加强党的领导。党委扩大会议开始时，有些干部就不来参加会议。我不管来的人齐不齐，反正每次都按时开会，该讲什么我就讲，该批评的我就批评，我相信那些不来参加会议的同志总会听得到。有的干部不服气，我就耐心讲道理，做说服工作。朱总司令也常到会讲话，要求大家克服山头主义。党委扩大会议连续开了十几天，几乎把我累垮。以前行军作战不论多么疲劳，晚上睡一觉，就能恢复过来。但这次开会，搞得我精疲力竭，会议结束之后好多天都没有恢复过来。

1939年六七月份，日军先后对我冀鲁豫和晋冀豫抗日根据地进行“大扫荡”。进攻太南之日军一部，占领了长治及其周围几座县城。我三四四旅为配合一二九师反“扫荡”作战，进至长治以东及高平、武安、涉县一带山区分散游击，相机打击进攻之敌。旅部则进驻平顺山区。8月下旬，田守尧、吴信泉率六八七团在高平以北两次伏击由河南博爱北犯的日军，歼敌一部，并缴获日军中将司令牛岛的作战命令一份。至8月底，日军对晋冀豫抗日根据地太行区的“扫荡”被粉碎。12月，三四四旅配合一二九师发起邯长战役，向邯长大道展开破袭，袭击敌据点，伏击敌调防运兵车队和运输队，断敌交通，予敌以沉重打击。

冀鲁豫根据地的反“扫荡”作战，一直坚持到年底。冀鲁豫支队在坚持平原游击战争中，经受住了严酷的锻炼和考验，不仅粉碎了日军的连续围攻、“扫荡”，而且发展壮大了自己。

正当我抗日军民深入开展敌后游击战争，革命力量日益发展壮大之时，国民党顽固派的反共活动也日益加剧起来。反共顽军不断向我抗日根据地军民寻衅挑衅，恣意制造反共摩擦事件。1939年底和1940年初，国民党的反共摩擦活动达到了高峰。在西北，胡宗南部向我陕甘宁边区进犯，先后占我宁县、镇原等县城，并准备进攻延安。在山西，阎锡山向晋西南、晋西北、晋东北和晋东南等地抗日新军和八路军进攻，杀害我抗日军民，摧毁抗日民主政权。随后，蒋介石又调集十余万军队向我太行、太岳、冀南、冀鲁豫抗日根据地进犯。国民党顽军石友三、朱怀冰等部反共最为卖力，妄图袭击我八路军总部。

这时，彭德怀从延安经西安、洛阳进入晋东南地区。我打电报问是否需派部队接他？彭德怀回电说不用派部队接。他只带少数警卫和电台，走山路过来了。快到达平顺时，我赶去接他。我与彭德怀一见面，别的什么也顾不上讲，就向他汇报国民党军队向我摩擦进攻的情况，我们两人边走边谈。一到旅部，彭德怀的反摩擦作战方案已成竹在胸，立即下命令调动部队准备打朱怀冰。彭德怀指挥作战历来坚定果断，说干就干。但这次是要打与我们有统战关系的国民党军队，而且是要打个大仗，非同小可。我就对他说："老总，这么大的事情，你不先请示延安就动手干，怎么行呢？"彭德怀说："来不及了。"于是，他一面发电报调动部队，一面同时报告延安。

在彭德怀和一二九师首长的指挥下，反摩擦战役很快就打起来了。首先是冀鲁豫、冀南我军将石友三部打垮。继之，是晋冀豫我军在磁（县）、武（安）、林（县）、涉（县）地区打垮朱怀冰、鹿钟麟、张荫梧等部，尤其是予朱怀冰部打击最大。鹿钟麟在林县被我三四四旅部队活捉，我让部队将他放走，以保持统战关系。至此，便彻底打退了国民党掀起的第一次反共高潮，巩固了太行革命根据地。

随后，国民党集中范汉杰、孙殿英、庞炳勋、刘戡所部，从晋城、阳城、高平一线向我逼进。八路军一二九师和三四四旅等部，将全部主力集结于陵川一线，在八路军副总参谋长左权的统一指挥下，准备相机歼灭顽军一路。国民党军队这次进攻的战术与以往有所不同。他们可能是接受了朱怀冰等部被歼的教训，不敢贸然长驱直入，而是采取修筑堡垒的办法，小心翼翼地步步进逼，使我军不容易吃掉其一路。我见顽军这次集结的兵力很大，我们与顽军对抗了十几天，也未能抓住合适的战机，感觉继续这样对抗下去于我不利，我军不能在这一带与顽军大部队搞决战。于是，我向左权和彭德怀建议，将晋城、高平经陵川到林县的一条大道让开，我军主力分散活动，避免在不利条件下与顽军决战。随即得到批准，我遂率三四四旅转移到打虎村一带山区活动。

在磁、武、林、涉战役期间，三四四旅已奉命扩编为八路军第二纵队。起初八路军总部任命我为纵队司令员兼政治委员。我考虑到自己的实际情况，体质弱，高度近视，这都是作为一个军事指挥员的不利条件。而且，我这个人偏于谨慎，选择战机时，对可能造成较大牺牲的作战行动，有时果断不足，这也是作为一个高级军事指挥员在指挥大兵团作战中的不利条件。于是，我请求总部另行考虑纵队司令员人选，我只担任政治委员一职。不久，总部派左权来兼任第二纵队司令员。

八路军第二纵队组建起来后，统一指挥活动于太行山南段的第三四四旅和晋豫支队、独立游击支队、山西青年抗敌决死第三纵队、河北民军第四团以及稍后成立的冀鲁豫支队等部。后来，将上述各部队统一编成四个旅，除三四四旅外，又编成新编第一、第二、第三三个旅。起初，我建议总部任命第六八七团团长田守尧为三四四旅副旅长，第六八七团则由何振亚、张天云分任正、副团长。不想，何振亚因奉命去收编土匪武装没有成功，害怕回来不好交代，就不告而别，只身跑到西安八路军办事处。办事处打来电报询问何振亚的情况，我回电说，何离开部队出走纯粹出于误会，虽有错误，但并非投敌叛逃，可以考虑送他去延安学习。这样一来，第六八七团即由张天云担任团长。而此时田守尧又不肯就任三四四旅副旅长一职，要求去延安学习。我劝阻无效。田守尧自己发电报请示总部，得到批准后，他就去了延安。

过了不长时间，左权同志奉调回到八路军总部工作，第二纵队司令员一职即由杨得志代理。杨得志担任代理纵队司令员后，三四四旅旅长一职又空缺了。我打电报建议总部任命田守尧担任三四四旅旅长。总部批复同意田守尧任三四四旅旅长，韩先楚任副旅长。田在延安学习期间，由韩代理旅长职务。

不久，总部对第二纵队各旅干部又作了如下调整：

三四四旅旅长刘震　政治委员康志强

新一旅旅长韦杰　　政治委员唐天际

新二旅旅长田守尧　政治委员吴信泉

新三旅旅长韩先楚　政治委员谭辅仁

1940 年 4 月，我奉命离开太行山赴冀鲁豫。遂将新一旅留下坚持太行山区斗争，我率三四四旅和纵队直属队越过平汉路，到冀鲁豫与新二、新三旅会合。我们刚离开山区，尚无平原作战经验。离开太行山时，韩先楚率主力为一路，我率纵队机关和直属队为一路，分两路向冀鲁豫进发。我们这一路有一天晚上在永年县辛寨宿营，险些吃了大亏。驻永年县城日军侦知我们无主力部队，便于清晨出动向我进攻。我指挥仅有的少量部队与敌人打了起来，战斗打得很激烈。敌人企图攻入村寨将我们消灭，但终未能得逞。傍晚时分，日军向寨内施放毒瓦斯。我们猝不及防，不少人中了毒，我亦被毒昏迷过去。同志们一边在面部围上毛巾，抢救中毒战友，一边继续坚持战斗，敌人数次冲锋都被击退。天黑时，日军害怕我方有增援，便抬着被打死的日军尸体撤回县城。这一仗整整打了一天，敌我双方都有不少伤亡，算是打了个平手。我们在敌人撤退之后，就离开辛寨。由于不了解当地敌情，我们一气走了 100 余里，到达大名县以东，过了卫河，进入冀鲁豫支队活动地区，才停下来休息。

我们到达冀鲁豫与杨得志会合后，奉命组建了冀鲁豫军区和军政委员会。我兼任军区司令员及军政委员会书记。

这期间，第二纵队已发展到二万余人。我考虑在冀鲁豫集中这么多部队，不利于今后的发展，回旋余地也不大，遂根据中央“巩固华北，发展华中”的战略部署精神。向中央和总部建议，将第二纵队分成两摊子，我与杨得志各带领一摊子，一部分坚持冀鲁豫斗争，另一部分越过陇海路，向华中发展。4 月 17 日，中央电示：“新二旅及三四四旅共一万二千人，由太行出发，在冀鲁豫边界设法消灭石友三部后，准备随时调往陇海路南，配合彭雪枫部行动。”起初总部要我留在冀鲁豫，而由杨得志率部分主力过陇海路南下。后来中央电令让我率部分主力南下，要杨得志留在冀鲁豫。中央于 5 月 5 日电报中还特别强调：“华北敌占领区日益扩大，我之斗争日益艰苦，不入华中不能生存。在可能发生全国性的突变时，我军决不能限死黄河以北不入中原。故华中是我最重要的生命线。”

5月中旬，向我冀鲁豫根据地进犯的叛逆顽军石友三部主力被我军歼灭，我便着手准备离开冀鲁豫南下。5月下旬，三四四旅（辖第六八七、六八八、六八九团）在旅长刘震、政治委员康志强率领下先头出发，我与第二纵队参谋长韩振纪率纵队部、教导营及新二旅于6月初出发。新二旅（辖第四、五、六团）旅长田守尧在延安学习尚未到职，由该旅政治委员吴信泉、副旅长常玉清带领。行进途中，杨得志来电报说留在冀鲁豫的主力部队不足，提出从南进部队中调回一个主力营。我接电报后，即从新二旅抽出一个主力团（第四团）调回冀鲁豫。

第二纵队南下之先头部队于6月20日到达豫皖苏边区新兴集，与彭雪枫率领的新四军第六支队会合。6月27日，中央军委电示我部与彭雪枫部合编为八路军第四纵队，“活动于津浦路西、陇海路以南，以对日寇作战，巩固豫皖根据地，扩大与整训部队为中心任务。”第四纵队由彭雪枫任司令员，我任政治委员，张震任参谋长，肖望东任政治部主任。

6月29日，中原局（1941年5月改为华中局）书记刘少奇来电，要我作东进准备，“二十天后派三个团过津浦路活动。”豫皖苏边区当时面对日军，背后是国民党顽军，是个夹在敌伪顽缝隙间的一块地方。彭雪枫因原来的部队不多，坚决不同意我走。他起草了一份电报略谓：与敌伪顽长期斗争，以向西发展为有利，平原作战须有山地作依托；黄部应留下，培养主力，建立巩固根据地；一旦形势有变，即可西入伏牛山，南进大别山，等等。我刚刚到达豫皖苏，尚不明了毛泽东关于控制陇海路以南、津浦路以东、长江以北、大海以西地区的战略意图，以为我仍受八路军总部和北方局直接指挥，且觉得彭雪枫所起草的电报内容与我自己原来的看法比较一致，又不违背中央军委6月27日电报指示精神，遂于7月1日以彭黄联名电复中原局。7月15日和7月17日、18日，刘少奇连续三次来电催我速率所部过津浦路，东进皖东北。我感到刘少奇的电报与中央军委前电不尽一致，为弄清指挥关系以确定部队的行动，我即打电报请示毛泽东。毛泽东回电指示我服从中原局胡服（即刘少奇）指挥。我拿着毛泽东的回电给彭雪枫看，说我准备立即东进皖东北。彭雪枫继续对我进行挽留。但此时我对中央的战略意图已经明了，决心遵照中原局指示东进。遂将三四四旅（欠六八七团）由旅长刘震、政治委员康志强率领，留在彭雪枫部，以加强其主力（第三四四旅于“皖南事变”后改编为新四军第四师第十旅），教导营也留下来一半给彭雪枫部，我率新二旅的第五、第六团和三四四旅的第六八七团以及教导营的两个连，离开豫皖苏，越过津浦铁路，向皖东北挺进。此后，我便在中共华中局的直接领导下，开始了开辟、建设苏北抗日根据地的斗争。

陈赓

忠于民族，孝于国家。

- 1903年生，原名陈庶康。湖南湘乡人。
- 1922年，加入中国共产党。
- 1937年8月，任八路军一二九师三八六旅旅长。率部开赴太行山区，参加神头岭、响堂铺、长乐村等战斗，继而转战于平汉铁路中段、鲁西北和冀南平原。
- 1937年11月2日，率部在昔阳县黄崖底设伏，歼日军一〇九师团一三五联队250余人，缴获步枪20支，轻机枪1挺。
- 1937年12月，率部协同三八五旅粉碎敌人对晋东南抗日根据地的六路围攻。
- 1940年，太岳军区成立，任太岳军区司令员，曾率部参加百团大战。
- 1941年8月，任太岳纵队司令员兼军区司令员，奉命组成太岳南进支队，开辟岳南抗日根据地。
- 1942年11月—1945年5月，指挥在山西省沁源地区对日军进行的长达两年半的围困战，取得了战斗的胜利。
- 1955年，被授予大将军衔。
- 1961年3月16日，逝世于上海。

抗战的回顾

陈　赓

七七事变起，我党以民族国家为重，红军改编为国民革命军，红三十一军改编为一二九师之三八六旅，我任旅长。10月首次参加娘子关及旧关作战，井陉长生口之夜袭，为我对敌之处女战，歼敌一个工兵中队。敌军大震，因而迟延敌人攻占娘子关，使我正面之曾三军[①]阵地，获得暂时稳定。继作七亘村之战，敌二十师团之后卫辎重部队被我两次伏击，缴获甚多，井陉至平定敌之交通已完全受阻。11月初，昔阳黄崖底之战，敌一个联队在我突然火力袭击下而溃乱，死亡枕藉，若无增援，则将全部就歼，我则毫无死伤。敌在正太沿线，及同蒲、太谷、榆次地区，复遭我不断打击与破路，铁路交通几无法维持。敌为维持其运输，企图驱逐我于正太、同蒲联结点之三角区域以外，曾于12月初，组织“六路围攻”，图围歼我于芦家庄（正太路上）以西之花泉村与马坊地区，经两日激战，我安全突围。我军除作战稍有伤亡外，余无损失，反之敌受我不断袭击，伤亡甚大，粮弹被夺。

此时敌沿同蒲南下，友军纷纷西退，状甚狼狈，不战而逃，弃大好

① 曾三军，即国民党军第三军，军长曾万钟。

河山，有利地形，置人民于万劫不复之境。华北局势非常混乱，我则在我集总及师领导之下，沉着应战，从未脱离敌人，不断寻找与创造敌之弱点，以求一战。几月来，几无日不战，无夜不袭敌人，使敌南下大受威胁。1938年3月初，敌以一〇八师团为主，组织对晋东南我军九路围攻，辽县、武安、涉县、黎城、榆社、武乡、襄垣、潞城、屯留、沁县及临屯路全线，几均陷入敌手。我旅在师直接指挥下，配合其他八路军，开始反“九路围攻”战役，战斗数月，敌狼狈分途窜回正太、同蒲、平汉三主要干线。我收复广大失地。在整个战役中之有名战斗，带有决定性者，一为长生口战斗（平定至井陉交通要点），毙敌大队长荒井丰吉，击毁汽车多辆，缴获大炮重机枪及其他战利品甚伙。二为神头之役（黎城通长治公路间要点），我军一部埋伏有距公路仅200米者，敌人进至我伏击圈内，我突跃而起，敌仓皇失措，乃不及展开而战，激战数小时，全部结束战斗，毙敌1500余，缴获山积，除少数士兵（三五敌人）及一随军记者窜蔽一洞内未被搜出外，敌几全部就歼。初，我伏击部队（补充团）武器不全，手执长矛，出发作战之时，纷纷提出口号：“用此长矛换取敌之38式步枪”，故冲锋尤显英勇，一营战士竟有刺杀敌兵11人者。战斗结束，该团全部换得新式武器。激战情形，由此可见。战后，敌以飞机10余架，在此狂炸达两日，以事报复。然我已安全转移，迟矣。是役，对进攻山西长治腹心一带之敌军精神打击特大。长乐村之战，我缴获敌兵大量文件，提到神头之役，无不余悸尚存，谈虎变色。三为响堂铺战斗（黎城涉县公路上），我复以干脆果敢之动作，在两小时内，解决战斗。敌180余辆汽车，全部焚烧，敌亦全部就歼，无一幸免者。我缴获甚多。经过这几次大的歼灭性的战斗后，并继以日夜不停的破击，敌交通中断，呈现动摇之象。我更加紧作战，迫其撤退。4月中旬，敌苫米地旅团，配合辽县之敌，由榆（社）武（乡）图窜襄垣，沿途烧杀甚惨。我取平行追击，截击其部于武乡东之长乐村附近，经半日战斗，将敌全部压迫于两山之隘路中。我集中全部火器，猛力冲杀，在长达2. 5公里之地段中，敌之密集队伍几杀伤殆尽。遍地尸骸，血染沟渠，各种兵器则遗弃满地。苫米地仅以身免。我缴获苫米地亲笔未发之家信一封，信中妄自夸口来华侵略之战绩，告其女曰：天皇又因其攻临汾之功绩而予以勋章，谓："我肩今天下垂矣，天皇所奖的勋章是何等样的沉重！"但此狂妄之法西斯刽子手，在此一战狼狈而奔，几为我俘，而天皇所奖之勋章及所着盛服尽留我手，至今犹存我营，一时传为笑谈。此役惜因友军曾三军未能完成其阻止辽县之敌人之任务，使我背腹受敌，不能打扫战场。敌复以两个联队，掩护收容，仅焚烧尸体即达2日之久。至今，长乐村边，浊漳河畔犹白骨累累，尸灰成堆。此为粉碎九路围攻最后之一大战。晋东南群众为纪念我军战功及是役牺牲者，特建亭于此，中虽经敌人多次破坏，亭盖被毁，碑塔犹存，屹立路旁，不减当日光辉。

此时，敌人出津浦，攻徐州。我们在集总整个企图下，配合中原作战，除我军一部直赴津浦线作战外，我旅奉命调近平汉线，破坏交通，阻敌东南调。两个半月中，我日以继夜，转战平汉中段，从内邱、邢台、沙河、邯郸、磁县、峰峰、西佐、彭城、安阳、淇县、新乡等所有大小县城市镇、车站、铁路、桥梁几无不受我袭击破坏，甚或为我攻占，敌之南北交通始终无法畅通。该线伪军，大部动摇瓦解。继转武（安）邯（郸）路上作战，此线伪组织亦大部为我摧毁，伪军则纷纷投诚（其中大者如李逆福林之伪第二师全部来归）。友军骑四师[①]数濒于危，均为我极力挽救而免于覆灭。旋调至道清线配合朱（怀冰）军作战。道清线上东起新乡、辉县、获嘉、修武、焦作，西抵博爱，所有大小车站桥梁几全为我所破坏。两月内，新乡至博爱段，从未作连续5天之通车，群众赞我，友军甚誉。这样，迫使敌人不得不增兵此线，对我实行报复"扫荡"。月余周旋，

---

① 骑四师，即国民党军骑兵第四师，师长王奇峰。

敌人未能损我丝毫，竟老羞成怒，整日向我发射微菌，以至全旅指战员均中毒成病，旋奉命调赴涉县休整，行军途中，尽为担架与仗扶之辈，几似一大野战医院之移动。

休整月余，又奉命调赴鲁西北及冀南平原作战，转战冠县、馆陶、聊城、博平、高唐、临清、大名、清丰、南乐、广平、肥乡、邱县、曲周、鸡泽、广宗、威县，所至之处，伪军被歼，敌寇挨打。1939 年初，敌第十师团，大举进占冀南，我又奉命配合冀南部队作战。因我积极活动之故，迫使敌人不得不抽调进占南宫之主力一部，向我回击。我当即设伏威县南之香城固，佯作败状，诱其深入。愚蠢敌人，完全服我调动，进入我预定之火力圈内，全部动力化之快速部队，整个就歼，无一幸免。汽车被毁，全部装备尽归我有，开平原胜利作战的新纪录。敌又老羞成怒，大肆咆哮，以战车及汽车百数十辆，附以飞机大炮组成之部队，在卫河西南地区，寻踪追击，企图报复，其先头装甲汽车上贴有“专打三八六旅”之标语。我以徒步与敌之机械竞赛，但受不意袭击而挨打以至伤亡的，决非我，而乃为敌人。经过半个月反复转移作战，我仍以战胜者的姿态，携着俘虏及缴获之大炮、机枪等胜利品，高歌凯旋太行，万人郊迎，敌无可奈何我也！

1939 年，我旅调榆（社）武（乡）地区，配合友军武（士敏）师作战，使武师由子洪口安全撤下，未受损失。敌几次“扫荡”，企图进占榆武襄地区，几次均被我击退。一年来组织对太谷、祁县（同蒲线上）之几次奔袭，均获相当战果。敌占白晋线，从子洪口经南关至长治各据点。我经常袭击破击，几无一日间断，始终压迫敌于一线上（在其七生五炮兵射程内），不敢向左右伸展，没有一个大队的兵力，敢在离敌驻地半日行程以外活动，至今仍保持此形势。

1939 年底，我旅调赴太岳地区作战，我奉命为太岳纵队司令员，配合山西新军——决死队薄一波同志部，转战同蒲、白晋两线，粉碎敌人“扫荡”，巩固太岳根据地。

1940年8月，奉命参加百团大战，我以精锐之师，半月内毁坏了所谓敌人的“大动脉”之正太路。由阳泉至榆次，除少数几个县城外，几年来以碉堡组成的封锁线，被我挨次攻下，每一座铁桥，每一个车站水塔，每一根铁轨枕木，均被我焚烧或被破坏过。一条完整的铁路，一时变成了破烂不堪的荒地，迫令敌寇，尽数月之力重新建筑此路。百团大战，遍及华北，敌寇兵力，备受钳制，经半月之调遣，始凑兵万余，向我反扑。我已任务完成，且战且移，并着手第二次作战，以扩大战果。不匝月辽（县）榆（社）线之敌，又告全部肃清。是役我再攻下据点10余处。榆社城为敌所构筑之半永久式筑城地带，城周围，防以堡垒群，围以铁丝网，圈以外壕，火网严密，地形险要，经我两日夜的攻击，敌虽以飞机低空轰炸，发射毒幕，但仍不能挽回其败局。400余寇鬼，均寻到了其坟墓，武器弹药、粮秣，尽为我有。攻陷该城之翌日，复于榆城东之红土窊又击溃其增援部队3000人。增援者又被增援，始得脱险。敌兽性勃发，一月中忽又组织连续的三次“扫荡”，但三次均被我粉碎。有名的关家垴之役，最后结束了反“扫荡”作战。敌一个大队，大部就歼于此，敌尸横陈，遍于山上沟内。战后两月，我因公过此，数百米达外仍须掩鼻而过之。

自1940年来，我曾几次打破其打通临屯、曲高两公路之企图，粉碎无数次的残酷“扫荡”，每次“扫荡”，兵力时间有加无已（1940年“扫荡”最多万余人，为期不过半月，1943年秋季“扫荡”兵力为3万余人，为期两个月），战术花样每次各异，所谓“突袭攻击”“分进合击”“电击反转”“分区清剿”“铁桶合围”“梳篦”政策，“抉剔扫荡”“轮盘战法”“铁滚前进”“三线作战”……法宝每次虽有不同，但失败则一也。不仅如此，政治经济特务文化，一齐都来，实行所谓“总力战”，“蚕食”政策，“推广维持”，“组织新民会”，“欺骗怀柔”，“以华制华”，

“组织维持”，“治安肃正”，“治安强化”，“新国民运动”，“三光”政策，“经济封锁”，“配给制度”，强拉壮丁，掠夺粮食，破坏春耕秋收，抢去牲口，组织迷信封建团体——青红帮、长毛道、一心堂、孔子道、关刀会等，美人计，兔子政策，假投降等，垃圾秽桶，无廉寡耻，王八乌龟，应有尽有，五花八门可叹观止矣。但我军与决死队结合广大群众，依靠广大群众，粉碎无数次“扫荡”，及各种残酷的总力进攻，克服困难，坚持根据地。在极度困难之下，我军仍屹立太岳山巅。20余县仍飘扬着祖国国旗，实行三民主义，真正民主，谁曰我“游而不击”，狗屁胡说，可以休矣！或问，坚持敌后，抑谁之力？民曰，我党我军，结合广大群众，生死与共，在毛泽东旗帜下，朱彭刘邓领导有方，忠于民族，孝于国家，有以致之，谁曰不然？！

傅　钟

长城内外，大江南北，硝烟弥漫，哀号连天，真是寇深矣！祸亟矣！中国人民处于水深火热之中，中华民族到了存亡绝续的关头。

- 1990 年生，四川泸州叙永人。
- 1921 年冬，加入中国共产党。
- 1937 年全面抗战爆发后，任八路军政治部民运部部长。
- 1938 年，任八路军政治部副主任，八路军野战军政治部主任等职，长期转战太行山区，为创建华北抗日根据地做了大量工作。
- 1941 年，任中央军委总政治部副主任。
- 1943 年，兼任陕甘宁晋绥联防军政治部副主任。
- 1955 年，被授予上将军衔。
- 1989 年 7 月 28 日，逝世于北京。

敌后抗战的开端

——忆八路军总部开赴华北抗日前线

傅　钟

1937 年 8 月，日本帝国主义加快了侵华战争的步伐。中国人民的心情万分焦虑，屈辱和灾难一层重过一层的压在头上。天津失守了！北平沦陷了！全国最大的工业城市上海又受到日军的重兵包围！中华民国的首都——南京已危在旦夕……这时啊，长城内外，大江南北，硝烟弥漫，哀号连天，真是寇深矣！祸亟矣！中国人民处于水深火热之中，中华民族到了存亡绝续的关头。

就是在这样的危急形势下，中国共产党缔造和领导的、经过长征两万五千里的、为直接对日作战集结在黄河之滨的红军，遵循全国人民的意愿，改编成了国民革命军第八路军。这支用马克思列宁主义武装头脑的新型的人民军队，出师华北前线，挺进敌人后方，创建抗日民主根据地，开展了人类历史上罕见的人民游击战争，为争取民族解放和世界反法西斯战争的胜利，立下了不可磨灭的历史功勋。

八路军总部在这个辉煌业绩开端的几个月里，有许许多多动人心弦的情景，至今仍然历历在目。

傅钟

洛川受命

红军改编为八路军的命令，是在著名的洛川会议上宣布的。

洛川会议，是卢沟桥事变后中共中央举行的一次政治局扩大会议。它制定了领导全国人民进行全面抗战的伟大纲领——《抗日救国十大纲领》①；为全军由国内战争转变到民族革命战争、由正规战争转变到游击战争，指明了道路；在我党的建军史上掀开了崭新的一页，对发展壮大人民革命力量有划时代的深远意义。

洛川会议，从8月22日到25日，整整开了四天。会址设在陕西渭北高原的洛川县冯家村。当时我在中国人民抗日军事政治大学任政治部主任，接到出席会议的通知，和萧劲光等五位同志，从延安乘汽车前往。

到达冯家村，天已黄昏。村里只有一条街，四五十户人家。见到从云阳总部和第一、第二、第四方面军来的同志，个个是风尘仆仆，壮怀激烈，恨不得立刻纵马疆场，把日本侵略军赶出中国去！在这样一个偏僻小村庄讨论关系中华民族命运的大问题，同志们都说会址选得好，既安全，便于保密，又比去延安少走路，可以节省一两天的时间。战争年代，时间就是军队，就是胜利。党中央的时间观念，可以说是全党全军的楷模。

会场设在村西北角一所私塾里。胡同口有棵枝叶稀疏的老槐树，矮粗而弯曲的树干，形如一头狮子蹲在那里，开会的人们来来回回都从它身边经过。

---

① 十大纲领的主要内容是：1. 打倒日本帝国主义；2. 全国军事的总动员；3. 全国人民的总动员；4. 改革政治机构；5. 抗日的外交政策；6. 战时的财政经济政策；7. 改良人民生活；8. 抗日的教育政策；9. 肃清汉奸卖国贼亲日派，巩固后方；10. 抗日的民族团结。

私塾的院子里，中间有个小花坛，院子的一侧有一株桑树，正当面是两孔砖砌的窑洞。毛泽东同志在私塾先生那孔窑洞里办公、居住，会间修订文件的同志也到那里去。另一孔窑洞是教室，中间放了些长的、方的、粗糙的、古朴的桌子，拼成整齐的一排，20 多个人挤在周围坐下，便算是会场了。到会的有张闻天、毛泽东、周恩来、博古、朱德、任弼时、凯丰、彭德怀、刘伯承、林彪、聂荣臻、贺龙、关向应、徐向前、张浩、林伯渠、萧劲光等同志，犯有严重错误、被解除军事职务、当时还是政治局委员的张国焘也到会了。会上还有李富春同志，承担了记录之劳。他们都是我所认识和熟悉的，抗日出征前夕这样一起共议党的、军队的大政方针，仿佛有种很强的引力把大家的心绪凝聚得格外热烈和昂扬。

也有两个同志我认不得，一问才知道，一个是周建屏同志，赣东北苏区的创始人之一，曾在粤赣边坚持游击战争，1936 年冬才辗转到达陕北的；一个是张文彬同志，黄埔军校一期毕业生，多年在三军团工作，长征到陕北后，是东北军、西北军中我党组织的负责人，曾为营救西路军被俘同志做了大量工作，准备会后去广东、香港，加强那里的党的领导，开展抗日民族统一战线工作。吸收从南方来的和到南方去的两位同志到会，不仅表明党中央对南方工作的关注，也表明党中央对领导全国人民进行全面抗战的部署，考虑得非常周密、细致。

会议是在日军不断增兵华北，国民党军队出现溃退趋势，全体红军整装待发的情况下进行的。邓小平同志留在了云阳红军总部主持工作，没有到会。第一方面军已经出动，罗荣桓同志正率领部队东进，也没有到会。同我一起在“抗大”工作的罗瑞卿同志到会了。“抗大”“抗大”，抗日战争全面爆发后确实是越抗越大，天天有四面八方包括海外来的热血青年拥进学校。部队开赴华北前线，需要后方源源不断地输送大批军政干部。让“抗大”的负责同志到会，可以看出党中央对学校教育的关怀和准备持久作战的远见卓识。

会前最为同志们注目的是周恩来同志。在我看来，他仍像十多年前在旅欧总支部那样英姿勃勃。西安事变和平解决之后，为了实现国共两党的再度合作，结成最广泛的抗日民族统一战线，从春天起，他不仅奔波于西安—延安之间，而且一去杭州，两上牯岭，同蒋介石等国民党要人反复进行会谈，直到会议前夕还和朱德、叶剑英等同志到了南京，参加了国民政府的国防会议，提出了阐明我党的军事主张的重要文件——《确立全国抗战之战略计划及作战原则案》。由于他不辞劳苦，据理力争，终于使我党同国民党的政治谈判取得了重大成果：中国共产党在全国的合法地位得到确立；红军——当时全称为中国人民抗日红军，改编为国民革命军。从此，蒋介石窒息红军的闸门被打开了！我们可以汇入民族革命战争的汪洋大海，在惊涛骇浪中大显身手，将中华民族这只飘摇欲沉的航船驶往胜利的彼岸了！

主持会议的是在党中央负总的责任的张闻天同志。从遵义会议到洛川会议，他都是中央军委成员。当年3月国内和平一实现，他和毛泽东同志就及时提出，红军的任务是“巩固国内和平，准备对日抗战”，“加强内部政治上的与军事上的训练力量，加强党在红军中的堡垒作用……学习群众工作，使红军成为抗日军队中的模范”。会前几个月，他和毛泽东、朱德同志等一起，更是夜以继日的操劳，对红军如何改编，如何对日作战，作了精心的筹划，周密的部署，完成了出师抗日的大量准备工作。7月下旬，由朱德、彭德怀、任弼时等同志主持，在云阳红军总部召开全军党的政治工作会议，就红军改编的意义、任务和保证党对红军的绝对领导，在干部中作了深入动员，使全军思想同党中央保持了高度一致。8月初，他又和毛泽东同志一起明确提出了红军“独立自主”的作战原则，以游击运动战“协助友军”的作战方针。

在会议开始以及8月24日，张闻天同志都有较长的发言和报告，会议通过的《中共中央关于目前形势与党的任务的决定》，是他起草的。

他还主持通过了《中共中央公布“抗日救国十大纲领”》的正式文件。8月25日毛泽东同志作总结报告，精辟地分析了日本进犯中国的近因及其前途。其中，完整地阐述党的“抗日救国十大纲领”的部分，也就是会议讨论并通过的主要文件——《为动员一切力量争取抗战胜利而斗争》①。这是党的宣传鼓动提纲，也是全党全军的行动指南。它的深远意义，正如张闻天同志讲的，在民族革命战争中，争取无产阶级领导权的基础，是指出胜利的道路。“十大纲领”就是争取抗战最后胜利的具体道路。毛泽东同志在总结报告的最后呼的口号也是：“拥护中共争取抗战胜利的十大纲领！坚决实行中共争取抗战胜利的十大纲领！”他的激越、清亮的声音在窑洞里震荡，表达了会上几乎所有同志的共同意志。在我看来，这“十大纲领”就是红军进行全面的民族抗战的鲜红旗帜！我们高高举起这面旗帜，就会召唤并团结广大抗日军民沿着胜利的道路奋勇前进。

会议讨论得最热烈的，是战略任务、方针、作战指导原则和部署等重大问题。毛泽东同志高瞻远瞩，用形象的比喻阐明雄伟、深远的战略思想，给人以不可磨灭的印象。他说，我们已采取“山雀满天飞”的办法，撤出了大批干部，到华北敌后各地组织群众开展游击战争。我们的主力部队到华北，要像下围棋一样做几个“眼”，“眼”要做得活，做得好，以便和敌人长期作战。他特别提到紧邻东北的冀东，在抗战中的地位非常重要。明确指出，红军要有一支部队以雾灵山为根据地，发展游击战争。贺龙同志动作快，把这个任务抢到了手。虽然由于国民党军队很快撤出了南口，我们不得不改变这项计划，但同志们那种一往无前、敢于向敌人深远后方挺进的英雄气概，充分表明我军人人都有到抗日的最前线，为保卫祖国流最后一滴血的崇高精神。

① 毛泽东：《为动员一切力量争取抗战胜利而斗争》，《毛泽东选集》合订1卷本，人民出版社1964年版，第324页。

张闻天、朱德、任弼时、彭德怀等同志对抗战的长期性和可能出现的曲折、危险，出师华北的战略部署和群众工作等问题，都发表了重要意见。张闻天同志说，要很好的使用我们的力量。红军是党军。抗日是持久战。眼光要放远些。朱德同志指出，持久战主要是发动广大群众，首先是发动华北的1亿多人；军事上是发动游击战争。即使各友军都退下来，我们也能在华北坚持。任弼时同志也谈到，抗战是长期的战争，红军要发挥自己进行山地战、运动战、游击战的特长；在有利条件下集中力量消灭敌人，这关系到增强我们的领导和部队的扩大。

关于战略方针和部署问题，毛泽东同志深刻阐明了我军进行独立自主的山地游击战，包括新条件下消灭敌人兵团与在平原发展游击战争。对此他详细解释说，所谓独立自主，就是在整个战略部署下，我军有依照情况使用兵力的自由，执行统一战略意图的灵活机动权；有发动群众创造根据地、组织义勇军的自由。所谓山地，不只是就地形而言，而是指首先在山区创建根据地，依托山地开展游击战争，尔后向平原发展。所谓游击战争，是指分散以发动群众，集中以消灭敌人；通过广泛的游击战争，达到开辟敌后战场，支援正面战场，战胜日本帝国主义的目的。他对于党的战略方针的完整阐述，使大家的思想提高了一步。关于兵力部署，彭德怀同志完全同意毛泽东同志的意见，指出：红军出兵在恒山、太行山山脉，有重要战略意义，给日本南进或西进以很大的困难，要力争实现。他还说，红军主力出动是对的，留下若干兵力在陕北是必要的，这是我们的战略预备队；红军出动基本的是要打胜仗，树立声威，开展统一战线，只有这样才能提高我党和红军的地位。其他同志也发表了不少好的意见。总之，会议开得热气腾腾，大家齐心协力，团结一致抗敌的决心是无比坚定的，作战思想和行动方向是非常明确的。会议确定，新的中央军事委员会由以毛泽东为主席，朱德、周恩来为副主席的11位同志组成。

最庄严的时刻到了！会议通过中央军委主席、副主席的命令，宣布红军改名为国民革命军第八路军。前敌总指挥部改为八路军总指挥部，朱德为总指挥，彭德怀为副总指挥，叶剑英为参谋长，左权为副参谋长。总政治部改为八路军政治部，任弼时为主任，邓小平为副主任。

八路军所辖的三个师是由三个方面军为基础改编的，各师的主要领导干部是：林彪为第一一五师师长，聂荣臻为副师长，周昆[①]为参谋长，罗荣桓为政训处主任，萧华为副主任；贺龙为第一二〇师师长，萧克为副师长，周士第为参谋长，关向应为政训处主任，甘泗淇为副主任；刘伯承为第一二九师师长，徐向前为副师长，倪志亮为参谋长，张浩为政训处主任，宋任穷为副主任。

至此，红军虽然放弃了自己用血与火铸造的光荣称号，却实现了从九一八事变以来为之奋斗了六年之久的直接对日作战的宏愿，与会同志无不为之振奋。对于军委命令中要求全军改编后必须加强党的领导，坚决执行党中央与军委会的命令，为党的路线和政策而斗争，使自己“成为抗日民族战争的模范”，大家充满了信心。

8 月 25 日是会议最后的一天，也是最紧张的一天。会议连续通过了朱德、彭德怀同志的《就职通电》《八路军出师抗日誓词》《八路军抗日三大纪律》《八路军抗日八项注意》等文件，使这支即将出征的新型的人民军队，从最高指挥员到每个战斗员都有了一个行为准则。这是坚持和发扬红军光荣传统的重要保证，也为在斗争中发展壮大人民革命力量预示了美好前景。

短短四天的洛川会议，在中国革命征途上树起了一座雄伟的里程碑！从此，万千红色健儿——八路军将士，“受任于败军之际，奉命于危难之间”[②]，带着人民的希望，奔赴民族解放的疆场去建功立业。深夜，

① 周昆于 1938 年初携带军饷逃跑，不知所终。

② 这是诸葛亮《前出师表》中的两句话。

我走出会场后，回头看那窑洞的灯光，在渭北高原的苍穹之下，红彤彤的，像团正在燃烧的火……

云阳誓师

洛川会议期间，政治局委员任弼时同志代表中央同我谈话，要我担任八路军政治部的民运指导部（简称民运部）部长。他说，这是很重要的一个部，专门负责对外宣传，做居民和友军的工作，面很广，党政、军事、外交事宜都要做。我无条件地接受了这个任务。弼时同志鼓励我要大刀阔斧地干，重要的是抓统一战线，团结一切抗日力量，把局面打开。

会一结束，要到前线的同志没有再回延安，立即赶往云阳总部和各师驻地。我随朱、彭、任等领导同志行动，开始是坐一辆卡车，但走出几十里以后车子坏了。

和我们同行的还有聂荣臻同志，30年代初我们曾在上海的中央军委一道工作过，是大同乡（都是四川人），又是三十七八岁的同龄人，走在一起免不了说说笑笑。处此境况，他像搞“智力赛”似的问我，“老傅，四川话在这里怎么说呀？”我说：“有这么一句，‘图相因买老牛，爬坡过坎要人挡’吆。”荣臻同志和大家笑了起来。有的说：“不错！贴题！”有的说：“‘铁牛’不是老牛，挡不起来哟！”有的说：“怎么办？走吧！”有的说：“先到村子里吃点饭！”最后大家按总司令的话行动：“吃过饭就走！”

临到中部县（今黄陵县）城，有人高兴地喊道：“桥山，桥山，桥山到了！”是啊，黄帝陵就在那片郁郁葱葱的山上，有机会看到它能不高兴吗？这是海内外炎黄子孙共同向往和瞩目的地方。几千年来，历代王朝直到民国，每年清明节，都要派出官员来扫墓、祭奠，表示对先祖的虔诚和敬仰。今天，我们就要上前线了，去抗击日本帝国主义侵略军对先祖开创的中华大地的野蛮掠夺和残酷蹂躏，都有一颗“壮士一去不复还”的杀敌决心，也就格外想去看看黄帝陵。

看过之后，从桥山上下来，进了轩辕庙，朱德同志说，今年清明节，我们还派人来给轩辕黄帝送了祭文哩！果然，一到正殿就看到黄帝塑像脚下的大供案上陈列着不少祭文，毛泽东主席、朱德总司令的祭文也在其中。祭文写得非常好，抑扬顿挫，铿锵有力，动人肺腑。大家拥过来看，我竟情不自禁地读出了声：

维中华民国二十六年4月5日，苏维埃政府主席毛泽东、人民抗日红军总司令朱德恭遣代表林祖涵，以鲜花束帛之仪致祭于我中华民族始祖轩辕黄帝之陵：赫赫始祖，吾华肇造；胄衍祀绵，岳峨河浩。聪明睿智，光披遐荒；建此伟业，雄立东方。世变沧桑，中更蹉跌；越数千载，强邻蔑德。琉台不守，三韩为墟；辽河燕冀，汉奸何多！以地事敌，敌欲岂足；人执笞绳，我为奴辱。懿为我祖，命世之英，涿鹿奋战，区宇以宁。岂其苗裔，不武如斯，泱泱大国，让其沦胥。东等不才，剑屦俱备，万里崎岖，为国效命。频年苦斗，备历险夷，匈奴未灭，何以家为。各党各界，团结坚固，不论军民，不分贫富。民族阵线，救国良方，四万万众，坚决抵抗。民主共和，改革内政，亿兆一心，战则必胜。还我河山，卫我主权，此物此志，永矢勿谖。经武整军，昭告列祖，实鉴临之，皇天后土。尚飨！

朱总司令说，这是我们建军10年第一次向老祖先明志。大家也都称赞祭文写出了全军指战员的情怀，表明了我们代表着全民族的利益和未来。同志们还一致认为，这是我们开赴抗日前线的《出师表》哩！

8月30日晚上，我们徒步行军到达铜官城（今铜川市）。彭副总司令接到指示要去西安（聂荣臻同志和他同行）。彭是要准备9月1日同周恩来副主席等乘火车去山西太原，与第二战区司令长官阎锡山会谈。一同前往的还有林彪、萧克、徐向前等各师的负责人。他们是最先一批到达华北前线的八路军。

朱总司令到达云阳镇后住北街“毛家大院”，红军总司令部在那里。我随任弼时同志见到邓小平同志，他在西南角“文家大院”，总政的同志住这里。

云阳属泾阳县，距西安60多公里，南临泾河，北靠嵯峨山，西（安）兰（州）公路从村南穿过。村里虽只一条街，但长达一二公里，俗称“十里烂云阳”。当时这里已成为军事重镇，中共陕西省委也在这个村子里。西边驻陇东西峰、镇原的红军，北边驻正宁、耀县的红军，东边驻三原、富平的红军，继一一五师出动之后，正在集结，准备出动。一时之间，这片纵横二三百里的国土上，山山岭岭里，大路小路上，四处有战马奔驰，有步兵跋涉。嘹亮的军号声，高昂的抗战歌声，飞扬在正要收割的田野里，震动着每个爱国军民的心。

民运部的人手不多，工作显得格外忙碌。从国民党区域和海外来的进步青年去延安，这里是第一站，迎送接待任务日益繁重。开始每天不过三个、五个的，现在则常常是成组成队的，而且一批接着一批，人们笑称：往北去的大道，全是他们“走”宽的。

自从7月14日，中央军委、毛泽东同志给各方面军、各军团、各军、各师、各团及各军事学校的首长下达命令，要求10天之内做好开赴抗日前线的准备以后，尤其是开过全军政治工作会议以后，总政治部编印了《抗日紧急动员课本》《抗日军人读本》，以及东北四省、华北五省地理常识，还有日本情况、日语教材等，发给部队进行战前教育。从军团长、师长直到伙夫、马夫都参加了军事、政治训练。整个红军变成了大学校。洛川会议后，为了顺利开赴华北前线，八路军政治部立即发布了《关于东进抗日行军中的政治工作指示》，编发了《八路军军人必读》等教材。

当时，红军广大将士对于北平、天津失陷非常焦急，对南京方面非常不满，要求立即出动抗战，甚至整连整团整师的指战员签名上书，表示不等待南京政府的命令了。当听说改编还要取下红军帽徽换上国民党军队的，更是火上加油，有的摔帽子，有的流泪，甚至有的骂娘。为了妥当解决这个问题，转好思想弯子，领导干部分别下到部队进行解释。左权同志到了随营学校各团，耐心地给同志们讲，我们取下“红星”不是要丢掉它，这里有烈士的鲜血和我们的理想。要往远处看，为了抗日救国，可以把红星保存起来，把它放在心坎里！红星在我们心里，我们就不会迷失革命方向。在换帽徽的同时，总政还给全军颁发了“红军十年艰苦奋斗”奖章。广大指战员收起红军帽徽，得到了红军“奖章”，思想情绪才渐渐稳定下来，适应了新形势的要求。

八路军总部的出师抗日誓师大会，在云阳镇的大操场里举行。司号员们的军号声，随营学校的威武队列和“坚决与敌决死战”的歌声，震荡了整个村镇。整齐雄壮的队伍从四面八方走来，一幅幅醒目的“拥护军委命令”，“为保卫国土流尽最后一滴血”的大字横标，高高举过头顶，随着队伍进入会场。队伍四周围满了手举“打倒日本帝国主义！”“收复一切失地！”小彩旗的各界代表和群众。这里的政权还在国民党手里，他们限制群众和学生到场，就是到场的代表里也有不少是他们特意选派的。但即使如此，也还是挡不住群众的抗日热情和他们对红军的热爱。人们大胆地拥进会场，有的爬到了附近的树上、屋顶上，观看这个有重大历史意义的场面。邓小平副主任主持大会，全体指战员跟随朱总司令高声复诵《八路军出师抗日誓词》：

日本帝国主义，是中华民族的死敌，它要亡我国家，灭我种族，杀害我们父母兄弟，奸淫我们母妻姐妹，烧我们的庄稼房屋，毁我们的耕具牲口。为了民族，为了国家，为了同胞，为了子孙，我们只有抗战到底。

我们是工农出身，不侵犯群众一针一线，替民众谋福利，对友军要亲爱，对革命要忠实。如果违反民族利益，愿受革命纪律的制裁，同志的指责。谨此宣誓。

掷地有声的誓词，是从每个同志的肺腑中喷涌而出的，声若洪钟大吕，所有同志的心情都激动异常，会场四周的观众无不为之震惊和感动。

《八路军抗日三大纪律》的内容和红军时期明显不同的，是把“实行抗日救国纲领”作为第一条。弼时同志郑重宣布的“三大纪律”和“八项注意”，受到群众热烈欢迎。这“三大纪律”与“八项注意”总起来不过11条，但却包括了争取民众，影响友军，创造模范抗日军队的大道理，是我们这支新型的人民军队区别于其他军队的根本标志。

表示杀敌决心和欢送八路军上前线的军内外代表讲话之后，当地国民党政府的专员也讲了话。最后一项是国际友人讲话。穿着八路军服装的乔治·哈特姆（即马海德），一到台前，台下便响起欢迎的掌声。这位美国炼钢工人的儿子，1936年一、四方面军在会宁会师时同我相识，第二年2月已加入中国共产党。面对出征的战士，他用汉语说，我们欢送八路军到哪里去？到华北前线去。去干什么？拖住日本侵略军的尾巴，打他的“后沟子”！这句把脊梁骨称为“后沟子”的陕西土话，大家听着非常亲切、生动、有幽默感，会场上立即迸发出欢快的笑声，随后是狂风般的掌声，此起彼伏的口号声，震天动地的抗战歌声，气氛显得十分昂扬、热烈。

东渡黄河

一一五师主力到达黄河东岸之后，一二〇师主力即由富平县庄里镇出发东进。紧接着，八路军总部从云阳镇出发了！殿后的是早已整装待发的一二九师主力，到9月底也从庄里镇开往晋北前线。这时，以萧劲光为主任的八路军后方留守处（12月改为留守兵团）已经在延安成立，统一指挥各师留守部队担负起保卫陕甘宁边区的任务。

总部出发那天，蒙蒙细雨压住了道路的尘埃。我们的队伍除机关外，有随营学校的三个团，一个警卫总部的特务团，浩浩荡荡的劲旅，在秦川大地上疾进，引起沿途收秋、秋种农民的注目。队伍经过村子，人们不顾国民党的种种限制，拥到街上送茶水、梨子、桃子、鸡蛋。队伍过后，群众手里有了红色绿色的传单；墙上贴了雪白的八路军布告和《抗日救国十大纲领》，街头巷尾传诵着八路军爱国抗日、待人和气、买卖公平、损物赔偿的故事。尽管我们规定了沿途不许扩军，但广大爱国青年还是纷纷要求加入我们的行军行列里。

前线接连传来令人焦虑的消息。继南口、张家口失陷后，平绥线上的天镇、雁北重镇大同失守了！津浦线上，日军在攻击泊镇、沧县；平汉线上，涿县落入了日军手中，保定已岌岌可危！国民党军队还在节节败退……形势的险恶令人愤慨，全体指战员心急如火，恨不得插翅飞上前线，煞住日军猖狂进攻的气焰。

9月16日，总部到达韩城芝川镇，决定在此渡过黄河。先头两个师都是从这里渡过黄河的。

芝川镇西南司马坡上有座司马迁祠，趁候船的间隙，我和几位同志去看了看。祠内碑碣林立，铭刻着对这位太史公的赞词颂语，使我想起他的巨著《史记》。从《五帝本纪》到《太史公自序》130篇，我在年轻时逐篇读过，确实像鲁迅说的，是“史家之绝唱，无韵之《离骚》”，代表着我国文化的高度成就。司马迁忍辱负重，用笔为中华民族的统一和发展做出的贡献是伟大的，不朽的。我们今天，则要用刀枪和自己的血肉去搏斗，收复被日本帝国主义践踏的土地，书写中华民族雄立于世界的光辉篇章。

我随朱总司令、任弼时、左权同志等同船过河。木船在汹涌翻滚的波涛中前进，船工们驾驶大船的强健体魄，使人感到自己身上也仿佛增添了无穷的力量。这天风和日丽，再过几天就是中国人民一年一度庆祝团圆的中秋节。天气已有些凉意，使人觉得爽快、舒服。随着大船靠岸每个人的脸上露出了兴奋、自豪的神情：我们终于又踏上了美丽富饶的山西大地——打击日本侵略者的重要战场。

1936年春天，毛泽东、彭德怀、叶剑英、杨尚昆等同志①，曾率军渡过黄河，在山西的几十个县撒下了革命的种子。那时是借路去河北、东北打日本，由于国民党重兵拦阻，壮志难酬，只得回师河西。现在日本大军压顶，国民党军队一触即溃，却是急切地盼望八路军早日开到晋北去堵住日军的进攻，救他们出困境。

我们的队伍向着晋南重镇——同蒲线南端侯马跑步前进。沿途国民党军政人员的惊恐神态表明：战火已越烧越近。但我军将士却如蛟龙临海，英姿勃勃，直奔中央军委指定的目标。

到了侯马，火车站里站外挤满了人。一些小孩子骑在大人的肩上，

---

① 为贯彻抗日救亡主张，中共中央决定以红军一军团、十五军团、二十八军组成中国人民红军抗日先锋军，彭德怀任司令员，毛泽东任政治委员，叶剑英任参谋长，杨尚昆任政治部主任，于1936年2月27日发出宣言：“为实现抗日，渡河东征。”东征部队过河后，一路北上，打到太原附近的晋祠，一路南下，克襄陵、侯马，直逼晋东南边沿。4月底部队回师河西。

仰着头，张着嘴，观看八路军上火车。其中有不少从沦陷区逃来的难民，衣服褴褛，眼含热泪，期待八路军去收复他们的家乡；本地群众则祝愿我们能挡住日军，使家园免遭战火。有许多送茶水的，端糖果和中秋月饼等慰问品的，挤上去塞到战士手里，递到战士嘴边，其亲切之情在别的军队是见不到的。红军东征给这里的人们留下了深刻印象，如今强敌压境，危难中重逢，真像多年未见的知心朋友。目睹这番军民亲如家人的情景，人们无不由衷地称赞：八路军才真是老百姓自己的军队啊！

火车在吕梁山东麓、汾河东岸向北开进，沿途的车站越来越多地站满了欢迎的人群。无论商人、学生、工人、农民，都拼命往前挤，要看看红军——八路军的朱总司令。朱总司令的四川话人们听不懂，但看到那位向人们招手的长者，衣着和别的军人一样，脸色比别人黑一点，像长年辛劳的庄稼汉，面容纯朴、慈祥……人们便以喜悦的神情、亲切的语言，表明自己的感触：八路军的总司令不像国民党军队的长官，老百姓是可以亲近的！这，便是一个伟大的开端，像一座桥使八路军和人民的无穷力量相连接起来。在车站，在车里，老百姓们送来的中秋月饼、瓜果、枣子，堆了很多，大家都吃得饱饱的。人们议论着：这样的老百姓，这样的军队，如此齐心，如此亲热，打不胜日本，谁能相信！

到了太原，总部的领导同志都倍加忙碌。天天有兴奋的座谈会，热烈的欢迎会，彭德怀等同志应邀去群众大会上讲演；周恩来、朱德同志准备到太和岭口会见阎锡山；邓小平同志去了第二战区革命战争战地总动员委员会商谈工作。山西省牺牲救国同盟会（简称牺盟会）的，东北学生救亡委员会的，从一二·九运动中产生的“中华民族解放先锋队”的，都有人到总部来过。整个太原城的抗战气氛，由于八路军总部的到来，陡然高涨了几倍。面对此情此景，使许多革命战士和爱国青年流下了兴奋、激动的眼泪。

在成成中学——八路军驻晋办事处，我见到了久别的杨尚昆和李伯钊同志，他们身着便装，和刘少奇、彭真同志一起在北方局工作，还没有公开身份。尚昆同志告诉我，北方局正准备开会传达、贯彻洛川会议精神。刘少奇同志提出，共产党员要脱下长衫去打游击战，今后华北的主要任务就是组织群众武装展开游击战争。他还要求华北地区党组织三个月内“扩红十万”①。

周恩来同志完全赞成这个计划，并指示把薄一波同志领导的“山西青年抗敌决死队”和牺盟会游击队包括在内。此时，“决死队”已有了4个总队（团）。我随总部过定襄时见到了薄一波同志。不久，朱总司令指示他们去晋东南建立抗日根据地。出发前夕，有些年轻同志到了总部执意要求参加八路军，以为戴着阎锡山的帽子抗日，不如在八路军的旗帜下进步快，更光荣。我和民运部的几个同志去做说服工作，一直把他们送归“决死队”，还在会上讲了话，说明“决死队”和八路军都是抗日先锋，共同站在民族解放的旗帜下，一样光荣！鼓励他们安心在“决死队”夺取抗战的最后胜利。第二年夏天，“决死队”由4个总队发展到4个纵队（旅）。在沁县西林整训时，朱德、彭德怀和左权同志去给他们讲游击战术，我去讲部队政治工作。经过这次整训，部队进步很快。当1938年秋，日军进攻时，阎锡山慌忙逃过黄河，躲到了陕西宜川县的秋林镇一线。与此相反，“决死队”“牺盟会”提出响亮的战斗口号：“共产党员誓死不过黄河！”他们同在黄河以东站稳了脚跟的八路军主力部队一起，高擎民族解放的大旗，挡住了日军西渡黄河。

① 扩红十万，即扩充八路军10万人。

首战晋北

先头出发到达晋北原平一线的一一五师、一二〇师主力，按预定部署向冀、察、晋、绥4省交界的恒山山脉（31个县）挺进，准备侧击沿平绥线西进，沿平汉线南进之敌，援助国民党军队的正面作战。但是由于国民党军队连连败阵，日军察哈尔派遣兵团占领大同后，一部飞速向归绥、包头攻击，打通平绥线，实现其所谓切断中、苏联系之目的，主力则沿同蒲线南下，向雁门关、茹越口进攻。与此同时，华北的敌军一部则由平绥线东段之宣化、怀来向晋东北追击，占领广灵、涞源后，正向平型关进犯。

据此形势，毛泽东同志及时发出了改变原来部署的指示，这也是总部领导此时所议、所忙的头等大事。毛泽东同志指出，敌人的战略计划是以右翼大迂回姿势企图夺取太原，威胁平汉线上的国民党军队而最后击破之，夺得黄河以北地区，威胁河南、山东之背，而利于最后夺取山东，完成其鲸吞华北5省之企图。这样，“恒山山脉必为敌军夺取冀察晋三省之战略中枢”，而阎锡山指挥下的傅作义、杨爱源、刘汝明、汤恩伯各军已失锐气，使我们不能作出这些军队能够在现阵地根本破坏敌人战略计划之结论。因此，过去决定红军全部在恒山山脉创造游击根据地的计划，如依旧执行，“将全部处于敌之战略大迂回中……陷入被动地位”。显然，战场情况变化了，必须改变原来的部署。

毛泽东同志明确指出，为战略上展开于敌人侧翼，钳制敌人进攻太原与继续南下，使晋绥军不过于损失力量，也为我军广泛发动群众创造游击根据地，拟变更原定部署如下：一二〇师转至以管涔山山脉为依托的晋西北地区；一一五师以自觉的被动姿态，进入恒山山脉南段活动；

一二九师开往恒山山脉南端，逐渐展开于太行、太岳两山脉中。

没过几天，毛泽东同志进一步指出："今日红军在决战问题上不起任何决定作用，而有一种自己的拿手好戏，在这种拿手戏中一定能起决定作用，这就是真正独立自主的山地游击战（不是运动战）。要实行这样的方针，就要战略上有有力部队处于敌之翼侧，就要以创造根据地发动群众为主，就要分散兵力，而不是以集中打仗为主。"

毛泽东同志所以这样三令五申党中央的战略方针，因为由国内战争后期的正规战争向此时要进行的游击战争转变，是领导全军在广大的新天地里沿着正确方向前进的崭新课题。总部领导对党中央、毛主席的战略方针的领会是深刻的全面的，在基本点上是息息相通的。他们带领全军从实际出发，适时地完成了这个转变，创造了辉煌的战果。

9 月 22 日，总部到达晋北前线，驻五台县城东北的南茹村、东茹村。随营学校在不远的苏子坡村。真是旗开得胜！朱、彭指挥一一五师主力首战平型关，歼敌 1000 多人，打破了所谓"皇军不可战胜"的神话，给在正面防御的晋绥军以有力的配合，给广大抗战军民以有力的鼓舞。在全国人民心目中树起了八路军英勇善战的形象。

但敌情仍然十分严重。东面平汉线上的日军已占领保定；沿内长城西进的日军正猛攻繁峙；沿同蒲线南进的日军夺取了朔县，正向代县、雁门关逼进……

总部在这三面是日军进攻的炮声里，在国民党军队溃败南逃的混乱局面中，稳如泰山，指挥若定。此时，迎着日军的长驱直入，我东北方向有杨成武部，打到了冀察边界；东南方向有王震部，已到达战略要地石家庄附近的平山县；北面、西北面有一一五师、一二〇师的主力在日夜奋战。各部队斗志昂扬，锐不可当，纷纷传来捷报。平型关战斗一结束，朱总司令即带领一些同志到一一五师驻地参加总结此次作战的经验教训。总部机关的工作十分紧张，除了指挥部队向敌人的侧翼、后方挺进外，还天天接收来自四面八方的贺电、贺信，接待来慰问的各界代表，来采访的新闻记者，来参军的热血青年和知识分子，来请求派人指导和给予援助的抗日团体、义勇军、游击队领导人……个个忙得不可开交！

根据党中央、毛主席的一系列指示精神，八路军总部于 9 月 21 日、25 日，先后对各师、各旅、各团发出指示和训令，要求部队以机动灵活的袭击消灭敌人小部的同时，立即在我军所到之处，独立自主地担负起群众工作，在战区的村庄城镇取消苛捐杂税，实行减租减息，合理负担；没收汉奸和日本帝国主义财产分给抗日人民和抗日军人家属；动员群众，开展游击战争。对于各部队进行群众工作的负责区域，总部有明确划分：一一五师在涞源、灵丘以南，五台、盂县以东，灵寿、曲阳以西的晋察冀三省边界地区。一二〇师主力于左云、清水河、保德、宁武、平鲁等晋西北地区，该师三五九旅（一个团）于柏兰镇、定襄以南，盂县、井陉以北，平山县以西地区；一二九师的预定地区在正太铁路以南。总部明确要求，全军每个指战员要利用一切机会宣传党的抗日民族统一战线纲领；在地方工作中，要吸收进步分子首先是工农分子加入中国共产党，培养他们成为联系群众斗争的骨干。

任弼时同志召集会议传达、部署了上述任务。朱德、彭德怀同志以身作则，每到一地就召开群众大会，出席讲演，宣传八路军的胜利和中国共产党的抗战方针，指明保卫山西，保卫华北的正确道路。在太原，彭德怀同志举行记者招待会，把平型关战斗缴获的战利品分给他们作纪念，有力地扩大了我军的政治影响。在五台县城的群众大会上，彭德怀同志的讲演，气壮山河，振奋人心。他说，日本军队每占我们一座城池，就是陷入人民的一层包围。华北每个不当亡国奴的人都是一颗炸弹，日本人吞下去是会炸死他自己的！这些话，对鼓舞群众拿起武器打游击战起了很大作用。五台县短短几天就成立了 4 支游击队。朱总司令有时也出席群众大会，还常和群众交谈，他的艰苦朴素作风，待人和蔼可亲的态度，本身就有很强的感染力。在南茹村的街头、胡同口、打谷场上，都有他和群众拉家常的身影。在处理军机大事的空隙，他还参加了培养青年积极分子入党和建立村党支部的工作。

按照总部要求，民运部派出王逸群、洪水、胡开明、罗亦军等一批同志，在繁峙、代县以南，同蒲路以东广大农村，展开群众工作。他们和当地的党员赵鹏飞、朱卫华、李力安等同志一起，到各县、区、村建立战地动员委员会，组织自卫军、担架队、运输队，支援部队作战，收容友军溃散人员，保护群众利益，安定社会秩序，受到人民赞扬。随后，王逸群同志负责建立了中共晋东北特委，并调来祖籍山西原平的红军将领赵尔陆同志，率总部特务团的两个连，组成晋东北游击司令部。部队很快发展起来，转而在聂荣臻同志领导下，参加了创建敌后抗日民主根据地——晋察冀边区的伟大斗争，成为晋察冀的第二军分区，同聂荣臻同志直接指挥下到达察南、平西的杨成武部建立的第一军分区，联在一起，互为依托。在平山县以西，是三五九旅旅长王震同志直接率领的一个团。王震同志向来作战机智、果断，这次上得前线更是主动、勇猛，一直插到了平山。他们按总部要求在正太路以北开辟广大地区，随后便成了晋察冀的第四军分区。

平型关战斗后，罗荣桓同志率领一一五师政治部到阜平一带开展群众工作。10月10日，敌人刚刚占领石家庄，我骑兵营即攻克了曲阳县城。罗荣桓同志派民运部长潘振武同志去当了县长，和他同去的还有宣传队的10余个同志。他们团结爱国人士和进步青年，组织起动员委员会、抗敌后援会，发动了成千上万群众，把日军在曲阳兵站囤积的大批物资，全部运到了阜平。那几天里，从曲阳到阜平50多公里的公路上，满是挑担子的、抬箱子的运输大军，浩浩荡荡，蔚为壮观，极大地振奋了敌后军民的抗战热情。与此同时，阜平县已组织起400多人的“抗日义勇军”；至10月中旬，阜平各区和邻近的行唐、曲阳等县，也组织了“抗日义勇军”，总数达2000多人。按聂荣臻同志的指示，义勇军编成3个大队，为建立晋察冀第三军分区打下了基础。

在此期间，朱、彭、任、邓等总部领导同志，曾找王平、刘秀峰同志谈话，按北方局决定，要他们和李葆华同志一起去阜平，组成晋察冀临时省委，统一领导三省边界各县的工作，并积极向冀中平原发展。这样，在八路军到达前线后的短短时刻，从平绥线到正太线之间的广大国土上，便燃起了熊熊的抗战烈火，"晋察冀"这块巨大而坚强的抗日民主根据地在抗战烈火中骤然崛起了！

在此之前，9月28日，总部即指示一二〇师的宋时轮支队，向日军占领的怀仁、左云、大同地区挺进。他们首战井坪镇告捷，鼓舞煤区工人、群众组织起来猛打游击战，在同蒲路北段西侧开辟了钳制敌人南进的战场。

由于我军在晋察冀绥四省边界连战告捷，发展迅猛，促使国民党政府和阎锡山下决心进行忻口战役。在忻口战役的20多天中，我一一五师和一二〇师主力在敌人侧翼和深远后方，作战40多次，收复县城10多座，一克再克平型关、团城口、雁门关，伏击敌人的运输部队，切断敌人的交通线，使得敌人增援受阻，供应困难，有力地援助了友军的正面作战。

10月中旬，一二九师到达晋北前线，第七六九团夜袭阳明堡飞机场，毁伤敌机20多架。由于日军沿正太线的攻击异常猛烈，刘伯承同志率主力驰援娘子关一线的友军，在正太路以南的七亘村、黄崖底、广阳等地多次伏击敌军。挫伤其进攻锋芒，取得的战果为中外人士所注目。第二战区前线总指挥卫立煌，盛赞八路军是"复兴民族的最精锐的部队"，对忻口战役有极大的帮助。朱德、任弼时同志都曾撰文高度评价忻口战役歼敌过万，"是华北抗战中最激烈的战争"，"是国共合作中我军与友军联合作战的范例"；在战斗中郝梦龄、刘家麒两将军的牺牲，许多忠勇战士的英勇奋斗，"是值得每个同胞永远纪念的"。

平型关大捷以前，我军每到一地，都寻找和说服躲藏在深山荒野的群众回到村子里。忻口战役期间，战地群众参加战勤，非常踊跃，以至担架队往往超过需要，抬下战场的不是伤员，却是缴获日军的武器装备和罐头、饼干、奶粉、纸烟等物资。

10 月 22 日，八路军总部要离开南茹村、东茹村了，环顾四野，和一个月前到达时已大不相同。万千八路军健儿已在华北前线开拓了自己的活动天地，亘古少见的敌后战场在日益扩大。这史诗般的业绩，使日本帝国主义灭亡中国的美梦，碰得粉碎；使海内外炎黄子孙看到了光明和希望，坚定了“中国不会亡”的胜利信心！

吕梁山下

总部从五台县转移时，分成了三路行动。朱德、任弼时同志带领总部机关，穿过正太路，10 月 27 日进至太行山区的和顺县马坊镇。另一路是彭德怀同志率精干的指挥所，经忻口前线、太原前线，于 11 月初也进驻太行山区的马坊镇，同朱总司令会合一处。与此同时，邓小平同志率政治部机关和韦国清同志等领导的随营学校，穿过同蒲路，跨过汾河，进入吕梁山下的汾阳、孝义一带进行群众动员工作，为创造晋西南抗日根据地开拓道路。我和黄镇等宣传部、民运部的同志随这一路行动，经太原到了孝义县城。

这是总部领导根据党中央、毛主席的指示作出的部署。毛主席曾来电指示：“游击战争主要应处于敌之翼侧及后方，在山西应分为晋西北、晋东北、晋东南、晋西南”，“不宜集中于五台山脉一区，集中一区则难以立足的。”对于吕梁山脉，毛泽东同志在忻口战役期间就指出，吕梁山脉之晋西南，虽然目前距敌尚远，然亦不可不于此时作适当之部署。太原一失守，他进一步指出：吕梁山脉是八路军的主要根据地，一一五师的徐海东旅、陈光旅和总部均宜立即开始西移。这样，朱、彭、任等领导同志，便于11月11日在和顺县的石拐镇，同友军将领开过军事会议以后，于下旬到达吕梁山、太行山之间的洪洞县马牧村一带。邓小平同志率领我们这一路，是12月底由孝义一带到达马牧村归总部建制的。

我们路过太原时，败阵的晋绥军惶惶不可终日，汉奸特务却在城里猖獗活动，国民党达官贵人在搬家逃难，街上的电线横七竖八，房子的门窗玻璃碎裂不堪，满街烂纸破布，商店门户紧闭，工厂汽笛长声嘶鸣，出城防空的老百姓扶老携幼、呼儿唤女……一片灾难景象惨不忍睹。给人以光明和希望的，是牺盟会和决死队的大字标语："反对仓皇失措退却逃跑！"战地总动员委员会张贴的动员3000万民众保卫山西的告示。还有刚从延安到太原的西北战地服务团，正在街头、学校演出，他们的救亡戏剧与歌声，给人们以极大的宽慰和鼓舞！一批批平津和东北流亡学生在集结，在奔走呼号："誓死保卫华北！""誓死保卫山西！"使人觉得这个城市还有斗志和活力。

9月，一二〇师路过太原时，王震同志抓得紧，请求北方局帮助动员青年学生、知识分子到部队工作。消息一传开，有不少人跑到八路军驻晋办事处填表申请，王震亲自和他们谈话，于是一下子接纳了40多名男女知识分子入伍。贺龙同志见了非常高兴，称赞"王胡子"办了件好事，给一二〇师增加了新生力量。他把一半留在了师部，让刘亚生、郭小川等20来个同志到了三五九旅。我们这次到太原，立刻贴出了随营学校的招生广告，指明愿学军事的可报考教导队，愿学政治的可报考学兵队。在八路军驻晋办事处，和孝义县城都设了报到站。

在太原集结的东北流亡者特别引人注目。他们有东北大学的，也有东北中学的，还有些东北军退职的军官。其中最著名和有影响的人物是张作相的儿子张廷枢将军。他是在卢沟桥事变后从天津到南京营救张学良将军未成，到武汉由东北救亡总会介绍到太原的。他们同东北学生合在一起有八九十人，在八路军连战皆胜的鼓舞下，殷切希望组成部队参加抗战。周恩来同志关心他们、支持他们，给他们讲过话，并指示总部帮助他们。我们在太原时，一批按党的指示由济南辗转来的平津学生已加入他们的行列。他们离开太原到达总部驻地附近后，朱、彭给他们讲过话，授予他们正式番号——第一游击纵队，还派组织部长周桓同志兼任纵队政治部主任。他们在太行山东麓的邢台一带发动群众，建立了一支2000多人的游击队。后来编入了一二九师三八五旅独立团；同时还收编了国民党东北军溃散部队500多人，第一游击纵队有了很大发展。高扬、顾卓新、吕东、关山复等同志曾是这支部队的骨干，也在这支部队受到了严峻的战斗洗礼①。

孝义县城西关有八路军兵站，我们到孝义后先住在那里，但天天到城里中阳楼下边的县牺盟会去，接待报考随营学校的人。青年学生们非常可爱，一被录取就毅然告别家乡父老投入艰苦的战斗生活。不久，孝义牺盟会的曹诚、平遥牺盟会的李文炯，分别组织了两支游击队。平遥县城被日军占领后，两支游击队合并为“八路军晋西游击支队”。邓小平同志考虑到统一战线关系，让他们改称“牺盟会晋西游击支队”。八路军政治部和随营学校派了些干部去加强工作，很快便发展到2000人，一一五师到达后，他们编成了游击第三团。

邓小平同志离开太原后，先在汾阳城西的栗家庄，不久转到三泉镇。他指示随营学校抢运、疏散兵站的粮食、布匹、棉花；布置各个地方工作团发动群众防止国民党撤退时的骚扰、抢劫。再后来，他和我们一起住在孝义县的下堡。

按照报呈总部的计划，邓小平同志以兑九峪、大麦郊一线为中心，全面负责领导开展孝义、平遥、介休、永和、石楼、蒲县、隰县、大宁

① 第一游击纵队后来在山西黎城被国民党顽固派的一个军包围，受到惨重损失。

等8个县的工作。其中因石楼、永和靠近陕西，距离孝义较远，那里的工作由黄镇同志主持。在上述8个县里，我们的地方工作团同当地牺盟会一起，发动群众参加抗战，在青年积极分子中进行党的教育，发展党员，建立或恢复党的组织。1936年红军东征时在这里培育的骨干，已随军过河西的这时也回来开展工作，更有力地扩大和加强了党的领导力量。当时，阎锡山有个口号叫“铲除坏官、坏绅、坏人”。我们抓住这个口号进行改造旧政权的工作，维护群众利益，调动群众的抗战积极性。到年底我们离开时，把发展的党员、建立的党组织全部交给地方党委。1938年2月，日军向晋西南发动进攻，介休、孝义等地被侵占，国民党军队纷纷逃向晋南和黄河西岸，吕梁山脉广大地区也成为敌后，被阎锡山阻隔在赵城、洪洞地区的一一五师得以进军吕梁山脉，先后在兑九峪、大麦郊、午城、井沟连战连捷，狠狠打击了敌人。到四五月，杨尚昆同志率“总政后梯队”即北方局，到达禅房头，领导成立了晋西南区党委，林枫同志任书记，毛泽东同志为区党委的报纸《五日时事》写了报头。晋西南根据地在党政军民共同努力下迅速发展起来，为壮大山西抗战力量，保卫陕甘宁边区河防的安全做出了贡献。

太原失守前夕，10月底，八路军政治部曾根据周恩来、刘少奇同志的意见，再次发出指示，要求各部队用高度的热情进行地方工作，创造抗日民主根据地，切实建立地方的党组织，为完成每个动员计划而斗争，并再次明确了各部队的工作区域。太原失守后，邓小平同志指出，一二〇师的工作团同程子华同志负责的战地总动员委员会的干部，在离汾公路一线开展工作，公路以南的地区由政治部、随营学校负责。这时：

——在恒山、五台山、燕山山脉，由聂荣臻同志领导建立的晋察冀军区，已胜利地粉碎了日军的“八路围攻”，打击了由平汉线西犯之敌，由正太线北犯之敌，使边区所辖的县扩展到30多个，部队发展到2万多人，开始了敌后第一块抗日民主根据地的建设。

——在管涔山脉，一二〇师的关向应同志，正率领师直机关和教导团700多人，分散在宁武、朔县以西各县开展工作，到翌年初，各县均建立了党组织，动员了1.1万青壮年参加游击队、自卫军，普遍建立了工、农、青、妇救国会等群众团体，部队由出征时的3个团8200人，扩大到6个团2.5万人，为建立晋西北乃至晋绥抗日民主根据地准备了条件。春天，全区部队英勇作战，粉碎了敌人的围攻，并先后围困岢岚、五寨、宁武，夜袭三井镇，追歼逃敌，连克7城，把敌人赶出了根据地。

——在太行山脉，一二九师由宋任穷同志率领3000多干部组成了若干个地方工作团，在晋中、晋东南和冀豫边界各县开展工作，同样取得了很大成绩。翌年3月，主力部队破袭了邯长公路，成功地进行了神头岭、响堂铺伏击战，粉碎了敌人的“九路围攻”，歼敌4000多，收复县城12座，根据地得到发展。随后成立晋冀豫军区，下辖5个军分区，一二九师参谋长倪志亮兼司令员，黄镇任政治委员。主力部队由出征时的3个团，发展到6个团另6个游击支队。

这样，在山西境内和晋察、晋冀、晋豫边界的几块根据地互为犄角，彼此支援，形成了四面包围着敌占城市和交通要道的广阔战场。这个战场犹如不可逾越的高山，挡住了日本帝国主义的战车，显示出中国共产党坚持全面的全民族抗战方针的强大威力！

我们回到总部不久，1938年1月，邓小平同志调任一二九师政委，我接任了他在八路军政治部的职务。继他走上太行山之后，2月，总部也开往太行山区。我们的队伍朝着太阳升起的东方前进，敌后战场也在向东发展，它对于中国人民的未来，如照亮东方的霞光。

王　震

至此，日军侵占我晋西北的7座县城全部收复，敌人企图扼杀我晋西北抗日根据地于摇篮中的阴谋被彻底粉碎。

- 1908年生，湖南浏阳人。
- 1927年，加入中国共产党。
- 1937年8月，任八路军一二〇师三五九旅副旅长、旅长兼政委。9月，率部赴晋西北抗日前线，配合忻口战役，切断敌人交通，有力地打击了敌军，参与创建晋西北抗日根据地。尔后，挥师挺进晋察冀边区，建立以恒山为依托的雁北抗日根据地。
- 1941年初，率三五九旅屯垦南泥湾，开展“大生产运动”。
- 1942年，兼任中共延安地委书记、延安军分区司令员、卫戍区司令员。
- 1944年，任八路军南下支队司令员，先后创建湘鄂赣游击根据地和湘中抗日根据地。
- 1955年，被授予上将军衔。
- 1993年3月12日，逝世于广州。

一二〇师与晋西北抗日根据地

王　震

在八年抗战的艰难岁月里，八路军第一二〇师广大指战员，在师军政委员会的统一领导和贺龙、关向应、萧克等领导同志的组织指挥下，坚决贯彻执行中共中央、中央军委的战略方针和政策、策略，坚持统一战线，紧紧依靠各阶层人民群众，英勇顽强地抗击日本侵略者，创建和发展晋西北抗日根据地，为中华民族的解放事业做出了巨大的贡献。一二〇师的战斗历程作为八路军历史的光辉一页，有必要加以回忆并记录下来。

这是一个大题目。我虽然参加过这场斗争，也是一二〇师军政委员会和晋西北军政委员会的领导成员之一，但是，当时在旅一级任职，其局限性是显然的，好在有大量的历史资料供参考。为了缅怀贺龙、关向应等长期在一二〇师和晋西北艰苦奋斗的许多老同志，特别是那些用鲜血和生命谱写这段历史的英烈们，我就以参加者和见证人的责任感来回溯这段可歌可泣的历史吧。

王　震

肩负民族希望　挺进敌后抗日

我们一二〇师同八路军各兄弟部队一起，诞生在山河破碎，民族危亡的关键时刻。根据中共中央军委1937年7月14日、8月25日的命令，一二〇师由原红二方面军第二、六军团和陕北红军的第二十七、二十八军，独立第一、二师，赤水警卫营及总部特务团一部编成。师长贺龙、副师长萧克、参谋长周士第、政训处主任关向应、副主任甘泗淇。下辖第三五八旅（旅长张宗逊、副旅长李井泉，辖第七一五、七一六团）和三五九旅（旅长陈伯钧、副旅长王震，辖第七一七、七一八团），以及教导团、特务营、骑兵营、炮兵营、工兵营、辎重营，全师共1.4万人。

为加强中国共产党对八路军的绝对领导，根据8月29日中共中央公布的决定和中央军委的指示，在前方军事委员会分会的直接领导下，各师成立了军政委员会，负责领导全师的军事、政治和党的工作。我们一二〇师的军政委员会，由贺龙、关向应、萧克、甘泗淇和我5人组成，贺龙同志为书记。10月，中共中央决定八路军恢复政治委员制度和政治机关制度，关向应为一二〇师政治委员，甘泗淇为政治部主任，我为三五九旅旅长兼政委。

在组织改编的同时，我们在干部中传达学习了洛川会议精神，使大家明确了中日战争是一场艰巨的持久战，八路军到华北抗战的基本任务是，创建根据地，钳制与消耗敌人，配合友军作战和保存与扩大自己；争取共产党在抗日战争中的领导权；执行独立自主的山地游击战的战略方针。这就为我们东渡抗日提供了重要的思想武器。

1937年9月3日，我们一二〇师主力（三五九旅陈伯钧旅长和七一八团以及师直属的5个营留在陕北，担任河防和保卫陕甘宁边区的任务）肩负党的重任和民族的希望，从陕西省富平地区出发，9月8日渡过黄河，13日到达山西省侯马，17日到达榆次。这时，正值日军三个师团沿平绥路东段分三路向南进攻，并于13、14日先后占领大同、广灵、蔚县，企图通过平型关、雁门关，直取太原。

在日军的猖狂进攻下，平绥路沿线国民党军纷纷向南撤退，战线已南移到察南和晋北。根据需要和可能，我们师及时进行了补充，三五九旅吸收一些散兵游勇，组成了新的七一八团。随即根据中央军委决定，全师北上，集结于太原以北之忻县（今忻州市）待命，准备转至晋西北管涔山地区作战，并向大同、绥远地区发展游击战争，创立敌后游击根据地。

此时，晋北的国民党军已退至雁门关、平型关一线。为配合友军固守平型关、雁门关及内长城各隘口，尽可能保住太原，争取华北局势之持久，八路军总部决定，一一五师主力向平型关急进，准备给进犯之敌以打击，我们一二〇师驰援雁门关。于是，师部率三五八旅于9月28日到达神池县地区集结。我们三五九旅开到五台地区活动。

当师主力到达神池地区时，大同之敌已相继占领左云、右玉、平鲁、朔县、阳方口和宁武等地；另一路逼近雁门关，晋北形势十分危急。师部立即命令三五八旅七一六团团长宋时轮同志率领该团第二营组成宋时轮支队（简称宋支队），星夜赶赴雁北地区开展敌后游击战争。宋支队于9月29日到达雁北，10月1日攻占平鲁县的井坪镇，4日收复平鲁县城。此时，由大同南犯之日军主力绕过雁门关，从应县茹越口突破长城防线，并先后攻占了繁峙、代县、崞县（今原平县崞阳镇）与原平地区。10月10日逼近忻口，准备攻夺忻口，直取太原。

忻口位于崞县与忻县之间，是晋北通向太原的门户，是保卫太原的最后一道防线。国民党军为保卫太原，在这里集结重兵，由卫立煌任前敌总指挥，组织忻口会战。

为配合忻口防御作战，阻止日军对太原的进攻，八路军总部命令我师主力在忻口、原平之线以西及崞县周围地区袭击敌之侧翼。同时，周恩来、任弼时等同志当面指示我，率三五九旅速回晋西北，参加保卫忻口的防御战。我旅去五台地区期间，在河北省平山县的王家庄打了一仗。随后又根据聂荣臻同志的指示，留下刘道生等300名干部战士，与周建屏等同志一起组成工作团，开赴平山、井陉地区，发动群众开展游击战争，后组成晋察冀第四分区。旅主力迅速返回晋西北。

10月10日，三五八旅逼近崞县城，12日攻占崞县以北的十里铺。14日，七一五团（团长王尚荣、政委朱辉照）袭占南北大常村，并攻入永兴村，击毁敌坦克及装甲车各一辆，毙伤敌100余人。宋支队于10日在南辛庄伏击敌汽车运输队，歼敌200余人，击毁汽车18辆，炸毁道路桥梁，截断了怀仁至朔县间的交通。在宁武地区活动的游击部队连续袭扰宁武，迫敌于13日夜突围逃走，我军收复宁武。

10月16日，三五八旅向忻口西北大牛店方向出击，以钳制敌军对忻口阵地的进攻。这时我三五九旅也由五台、平山地区到达忻口以西。根据师的命令，当即同三五八旅夹击大牛店之敌，歼敌一部，迟滞了敌人对忻口的进攻。随后，我三五九旅和三五八旅七一六团挺进至雁门关、崞县地区，截断敌军后方交通线，阻击敌之后续部队，进行了一系列的战斗。

10月18日，七一六团在团长贺炳炎、政委廖汉生指挥下，于雁门关以南之石墙沟设伏，歼敌一部，毁伤敌汽车20多辆，取得了我师首战雁门关的胜利。

10月23日，七一七团（团长刘转连、政委晏福生）在阳明堡西南之王董堡伏击敌运输汽车队，歼敌20余人。

10月24日，在忻口以西活动的七一五团，在北岗上村歼敌骑兵一个中队。

在这段时间内，我们一二〇师各部队先后收复了宁武、阳方口、平鲁、井坪等城镇，并三度占领雁门关，切断了南下进攻忻口之日军的后方主要运输线，给日军的援兵和补给等方面造成很大困难，大大削弱了日军的进攻力量。同时，参加忻口防御战的国民党军广大官兵也进行了坚决抵抗，使忻口防御战坚持了20余日。但是，由于日军沿正太路西进时，娘子关地区的国民党军激战不支而退，娘子关、平定、寿阳县等地相继失陷，忻口地区的国民党军也于11月2日弃守，于是11月8日日军占领太原。

11月12日，毛主席指出："在华北，以国民党为主体的正规战争已经结束，以共产党为主体的游击战争进入主要地位。"并说："共产党和八路军决心坚持华北的游击战争，用以捍卫全国，钳制日寇向中原和西北的进攻。"

根据党中央和毛主席的指示，八路军立即实施战略展开，分兵发动群众，创建抗日根据地。我们一二〇师以管涔山脉为依托，开始了创建晋西北抗日根据地的斗争。

晋西北根据地，位于同蒲路以西，平绥路以南，汾离公路以北，黄河以东的地区。1938年9月以后，又建立了大青山地区抗日游击根据地，与晋西北联结组成辽阔的晋绥抗日根据地。这块根据地的战略位置十分重要。它西凭黄河，屏障陕甘宁，拱卫延安，是党中央的前卫阵地；东襟汾河，虎视同蒲，隔同蒲路与晋察冀、晋冀鲁豫两边区相接，成为全国各解放区与陕甘宁边区和党中央联系的重要通道；北越平绥路，迄包头、百灵庙、陶林、武川一线，控制平绥路和长城要塞。全区丘陵起伏，土梁盘结，沟壑蜿蜒，道路四通八达；境内有吕梁山、大青山、管涔山、洪涛山、云中山、蛮汉山、黑茶山等山脉；有黄河、汾河、大黑河等河流。山河交错，既有利于建立根据地，又便于迂回歼敌。

为建设好这块根据地，在1937年9月下旬，贺龙、关向应、萧克等同志就商定，由关向应率师政治部大部和教导团700余人到岢岚县，组成工作团，于11月1日分赴晋西北各县，在“山西省牺牲救国同盟会”（简称“牺盟会”）和“第二战区民族革命战争战地总动员委员会”（简称战动总会）的配合下，开展群众工作，使地方政权工作和人民武装工作迅速展开。关向应同志并受中共中央北方局的委托，负责组成了以赵林同志为书记、罗贵波同志为副书记的晋西北区党委，统一领导晋西北及绥远地区党的工作。

11月，全师实行战略展开，分兵进行全面建设根据地的工作。除宋时轮支队继续在雁北地区开辟工作外，我们三五九旅在雁门关、崞县、忻县以西地区展开，三五八旅在忻县至太原以西、汾离公路以北地区展开，深入发动群众，宣传抗日救国十大纲领，提高人民的抗战热情，恢复和建立党的组织，建立抗日民主政权，组织游击队和抗战团体。至1938年1月，县以下的共产党组织均建立起来，普遍成立了群众性的工、农、青、妇、儿童等组织。同时，通过游击战，使人民武装得到了很大发展。到1937年底，晋西北14个县，游击队和脱产民兵发展到1.1万余人。一二〇师也由东渡时的8000余人发展到2.5万余人。两个旅各辖3个团，每团辖3个营。经几个月的艰苦奋斗，为创建晋西北抗日根据地奠定了基础。

收复七县城　巩固根据地

1938年2月，日军为保障其后方安全，集中日伪军1万余人，分路进犯我晋西北根据地。驻雁北的日军第二十六师团黑田旅团8000人分两路：一路为千田联队，由朔县出发，23日占领宁武、神池，然后又分两股，一股向西，于28日陷我黄河渡口保德县城，另一股向南占领五寨；一路为竹内联队，由井坪出发，26日占偏关，28日攻陷黄河东岸之河曲，国民党军何柱国[1]部节节败退，逃到黄河以西；另有伪蒙军李守信[2]部3000余人，24日占绥远之清水河，然后南下与偏关敌军会合。由太（原）汾（阳）公路向西进犯的一路敌军占汾阳、离石后，26日进至黄河东岸的军渡、碛口，并炮击黄河西岸我陕甘宁边区的河防阵地，有渡河进犯迹象。此时，一二〇师主力正在配合国民党第二战区拟反攻太原、石家庄，在同蒲路北段进行破击战。面对这风云骤变，敌情复杂的紧张局势，贺龙师长首先指挥部队脱离险境，转移至机动位置，然后观察分析敌人的意图。截至3月3日他看到：南面从军渡炮击我陕甘宁边区河防阵地的敌人，只是虚张声势，并无跨河作战迹象；北面敌人虽从保德渡过黄河，但只是为数不多的伪军，最多起一点骚扰作用；日军的真正主力是从雁北出动的第二十六师团黑田旅团，分路直扑我晋西北腹地，然后占领我五寨、岢岚县城。至此，敌人乘我后方空虚，已占我宁武、神池、河曲、偏关、保德、五寨、岢岚等7座县城。日军的明显企图在于围攻我晋西北根据地，压迫我军渡过黄河。

判明了敌情，师领导便下定决心，发起“收复七城战役”，打破日军的狂妄计划，为巩固晋西北抗日根据地而战斗。

战役开始前，为了具体执行抗日民族统一战线政策，争取阎锡山军队同我军一起并肩作战。贺师长先到驻在岚县东村镇的阎军第三十三军军部，商请军长郭宗汾出兵参战。郭露出一副可怜相拒绝说：“我这个烂军队，连自己手里的武器也保不住，怎么敢去同日军作战呢！”争取郭不成，贺师长、关政委又领着甘主任、续范亭和我，一同到静乐县阎军骑兵第一军军部开会，商请军长赵承绶出兵参战。赵承绶答应出一个炮兵连带两门山炮配合我军作战。当谈到战役指挥时，贺师长向赵承绶说：“你是军长，我是师长，当然应该你来总的指挥喽！”赵难为情地说：

① 何柱国，时任国民党军骑兵第二军军长。

② 李守信，时任伪蒙古军总司令。

“我这个屌军长的老底,你还不清楚？你当军长的时候我还是个小连长，我怎么能指挥你的队伍呢？”他俩互相推来推去。最后决定两人共同指挥，并叫我担任前线指挥。事实上阎锡山4个军驻在晋西北，而且这两个军就驻在我们师部附近，明明是来和我们搞“摩擦”的，想要他们在对日作战中起多大作用，本来就无可指望。但我们这样做，是真心实意地执行统一战线政策，而且拉上赵承绶向抗日方面走，在政治上也是很有意义的。

“收复七城战役”的决心已定，采取什么打法呢？3月6日，毛主席来电，指示我师应集中主力打击敌人一路，以打破敌人的进攻计划，巩固晋西北根据地。

贺龙师长运用毛主席的战略思想，坚持“基本的是游击战，但不放松有利条件下的运动战”，指挥我师和所有晋西北的抗日武装，首先分散到敌人侧后方，袭击据点，破坏交通，伏击和奇袭运动中的敌人，把闯入我根据地的敌人分割成许多小块，把日军对我根据地的分割包围，转变成为我军对日军的分割和围攻。然后选择敌人最突出于我根据地的一路，集中优势兵力进行猛烈攻击。

当时选择的第一个进攻点是岢岚县城。我率三五九旅两个团从同蒲路急行军，于3月7日赶到岢岚，把敌人紧紧地压缩在岢岚城内。

3月8日，我主持召开了旅作战会议。决定控制岚漪河，断绝城里的水源，使敌骑兵和马匹陷于绝境。然后我以围困袭扰的手段，压迫敌人撤出岢岚，在运动中把它消灭。同时，立即派部队堵塞了流向城里的叉渠，并把各部队的工事向前推进，以便袭击抢水的敌人。这样围了敌人三天三夜，每天都要打死一些敌人及其军马。

3月10日下午3时，敌人弃城向北逃窜。这条路是我们有意给他留下的。敌人一跑，我们立即变成“敌逃我追”的姿态，猛追不舍。惊慌的敌人，逃至岢岚与五寨之间的三井镇附近时，被三五八旅拦住去路，吓得缩进镇内，赶修工事，企图固守待援。当我三五九旅追到三井镇时，天已经黑了，只见镇内到处是火光，敌人正在架锅做饭，烤火取暖。这正是“敌疲我打”的好时机，也是发挥我军夜战近战特长的好时机。我下令强攻。疲惫不堪而又立足未稳的敌人，被我军勇猛骤然攻击，一下就乱了营。我们的战士一个个跃身冲入镇内，和敌人展开了逐街逐巷的肉搏战，杀得日军鬼哭狼嚎，死伤过半。最后剩下 300 余人，龟缩在镇北的几座坚固房子里，负隅顽抗。次日拂晓，我军继续勇猛冲杀。眼看歼灭战快要胜利了，不料赵承绶部的那两门炮，突然向三井镇盲目射击，妨碍了我们的最后攻击，敌人趁机突出重围，朝五寨方向逃去。此次战斗，共毙伤敌 300 余人，俘敌 28 人。

11 日，我三五九旅跟踪追击由三井镇逃跑之敌直到五寨城下。三井残敌会同五寨敌军共有 1000 余人，据城固守。怎样解决这部分敌人？我们仍然运用收复岢岚的经验，用少数部队围困和袭扰五寨城，把主力放在机动位置，待机打击来援之敌。果然，3 月 17 日下午，在义井镇附近的虎北村，我三五八旅和三五九旅主力拦住了由神池来增援五寨的敌人，激战 6 小时，歼敌 400 余人，其余狼狈溃逃，我跟踪至义井镇。这一仗不仅扩展了反攻战役的战果，而且大大震撼了被分割围困的敌人，吓得孤守在保德、河曲、偏关、五寨 4 县城的日军，于 20、21 日同时弃城逃窜，4 座县城遂被我军收复。当保德敌人会合三岔堡之敌向神池撤退时，在田家洼被我三五九旅截击后，窜往义井镇。3 月 22 日，敌乘夜向神池撤退，正碰上三五八旅在凤凰山下的伏击部队。他们向敌拦腰猛冲，歼敌 300 余人，其余敌人逃向神池。我们又追至神池城边。敌人不敢再据守县城，仓皇逃往朔县，神池也被我收复。

至此，日军侵占我晋西北的 7 座县城，只剩下宁武了。宁武县城处于宁武关口，是同蒲路北段的一个重要车站，也是大同至太原公路的一个咽喉要地。日军在城内留驻精兵 1500 余人，企图长期固守，以控制同蒲路。这时我军取得连克 6 城的战果，士气正旺，攻势正猛，岂能让敌人在我根据地里栽上这颗毒钉子！根据贺师长的命令，我们仍然采用围点打援的办法，以少数部队和游击队牢牢围住县城，以三五八旅、三五九旅主力分布在同蒲路东西两侧，形成“二虎拦路”的阵势，切断宁武至阳方口的交通要道，单等敌人就范。3 月 31 日，阳方口之敌步、骑兵共 600 多名，在飞机掩护下向南进犯，企图接应宁武之敌突围。当该敌进至石湖河与麻峪附近时，遭我三五八旅和三五九旅一部夹击，敌抢占有利地形顽抗。战斗一打响，宁武城内之敌以为援兵已到，乘机出城反扑，企图向我三五九旅侧后进攻。此时三五八旅七一五团主动出击，协同三五九旅夹击该敌，激战竟日，我歼敌 300 余名，敌千田联队长亦被击伤。黄昏时，宁武之敌退守城内，石湖河之敌回窜阳方口。困守宁武之敌看着死守不成，求援又无望，遂于 4 月 1 日晚弃城向北逃窜。我军展开猛烈攻击，沿途斩获颇多。残敌终于与阳方口敌人会合，一起逃往朔县，我当即收复宁武县城。

至此，日军侵占我晋西北的 7 座县城全部收复，敌人企图扼杀我晋西北抗日根据地于摇篮中的阴谋被彻底粉碎。整个战役共消灭敌 1500 余人，缴获山炮 1 门，汽车 14 辆，步机枪 200 多支（挺）。

收复 7 城战役的胜利，是贯彻党中央、毛主席关于开展游击战争，创建敌后抗日根据地的军事思想的光辉胜利，是坚决执行“基本的是游击战，但不放松有利条件下的运动战”，实行“独立自主的山地游击战”的方针，以及“集中主要力量，打破敌人一路”的原则所取得的丰硕成果。它标志着我们一二〇师由第二次国内革命战争时期的运动战向抗日游击战争的胜利转变。这次战役的胜利，扩大了我党我军的政治影响，鼓舞了广大群众的抗日斗志，提高了敌后军民战胜日本侵略者的坚强信心，对巩固与发展晋西北抗日根据地，具有决定性的意义。

利用战机大举袭敌　猛烈扩大根据地

1938 年春，日军在占领华北五省的重要城镇和交通要道之后，把战略进攻的主要方向指向中原，企图夺取徐州、武汉，迫使国民党投降，以达迅速结束侵华战争的目的。5 月 19 日，国民党军放弃徐州。日军打通了津浦线，随即调集主要兵力沿陇海路西进。

由于日军侵华战线延长，兵力不足的弱点日益暴露。毛主席于 5 月 26 日和 6 月 15 日先后指出：敌之主要进攻方向在武汉，对华北、西北均暂时无力顾及，给我们以放手发展游击战争的机会。目前为配合中原作战，为缩小华北敌之占领区，为发展并巩固华北根据地，都有大举袭敌之必要。5 月间，毛主席先后发表了《抗日游击战争的战略问题》与《论持久战》两篇杰出的军事著作，驳斥了党内外存在的轻视游击战争的战略作用，而把希望寄托于正规战争和依靠国民党军队作战的错误观点，再一次指明了抗日战争时期的战略方针和作战指导原则。

我们一二〇师根据毛主席的指示，当即向广大的敌占区实行战略展开，深入敌后开展游击战争，开辟与扩大抗日根据地。

在晋西北根据地内，以七一四团、警备第六团、独立一团、独立二团、独立第六支队等部组成新三五八旅（旅长彭绍辉、政委罗贵波，简称彭三五八旅），坚持晋西北的游击战争。

在晋西北的东北面，将三五八旅第七一六团、警备第六团、师骑兵营等部，先后开到朔县以北怀仁以西地区，与当地的第六支队配合，接替宋时轮支队，继续坚持雁北地区的斗争。

在晋西北东面，师组织了第二、三两个独立支队，在忻县、崞县地区开展斗争。

为使晋西北根据地向绥远方向发展，由李井泉、姚喆、武新宇等同志率领大青山支队，于1938年8月向绥远挺进，开辟了大青山游击根据地。

早在4月下旬，我们师就根据毛主席的指示，对平绥路沿线及其以北的武川、陶林、集宁、丰镇、兴和、张北、康保、商都等地区的情况做了调查并写了报告。5月14日，毛主席指示："在平绥路以北，沿大青山脉建立游击根据地，甚关重要。"7月下旬，师决定选派三五八旅七一五团，师骑兵营一连，战动总会领导的独立游击第四支队共2000多人，组成大青山支队，由五寨地区出发进到雁北之平鲁、左云、右玉、怀仁、大同长城内外发动群众，开展游击战争，并积极准备挺进大青山地区。8月下旬，该支队北进，于9月1日夜越过平绥路，2日胜利到达武川县的大滩、甘沟子等地区，稍后，与杨植霖同志领导的蒙汉抗日游击队会合。9月3日，该支队袭击陶林城，歼敌一部，10日夜又克乌兰花镇，全歼守敌。两次胜利，为开展群众工作创造了有利条件。20日夜主力进至武川、百灵庙以西地区，打开了绥西的局面。12月上旬，日伪军六七千人分三路向我军主力进行连续一周的围攻。我军在马场梁、大沟、德胜沟等地不断给敌打击。同时当地游击队也不断袭击武川、萨拉旗和百灵庙等据点，使围攻之敌被迫撤退。从9月上旬到12月底，历时3个多月，在大青山地区开辟了绥南、绥中、绥西3块游击根据地。

在巩固与发展晋西北根据地的同时，还根据中央和军委的部署，积极向晋察冀和北平地区发展。

根据中央和总部的指示，宋时轮支队于5月初由雁北地区出发，25日到达河北省宛平县（今北京市丰台区宛平镇）以西的杜家庄，与晋察冀军区的邓华支队合编为八路军第四纵队。随后，该纵队深入到冀东蓟县一带，开辟冀东抗日根据地。1938年底，该支队拨归晋察冀军区建制，为坚持晋察冀根据地而斗争。

根据中央军委的决定，由贺龙师长、关向应政委率领师直属队及三五八旅主力、独立第一支队等挺进冀中，执行巩固冀中，帮助第三纵队和扩大自己的三项任务。1938 年 12 月 22 日由岚县出发，于 1939 年 1 月 26 日到达河北省河间县城西北的惠伯口，与冀中军区会合。随即根据中央军委的指示和北方局的决定，一二〇师与冀中的党政军共同组成了“冀中区军政委员会”，以贺龙、关向应、周士第、甘泗淇、吕正操、程子华、王平、孙志远为委员，贺龙同志为书记，统一领导冀中区的党政军民工作。一二〇师在冀中的 8 个月中，同冀中军民一起，经历了第 3、4、5 次反围攻的斗争，进行了曹家庄、大曹村、邢家庄、黑马张庄、齐会等 116 次战斗，共歼敌 4900 余人。部队从冀中返回恒山地区整训时，又同晋察冀四分区部队一起，进行了陈庄战斗，5 天内歼敌 1000 余人，取得了保卫晋察冀边区的一次重大胜利。在冀中期间，还通过以老部队带新部队，派干部去三纵队帮助工作，以及整训等办法，帮助三纵队提高战斗力。经过 8 个月的战斗和扩军，一二〇师在冀中的部队，由开始进入时的 6300 余人，扩大为 2.1 万余人，圆满完成了中央军委赋予的三项任务。

1938 年 5 月下旬，我三五九旅奉命开赴恒山地区，在晋察冀军区指挥下，全旅在蔚县、广灵、浑源、灵丘地区开展游击战争，开辟桑干河两岸的抗日根据地。

当时，部队情绪很高，三个团的团长、政委都求战心切。

敌后游击战争的广泛开展，抗日根据地的不断扩大，严重威胁了敌人的后方。因此，日军在华北集中兵力 5 万余人，从 9 月 21 日开始，由平汉、正太、同蒲路沿线分 25 路向晋察冀边区北岳区大举围攻。敌军的主力从东、南、西三面向阜平地区进攻。北面则从蔚县、广灵、浑源地区分两路南下，企图打通蔚县至涞源，广灵至灵丘以及易县至代县的公路，以分割我根据地。

为粉碎敌人的围攻，聂荣臻同志主持召开了分区司令员、政委会议，讨论制定了统一的作战计划。我也参加了这次会议。晋察冀根据地的广大军民进行了充分的战斗准备。我三五九旅负责钳制北路及西路敌人的任务，不断以夜战、伏击打击敌人。

9月25日，北路由广灵出发的敌人步骑兵共4000余人，在飞机掩护下，分三路向灵丘进攻。我七一八团在团长陈宗尧、政委刘子奇率领下，在广灵、灵丘间的直峪、冯家弯、聂家沟、宴子村等地区，节节阻击该敌，经6昼夜激战，共毙伤敌800余人，缴山炮1门，我军也伤亡200余人。

10月5日，东路敌军进占阜平县城。晋察冀军区命令第七一七团进到阜平城郊，配合晋察冀军区第一、三分区主力，积极寻机打击敌人。经两夜一天激战，收复阜平县城，毙伤敌300余人，缴获汽车12辆及大批军用物资。

我军收复阜平县城后，日军北路总指挥官独立第二混成旅团长常冈宽治少将自蔚县抵广灵。我判断该敌必将去灵丘，即命令七一九团及七一七团第九连埋伏于灵丘以南10公里的张家湾、邵家庄地区。七一九团团长贺庆积、代理政委谭文邦率部迅速完成了设伏准备。同时，令七一八团埋伏于灵丘以北10公里的黄台寺、贾庄地区。28日上午，常冈宽治率日军300余人，乘汽车10多辆，由广灵出发，10时进入邵家庄以南我之伏击圈。经1小时激战，将敌大部歼灭。我缴获山炮1门，轻重机枪7挺，步枪50多支，烧毁汽车5辆。11时许，广灵敌四五百人乘汽车10余辆，在轰炸机掩护下赶来增援，行至张家湾，遭我七一九团三营阻击。我杀伤敌一部，完成阻击任务后，主动撤出战斗。同日，七一八团在黄台寺、贾庄地区，伏击了自灵丘北犯之敌，毙伤敌200余人，烧毁汽车5辆，缴步马枪30余支。邵家庄战斗使敌人受到一次严重的打击。我三五九旅受到晋察冀军区首长的嘉奖。

敌人遭我不断打击后，企图在我根据地内占领几个城镇扎下据点，留一部分兵力修筑工事固守，主力逐渐向平汉线调动，准备大举围攻我冀中区。晋察冀军区于11月2日指示各部，乘敌转移兵力之际，向敌发动反击。我三五九旅奉命配合晋察冀军区杨成武率领的第一支队，收复河北省涞源县和山西省灵丘县，并与平西挺进纵队连成一片，向北打开更大的局面。自11月上旬起，我三五九旅3个团分别集结于涞源、蔚县、广灵、灵丘之间的公路沿线，不断伏击向北调动之敌。

为了加强对敌反击的力量，贺龙师长令三五八旅张宗逊旅长率第七一四、七一六团，也于10月底进到五台以南寨里村、中庄村地区集结待机。

11月2日晚，驻五台县城之敌第一〇九师团第一三五联队蚋野大队700余人袭击我高洪口。三五八旅首长判断该敌孤军深入，到达高洪口后，可能在3日晚或4日晨返回五台县城，决定抓住战机，消灭该敌。旅部遂率七一六团于3日下午经过25公里的急行军，以预期遭遇的充分战斗准备，进到五台县城与高洪口间的滑石片两侧高地设伏。令七一四团以急行军赶到滑石片西北的南院村地区，准备打击五台县城可能来援之敌。七一六团进入阵地不久，敌人果然来了。经终夜激烈战斗，毙伤日军500余人，俘敌20余人，缴获大小炮6门，轻重机枪30挺，步枪300余支，电台1部，战马100匹及其他大批军用品。

我们两个旅在直接参加晋察冀边区粉碎敌人25路围攻的作战中，共歼日伪军3000余人。

1939年5月9日，日军第三、第九混成旅团各一部5000余人，由五台、繁峙、沙河镇、大营镇等地分四路出动，企图合击我驻阜平以西龙泉关地区的军区领导机关。聂荣臻同志把我叫去开会。他说，要趁敌人疲惫之际，彻底把它消灭。随即命令我七一七团向龙泉关方向转移，靠拢军区领导机关，阻击由五台、豆村向东出动之敌，令第二军分区四团及六大队向豆村、台怀方向游击，迟滞敌人的行动，由我旅部率七一八团等部打击大营镇的敌人。5月10日，由大营镇南进之敌1000余人，遭我旅连续打击，辗转于五台地区。我从军区开完会议，于5月12日赶到七一八团驻地青羊口。我们研究判断，日军经我连续打击，可能经上下细腰涧以南的楼房底向大营镇逃窜，遂决心在楼房底地区消灭该敌。当即命令七一八团三营与该敌保持不断接触，监视敌人的行动。14日晨，该敌大部到达下细腰涧，与我七一七团仅一山之隔。我七一七团迅速抢占山梁，阻击敌之去路。此时旅主力已从南面包围了敌人，攻占了下细腰涧附近高地，与七一七团形成南北夹击之势，将敌700余人压缩在山沟内。经七八次冲击后，于夜晚发起总攻，战斗至15日结束，毙伤敌500余人，俘敌10余人，缴92步兵炮2门，山炮3门，轻重机枪22挺，步马枪300余支。

我三五九旅在晋察冀军区首长的指挥和二分区部队的配合下，粉碎了敌人的四路围攻，并取得了上下细腰涧歼灭战的胜利。为表彰我们的灵活指挥和部队的良好战斗作风，晋察冀军区首长给予了通令嘉奖。

坚持反顽斗争　大力支援新军

一二〇师在晋西北坚持抗日游击战争，创立和发展根据地所以取得成功，是与师的领导和广大党员干部密切协同山西党组织，正确贯彻执行党的抗日民族统一战线的方针政策，大力支援新军分不开的。可以这样说，晋西北根据地是在党的统一领导下，实行武装斗争与统一战线紧密结合的产物。

统一战线在山西的特殊形式，主要表现在共产党领导下的八路军、新军同阎锡山及其旧军的又团结、又斗争上面。对于其抗日的一面，积极支持，而对于其妥协、投降、反动的一面，则本着“有理、有利、有节”和“人不犯我，我不犯人；人若犯我，我必犯人”的原则，进行坚决的斗争。周恩来、朱德、刘少奇、任弼时、彭德怀、邓小平、左权、杨尚昆、彭真等同志，都在这方面做了大量工作。具体到山西和晋西北，薄一波、续范亭等同志做出了重要贡献。

早在1936年10月，在中共中央北方局的领导下，便组成了以薄一波同志为书记的中共山西省公开工作委员会，在阎锡山允许的合法斗争中，积极在山西开展抗日救亡运动，发展进步力量。在接办和改组牺盟会的基础上，陆续成立了各种训练班和国民兵军官教导团、军士训练团等，积极培养与训练进步青年，为组建抗日武装进行准备工作。抗战一开始，阎锡山的晋绥军，有的吃败仗，溃不成军；有的闻风而逃，丧失了战斗力。雁北及绥远大部地区沦于敌手。阎锡山在惊魂未定，束手无策的情况下，接受了中共山西省公开工作委员会的建议，同意组建新军，并委托薄一波负责这一工作。于是从1937年8月1日起，先后在山西成立了“山西青年抗敌决死队”第一、二、三、四纵队和“山西工人武装自卫队”（即工卫旅）。其中决死队第四纵队和工卫旅长期活动在晋西北地区。

与此同时，1937年初，著名爱国将领，原西安绥靖公署驻甘行署参谋长、陆军新编第一军中将总参议续范亭，接受周恩来、南汉宸同志的建议，以杨虎城将军代表的身份回到山西，去做阎锡山的工作，推动山西的抗日救亡运动。周恩来同志主持起草了战动总会工作纲领，经阎锡山同意后，于9月在太原成立了战动总会，由续范亭任主任委员，我党派邓小平、彭雪枫、程子华、南汉宸等参加战动总会的领导工作。

太原沦陷前夕，战动总会辗转到达晋西北的中心岢岚，密切配合一二〇师和牺盟会的部分武装，共同建立晋西北抗日根据地。续范亭和在战动总会工作的共产党员，在一二〇师的帮助与支持下，在晋西北、晋中以及绥远、察南广大地区，放手发动群众参军参战，在短短一年时间里，便组建了10余个抗日游击支队，共1万余人。后改编为暂编第一师，由续范亭任师长，一直活动在晋西北地区。

牺盟会和战动总会，决死队和暂编一师，是国共两党合作抗日统一战线在山西的产物，它们在建制上属于阎锡山领导，称为“山西新军”，实际上是由共产党、八路军领导和指挥的。到1939年夏天，整个新军发展到5万多人，成为一支重要的抗日武装。一二〇师同晋西北区党委、战动总会和牺盟会，合作得是很好的，根据地建设的许多工作，都是通过战动总会这个统战组织去进行的。它在一些地区实际上起着政权的作用。在山西新军开展游击战争，组建游击队的过程中，得到了八路军主力部队的大力支持和帮助。八路军曾派一批军事干部到决死队工作。八路军总部和一二〇师曾向战动总会人民武装部派去红军时期的干部150多名。他们同当地的共产党员和优秀知识青年结合，成为这些游击队的骨干，为学习与继承八路军的建军路线和优良传统，建设一支新型的人民军队奠定了基础。

对于革命武装的迅速发展壮大，阎锡山非常畏惧，千方百计地进行阻挠、限制和破坏。因而共产党和八路军同他的斗争是不可避免的。

1939年3月下旬，阎锡山在陕西宜川的秋林镇召开晋绥军政民高级干部会议，目的是为了消灭山西的进步势力，以实现其对日军妥协投降的预谋。他提出一个把山西新军统一于旧军的“统一方案”，要取消新军番号，全部按照旧军体制改编；取消新军的政委制，直接由阎锡山指挥；同时还提出取消战动总会和控制农救会等各种群众组织。薄一波、续范亭等对阎锡山的妥协投降谬论和倒退行为，进行了坚决的批判和斗争。

1939年11月，国民党“六中全会”决定了以军事限共为主，政治限共为辅的反动政策，命令当地国民党顽固派军队进攻抗日军队。为此，阎锡山企图乘机掌握晋西南与晋西北两区，充当了国民党顽固派掀起的第一次反共高潮的急先锋。他一面派人与日军试行所谓“和平谈判”，一面委任国民党军第一军军长陈长捷为“剿叛”军总司令，并于29日部署驻在晋西南的6个军，准备向决死第二纵队及我一一五师晋西支队发动军事进攻。他对晋西北则一面指示赵承绶假意同我谈判，以为缓兵之计；一面命令赵承绶骑兵第一军与郭载阳的三十三军适时集结于兴县、临县地区，依城筑阵，囤积粮弹，监视晋西北新军及我八路军的动态，待解决决死第二纵队后，乘第十九军、六十一军由晋西南越离（石）军（渡）公路北进时，再合力消灭晋西北新军。

阎锡山的阴谋计划部署完毕后，于12月3日，首先在永和地区解决了决死第二纵队一九六旅旅部，并先后杀害隰县、蒲县、石楼、永和、洪洞、赵城等县政府和牺盟会的干部及我晋西支队隰县后方医院的伤病员数十人，制造了“十二月事变”。

山西旧军对新军的武装进攻，表明了山西顽固派对抗日的叛变。

面对这场严重的斗争，中央指示我们八路军在新旧军的武装冲突中以调解的方式出现，并严加警戒，以防意外；如果旧军敢于公开向我军进攻时，则联合新军予以消灭。总之，我党我军的中心任务就是通过对顽固派的坚决斗争，团结一切抗日力量，争取时局的好转，避免大规模内战的爆发。根据党中央的上述方针，晋西北各县广泛召开了反妥协投降的群众大会，揭露了顽固派投敌叛国，分裂统一战线的阴谋。各地群众纷纷要求阎锡山、赵承绶严惩制造摩擦分裂和叛国投敌的分子，给顽固派以极大威胁。

晋西北区党委为了防止叛军对决死第四纵队的进攻，将该纵队调到岚县地区，靠近一二〇师彭三五八旅旅部，进行清理内部，加紧巩固部队，并布置了应付突然事变的各项工作。在军事上决定集中优势兵力以运动战消灭叛军的方针，由新军各部及八路军代表组成最高指挥部，续范亭、雷任民分别担任军政总指挥。

面对国民党顽固派发动的第一次反共高潮，党中央、毛主席从维护统一战线的原则立场出发，积极地从多方面进行工作。当时我率三五九旅驻防陕甘宁边区的绥德地区，担任河防任务。为配合晋西北的斗争，毛主席把我叫到延安，当面交代我去做邓宝珊的工作，从而促成高双成、傅作义等国民党地方势力在“十二月事变”中保持中立。即使对顽固派，我们仍然实行“人不犯我，我不犯人；人若犯我，我必犯人”和“有理、有利、有节”的原则。当晋西北的武装冲突迫在眉睫时，12月23日，毛主席来电指示，阎锡山已令赵承绶向决死第四纵队进攻，晋西北的武装冲突势不可免，应立即准备作战。但是，武装冲突不应由新军先发动，而应当在赵承绶进攻时，新军占有利阵地，取防御姿态反攻而消灭之。

晋西北区党委根据毛主席的指示，抓紧赵承绶发动公开进攻之前的机会，一方面加紧调整军事部署，决定控制兴县，切断保德与临县叛军的联络；另一方面则推动新军加强与赵承绶的联络工作，并于12月25、26日，在兴县召开了统一战线座谈会。续范亭和彭三五八旅政治部主任刘惠农同志参加了会议。

这时，决死第二纵队与一一五师的晋西支队，在晋西南已与叛军苦战兼旬，击溃其两个旅，取得了很大的胜利。但是，由于弹药奇缺，而且地区狭小，无回旋余地，经中央同意后，决定向晋西北转移，以保存军事力量，配合晋西北新军给叛军以更大的打击，然后再收复晋西南。

12月底，中央军委电令彭绍辉、罗贵波同志率领所属部队，接应决死第二纵队与晋西支队继续北上；同时，命令贺龙、关向应同志率领的一二〇师主力由恒山地区星夜赶回晋西北，以便集中力量反击叛军的进攻。晋西北区党委根据中央的指示，召开了紧急军事会议，将所有部队分编为左右两纵队，对如何接应决死第二纵队和晋西支队北上，如何保障与陕甘宁边区的交通，如何消灭叛军与警戒日军等，作了具体部署，并决定成立“晋西北拥阎抗日讨逆军总指挥部”，以续范亭为总指挥。

1940年1月上中旬，我八路军和新军对叛军进行了一系列的反击战。

军委滕代远参谋长也到达指挥部，组织了晋西北行动委员会，统一指挥晋西北我军和决死第二纵队、晋西支队作战和处理军事行政问题。

1月10日，我指挥部乘晋西南叛军尚未北上的时机，决心集中兵力，消灭叛军赵承绶、郭载阳两军于临县地区。经我晋西北各部、决死二纵队、晋西支队和七一七团的连续打击，使临县地区的叛军处于弹尽粮绝的境地，陷于恐慌混乱之中。赵承绶为了保存实力再图反扑，遂于1月13日夜弃城逃窜，其主力越过离军公路向晋西南逃去。

1940年1月底，贺龙、关向应同志率师主力5个团，由晋察冀边区返回晋西北，统一指挥晋西北的八路军及新军。2月初，根据中央和毛主席的指示，集结师主力，晋西支队，决死二、四纵队共14个团的兵力，准备在阎锡山发动新的进攻时，相机反攻晋西南。同时派彭三五八旅主力以新军的名义及暂编一师的三十六团，肃清盘踞在河曲、保德、岢岚等地的叛军。叛军被我打击后全部逃过黄河以西。至此，晋西北地区的顽固派势力全部被我肃清。

“十二月事变”发生后，蒋介石进一步向山西扩张，阎锡山既对蒋介石顾虑重重，又自知武装解决新军已非力所能及，不得不接受我党主张，继续谈判，于4月初正式达成了停止武装冲突的协议，以汾阳经离石至军渡的公路为晋西南和晋西北的分界线，晋西南为旧军活动的区域，晋西北为八路军及新军活动的区域。从此，晋西北地区就成为完全由我党领导的抗日根据地。

加强全面建设　将晋西北化为巩固的抗日根据地

1940年初，晋西北结束了抗战以来两种政权、两种军队并存的局面。师主力回到晋西北后，大大地加强了抗日进步力量。同时也引起了日军对这一地区的更加重视，加紧准备大举进攻。而我根据地内部，由于阎锡山的长期盘剥与日军的烧杀抢掠，社会秩序混乱，军政经费和吃穿都非常困难。因此，加紧巩固与建设晋西北抗日根据地，已成为非常迫切的任务。

为此，党中央和毛主席一再来电指示，要求晋西北迅速完成政权改造，建立真正的抗日民主政权，并颁布具体的施政纲领，制定全区的财政经济计划；积极帮助新军巩固内部和提高战斗力。对统一战线中的策略问题，指示着重指出：牺盟会、新军与新政权，要在一定程度上表示尊重阎锡山的领导，拥护其进步的纲领、口号与命令，以利于争取阎锡山继续留在抗日阵营内部，避免其公开投降日本帝国主义。为了贯彻党中央和毛主席的指示，加强党的统一领导，团结一切抗日力量，建立晋西北抗日民主根据地，首先成立了晋西北军政委员会，以贺龙、关向应、甘泗淇、周士第、王震、萧克、林枫、赵林、张宗逊、李井泉、陈士榘、彭绍辉、罗贵波为委员，贺龙、关向应同志为正副书记，统一领导党政军各项工作。晋西北与晋西南两个区党委，合并组成晋西区党委，以林枫、赵林为正副书记，统一领导晋西南、晋西北与绥远地区党的工作。为了统一晋西北新军的领导，成立了晋西北新军总指挥部，以续范亭为司令员，罗贵波为政治委员。同时确定，新军在作战时受一二〇师统一指挥。随即又成立了统一战线性质的军政民联合委员会，以贺龙、关向应、甘泗淇、林枫、续范亭、牛荫冠、罗贵波 7 人组成常务委员会，以贺龙为主任委员。

2 月 1 日，由牺盟会和新军的领导人主持，在兴县召开了第一次行政会议，通过了晋西北抗日民主政府的施政纲领，并决定正式成立晋西北行政主任公署，作为新政权的领导机关，推举续范亭为行署主任，牛荫冠为副主任。各专员公署、县政府及部分区村政权，早在“十二月事变”中已被进步势力所掌握，随着行署的成立，各级政权在组织上工作上迅速建立与健全起来。

新政权成立之后，立即着手进行财政经济的恢复工作，确定“开源节流，自力更生”的财经工作方针，颁发了发展生产、改善民生、减租减息、公粮政策等进步法令。为保障我军的给养供应和迫切的战备需要，实行了钱、粮、鞋、兵的四大动员。我们一二〇师抽调 300 余名干部，组成了 19 个工作团，分赴各地参加根据地建设和扩兵工作。四大动员是按照合理负担的原则进行的，一般是动员地主老财出钱、出粮、出鞋，基本群众参军参战。由于四大动员符合广大群众的要求和战争的需要，所以在大部地区，迅速形成了献金、献粮、献鞋和参军的群众热潮，基本上完成了预定的任务，有力地支援了战争。

新的抗日民主政权成立后，为地方武装的建设创造了良好条件。晋西区党委于 3 月 9 日发出了《地方武装的两个月整军计划》，10 月又发出《关于群众武装工作的指示》。各地在我师派出的地方工作团的协助下，根据一面整顿一面大量发展的方针，积极整顿了地方武装与群众武装，至 5 月止，游击队共扩大到 3200 余人，枪 1000 余支。每个专区编一个独立营，共编为 5 个独立营，辖 32 个连。在各县、区的中心区和有党的基础的地区，建立模范自卫队；在敌占区和游击区，除建立脱离生产的游击队外，并建立不脱离生产的群众性的游击小组。同时，整顿自卫队员 7500 余人。行署并颁布了自卫队组织条例。

晋西区党委根据党中央 3 月 6 日《关于政权问题的指示》及毛主席 3 月 11 日在延安党的高级干部会议上所作的《目前抗日统一战线中的策略问题》的报告精神，于 5 月中召开了扩大干部会议，检查与总结了反顽斗争与根据地建设中在执行抗日民族统一战线政策上的经验教训，肯定了成绩，检查纠正了某些“左”的倾向，使抗日民族统一战线得以巩固和扩大。

2 月 10 日，党中央和中央军委发出了《关于战略方针的指示》，要求晋西北“将南起汾离公路，北至大青山脉之间的地区，化为巩固的根据地，以建立西北与华北的战略枢纽”。晋西北军政委员会根据上述指示，确定了晋西北我军的任务是：开展文水、交城、孝义、太原、阳曲、平遥的游击战争，与晋东南相呼应；发展绥远的游击战争，并加强地方工作，以切实掌握绥远。

2月26日，在临县窑头村召开了一二〇师和新军旅以上干部会议。会上根据晋西北的战略任务，对军事工作作了统一部署。

3月10日至19日，师召开了参谋会议，总结了1939年的整军经验，制定了1940年的整军计划。一二〇师经过四大动员及各部开展的扩军运动，以及部分地方武装升级，共补充主力部队1.2万余名新战士。经补充后，一二〇师驻晋绥部队共达3.94万余人。

4月，师召开了政治工作会议，总结了抗战以来全师的政治工作经验，决定进一步加强部队的政治工作，并颁发了《政治工作条例》。

新军的整顿工作，3月份即开始进行，以巩固与扩大党的组织，保证党对新军的领导，提高政治质量与战斗力，整顿组织与建立制度为中心，达到巩固新军的目的。为加强对新军整军工作的领导，八路军政治部考察团以晋西北新军总指挥部的名义，帮助新军整训，共派出5个工作队，分赴新军决死第二、第四纵队，工卫旅，暂编一师，总指挥部的特务团等部，具体帮助工作。经过整编，晋西北新军共编为7个大团和4个小团，大团辖3个营，每营辖3个连，小团直辖5个连。作战连队由40至50人增加到90人左右。以连为单位统一调整了武器，每连均有轻机枪五六挺。总计晋西北新军共有12092人，长短枪5500余支，轻机枪215挺，重机枪14挺，迫击炮6门。

在我们党的正确领导下，经过半年多的努力，各项建设工作都取得了明显的成绩，晋西北抗日民主根据地得到了进一步巩固。

一二〇师部队在整训期间，为了打退日军和顽军的进攻，还执行了频繁的作战任务。自2月下旬至3月下旬，我师部队共与日军进行了大小战斗 53 次，打退了敌人的袭扰与进攻。4 月中旬以后，晋西支队开赴山东，归还一一五师建制。我师留在冀中的第二、三、四、五支队也陆续返回晋西北，四支队随之开赴绥德，归还三五九旅建制。独二旅七一四团也返回晋西北。

经一系列战役准备之后，日军于 1940 年 6 月，以 2 万余兵力对我晋西北根据地进行了规模空前的大“扫荡”，企图寻求我军主力作战，一举摧毁我晋西北根据地。这次反“扫荡”战役，自 6 月 8 日起至 7 月 6 日止，我军主力与地方武装共与敌进行大小战斗 251 次，毙伤敌 4500 余人，俘日军 11 人，伪军 42 人，缴获各种枪支 700 余支，彻底粉碎了敌人妄图消灭我军主力的企图。

1940 年秋，我们一二〇师和晋西北各抗日武装，还根据总部的指示，同晋冀鲁豫和晋察冀兄弟部队一起参加了著名的百团大战。总计战役前两个阶段，我一二〇师和新军以及地方武装，共与敌进行大小战斗 200 余次，共消灭日伪军 2500 余名，破铁路 40 余公里，公路 270 余公里，缴炮 3 门，长短枪 100 余支及其他军用品一部。

百团大战后，为了适应新的斗争形势，迫切需要成立一个领导全区武装力量的军事领导机关，以便使武装建设、对敌斗争与根据地建设密切地结合起来，经中央军委批准，成立了晋西北军区，并于 1940 年 11 月 7 日，在兴县李家湾举行了晋西北军区成立典礼大会。

根据中央军委的决定，由一二〇师领导机关兼晋西北军区的领导机关，贺龙为司令员，关向应为政治委员，续范亭为副司令员，周士第为参谋长，甘泗淇为政治部主任。又依据行政区划、地理条件与作战需要划分为 6 个军分区。由各旅或纵队之领导机关兼军分区领导机关。晋西北军区所辖范围，北起大青山，南起汾离公路，东至同蒲路，西至黄河。总面积约 13 万平方公里，人口 250 余万。晋西北军区的成立，对加强这个地区人民武装的建设起了重大作用。

在晋西北军区成立前的10月间，为了加强对陕甘宁边区与敌后各根据地来往人员、物资、经费的护送任务，根据军委指示，成立了晋西北交通司令部，并由三五八旅和决死第二纵队各组织了相当于一个营的兵力的交通大队，担负护送任务。

从1940年冬至1942年，我们一二〇师部队和新军各部队，在中央和军委的关怀下，在晋西北军政委员会领导下，同晋西北人民一起，度过了极端困难时期。在日军的连续“扫荡”和残酷的“三光”政策之下，根据地的人力、物力、财力遭到了严重的破坏。从1941年春，日军又开始了对我根据地实行“治安强化”运动、“蚕食”政策和“扫荡”三者相结合的进攻，特别是“蚕食”政策对我危害最大，曾使我一时处于被动地位，根据地面积大大缩小，人口大大减少，使根据地处于极端困难的境地。在这个极端困难的阶段中，根据地的党政军民，坚决贯彻了党中央和毛主席提出的各项政策和指示，大力加强反“蚕食”斗争，逐步改变了军事上的不利形势；认真地执行了整顿三风[①]、精兵简政、统一领导、发展生产等一系列的重要政策，在思想上、政治上得到了提高与加强，物质方面也得到了改善，从而能使我们在极端困难的条件下，坚持了晋西北抗日根据地的斗争，最后把敌人挤出了根据地。

为了加强各抗日根据地的统一领导，党中央于1942年9月1日发出了《统一抗日根据地党的领导及调整各组织间关系的决定》，确定以中央代表机关（中央局、分局）及各级党委（区党委、地委）为各地区的最高领导机关，统一领导各地区党政军民的工作。为此，于10月正式成立了中共中央晋绥分局，根据中央政治局的决定，以关向应、贺龙、林枫、周士第、甘泗淇、王达成、龚逢春、赵林、吴亮平等9同志为分

① 整顿三风，指1942年中国共产党开展的以整顿学风、党风、文风为内容的整风运动。

局委员，关向应同志为书记，林枫同志为副书记。分局代表中央统一领导晋西北及绥远地区的党政军民工作，取消原来的晋西北军政委员会及晋西区党委。同时将晋西北军区改为晋绥军区，统一领导上述地区的军事工作。至此，晋绥根据地实现了党的一元化领导。在分局的统一领导下，晋绥根据地开始了恢复和发展的新阶段。

吕正操

入学时，老师给我起了个学名“正言”，我自己改为“正操”，意思就是操练好了打日本侵略军。

- 1904 年生，字必之，辽宁省海城县（今海城市）人。
- 1937 年 5 月，加入中国共产党。
- 1937 年 9—10 月，率东北军新编六九一团先后在华北地区永定河、半壁店、梅花镇与日军激战，击毙击伤日军近千人。
- 1937 年 10 月 14 日，所率六九一团脱离东北军，改编为人民自卫军，自任司令员，接受中国共产党的领导。
- 1938 年 5 月，根据晋察冀军区命令，人民自卫军与河北游击军等冀中抗日军队统一整编为八路军第三纵队，成立冀中军区，任冀中军区司令员兼八路军第三纵队司令员，领导冀中军民开展抗日游击战争，多次挫败日军“围攻”和“扫荡”。
- 1940 年秋，根据八路军总部指示，率冀中部队参加了著名的百团大战。组织部队发动一系列破袭战。
- 1943 年 11 月，调任晋绥军区司令员。
- 1955 年，被授予上将军衔。
- 2009 年 10 月 20 日，逝世于北京。

一个历史的转折

吕正操

保卫永定河

1937年，七七事变发生，日本终于发动了全面的侵华战争。中国开始全面抗战，中国的历史进入了一个非常的时期，却也是一个重大的转折时期。在中国共产党的领导下，广泛深入地发动人民群众，掀起了抗战的怒潮。八路军在敌后创建根据地，开展游击战争，更是一场战争的奇观，是世界战争史上的真正的人民战争。经过八年浴血奋战，终于赢得了这场战争的胜利。

抗日战争爆发，对于六九一团全体官兵的命运，也是一个决定性的转折。

七七事变发生后，关于开战后六九一团的行动问题，我们又派李晓初到北方局去请示。李晓初精明强干，虽然到六九一团工作刚半年时间，却已经做了大量的工作。为在六九一团发展党的组织，发展群众抗日运动，做出了显著成绩。尤其是为六九一团留在敌后开展抗日游击战争，在组织上和思想上打下了可靠的基础。他这次去北平，又圆满地完成了任务。回到石家庄，他和我交谈后，又原原本本地向党组织传达了北方局的指示：国民党军队肯定会很快溃退，你们就留在敌后找地方党，开展抗日游击战争。

这期间，六九一团内党的组织发展很快，特别是我带去的一个营起了很大作用。这时团长、营长，连、排主要干部差不多都是党员或“东抗”队员，党的组织已经基本上掌握了这支队伍。我们遵照北方局指示坚决行动，7月中旬从石家庄出发时，在火车上就提出了“向敌后退却，北上抗日”的口号，经过党员和“东抗”组织分头进行思想动员。由胡乃超和杨鼎昌等负责，成立了抗日俱乐部，创办了抗日旬刊，作为全团政治思想指导和抗日宣传活动中心。

六九一团能够留在敌后又在冀中根据地坚持下来，首要的条件是冀中广大人民对革命斗争的支持和鼓舞。冀中人杰地灵，物华天宝。这里是燕赵之地，自古多慷慨悲歌之士。冀中人口众多，物产丰富，文化较高，靠近平、津、保，交通发达，人民开通。这里有悠久的革命传统。清朝末年，这一带曾经活跃过义和团的组织。中日甲午战争后，随着民族危机的日益加重，义和团将斗争的矛头指向了帝国主义侵略者。他们那种英勇顽强、宁死不屈的斗争精神，成为鼓舞后代子孙继续奋斗的巨大力量。孙中山领导的辛亥革命，也曾在这片土地上，燃起过熊熊的烈火。辛亥北方革命协会，为配合南方的斗争，在任丘举行起义，动摇了清王朝的专制政权，进一步坚定了人民打倒封建统治，建立共和民主制度的信念。五四运动在这里更有着深远的影响。高阳县布里村办起的中国第一所留法勤工俭学技工学校，保定育德中学开办的勤工俭学预备班，很多人远涉重洋到法国以及德国、比利时等国家深造，归国后成为一代著名革命家，为国为民做出了卓越贡献。

中国共产党诞生以后，在这一带广大的农村及周围的城市，产生了极大的政治影响。在农村，工作基础尤为深厚。保属特委工作的突出成绩，即是在1932年7月发生的二师学潮，和在9月发生的高蠡暴动，以及博野、藁无、定县等地的农民武装斗争。虽然斗争都未能取得胜利，特委及在各地的党组织也遭到破坏，但却在保定古城，在冀中平原上，广泛地播下了革命的火种。1936 年保属牛氏三杰顽强抵抗高阳、任丘、安新三县保安团的包围袭击，壮烈牺牲的事迹，更成为鼓舞平原人民前进的精神力量。

1937 年 7 月上旬，为了适应将要出现的全面抗战形势，中共中央和北方局决定，以保属特委为基础，成立中共平汉线省委，领导平汉线北部铁路两侧党的工作，准备发动抗日游击战争。平原各县，积极恢复党的组织，积蓄斗争力量，同时领导全体党员，在广大农民、青年知识分子和青少年学生中进行国难教育，启发群众爱国抗日的思想觉悟，宣传党的抗日主张，组织各种抗日救国会，以实际行动支援战争。地方党组织，领导群众揭竿而起，广泛发动群众，组织抗日武装，如定县的抗日义勇军八支队、无极的五支队。保属特委孟庆山、侯玉田等组织起了群众抗日武装，还搞了游击战术训练班。抗战爆发以后，冀中是发动群众开展游击战争最早的地区之一，有着深厚的群众基础。

当我们随着五十三军离开石家庄，开赴冀中前线，准备和日本打仗时，便亲眼看到冀中人民抗战的积极热情。那时候，我们还没有和冀中党接上头。群众是谁打日本就拥护谁。我记得五十三军开到任丘东北大苟各庄，后到永定河曹家务，当地群众帮助部队挖战壕，把自己家的门板扛出来支援抗战，送水送饭。可是国民党军队，也包括五十三军，他们虽然和敌寇几次接触，却是一触即溃。国民党的县党部、县长，也席卷南逃。这时冀中人民思念共产党，寄希望于共产党，决心跟着共产党抗日。这是创建冀中抗日根据地的先决条件。

部队离开石家庄以后，先开到任丘一带设防；过了一段时间，于 8 月底，又开到安次、永清附近永定河设防。这时，五十三军副军长黄显声和张学思等同来前线视察慰问。因我团有党的组织，抗日救亡运动活跃，师长周福成总是有意把我们派到艰险地方，企图借敌人力量削弱我团。他把我团布置在永定河一个三面受敌的突出地带，我们沿河设防，团部设在曹家务，担任永定河右岸的防守，在那里与敌人隔河对峙。当时敌特汉奸到处活动，我们的军、师、团部在哪里，他们都知道得一清二楚。敌人于9月15日正午12时许，进攻我阵地——左右孟各庄至小良庄，开始炮击我左翼。六九二团阵地失守，我左翼第三营第九连在单线防御配备薄弱的情况下，坚守阵地，受到敌人炮火压迫和包围。第三营营长刘裕勤给我打来紧急电话："敌人冲过河了，怎么办？"我说："死守阵地！我就来。"我骑马立即赶到，到了那里，营长刘裕勤、副营长王德平、连长王宽民，还有一个姓李的排长，这4个人都是党员，在阵地上光荣牺牲。但阵地守住了，敌人从六九一团和六九二团接合部突破防线。此时以六九二团的第五连及士兵一排，增援孟各庄，终因飞机的威胁，以及时机的失掉，未能奏效。六九二团溃散，该团一营长被旅长丛兆麟的亲信就地枪决，以推卸罪责。丛兆麟本人又来到六九一团团部找我，想趁机加罪，恰我在前线阵地，没碰上，他捞不到什么，就急急忙忙跟随大队溃退了。

敌人突破防线后，毫无顾忌地长驱直入。永定河滩是一色的沙地，沙地上长着密密麻麻的细柳，与此相连的庄稼地，种的是高粱和葵花。当时我们团部的人员都分散在高粱地里，没有受到损失。

入夜后，我团在原地休息。这天是阴历八月十一，快到中秋节了，月亮升起得早，当太阳刚刚落下去，它就挂在东南天空中。一场战斗刚刚过去，一切都显得很安静，这很自然地勾起了官兵们的思乡情绪。每逢佳节倍思亲，不少人在心里怀念着沦亡的乡土，思念着不知流落何方的亲人。大家的心情都很沉重，为不能保卫国土而焦急忧虑。

到18日晚上，我们就整队沿河堤往南撤退了。

激战梅花镇

南撤途中，李晓初和我们商议，如何具体地贯彻执行北方局让我们留在敌后开展游击战争的指示。路过任丘时，他留下来找地方党，决定找到关系就立即通知部队回师北上。任丘是保属特委活动的中心区，牛氏三杰的家乡。李晓初在北方局做党的组织工作，曾和地方党组织有过联系，了解这里的情况。可是，因为部队连续转移，任丘分手后，我再也没有得到李晓初的消息。

永定河战斗后，我们曾作过一次战斗检讨。争论结果，从士兵到官长，一致感到不能单纯防御，久守必败，要求打运动战和进攻战，认为只有这样，才能主动地打击和消灭敌人。但军长、师长一味撤退，没有人组织战斗。我们从任丘又转到饶阳城北渡口，过了沱河，才赶上了五十三军大部队，继续南撤。

六九一团作为东北军的一个团队，绝大部分官兵都是东北人。不断南撤，每个官兵都清楚，这分明意味着离开家乡越来越远。他们不知道，怎样才能返回家乡，甚至也不知道，今后是不是还能回到家乡，能不能再见亲人。

南撤，南撤！究竟撤到哪里才算一站呢？在撤退途中，士兵们纷纷议论起来：

“堂堂几尺高的男子汉，要劲，满身是；要枪，手里有，眼看着日本鬼子横行霸道，不让去打，真是活受罪！”

“妈拉巴子的，蒋介石跟秦桧一样，把咱东北送给鬼子还嫌不够，又要送华北了！”

“他呀，就会坑害咱们杂牌军。每月发那么六角钱，够喝西北风的！

再看看这穿戴，简直像个叫花子。这窝囊气我可受够了。”

“有朝一日，老子不干了。你蒋介石不抗日，中国自有人领着咱们抗日哩！”

听到士兵们的这种呼声，我感到很高兴。他们要寻找抗日救国的道路，寻找共产党的领导。这说明，几年来党的工作在这支部队里生根发芽了。

一天夜晚，我正在屋里看地图，沙克来找我。我也没问他找我有什么事，就先对他说：

“你看，这样跑下去就要过黄河了。我们不能只顾跟着他们逃跑，应该另想办法。”

我的话正合沙克的来意，他便立即接过话茬儿，说士兵们也有这个要求，问我怎么办好。我说，我们和上级党失掉了联系，目前，应先抓紧“东抗”，团结群众。一面做好留在敌后打游击的准备，一面寻找党的关系。沙克表示同意我的意见，便去找各连的“东抗”负责人开展工作。

我团官兵忍着眼泪，让大片的国土在脚下丢失。蒋介石作为削弱异己的一种手段是，让嫡系先撤，杂牌殿后。而我们团又奉命掩护五十三军，更是处于一种最危险的位置。万福麟做梦也没有想到，这种安排，又偏巧为六九一团脱离五十三军提供了方便条件。

10 月 9 日，在束鹿东南耿庄村，接到师的命令，要我团开往藁城南四德村、梅花镇一带，掩护五十三军的左侧，与六十七军取得联络。于是，我团即按行军序列，向指定地点急进。

10 月 10 日下午，我团先头部队，将进抵半壁店时，突然发现敌人骑兵，约五六十名。敌人的骑兵也发现了我们的队伍，并有占领村庄的企图。我先头的尖兵连长非常果断，即令尖兵排以极快的速度，跑步抢占村庄，其余两部由村之两端取包围形势，进攻敌骑。发生激战约一小时，敌人的骑兵难于支持，便向沧石路狼狈逃窜。这次战斗，毙敌少尉队长

1名，士兵八九名，战马八九匹，伤敌10余名，缴获马枪2支，战刀4把，钢盔4顶，洋马鞍5盘，还有不少其他的军用品。综合这次战斗所得战绩，对敌人的战斗，以迅速的处置，向敌进攻，官兵士气非常旺盛。我们部队毫无损伤，因此全体指挥员和战斗员更相信运动战和进攻战，是战胜日寇的重要战术，要求打运动战、反对死守的呼声更高了。

半壁店袭击敌骑，这是从七七事变以来的第二次对日作战，是一次小战斗。这次战斗结束以后，我们继续向师指定的地点急速前进。当晚，我团第一营进入梅花镇，第三营进入四德村。梅花镇是一个土围子，方圆有四里，土围子高丈余，很坚固。一营进镇以后，即将四门堵塞，第一连防守镇的东面和北面；第二连防守西面和南面。重机关枪和迫击炮都有相当的配备。

这天夜里10点多钟，约有一营兵力的敌人，由藁城向南推进，其先头部队，与我西关步哨发生战斗。其后续部队渐次到达，拂晓前即向镇西北角猛烈攻击。我守城部队与敌发生激烈战斗。敌攻城部队因伤亡过重，遂向我左翼包围，终因我以猛烈炮火压制，未能得逞。我炮兵瞄准发射，将敌人密集部队歼灭二三百名。经过激战，敌被我大部歼灭。梅花镇的群众，对我团热情支援，争先慰劳。次日敌人援军陆续增加，将我一营团团包围，但始终没有突破一营的防守，全团官兵誓与阵地共存亡。这时，五十三军已经跑得很远了。师长周福成和旅长丛兆麟分别打来电报，叫我们丢下一营不管，带三营追他们。我坚决不同意，便派三营七连，在团属重迫击炮掩护下，冲破围攻东门的敌军阵地，接应一营突围。时已近黄昏，连长李弗畏受伤。

这次战斗，敌人伤亡七八百名，我军阵亡一名连长、一名班长，战士20余名。这次我军守城的指战员，因在半壁店得到小的胜利，鼓舞了杀敌勇气，提高了战斗情绪，加之党员积极分子深知守住阵地才能早日回师北上，故能在敌军强攻下，英勇顽强，激战竟日。这是从七七事变以来，第三次胜利的战斗。

第一营突围后，部队靠拢在一起。这时，沙克找我来了。我正在战壕里，手里拿着两份电报，观察战场上的情况变化，炮弹就在附近爆炸。沙克走近我说："一营突围出来了！"我说："军长万福麟跑远了，把我们丢给了敌人。"沙克皱着眉头，一时没有说话。过了一会儿，我说："这正是机会，就此脱离他们，北上找党，打游击去！"

当晚8点钟，在四德村集合部队。我把赵承金、吕云起、王树章、李英武、沙克、于权伸、王光文等营、连长召集在一间大房子里，商议今后行动。我说："我团的处境大家清楚。今天师长和旅长都来了电报，让我们丢下一营去赶他们。各位请想一想，一营是我们患难与共的弟兄，难道我们能丢下他们不管吗？"我说到这里，把电报放在桌子上给大家看。

大家一听说师长和旅长要丢弃一营，都非常气愤，异口同声地说："他们太狠毒了，再不能跟着他们跑下去！"特别是一营的军官，更是火冒三丈，一个个连声叫骂。一些参加"东抗"的连长更是摩拳擦掌，争先恐后地站起来，激昂地说：

"再不能跟他们往南逃跑了，应该趁机北上抗日！

我们服从团长指挥，请下命令吧！"

"对，团长说怎么办，就怎么办！"

……

敌人攻打梅花镇的枪炮声还在响着，我看着大家火热的情绪，充满信心地说："现在主力跑远了，如果我们要去追赶他们，一路上困难重重，而且有被敌人包围的危险。依我之见，摆脱当前之敌，到晋县东北地区去。至于以后如何行动，我们到那里再商量。"

经过分析形势，大家都同意立即回师北上，认为我们对这一带以北地区熟悉，地方党的关系也比较好找，不能再往南去。我们便在地图上选定北去晋县小樵镇，想在那里进行休整。那时有一个摇摆中的团副还当场算了一卦，说什么“运在东北行”，以掩盖自己内心的矛盾。

大家相继散去之后，几个党员留下来又在一起研究，决定通过“东抗”发动和掌握群众，准备到小樵镇后再召开有士兵代表参加的会议，讨论北上打游击的行动计划。部队于9点准时出发，当夜开往晋县的小樵镇。

梅花镇战斗，为我团留在敌后抗战，创造了条件。敌人正当侵华开始，装备精良，气焰嚣张，群众鉴于国民党军队撤退，在思想上存有恐惧心理。敌人在梅花镇所受当头一棒，是在河北省遭受的首次惨重打击，打破了“皇军不可战胜”的神话。这也使当地人民看到，日本侵略者是可以打败的，中国军队也是能打的。从而大长了中国人民抗日的志气，煞了侵略者的威风。

但是敌人对梅花镇的群众，却进行了惨绝人寰的报复。10月11日傍晚，当我团第一营撤离梅花镇时，乔排长曾带领16名战士，端着机枪在城墙上来回跑着阻击敌人，掩护军民从东门撤出，并且大声喊话：“日本鬼子进村要杀人的，乡亲们快逃命吧！”但人们这时还不能体会到敌人的残暴，也有没听见的，大部分居民没动，只有一部分群众和给我团抬担架的人，随着部队撤了出来。

10月12日清晨，5000多敌兵包围了梅花镇。成群的敌人从镇西南翻过城墙，扑向镇内，到处杀人。一些青壮年被敌人抓起来，绑在一起，再一批批拉出去残杀。最大的杀人场是在镳铲把水坑。12日下午，几百名敌人端着刺刀，站在水坑周围，并且架上机枪，还有飞机在上空盘旋。敌人用刺刀和棍棒，驱赶被绑着的群众往水坑里跳，立时就有许多人被淹死。敌人又用机枪扫射，血水溢出坑外，顺道沟流到大街上。在这里遇难的600多名群众，仅有八人逃出。鲁仓成一家，就有六口人，他的姥姥、母亲、妻和三个孩子，都惨遭敌人杀害。这一天，他是在天快黑时，被人押到镳铲把水坑，他看到水坑里已有许多乡亲被残杀，满坑的水都被血染红了。鲁仓成不会浮水，一跳进水坑就喝了许多血污水，迷迷糊糊地昏了过去。后来被坑里的人挤到了西北角，他就躺在成堆的尸体里边，只露着个脸，光听到枪响和人们的喊叫。等到天黑，他清醒了过来，这才想到逃跑。他爬出水坑，身子贴着地皮，往北跑去，一直跑到北城墙，爬上去，又溜下寨沟，跑到外村亲戚家。

另一农民张满仓，被押到辘轳把水坑时，看到敌人正用刺刀和棍棒逼着人们往水坑里跳，还不停地用机枪扫射，很多人被打死，冒出一圈圈血水。张满仓是单独绑着一条绳子，没和别人连着，一下水他就往西慢慢潜游，憋得他在水底下喝了好几口血污水。等到实在憋不住了，他就露出一点头来，吸一口气，又赶紧潜下去。游远了，他才半闭半睁着眼睛，仰浮在水面上。他的头夹在一个尸体的大腿中间。敌人的子弹击中他旁边一个人的头，脑浆和血水溅了他一脸。天黑以后，敌人聚集在水坑南边烤火，他才从北边慢慢爬出，穿房过院，翻越城墙，脱离险境。

10月12日这一天，敌人把从各户抓来的妇女，强拉到一家粉坊大院。其中有11名孕妇，被敌人剖腹，并将掏出的胎儿吊在楼上打靶。另外100多名妇女被赶到一家染坊大院，受到敌人的奸污和残害。还有100多名男人，被赶到地主尚家长工大院，一天一夜，不让吃一口饭，也不让喝一口水。13日，全部被枪杀和挑死，尸体扔到院内的两个大菜窖和一个大粪坑里。

13日这天，200多名妇女儿童，被绑到南门外城墙根下。敌人追问六九一团去向，没有一个人吭声。于是，敌人便拉出四个不满十岁的女孩，把她们劈成两半。继续逼问，还是问不出一句话来。敌人气急败坏，把200多名妇女和小孩，全部枪杀了。

同一天，敌人又将200多名青壮年绑到东门外空地，毒刑拷打后，一批批用刺刀挑死。马胜福、马喜福等11人，被敌人用铁丝穿透胳膊，打得死去活来。他们怒骂不止，最后身上被敌人倒上汽油，推入火堆，活活烧死。樊金保等63人，被绑到东门外碱水坑旁，先挖掉眼睛，再剁掉四肢，然后砍下脑袋，扔进坑内。张里等62人，拿起棍棒，想冲出去，结果失败，落入敌手，被捆绑起来，打得腰折腿断，然后推进打坯坑内，填土活埋。

东门外有一口大眼井，14日下午，45名青壮年被绑到井旁，敌人举着战刀，强逼他们跪下。人们宁死不跪，敌人恼羞成怒，将45人全部砍死，头被挂到树上，尸体扔进井里。后来，梅花镇人称这口井为“血井”。像这样的“血井”，梅花镇共有13眼。

也是在14日这天，张玉振等6人被敌人毒打，头破血流，浑身血污。这天晚饭后，几个敌人拉着他们6个人往东门外走，只见街上横七竖八躺着许多尸体，两边树上还挂着好些人头。他们几个一边走，一边骂，也不管敌人听懂听不懂，只管骂：“狗娘养的，迟早有算账的一天！”出东门不远，敌人用刺刀把前边的一个人挑了，剩下的几个，有的挣断了绳索，和敌人拼了起来。敌人端着刺刀，发了疯似的冲张玉振他们乱刺，他们挨个倒了下来。张玉振觉得自己背上被扎了几刀，后来就不省人事了。后半夜，他才苏醒过来，因为没办法解开捆绑自己的绳子，就用嘴叼开拴连着别人的绳头，拖拉着一条绳子，爬到外村亲戚家。等到解开绳子，这才发觉，他的左手大拇指被敌人砍掉了半截，他的身上，还有十几处刀伤。

面对敌人的暴行，梅花镇群众拼死反抗。张二白被敌人抓捕后押上大街，一边走着，押解的敌人还一边用棍子抽打他。张二白猛一回身，从敌人手中夺过棍棒，手起棒落，一个敌人的脑袋开了花。张二白继续抡动棍棒，左劈右打，前后几个敌人都被他打倒在地。这时，有个端枪的敌人冲过来，张二白猛扑上去，不幸中弹牺牲。50多岁的阎洛聪，看到一批批乡亲被杀害，便高喊起来，号召大家和敌人拼命。敌人向他扑去，他顺手从地上抄起一块砖头，砸瞎了一个敌人的眼睛，疼得那个敌人嗷嗷直叫。敌人割掉了阎洛聪的舌头，他怒目而视，运足力气，喷了敌人一脸血。敌人又砍掉了阎洛聪的双脚和双臂，还一刀一刀剐他身上的肉。阎洛聪虽然被残杀，但他那英雄的形象，却是光照日月，就连在场的敌人，也都惊得目瞪口呆。

敌人在梅花镇连续烧杀四天三夜，直到10月15日中午才撤走。在此之前，梅花镇共有550户人家，2500人，街道宽阔，房屋整齐，商业繁华，镇上常年驻有平、津、保、石等城市经营棉粮的商人，成为藁城、赵县、栾城一带棉粮集散的中心。敌人的烧杀抢掠，几乎把这个镇子毁掉。全镇被敌人杀死1547人，有46户被杀绝，烧毁房屋、店铺600余间。另外，还有到梅花镇来的外地人，打短工的、做小买卖的、讨饭的等等，也被杀死400多人。全国解放后，这里建有“梅花惨案纪念馆”，并被列为河北省重点保护的历史遗迹。1985年，河北省政府又决定重建纪念馆，以纪念伟大的抗日战争和人民所遭受的惨案。

梅花镇战斗，以及敌人随后疯狂报复制造的血腥惨案，燃起了梅花镇人民熊熊的抗日烈火，增强了对敌斗争的信心。不久，马玉堂就在这一带组织起一支抗日武装。

马玉堂是藁城县东刘村人。1926年考入县立师范，秘密加入共产党，后在藁城县委、直中特委从事党的工作。1933年10月，因叛徒告密被捕，押送到北平军人反省院。1937年3月获释出狱，党组织派他到六九一团做兵运工作。梅花镇战斗后，六九一团到晋县小樵镇改编为人民自卫军，马玉堂主动要求回到家乡一带开展抗日工作。他利用人熟地熟的条件，串联地下党员，恢复党的组织，宣传党的抗日救国纲领，并且很快就组织起一支100多人的抗日游击队，正式定名为抗日义勇军。不久，与翟晋阶组织的无极人民自卫团合编为晋察冀抗日义勇军第二路第五支队，马玉堂任支队长。以后，马玉堂调任一二九师东进纵队独立支队司令员、冀南军区四分区司令员等职务。1942年1月，他去延安学习，通过平汉路封锁线时，不幸牺牲。

梅花镇未遭敌人残杀幸存的青年，纷纷走上抗日前线。他们怀着民族的深仇大恨，在抗日战场上英勇杀敌，有的献出了自己的宝贵生命。

小樵改编

撤离梅花镇后，我们从赵县四德村出发，在夜色朦胧中悄悄地越过敌人控制的沧石路，向晋县东北的小樵镇前进。

小樵镇，当地习惯把它叫“小里小”，实际上是一个很大的村镇，一两千户人家，有一些店铺，也还富裕。但由于兵荒马乱，街面冷落了。镇子的四周筑有围墙，经过几个月南北转战的军队，能在这里休整几天，大家都感到很高兴。

我们在小樵镇休息了三天，对外严密封锁消息，只准进人，不准出人。我们连夜召开了党的会议，讨论部队整编和北上行动计划。并在一所小学校的大教室里，召开了有士兵代表参加的官兵代表会议。每个连选两个代表，最先到的代表，多数是“东抗”队员。

人们陆续走进一间明亮的课堂，怀着激动、肃穆的心情，屏着气息，静静地等待会议开始。当人到齐以后，我走到大家面前，根据党的指示精神，主持会议。我说：“今天不是普通的会议，而是商讨决定我们大家的前途命运。近来时局变化很快，还不到半个月，日本侵略军就占领了华北大片土地，可是中央军还是一味撤退。如果我们继续跟着跑下去，不但打不了日本，而且还有断送部队的危险。我们每一个爱国军人，都负有保卫国土，收复失地的责任。”接着，我讲了九一八事变以后东北军的悲惨遭遇，和我在西安看到红军的情形，大家都聚精会神地听着。我最后说：“五十三军既然把我们甩下，不要我们了，形势已经不允许我们有任何别的选择，面前只有一条路：回师北上，像红军那样，到敌后打游击去。不知大家的意见怎么样？”

我的讲话，像是在干柴上加了一把烈火。这时，只见一个“东抗”队员站起来说：“国民党不抗日，跟着它干什么？大家想想，在任丘大清河，在永清永定河，挖了两次工事，结果怎么样，撤下来了。在梅花镇这一仗，也还是消灭杂牌军的圈套，想起牺牲的那些弟兄，真寒心！”

他刚讲完，坐在角落里的一个连长说：“回师北上，我看值得三思。敌众我寡，岂能站得住脚？再说，脱离主力，吃穿又从哪里来？”

军械长霍地站起来，驳斥说：“只要不糟蹋百姓，狠狠地打鬼子，老百姓绝不会让我们饿肚子。”

另一个连长出来插话：“我看还是慎重为宜，万不可草率从事。北上打游击，请问咱们哪个打过游击？”

又一个连长站起来，紧握着拳头高声喊：“这话不对！我们有不少人在西安训练班向红军学过游击战术，也不能算完全外行。我代表全连士兵拥护北上！”

这时，有人四下观望，有人低头吸烟，也有人急得直跺脚。一直没有发言的士兵代表，听有人反对北上，争先恐后地开了口：

“天天唱打回老家去，往南跑干什么？”

“宁愿北走一千，不愿南下一竿！”

“愿当亡国奴的让他们自己走，我们要北上！”

“对呀，让他们自己跟着国民党的屁股跑吧！”许多人同声喊着这句话。

人们叫喊着，挥动着手臂，围着反对北上的军官质问，激昂慷慨，可以鲜明地感觉到，回师北上抗日的气势，就像一股洪流，是不可阻挡的。主张南下的人坐在一角，低着头，吸着烟，脸上一红一白。眼看着大局已定，我便趁热打铁，站起来宣布：“根据大家的意见，全团立即回师北上！”我的话音刚落，会场上掌声雷动，群情沸腾。我挥挥手，让大家静一静，说：“从今天起，我们脱离东北军，成为抗日的革命队伍了！”

又是一阵掌声、欢呼声。

接着，讨论改变部队名称，大家一致建议要坚决甩掉五十三军的番号。当时多数人希望改称红军，但因还未和地方党、老红军接上关系，就主张另起一个名称。经过民主讨论，一共提出各种名称二三十个，大家主张不受地域限制，自然也包含着“打回老家去”的意愿。最后，决定改称人民自卫军。又讨论戴什么臂章，大家认为应区别于国民党旧军队，要有鲜明的革命标志。讨论的结果是采用长方形臂章，白底，蓝边，上面为人民自卫军五个蓝字，中间是一颗红星。并约法三章，严明纪律，不准扰民，发动群众抗战，官兵平等。代表回去传达到全体官兵，即刻掀起一股回师北上的热潮。

决定北上的消息传开后，全团官兵莫不欢欣鼓舞。因为臂章一时还不能制作出来，士兵们就找来一些红布、红线，缝在挎包或碗套上，队伍里出现了大小不同的红星，以区别于国民党军队。群众见了，开始是不解，后来是争相簇拥，伸起大拇指赞扬地说：“干得对！”小樵镇呈现出一片欢腾景象。

当时部队有两个营，即第一营和第三营。第二营在井陉看守五十三军弹药库，一直没有归队。还有四个直属连，一个通信队。改编成三个总队，一总队赵承金，二总队于权伸，三总队沙克。选拔优秀党员和进步分子担任各级领导职务，准备北上后再补充兵员。从此公开在中国共产党的领导下，走上独立自主，开展抗日游击战争的道路。

关于小樵改编，为什么不叫起义了？当时，在我们部队里，三营有党的组织，而且着重发展干部入党，这个营是很有把握的。其他单位也有党员，他们原是黄显声的部队，着重在士兵中发展党，也有少数党员军官。我们能胜利地完成改编，正是由于一个营有党员干部可以完全掌握，另外一个营也有党员和“东抗”队员带头响应党的号召，团部有些非党员，都要求抗日，又有点旧军官的服从性，听上级的话。改编时，虽然也有个别人有疑虑，但还是随大流走过来了。广大群众，则是坚决拥护跟共产党北上抗日的主张。

我们完成改编后，立刻与五十三军断绝了电台联系，毁掉了密码。这时，万福麟通过十八集团军，又经过晋察冀军区聂荣臻司令员给我打电报，让我把部队带回到洛阳。来电说，已和一二九师刘伯承师长说好，保护我团过铁路到洛阳。我通过十八集团军总部回电说，沿途日军很多，回不去，谁保护也不行。实际上我也不知道途中有没有日军。以后，万福麟和程潜又下令，委任我为一战区游击第一支队司令。当时，我们没理他这个茬。但以后反摩擦打张荫梧时，这个“支队司令”的头衔用来对付国民党顽固派还有点用处，那时冀中部队已改编为八路军第三纵队了。

以上说明，国民党五十三军是一直妄想把这支部队拉回去。当然，这是不可能的了。

改编为人民自卫军后，胡乃超曾作《人民自卫军军歌》，套用《莱茵河军队战歌》即《马赛曲》，未及斟酌，没有定稿就传唱开来。歌词虽没有文字记录，至今有人还能记起，可见是及时唱出了人们的心声，才给人留下这样深刻的印象。歌词是：

神圣的自卫战争，
是民族最后生路。
大家向前！
倭奴逞强权夺我东北，
更无厌蹈进长城关，
寇已深，国将亡，家已破，
我们要起来，
誓收复旧河山！

遵守党的铁纪律，
团结成救亡血战线，
统一意志冲破一切艰难。
为争生存而战！
为复失土而战！
勇敢！前进！到东北去！
这是人民自卫军！

胡乃超，吉林省德惠县人，是从东北流亡到北平的学生。他受党的派遣，到东北军六四七团及六九一团，以士兵身份为掩护，做党的秘密工作。成立三纵队时他任团长，后来随南进支队留在冀鲁豫工作。1942年五一反“扫荡”，冀中领导机关转战到冀鲁豫时我和他又曾见过一面，时任冀鲁豫军区第四军分区参谋长。我们转到太行后，得知他在一次战斗中英勇牺牲的消息。这里录下《人民自卫军军歌》，借以表示对胡乃超同志的深切怀念，并纪念人民自卫军的诞生。

六九一团每一个官兵，此后无不始终牢记改编为人民自卫军的这个日期：1937 年 10 月 14 日，阴历丁丑年九月十一。因为，从这一天起，我们的团队走向了新生，每一个人也都走向了新生，我们和自己的团队一起，走向党，走向人民，走向民族解放的伟大事业。整整五十年了，六九一团还幸存人世的 100 余名老战士，年纪最小的亦逾古稀，谁都牢牢地记得那一天，甚至清楚地记得那一天无比欢腾的情景。那是一个秋夜，天空是那样晴朗，月光是那样明亮，大家踏着皎洁的月光，走上抗日的征途。

自然，在当时，对这支团队的未来命运，无论是我们自己，还是别人，都还不能做出具体的描述和准确的预测，但它的现实影响和历史作用，却立即鲜明地显现出来。被蒋介石软禁起来的张学良，就曾让他的弟弟张学思转告我：这条路走对了。这其中也含蕴着张将军壮志未酬的心愿，更是对自己的部属表示的欣慰和鼓舞。

在冀中开展抗日游击战争的岁月里，六九一团官兵，几乎都担任了团级以上的军事指挥干部。

六九一团改编为人民自卫军，北上抗日的决定，并非是一次偶然的行动，而是历史发展的必然结果。我们紧紧抓住了这一时机，采取了果断的措施。这无论从当时，还是从事后来看，都是非常适宜的。当时，日本华北方面军，包括第六师团、第十四师团、第二十师团的一部，于10月上旬攻陷石家庄后，当即沿平汉线向南追击，10月中旬占领邯郸，随后进抵漳河一线；另外第十师团、第十六师团、第一〇九师团的一部，沿津浦线和子牙河两岸向西南追击，其主力于10月中旬进抵石家庄东南约60公里的宁晋，其后即与二十师团一部并列向南追击。平汉线国民党第二战区部队，自9月24日保定陷落，则已基本形成溃退局面，当正定、滹沱河一线失守后更是溃不成军，向南逃去。基于这种形势，如果六九一团北上稍晚，势必陷入日军重围。如果提前决定北上，又难于摆脱五十三军，而且对六九一团全体官兵的动员，也不易迅速为绝大多数人所理解和接受，更难形成步调一致的行动。

六九一团留在冀中，首先这是北方局的指示，我们坚决执行。再说，这也是经过慎重考虑的重大决定。就在当时，对于未来我们是充满信心的。

杨得志

有一点我们是有充分准备的，那就是为了祖国的独立与自由，为了中国人民起码的荣誉和尊严，或者用一句极普通的话，为了不当亡国奴，我们将不惜献出自己的一切，把日本侵略者赶出中国大地！

- 1911 年生，原名杨敬堂。湖南醴陵人。
- 1928 年，加入中国共产党。
- 1937 年 8 月，任八路军一一五师六八五团团长，后率部参加平型关战斗。
- 1938 年，任第三四四旅副旅长和代理旅长，率部进入吕梁山区，开展抗日游击战争。
- 1939 年春，任冀鲁豫支队司令员，开展游击战争，壮大抗日武装，创建冀鲁豫抗日根据地。
- 1940 年，任八路军第二纵队司令员、冀鲁豫军区司令员。
- 1944 年 4 月，任陕甘宁晋绥联防军教导第一旅旅长，担负守卫黄河和保卫延安与党中央的任务。
- 1955 年，被授予上将军衔。
- 1994 年 10 月 25 日，逝世于北京。

出师大捷

——回忆平型关之战

杨得志

1937年卢沟桥事变发生后，日本侵略军分数路大举南下，进逼山西。全国各族人民，为了抗日救国、挽救民族危亡，掀起了抗日热潮。

这个时候，中国工农红军改编为国民革命军第八路军，开赴华北抗日前线。当时，我正在“抗大”夜以继日努力学习。为了抗日，我们提前结业了。我被聂荣臻同志要到一一五师三四三旅六八五团任团长。

我离开“抗大”去一一五师师部见聂荣臻同志。他看到我头一句话就是：“嗬！我们‘窑洞大学’的毕业生回来啦，好，来得正好！你看！”他指着桌子上一厚叠用五颜六色纸张写成的东西，抑制不住内心的兴奋说，“全是战士们要求上前线的决心书噢！现在可以说是刀出鞘、弹上膛，盘马弯弓射大雕。部队情绪好得很呀！”

“我们的具体任务呢？”我问。

聂副师长说：“要你到六八五团有两个原因：一是这个团是你原来工作过的师改编的；二是这个团是全师的先头部队。现在部队已经到了黄河西岸韩城、合阳之间的芝川镇。我们的任务是过黄河进入山西。如今山西以及整个华北吃紧得很呐！”

聂副师长简要地向我讲述了华北的形势。他说：北平、天津失陷后，日军沿平绥、平汉、津浦三条铁路线大举进犯。已经侵占了南口、张家口、大同、涿县、保定、沧州等地，矛头直指归绥、包头、石家庄、太原、济南等地。进入山西的日军已由大同到了广灵。周恩来和彭德怀等同志曾和阎锡山面谈，鼓励他抗日。日军进了山西，阎锡山当然紧张。但是要打仗，要抗日，我们还是要有“以我为主”的思想，既要拉着阎锡山，又不能完全依靠他。

聂副师长的谈话虽然简要，但总的形势、敌我态势和我们的任务、基本方针已经交代得十分清楚了。特别是我们那个团已经到了黄河岸边的芝川镇，我必须尽快赶上部队。谁知走出师部碰到了原红一团改编的独立团的几位老战友。他们听说我要去六八五团，都动员我到独立团去工作，说：“这是老红一团嘛，你为什么不回来？”

我那时年轻，转身就去找聂副师长，说：“我还是去独立团当副团长，六八五团的团长让别人去干吧。”

“为什么？”聂副师长耐心地听完我的理由，然后严肃地说：“你去六八五团是命令。命令下达了就要执行。形势这样紧张，部队在等你，你马上去六八五团！”

我火速出发，日夜兼程赶到芝川镇时，部队已经渡过了黄河，一直赶到山西侯马才见到了陈正湘、肖远久和邓华等同志。

9月下旬，朱德、彭德怀、任弼时、左权、邓小平等同志率八路军总指挥部进驻五台山区的南茹村，直接指挥我们作战。这时，日军分兵向太原方向推进：一路由大同进攻雁门关，南下直取太原；一路由蔚县、广灵西扑平型关，目的也是夺取太原。这后一路来势极凶，已经攻到离平型关不远的灵丘。灵丘一失，必将兵围平型关。两关一旦失陷，太原必然难保。把守边关的蒋阎20万军队惶惶不可终日，直退至“两关”一线。

我党以民族利益为重，决定援助他们作战。朱总指挥和彭副总指挥号召八路军全体指战员以“与华北共存亡”的决心，兵分两路迎战日军，一路由贺龙、关向应同志率领一二〇师，驰援雁门关；另一路就是我们师，从侯马乘阎锡山派出的接兵车，沿同蒲路日夜向平型关急进，迎击进犯之敌。

侯马在晋西南，平型关在晋东北。也就是说，从侯马到平型关几乎要穿越整个山西南北，大家坐着闷罐车长驱不停，但仍感速度太慢。当时秋雨连绵，狭窄的车厢里人很拥挤，闷热潮湿，空气污浊，再加上不停地颠簸，不少同志忍不住呕吐起来。大家为了驱散这旅途的困扰，便讲笑话，唱抗日歌曲，情绪相当活跃。

最使我们感动的是，车过洪洞、临汾、霍县、介休等车站时，成千上万的群众，携带着慰问品，在风雨中迎送我们。

“热烈欢迎抗日的八路军将士上前线！”

“打倒日本帝国主义！”

“用鲜血保卫我们的每寸土地！”

“中华民族万岁！”

“抗战胜利万岁！”

此起彼伏的口号声，冲破风帐雨幕，震撼着祖国的大地！

指战员们受到了极大的鼓舞和深深的教育。民族的需要，人民的希望，自己的重任，一切的一切都摆在了眼前！那些在列车开动中一闪而过的人影，深深地留在了我们的记忆中。有的战士开玩笑说：“谁说洪洞县里无好人？胡扯，好人多得很嘛！”

好人当然是多得很，但是我们在沿途也看到一些令人气愤的现象——大批溃逃的国民党官员，置人民群众生死于不顾，带着搜刮来的财物，你拥我挤，仓仓皇皇地爬上南去的列车。群众骂他们是民族败类。我们的战士气愤地说：“要不是‘联合’了，非毙了他们不可！”

杨得志

我在介休车站接到通知，要我在车到太原后进城去师长林彪处接受任务（当时林彪住在太原阎锡山的一个招待所里）。午夜，车到太原站，我便带着两个警卫员往太原城内赶去。在城门外我见到许多穿着破衣烂衫的群众聚在风雨中，一打问，原来他们是从大同、广灵、蔚县、灵丘一带逃难出来的。然而，城门紧闭，不许他们入内，只好忍饥挨冻，盼着天明，再想法子。我的警卫员向门卫说明了情况，我们才进了城。

由于不认识路，我们只好雇了人力（黄包）车。这种一人坐一人拉的车我是第一次也是最后一次坐。看着骨瘦如柴的人力车夫在风雨中拉着我，心里真不是滋味。他听说我是八路军，高兴地说："先生，拉你们我欢喜！你们不来我们就要当亡国奴了！"

车到招待所门口，我们先后下了车。可是两个门卫硬是不让我们进。车夫急了，高声喊道："他们是八路军，打鬼子的，你们咋不让进？"门卫不但不理，反而举起枪托要打车夫。我和警卫员一边拦阻一边说明情况，特别是警卫员告诉他俩我是团长，他们才不发横了。警卫员拿出钱给人力车夫，那车夫怎么也不肯收。他说："你们来山西帮我们打鬼子，我再要钱，还有良心吗！"还是我把钱硬塞到他手里，说："这不是给你的车费。就算我请你吃顿饭的钱吧。"他这才收下，眼巴巴地望着我们进了招待所。

林彪见了我，问了一下部队的情况，交代我要加快北上的速度，把部队开到平型关一线。

赶回太原车站，天刚亮。风停了，雨也住了。我们又乘火车急速前进。谁知列车离开太原才三四十公里，日本飞机就来轰炸我们了。敌机扫射把列车车厢穿了不少洞，我们有多位同志负了重伤。动员他们下车转后方医院休养，他们怎么也不听。有个战士甚至哭着对我喊："团长，还没见着鬼子的面你让我有什么脸回后方？不！我不走！死也要死在前线上。"时间紧，任务急，我只得命令他们留在后方。其实，我当时心里也很矛盾：这样的好战士，我舍不得离开他们，但又必须离开他们。

列车继续奔驰着。傍晚，进入原平车站时，由于前边的铁路被炸毁，无法通行了。这里离平型关大约还有100多公里，为了抢时间，我们奉命改乘汽车前进。这时，全团上下只有一个信念，就是天塌地陷，也要及早赶到平型关！

担负输送任务的是国民党军队的一个汽车团。这个团全是美式装备，连卡车也都一律带帆布篷子。条件虽不错，但考虑到前面道路险要，又是夜间行车，而且随时会有敌情，我不禁对这个汽车团能不能安全、迅速地把我们送到目的地感到担心。部队上车前，我和陈正湘、肖远久、邓华等同志分别向营、连干部交代，一定要做好司机的工作，防止发生意外。

我正要上车，一个司机走到我面前说："首长，这一带全是山路，颠得厉害，您到驾驶室里坐吧。"

听他叫"首长"，我感到很奇怪——国民党士兵对上级从来是称职务或"长官"的，这个司机却非常自然地用了我军上下级之间的称呼，不知为什么。我说："你的驾驶室里还有副手哩，我坐后边可以。"

"不，不。"那司机急忙解释说，"副手已经到另一辆车上去了。您来坐吧，不会出事的。"这后一句话显然是怕我对他不放心。

我看这司机近40岁的样子，长得粗壮结实，比较纯朴，没有老兵油子的味道。汽车开动后，我问他："你是哪里人呀？"

"河南。"

我看他的车开得很稳，便说："是个老把式了吧？"

他打着方向盘，叹了口气，说："摆弄这个'圆圈圈'13年了。"

"到过不少地方吧？"我又问。

"怎么说呢？"他燃上一支烟，猛吸了两口，没头没尾地说，"你们到过的地方，我也到过一些。"他见我不解，惨然一笑，"最后一次'围剿’你们，我就开车到了江西，后来，你们长征——我们长官说叫‘西窜’——我又开车跟过你们，不久前才调到山西来的。我开车，没打过仗，可见过你们。我曾想跑到你们那里去，可又一想：共产党没有汽车，我又不会打仗，去送死呀？你想，我被抓来当兵，家里上有爹娘，下有老婆孩子，我死了他们咋活？现在，我虽然活着，但也不知道他们还喘不喘气哩！这回好了，共产党和国民党不打仗了，大家一块儿打日本鬼子，打完日本鬼子我就可以回家了。我不是当着您说好听的，要真的正儿八经打鬼子，还得靠你们呀！要是我跟着你们，让鬼子打死了，那也不屈。中国人嘛，还能让个小东洋欺负着！”

黑夜里我看不见这司机的表情，但他朴素、真诚的语言使我感动。他当了多年国民党的兵，对国民党的本质认识不清这是难免的，但他仍有一颗爱国之心应该说这是可贵的。我由他想到了接触过的东北军、西北军的普通官兵，庆阳县的县、镇长们，特别是从侯马到太原一路上见到的人民群众。是呀！偌大的一个中国，拥有4.5亿同胞的伟大民族，只要真正团结起来，日本侵略军还够打的吗！当然，我也想到了党中央和毛主席确定的，建立广泛的民族统一战线，共同抗日的政策和策略是何等的英明和正确啊！

天明，我们到达了离平型关不远的大营。在从大营转赴平型关外东南边的冉寨、上寨地域的途中，我们遇到了从灵丘败退下来的国民党官兵。他们只顾向平型关内溃逃。有些逃兵竟跑到我们的驻地来抢老百姓的东西。我问他们中的一个老兵：

“你们为什么不在前方打日本？”

那个老兵魂不附体似的说：“日本人太厉害了，太厉害了！”

“你们打上了吗？”我又问。

“没有。”那老兵摇晃着脑袋，“连鬼子的影儿还没见着，上头就命令我们撤了。”

真是可耻、可悲、可气！

日军侵华精锐部队板垣师团占领灵丘不几天，便向平型关扑来。

平型关位于山西东北部古长城上，自古以来是晋、冀两省的重要隘口。关内关外，群山峥嵘，重峦叠嶂，沟谷深邃，阴森幽静。关前有一条公路，蜿蜒其间，一直通向灵丘、涞源，地势煞是险要。这是板垣师团二十一旅团侵占平型关的必经之路。从关前至东河南镇之间的公路北侧山高坡陡，极难攀登，路南侧山低坡缓，易于出击。上级决定，我们六八五团和六八六、六八七等三个团，埋伏在南侧一线。

为了赶到伏击地域，我们连夜从上寨出发。当时大雨如注，狂风不止，加上天黑路滑，行动十分困难。全团上下衣服被淋得透湿不说，几乎都成了“泥人”。深秋，山区的夜晚已是很冷，指战员一个个冻得直打哆嗦。

拂晓时分，我们终于到达了目的地——李庄，我把一营刘正营长、二营曾国华营长、三营梁兴初营长叫到一起，在大雨中指着前面的公路说：

“这就是我们的攻击地段。板垣的二十一旅团要进平型关必须通过这条路，这里居高临下，地形好得很呀！”我又指着东面说，“从这里往东是六八六团，再往东是六八七团。”

我们团的三个营都是有着光荣历史的部队。一营是朱老总从南昌起义带出来的；二营是跟着毛主席参加秋收起义上井冈山的；三营是黄公略同志领导的老三军的底子。许多战士都是经过长征的老同志。三位营长都是红军干部，都做过团一级领导工作，可以说是身经百战的了。有这样的部队，这样的指战员，对打好这一仗，我是信心十足的。但考虑到这毕竟是我们第一次和日军作战，不熟悉敌人的脾性，更何况对手又是气焰十分嚣张、“赫赫有名”的板垣师团二十一旅团，尽管我们都浸泡在雨水里，我还是耐心地提醒他们说：

“一定要告诉所有的同志——从干部到战士，以至炊事员——这次战斗非同一般，政治意义更巨大。国民党军队的溃逃不仅助长了敌人的嚣张气焰，而且对热心抗战的人民群众是个很大的打击。如今人民的希望寄托在我们身上，他们在看着我们哪！党中央、毛主席，朱、彭等首长也在等着我们的胜利消息。所以，这一仗一定要发扬我们敢打敢拼、不怕流血牺牲的传统，彻底消灭这帮侵略者！打出八路军的威风来，打出中国人民的志气来！”

三位营长刚走，陈正湘、肖远久和邓华等同志就冒雨来到了我的身边。他们刚分头到各连作了战前动员。我问他们下这么大的雨，部队情绪怎么样。邓华同志说：

“一句话，劲头都集中到刺刀尖上，就等吹冲锋号了。战士们说：日本鬼子嗷嗷叫，国民党兵往后跑，人民群众在吃苦，我们这口气死了也咽不下去！这样的奇耻大辱、深仇大恨怎么也得雪，怎么也得报。要不，就不是中国人，更不是共产党领导的八路军战士！”

天亮后，风停了，雨住了。除了平型关方向传来稀疏的炮声外，公路上仍不见日军的踪影。怎么搞的？情况有变化吗？一营长从山头左侧跑过来，有点着急地问我：

“团长，鬼子怎么还不来？”

我说：“打伏击嘛，就要沉得住气，有点耐性。怎么？你认为鬼子不会来吗？”

一营长摇摇头，说：“拿不准。”

“没有什么拿不准的。”我说：“你赶快回到自己指挥位置上去！”因为他那里集中了全团 10 多挺机枪，我特别嘱咐他说，“要注意你那些机关枪噢！”

那时候我们都没有手表，不知道确切的时间，大约上午 8 点多钟吧，先是听见远处传来汽车的马达声，接着隐隐约约出现了汽车的影子。汽车越来越近，这才发现后面还有马车等一大溜。只见头一辆汽车上插着一面“太阳旗”，坐着几十个日本兵，头戴闪光发亮的钢盔，身着黄呢大衣，上着刺刀的步枪抱在胸前。汽车一辆接一辆地开进了我们的伏击地域。这些家伙装备精良，侵华以来还未遇到过什么真正有力的抗击哩！他们在车上指手画脚，叽里哇啦的不知讲些什么。在我们的国土上，他们旁若无人似的，真有些不可一世的味道。

战士们上好刺刀的枪膛里压满了子弹，机枪射手们已经在瞄准了，他们都不时地望着我。我好像感到了大家的心在剧烈跳动。而我的双眼却只盯着公路的拐弯处。当日军的头几辆汽车开到我们阵地的山脚下时，按照师部的部署，我立刻命令：

“全体冲锋，打！”

顿时，机枪、步枪、手榴弹一齐开火，指战员们暴风骤雨般地向敌人冲去。日军最前面的汽车已被打坏，着了火，后边的汽车、大车、马匹等互相撞击，走不动了。日军们嗷嗷地叫着跳下车来四处散开。我想他们大概没有想到，会在大白天遇上这样突然勇猛的打击。“大皇军”的精锐旅团惊慌失措了。

应当说板垣二十一旅团还是支很有战斗力的部队。他们从懵懂中一清醒过来，其骄横、凶狠、毒辣、残忍的本性就发作了，指挥官举着军刀拼命地嗥叫着，钻在汽车底下的士兵爬出来拼命往山上爬。敌人想占领制高点。我立即派通信员向各营传达命令：“附近的制高点一个也不准鬼子占领！”这时，刘营长已指挥一营把公路上的敌人切成了几段。他接到我的命令后，马上指挥一、三连向公路边两个山头冲去。山沟里的日军也在往山上爬，可是不等他们爬上去，迅速登上山头的一、三连紧接着又反冲下去，一顿猛砸猛打，把这群日军报销了。这个营的四连，行动稍慢一步，被日军先占了山头。连长在冲锋中负了伤，一排长就主动代替指挥，他用两面夹击的办法，很快把山头夺了回来，将日军逼回沟底全部消灭。

正当部队同敌人反复争夺制高点时，两架日军飞机顺着公路来回盘旋。战士们看到这情景，一股劲地靠近日军，同敌人混在一起拼杀起来。敌机大概看到双方交织在一起，无法扫射，也无法投弹，只好飞走了。

最激烈的白刃格斗在二、三营的阵地上展开了。二营五连连长曾贤生同志，外号叫“猛子”。战斗打响前，他就鼓动部队说：“靠我们近战夜战的光荣传统，用手榴弹刺刀和鬼子干，让他们死也不能死囫囵了。”发起冲锋后，他率先向敌人突击，20 分钟内，全连用手榴弹炸毁了 20 多辆汽车。在白刃格斗中，他一个人刺死 10 多个日本兵。他身上到处是伤是血，一群日军在向他逼近，他——我们的英雄连长曾贤生同志拉响了仅有的一颗手榴弹，与敌人同归于尽。他的壮烈行为鼓舞着我们，更鼓舞着他身边的战友。这个连的指导员身负重伤，依然指挥部队；排长牺牲了，班长顶替；班长牺牲了，战士接上指挥。就这样，前仆后继，打到最后，全连只剩 30 多位同志，却仍然顽强地与敌人拼杀！三营的九连和十连，冲上公路后伤亡已经很大，但他们依然勇敢地与敌人拼杀，以一当十，没有子弹了就用刺刀，刺刀断了就用枪托，枪托折了就和敌人抱成一团扭打，哪怕只有几秒钟的空隙，他们也能飞速地捡起石块将日本兵的脑壳砸碎。战斗到最后，两个连队眼睛都打红了，尽管伤亡都超过了半数，战斗情绪却依然旺盛得很。这是血战，是意志的搏斗，也是毅力的考验。

日军士兵由于长期受军国主义的欺骗宣传和所谓“武士道”的影响，成了一帮亡命之徒。他们负了伤仍然顽抗。战士们喊“缴枪不杀，优待俘虏”，不知他们是听不懂，还是根本听不进去，毫无反应。1937 年的日军，战斗力还是满强的。也许，“皇军”几个月要灭亡全中国的神话在他们的头脑里还起着作用。但神话毕竟不是现实。战斗进行到下午，以我们的最后胜利结束了。据后来的统计，此次战斗共歼敌 1000 余人，日军在中国人民的铁拳下，遭到了毁灭性的打击，被砸烂了！

平型关一战，震动了野心勃勃的日本帝国主义。九一八事变，甚至更远一些如甲午战争以来，他们还没有遇到中国人民这样有力的、巨大的、歼灭性的打击。“不可战胜的皇军”，居然败在了他们认为是“一盘散沙”“不堪一击”的中国人的手下，说这个震动“如雷轰顶”，恐怕不算过分吧！

平型关一战，震动了矛盾重重的国民党各派势力。“灭共派”看到了被他们“灭”了 10 多年的共产党的真正实力和气魄，不能不作进一步的思考和谋划了；“联共派”应该说受到了不小的鼓舞，似乎觉得“联共”的“资本”大大地增加了。作为一个整体，国民党在进一步地分化。

平型关一战，也震动了一些对中国共产党了解不深，难免存有观望情绪的人士。从蒋介石四一二叛变，经过从未休止的军事“围剿”“聚歼”和白色恐怖的大屠杀，以及被宣传为“溃不成军的西窜”（指长征）之后，他们觉得中国共产党已经是伤痕累累了；但是今天他们亲眼看到的却是一个无比健壮的、傲然屹立的巨人。这就大大增添了他们对中国共产党的信任和希望，尤其是在民族危亡的严峻时刻。

平型关一战，也震动了世界。那时，距第二次世界大战全面爆发虽然还有近两年的时间，但希特勒已经撕毁了“凡尔赛条约”并同意大利法西斯分子一起干涉西班牙的内政。英、法、美集团采取绥靖政策，力图把战火引向社会主义的苏联。在这法西斯侵略势力日益猖獗的时刻，被视为“东亚病夫”的中国人居然“敢”打日本人，而且打了它的精锐师团，取得了谁也不能否认的胜利，他们不得不“刮目相看”了。而对那些被德、意帝国主义奴役和受到他们严重威胁的人民，不能不说是一个鼓舞和支持。

当然，平型关一战最大、最直接的影响，还是在中国国内，它使全国人民看到了貌似强大的日本帝国主义的虚弱本质；它使全国人民看到自己不可战胜的力量；它使全国人民更加信赖中国共产党和她所领导的、坚决抗日的八路军。真是打出了中华民族的威风，打出了中华民族的志气，打出了全国人民对“驱逐日寇出中国”“打倒日本帝国主义”，取得抗日战争最后胜利的坚强信念和信心！

就我个人来说，平型关一战，起码使我更加深刻地认识到党的坚持统一战线下的独立自主政策是无比正确的，“唯武器论”不但不可信，而且是注定要破产的，单纯的防御是必定要失败的，主要是游击战，配合以运动战，灵活机动地运用，在当时条件下，是可以取胜的。

平型关是英雄关，因为她是先烈们用鲜血洗染过的！

平型关是难忘的关，因为她记载着中国人民抗击日军第一次伟大胜利！

平型关已经载入了光荣的中国人民革命的史册！

陈锡联

从进入机场到战斗结束，整个袭击过程用了不到一个小时，干脆利落地将24架敌机全部击毁……

- 1915年生，原名陈锡廉，字廉甫。湖北黄安（今红安）县人。
- 1930年，加入中国共产党。
- 1937年8月，任八路军第一二九师三八五旅七六九团团长。同年10月，指挥所部夜袭阳明堡日军机场，炸毁日军战机24架。
- 1938年，先后任一二九师三八五旅副旅长、旅长，太行军区第三分区司令员。
- 1940年，参加百团大战，率部在狮垴山顽强阻击日军进攻，给日军以重大杀伤，牵制了大量日伪军，为一二九师在正太路的破袭行动创造了有利条件。
- 1943年3月，任太行军区三分区司令员，直接指挥蟠（龙）武（乡）战役，采取“围日打伪、以强攻弱、猛虎掏心”的战术，歼灭日伪军数百名。
- 1955年，被授予上将军衔。
- 1999年6月10日，逝世于北京。

夜袭阳明堡飞机场

陈锡联

日军在平型关吃了苦头之后，变更了作战部署，从平型关与雁门关之间的茹越口突破了晋北防线，接着，又气势汹汹地沿同蒲路直下太原。

在日军的进攻面前，国民党军队中，有的在共产党及其领导下的军民抗日救国运动的影响下奋起抵抗；有的一战即溃，节节败退；有的闻风丧胆，不战而逃。在城市，在乡村，到处可以看到那些穿灰色军装的士兵，三五成群，倒背着枪，拖着疲惫的双腿南逃。

就在这时，我一二九师七六九团奉命由东冶向原平县东北山地挺进，侧击从雁门关向忻口进犯的日军。10月中旬的一天，部队来到山西省代县以南的苏郎口村一带。

苏郎口是滹沱河东岸一个不小的村庄。顺河南下便是忻口。战事正在那里进行，隆隆的炮声不断由南方传来。敌人的飞机一会儿两架，一会儿三架，不断从我们头顶掠过，战士们气得跺脚大骂：“别光在天上逞凶，有种下来和老子较量较量。”

从敌机活动的规律来看，机场可能离这儿不远，问老乡，才知道隔河10里外的阳明堡镇附近果然有个机场。各营的干部纷纷要求：“下命令吧，干掉它！”

打，还是不打？在北上途中，刘伯承师长曾专门向我们传达了平型关战斗的经验，刘师长再三嘱咐：到晋北后，每战都应加倍谨慎。这些话使我立刻感到，必须很好了解敌情，然后才能下定决心。

最初，我们打听到附近驻着一个晋绥军的团长，据说他和日军打过仗，是前两天才带着少数部队从大同方面退下来的。我决定去访问访问他，一来听一听与日军作战的经验，二来了解一下周围的敌情。

寻遍了附近的大小山沟，好容易才在一个偏僻的山脚下找到了这位团长。不料我刚说明来意，他便谈虎色变地说："日军实在厉害呀！天上有飞机，地下有大炮，他们的炸弹、炮弹都像长了眼睛一样，我们的电台刚一架上，就遭轰炸了！"

我强制住心头的憎恶，问他："那你们是用什么方法打敌人的呢？"这位堂堂的晋绥军团长竟毫不知耻地说："我们还没有看见日军，队伍就垮了下来，现在敝部只剩下一个连了……"

没有必要再问下去了。这家伙除了能散布一些恐日情绪以外，是不会再谈出什么有用的东西的。于是，我便起身告辞。刚转身要走，他又嬉皮笑脸地轻声对我说："抗什么战！抗来抗去只不过抗掉了我们的小锅饭而已……老弟，放明白点！看你们那副装备，和日军真干起来，还不是'白送礼'？"

真是十足的怕死鬼！亡国奴！无怪乎他们一触即溃。

为了设法弄清敌人机场的情况，第二天我们决定到现地侦察一下。一路上，几个营长听我谈起昨天访问那位团长的事，心里直冒火。三营长赵崇德同志唾口骂道：

"孬种，简直不是中国人！"

"抗战是全国人民的要求。不管他们怎么样，我们绝不能辜负人民的期望！"一营长不胜感慨地插上一句。

是的，抗战决不能指望那些政治上腐败军事上无能的军队，挽救民族危亡的重担只有我们共产党领导的军队及其他爱国志士来挑！我想到这里，顿时感到自己的责任更加重大。

我们顺着一条山沟边走边谈，很快来到了滹沱河边。登上山峰，大家立时为眼前的景色所吸引：东面是峰峦重叠的五台山，西边的管涔山在雾气笼罩中忽隐忽现，滹沱河两岸，土地肥沃，山河壮丽，只可惜，如今正遭受着日本帝国主义侵略者的浩劫！……

突然，二营长叫道："飞机！"

我们不约而同地举起望远镜。顺着他手指的方向看去，果然发现对岸阳明堡镇的东南方有一群灰白色的敌机整整齐齐地排列在空地上，机体在阳光映照下，发出闪闪刺眼的光芒。

正当我们仔细观察机场的时候，忽然发现一个人从河边走来。从望远镜里看到：这人蓬头垢面，衣衫褴褛，打着赤脚，看样子是个农民，但神情很紧张。

等他走近一些，我们忙迎上去喊："老乡，从哪里来？"

那人听到喊声，身子一怔，马上停住了脚步，两眼不住地四下观望。及至见到我们这几个陌生的军人时，更是惊慌不安，两眼狐疑地上下打量着我们，好半天才哆哆嗦嗦地吐出了两个字："老总！"

"老乡，不要怕，我们是八路军，来打鬼子的。"

他听到"八路军"三个字，马上"啊！"了一声，一下扑上来抓住我们的手，激愤地向我们诉说起他的遭遇。

原来他就住在飞机场附近的一个小村庄里，自从日军侵入山西以后，国民党军队的抢劫，日本兵的烧杀，弄得他家破人亡，一家三口，只剩下他孤苦伶仃一个。后来，日本兵又把他抓去做苦工，逼着他整天往飞机场搬汽油、运炸弹。每天从早到晚，常常是饿着肚子干活儿，还得挨打受气。他受不了敌人的折磨，才由机场偷偷跑了出来。最后，他指着敌人的机场狠狠地说：

“去收拾他们吧，我给你们带路！”

听了这位老乡的控诉，大家更加气愤。赵崇德同志握着老乡的手，恳切地说：

“老乡，我们一定给你报仇，给所有受难的老乡报仇！”

接着，这位老乡又向我们详细介绍了敌人机场内外的情况。

经过侦察，我们了解到的和老乡介绍的大体一致：平时，机场上飞机分 3 列停放，每列 8 架，计 24 架。白天轮番去轰炸太原、忻口，晚上都停在这里。日军的一个联队大部驻在阳明堡街里，机场里只有一小股守卫部队。看来，敌人正忙于夺取太原，根本想不到我们会绕到背后来揍它。这正是歼敌的好时机。如果我们出其不意，给它以突然袭击，胜利是有把握的。我们决定马上下手。

袭击机场的任务交给了三营，并以一、二营各一部破坏崞县至阳明堡之间的公路和桥梁，阻击崞县、阳明堡可能来援之敌；团迫击炮连和机枪连则在滹沱河东岸占领阵地，准备随时支援三营。

19 日下午，整个苏郎口村都沸腾起来了。各营、连纷纷召开支部大会、军人大会进行动员。干部、战士个个斗志高昂，决心如钢。老乡们听说八路军要去打日军，几个钟头之内就扎起了几十副担架。

傍晚，我和几个团的干部一起来到了三营一连，战士们见到我们都围了上来，争着表示决心。

“准备得怎么样啦？”我问大家。

“没问题，团长，只要摸进机场，保证把龟儿子的飞机敲个稀巴烂！”战士们纷纷回答。

我指着面前的一个小战士又问：“飞机全身包着铝皮，子弹穿不透怎么办？”

这个小战士毫不犹豫，举起右拳在空中摇几摇，干脆而响亮地回答：“我们研究好了，用手榴弹捶它！”

这时，赵崇德同志向战士们说：“同志们，有人说我们拿着这些武器去打敌人是‘白送礼’，这回我们一定打个漂亮仗给他们看看！”

人群中走出来一个粗壮的小伙子，手里提着机枪，气呼呼地用大嗓门说：“他们自己长了兔子腿，听见炮响就跑，还有脸耻笑人！我定要缴架飞机回来给他们瞧瞧！”我一看，正是全团有名的机枪班长老李。

有人笑着问：“那样大的家伙，你能扛得动吗？”

他辩解道：“扛不回整的，砸个尾巴也行！”

战士们被他逗得哄然大笑。这真是初生的牛犊不怕虎，虽然是第一次与侵华日军作战，而且又是去打从来也没打过的飞机，但谁也不把这些困难放在眼里。

夜里，部队悄悄地出发了。

三营在第二次国内革命战争中，能攻善守，以夜战见长，曾得过“以一胜百”的奖旗。今天他们继承红军时期的优良传统投入了新的战斗，战士们一律轻装，棉衣、背包都放下了，刺刀、铁锹、手榴弹，凡是容易发出响声的装具，也都绑得紧紧的。长长的队伍，顺着漆黑的山谷行进，神速而又肃穆。

向导就是先前我们遇到的那位老乡。他对这一带的道路了如指掌。在他的引导下，部队很快涉过了滹沱河，来到了机场外边。

机场里死一样沉寂。大概这时敌人睡得正酣吧？部队爬过了铁丝网，神不知鬼不觉地摸进了机场。赵崇德同志带着十连向机场西北角运动，准备袭击敌守卫队的掩蔽部。十一连直向机场中央的机群扑去。

十一连二排的战士们最先看到了飞机，它们果然整整齐齐地分 3 排停在那里。多少天来大家日夜盼望着打日军，现在猛然看到飞机就摆在眼前，真是又惊喜又愤恨。不知谁悄声骂道：“龟儿子！在天上你要威风，现在该我们来收拾你啦！”说着就要接近飞机。突然，西北方有个敌兵哇啦哇啦地呼叫起来，紧接着响起一连串清脆的枪声。原来十连与敌哨兵遭遇了。就在这一瞬间，十连和十一连在两个方向同时发起了攻击。战士们高喊着冲杀声，勇猛地扑了上去。机枪子弹、手榴弹一齐倾泻，一团团的火光照亮了夜空。正在机群周围巡逻的敌哨兵慌忙赶来，和冲在前面的战士绕着飞机互相角逐。机舱里值勤的驾驶员被惊醒了，他们惊慌之中盲目开火，后边飞机上的机枪子弹接连打进了前面的机身。

战士们越打劲头越大，有的边打边喊："这一架算我的！"也有人七手八脚地往机身上爬。机枪班长老李早爬上了一架飞机的尾部，端起机枪向机身猛扫。

正打得热闹，敌人的守卫队嚎叫着向我扑来。在20多架飞机中间，敌我混在一起，展开了白刃战。

赵崇德同志跑前跑后地指挥部队。突然，他看见一个敌人打开机舱，跳下来抱住了一个战士，那个战士回身就是一刺刀，结果了他的性命。赵崇德同志大声喊道："快！手榴弹，往飞机肚子里扔！"只听"轰！轰！"几声，两三架飞机燃起大火。火乘风势，风助火威，片刻，滚滚浓烟卷着熊熊的烈火，弥漫了整个机场。

正在这时，老李的那挺机枪不响了。原来他正举着铁锹猛砸，嗬！他倒真想砸块飞机尾巴拿回去哩！赵崇德忙跑过去喊道："快打！砸什么！"他又抱起机枪扫了起来。

敌人守卫队的反扑被杀退了。赵崇德同志正指挥战士们炸敌机，突然一颗子弹把他打倒了。几个战士跑上去把他扶起，他用尽所有力气喊道："不要管我，去炸，去……"话没说完，这位"打仗如虎，爱兵如母"的优秀指挥员就合上了眼睛。他的牺牲使同志们感到万分悲痛，战士们高喊着"为营长报仇"的口号，有的端起枪朝飞机猛烈射击，有的把一颗颗手榴弹投向敌机，还有的把集束手榴弹绑在自己身上，冒着密集的枪弹，爬上飞机，拉响手榴弹，与敌机同归于尽。

几十分钟后，守卫队大部就歼。大部分敌机燃烧在熊熊的烈火之中。

当驻在阳明堡镇里的日军装甲车急急赶来增援时，我们已经撤出了战斗。但是机场里的残敌却把增援他们的部队误认为是我军又发起了攻击。于是，日军双方对打起来。他们自相残杀好一阵才发现是误会。

夜袭阳明堡飞机场的胜利消息，通过无线电迅速传遍了全国。那些国民党官儿们，开始根本不相信。他们仍说："就凭八路军那破武器还能打飞机？不可能！"可是自从 10 月 20 日起，一连几天忻口太原都没有遭到敌机的轰炸，那些畏敌如虎、胆小如鼠的官儿们方才张口结舌了。

夜袭阳明堡机场是我团出征抗日的第一仗。这次战斗，毁伤敌机 20 余架，毙伤日军 100 多名，使其在晋北战场上一时失去了空中优势，有力地支援了国民党军队在忻口的防御作战，并以事实驳斥了"唯武器论"和"亡国论"，扩大了我党我军的政治影响，增强了全国军民抗战的信心。

参加百团大战 *

陈锡联

百团大战，是1940年秋我八路军向华北敌占交通线和据点发动的一次大规模进攻战役。因参战部队达100个团以上，故称百团大战。

这次战役从8月20日开始到12月初结束，分三个阶段进行。我第三八五旅作为第一二九师主力部队之一，自始至终参加了各个阶段的战斗活动，并较好地完成了八路军总部和第一二九师赋予的各项任务。

第一阶段：正太战役。该战役重点是破击正太铁路。

正太铁路，东起河北石家庄，西止山西太原，横越太行山，全长200多公里。它连接平汉、同蒲两铁路，是日军在华北的重要战略运输线之一，也是截断我晋冀豫和晋察冀两大战略区的主要封锁线。在这条铁路上，有天险娘子关和日军燃料基地阳泉、井陉煤矿。敌在沿线大小城镇、车站、桥梁、隧道附近均筑有坚固据点，各以数十至数百人的兵力把守。铁路两侧10至15公里左右地区，还设有连成一线的外围据点。敌人经常派装甲车轧道巡逻，吹嘘该路是一条“钢铁封锁线”。

根据八路军总部的部署，第一二九师重点破击正太路阳泉至榆次段。

---

* 本文节选自《陈锡联回忆录》，解放军出版社2007年版。

该地段有敌大小据点20多处，为敌片山独立第四混成旅团所属之德江、原田两个大队守备，旅团部驻阳泉。据此，刘邓首长部署：以第三八六旅第十六团、决死一纵队第三十八团、第二十五团组成左翼破击队，占领寿阳、榆次间敌军据点，破坏该段铁路；以新十旅第二十八团、第三十团组成右翼破击队，占领阳泉、寿阳间敌军据点，破毁该段铁路：以第三八五旅第七六九团、第十四团及第三八六旅第七七二团组成中央纵队，由陈赓、我和谢富治直接指挥，位于平定县以西之天华池、苇池村地区，并以一部兵力控制阳泉西南之狮堖山，担任阻击阳泉出犯或由平定、辽县回援正太线的敌人，保障破击作战的顺利实施。

狮堖山，雄踞阳泉西南，地形十分险要。据之，可以控制阳泉以西数十里之正太铁路，并且可以随时进取阳泉。因此，当8月20日20时正太战役发起时，我第三八五旅第十四团即一举进占狮堖山，卡住了正太路西段的咽喉。

驻阳泉日军因有平辽公路为副翼，对狮堖山并不在意。除煤窑附近有两个碉堡外，各山口并无敌人。当我军占领狮堖山后，敌人如梦方醒，遂纠集兵力向我进攻。

21日拂晓，日军60余人向狮堖山发起第一次进攻。我第十四团五、六连依托工事，沉着应战。他们将敌人放到已经看清眉眼的时候，各种火器才一起开火，打得敌人惊惶失措，乱作一团，仓皇而溃。

上午10时许，日寇又一次发起进攻。这一次敌人调整了部署，调集其精锐炮兵中队共150余人，悄悄地绕到狮堖山右侧的西峪掌村，想从狮堖山的背面发起进攻，使坚守阵地的我第十四团腹背受敌。鬼子的这一着是十分阴险毒辣的。

说来也巧，正当鬼子们由西峪掌村向我狮堖山阵地迂回时，我和旅政治部主任卢仁灿及第七六九团的营以上干部也来到这一带察看地形。因为第十四团于拂晓打退了敌人第一次进攻后，我就担心敌人在正面难攻的情况下，可能会采取迂回战术，绕到我阵地翼侧偷袭。西峪掌一带地势较平缓，易攻难守，是个薄弱部位。所以，我利用战斗间隙来到这里看看地形，准备把担任预备队的第七六九团一、三营调上来，加强这一带的防守。当我们与迂回的这股敌人遭遇后，双方距离已经很近了。由于日军人多，我们人少，敌人很快冲了上来。我们立即进行阻击，同时我急令司号员吹号，赶紧把第七六九团一、三营调上来。听到号音的第七六九团部队跑步上来，马上投入战斗。第十四团孔庆德团长听到这里枪声激烈，也派了两个连赶了过来。我令第七六九团三营从正面反击，令第七六九团一营和第十四团三营的两个连从左、右翼予以侧击。敌人本想从背后偷袭我们，却没料到陷入我三面夹击之中。在我军排子枪和手榴弹的火力压制下，一贯骄横的日本鬼子一个个紧趴在地上，头也不敢抬，动也不敢动。最后，敌遗尸40余具，被迫狼狈窜回阳泉。敌人的又一次进攻被打退了。

在日军40余具遗尸中，有敌炮兵中队长中岛。旅敌工科的同志找来棺材，把鬼子的尸体装进去，棺材上贴着“侵略者的下场”标语，请当地群众抬到阳泉，交给日本人，以此显示我军为仁义之师。

在这场遭遇战中，旅政治部主任卢仁灿同志光荣负伤。他的负伤还有个故事：战斗中他和我在一起，我们在一块石头后面。有人喊：“敌人又上来了！”我们站起来用望远镜观察。突然一颗子弹从我的胳膊和身体之间穿过，打中了他的左胳臂。他一下子倒在我的身边，衣服上都是血。我连忙叫：“卢主任！卢主任！”他已昏迷过去。我立即组织人员把他抬了下去。

“文革”期间，卢仁灿同志挨整，他当时在海军工作，有人怀疑他负伤的事，向我作调查。我对他们讲这是在百团大战中受的伤，我可以证明，马忠全、赵兰田他们都可以证明。调查的人问：“负伤以后谁做的手术？中间是不是有被俘的情况？”我一听就火了，我说你们这是胡扯淡，不跟你们谈了！把他们赶走了。

敌两次进攻失败后，22 日晨又以 200 余兵力经燕子沟发起第三次进攻。敌采取火力掩护、控制要点、逐步前进的战术，连续向我第十四团二营阵地冲锋。该营七、八连坚守阵地，激战竟日，敌被迫与我形成对峙状态。

其后数日，敌先后纠集数百至上千人轮番向我进攻。敌以每天 3 至 6 架的飞机向我军阵地猛烈轰炸，炮火则从早到晚连续不停。我军凭借有利地形和构筑在半山腰断崖下、石头缝隙中的工事，巧妙地与日寇斗智斗勇。当敌人进行炮击和飞机轰炸时，我们除留少数人监视敌人外，其余立即依托工事分散隐蔽。当敌人的炮击和轰炸稍缓，我们立即抓住炮火间隙抢修加固工事，做好战斗准备。当敌人向我发起进攻，冲到阵地前只有十几米时，我军则集中火力和大量手榴弹予以杀伤，继而跃出堑壕，与敌展开白刃格斗。就这样一次次地把敌人打了下去，我狮垴山阵地岿然不动。

坚守狮垴山期间，正值雨季，连绵的秋雨竟日不歇。指战员们穿着湿漉漉的衣服，泥里滚，水里趴。敌人来了就打，敌人退了就在泥泞中休息。每日吃黑豆、喝雨水。后来黑豆没有了，就嚼野果、啃生苞谷，没有油，也没有盐，终日饥肠辘辘。在这样艰苦的环境下，指战员们发扬我军艰苦奋斗、英勇顽强、不怕牺牲的光荣传统，浴血奋战，坚守阵地达七昼夜。

8 月 26 日，我旅奉命撤出狮垴山，转移至龙门、上庄一带，继续执行破路和作战任务。至此，我胜利完成了扼守狮垴山的任务。

狮垴山之战，是我旅在抗战期间打的一次时间比较长、规模比较大的阵地防御作战。在战斗中，第七六九团、第十四团打得都很顽强；特别是第十四团，经受住了考验。打了这一仗，第十四团的战斗力有了明显提高。

关于防御战斗，我旅打得不多。本着打一仗、进一步的思想，从狮堖山撤下来后，我对这次战斗作了认真思索，总结了其中的经验和不足。我指出了这样几个方面：

一、阵地战在防御时，应很好地配备火力，利用地形，构筑坚固的工事，以火力和反突击来消灭敌人。狮堖山之战，我军正面是崎岖山路，火力配备也很强，但缺陷是翼侧注意不够。敌人第一次进攻失利后，第二次改用迂回包围的手段，幸亏被及时发现，速调部队加强翼侧，才免于被动。因此，我们在防御战斗中，除正面须放足够的兵力外，对翼侧阵地，必须构筑坚固工事，以相当兵力据守。

二、伪装工作十分重要。在狮堖山上，敌人弹如雨下，飞机不停地轰炸，而我们伤亡很少，就是因为我们有很好的伪装。前而有单人掩体，后面有隐蔽部。一线部队在单人掩体内，二线部队在隐蔽部。在加强隐蔽的同时，应积极组织对空射击。这样在配备兵力时，对射击班应有预先的部署。

三、关于预备队的使用，在敌人未到百米以内时，一般不要使用预备队。因为这时敌人士气尚旺，元气未伤，队形不乱，不利于我白刃战。待敌人到达百米以内时，敌人的炮火与飞机都失掉了作用，而我军火力则可以全部展开，这时使用预备队，给敌人杀伤最大。突击方向要少在正面，隐蔽地接近敌人翼侧再突击。突击时间的掌握，一线指挥员应当机立断，不应单纯依靠上级。

四、阵地战消耗大，因此要有很好的射击指挥。非有明确的或指定的目标，不能随便开枪。要充分使用电话来联络，可以把线一直牵到前线，白天要少用通信员，以避免不必要的伤亡。

……

这些讲评，后来整理成文字，在报刊上发表。

在旅主力撤出阵地，转而执行破路任务时，第七六九团一部顺手夺取了正太路南侧敌重要据点落摩寺。

落摩寺是平定以西的一个村子，位于平定与寿阳之间，阳泉车站西南，是敌人从寿阳伸出来的一条公路上的重要据点，和阳泉、寿阳构成三角形，东可以增援阳泉，西可以围护寿阳，俨然成犄角之势。村内守敌为日军 1 个小队（约 40 人），附有山炮 1 门，轻重机枪 4 挺，并筑有坚固防御工事和外壕铁丝网。第七六九团以八连为突击队，以五连从落摩寺以东积极佯攻，以九连为预备队从据点北面突击。激战半夜，终将敌据点攻克，全歼守敌。

落摩寺战斗，规模虽然不大，但却是一次相当成功的攻坚战。《新华日报》特派员林火同志向我采访，我向其介绍了落摩寺战斗中攻击据点的情况和几点经验：

此次正太战役，敌之据点、车站，先后为我攻克者，不下数十个，这在政治上，实足以振奋军心，鼓舞民气，在军事上，实给我军作战以新的锻炼。其实打据点并不难，主要的首先要从政治上使全体军民了解敌之据点并不可怕；其次，便须采取很好的战术，从技术与战术上多多着想。因为敌之碉堡，即是针对我之技术于战术不足而构筑。否则，一味凭人力死拼，则往往亏本。自然，倘使在政治上从敌据点内找到内应，则当然多一层把握。

根据此次落摩寺作战经验，攻打据点，在侦察工作方面，首先应该注意的是，敌之系统、来路、工事构造，要善于寻找他最薄弱的地方；其次是应该仔细侦察敌之兵种、武器配备以及有否毒气装备，以便我军预先进行防御办法；最后，便是关于地形、居民条件等的侦察，尤要注意敌之联系，据点与据点之路程，要善于估计敌之可能增援的兵力及时间，并适当估计我军作战时间。

其次，有了严密精细的侦察之后，便须根据侦察结果，妥善地着手战斗的组织工作。在战斗的组织上：

第一，兵力不宜过大，兵力大了，不但使用不上，反使敌人的优势火力容易发挥效能；主要的要组织短小精悍之兵力，使它顽强的突击力量。这次落摩寺战斗，我们主要的只用了一个连的兵力。

第二，要很好的组织火力。根据我们的经验，最好是组织交叉火力网，这样才富于进攻性质；特别应该注意的，是炮兵和轻重机枪的火力，要很好的配合起来；而且，火力要与突击密切配合，相互呼应。否则，火力与突击力断了气，便毫无作用。

第三，攻击时，要分清主要与次要的进攻方向，应该善于变敌人的次要方向（即敌人的薄弱方向），为我们的主要方向；变我们的次要方向，为敌之主要方向。这次落摩寺战斗，我们预先已经侦察好，敌人对狼峪方向，顾虑较少，因此工事较简单，兵力薄弱，于是我们便以之为主攻方向。另以一小部分兵力，做正面佯攻，大量吸引敌之火力。

第四，在技术方面，要注意防毒；特别注意手榴弹之使用，善于接近敌人。这次落摩寺战斗，我军一排人，每人携带三四颗手榴弹，猛烈摔入房内，使敌根本来不及使用毒气。类似的简易防毒方法，应该多多研究采用。

第五，炮兵今后应唤起各部队，一定注意，并多多地研究有关战术问题。同时更不断地以实际战斗经验来加以补充。技术，需要大大提高。倘使完全具备以上各种条件，则本人相信，攻克据点绝非难事。

落摩寺战斗中的这些成功经验，在百团大战第二阶段得到了很好的应用。

百团大战第二阶段，根据总部的指示，刘邓首长以第三八六旅、决死第一纵队各两个团为左翼，重点进攻榆辽公路两段据点，以我第三八五旅及新十一旅第三十二团为右翼，主力攻取榆辽公路东段管头、铺上、小岭底等据点，一部扼守辽县以西之狼牙山，阻击辽县可能西援之敌；以新十旅分布于和辽线上破路袭敌，牵制并阻击昔阳、和顺等地之敌，配合作战。

榆社至辽县公路由西向东揳入太行根据地腹心。日寇早就企图把这条公路再向榆社西南伸展，经武乡与白晋铁路连接，以达到便利兵力机动，分割我太行北部地区的目的。在榆辽公路上，有榆杜、沿壁、王景、铺上、管头、小岭底、石匣等城镇和村落据点，由日军第四独立混成旅团池边大队主力守备。

我旅作战部署是：以第七六九团主力占领石匣附近制高点狼牙山，控制辽县、石匣，打击可能出援之敌，以掩护友邻部队摧毁石匣以西各据点，并以一个连破坏辽县至石匣间公路，断敌交通；以第十四团一部攻取小岭底据点，主力配属工兵破坏石匣至小岭底、管头间公路；以第十三团全部攻取管头、铺上据点；以第三十二团为预备队，并以一个连伸到红土垴，袭扰、吸引辽县之敌。

小岭底是榆辽公路中段的一个村庄，100多户人家。守敌为山本中队的一个小队，30多个鬼子。兵力虽然不多，但装备很好，有迫击炮、轻机枪，还配有一部电台。村西北500米处有一陡峭山头，山顶上筑有坚固碉堡，外围是石砌的围墙，围墙上架着层层密布的铁丝网，居高临下，易守难攻。

自日寇修筑了这个险要的据点后，控制着方圆几十里的地区，在这一带飞扬跋扈、无恶不作。当地老百姓对这伙野兽早就恨之入骨，急切盼望着我军赶快拔除这颗“钉子”。

我把攻打小岭底的任务交给第十四团。受领任务后，该团派出侦察员化装成老百姓，利用给碉堡送水送柴的机会，混进去进行了详细侦察；同时在碉堡下面设立潜伏观察哨，监视鬼子的一举一动，了解掌握其活动规律。

9 月 23 日夜 12 时发起攻击，激战 30 分钟，敌据点外围被我攻破，守敌缩回碉堡，并施放毒气，死守待援。

次日凌晨，我军再次攻击。先以机关枪封锁敌碉堡射孔，然后趁硝烟弥漫之机冲到碉堡下，搭竖人梯登上碉堡，从碉堡顶挖开了一个洞，往洞内猛摔手榴弹。就听到碉堡内响起一阵阵爆炸声，里面鬼哭狼嚎一片，一会儿什么声音都没有了，30 多名鬼子全部报销。

拔掉了这颗“钉子”，周围几十里群众奔走相告，拍手称快。他们用当地民歌的调子编了一首歌，来表达喜悦之情：

九月二十三，天亮月正南；
小岭底炮台，一夜就完蛋！

在第十四团攻小岭底的同时，第十三团攻管头、铺上。

这两处均为榆辽沿线敌据点。铺上比较好打，该团三营攻了两次便将其拿下。

榆辽公路东段，除了辽县，最大的据点就是管头。管头在榆社、辽县两县交界处，是个傍山而立的小山村。守备管头据点的是日军山本中队，100 多人，装备有步兵炮、迫击炮、轻重机枪和掷弹筒。山上筑有工事，山下修有碉堡，火力可以相互支持。山势相当陡峭，只有一条小道上下贯通，守易攻难。

攻击管头的第十三团一营、二营，连续打了三四次未能得手。后来在第七六九团5个连的配合下，附平射炮1门、迫击炮2门，集中火力，再度猛攻。终因地势所限，加上日军施放毒气，激战一夜，未获进展。部队遂后撤，改强攻为围困。

一连围了三天，管头之敌弹尽粮绝，特别是饮水奇缺，最后连洗澡水都喝了。29日夜，我再度发起攻击，以手榴弹猛轰，终将守敌歼灭，我军遂占领管头。

第七六九团于狼牙山打援后，转而围歼石匣之敌。石匣是榆辽公路上一个有几百户人家的大镇，位于辽县城西北10公里处，是该县的门户。1937年7月日寇占领辽县以后，派山本中队的两个小队驻守于此。鬼子把镇内王爷庙北面几个院子的老百姓全部赶走，四周筑起两道铁丝网和一些工事作为兵营，把王爷庙的戏台拆掉，改建成营门，白天黑夜都有荷枪实弹的岗哨把守。镇子的南面是清漳河，镇西北是个高坡，高坡的西面对着榆辽公路，鬼子建了一座炮楼和一个哨棚，周围密密麻麻布满了铁丝网。

29日拂晓，战斗发起。第七六九团先以两个连向石匣据点作首次攻击，未得手。下午5时，重新组织火力，再度发起猛攻。担任主攻的三营，先以尖刀班将敌人的铁丝网砍断，而后在强大火力掩护下，用集束手榴弹开道，打得颇为顺手。此时敌三架红头飞机飞过来向我低空盘旋扫射，我进攻部队毫不畏惧继续向前攻击。日军退至碉堡内，依托厚实的墙壁和外面的交通壕，做垂死挣扎，并施放大量毒气，顿时一股股白烟滚滚而出，顺着东北风向我进攻部队袭来，营长马忠全及该营大部中毒，不得已暂停进攻，撤至清漳河边。

我和团长郑国仲正在狼牙山上观察战斗情况，突然看到部队不攻了，纷纷撤到河边，不知道发生了什么事情，我们赶忙下山跑过去。到了河边，见战士们都在漱口、洗脸，马忠全营长见到我，气得直骂："他妈的！鬼子放毒气，我们都中毒了。"我简单了解了部队中毒的情况后说："看样子敌人是支持不住了，你们稍微休整一下继续进攻，正面加强力量，争取今晚结束战斗。”

第三次攻击发起后，一营营长李德生也率部参加战斗。经一昼夜激战，终于攻克石匣据点。

至此，我旅当面各主要据点均被悉数拔除，师赋予的任务基本完成。至 9 月底，榆辽战役胜利结束。

通过百团大战前两个阶段的战役，我军彻底破坏了正太铁路，摧毁了榆辽公路沿线据点，给日寇以沉重打击。气急败坏的日寇纠集重兵，对我太行根据地进行疯狂的报复性“扫荡”。至此进入了第三阶段：反“扫荡”作战。

敌人在这次疯狂“扫荡”中，对我太行根据地进行了空前的洗劫。仅黎城一县，被杀被捕的群众近万人。在涉县井店村，一次就被杀害 200 余人。在黎城朗庄，村长粟树棠被捆绑在树上，先被砍去一只脚，又被割掉耳朵，挖去眼睛，最后被刺死。日寇所到之处，房屋被烧，粮食被抢，火光冲天，尸横遍地，凡是未及逃走的人，都遭到了残忍的杀害。日寇罪行真是罄竹难书！

面对敌人疯狂的报复，我太行根据地军民奋起反击。我旅在连续战斗、伤亡减员严重、部队极度疲劳的情况下，立即投入反“扫荡”作战。

10 月 20 日，辽县之敌 1000 余人、黎城之敌 600 余人，分多路出动，企图南北夹击桐峪东南黄崖洞我八路军总部兵工厂及水腰修械所。该兵工厂月产 400 支枪，是我军敌后抗战的重要补给基地。得知敌人企图，八路军总部左权副参谋长指示我速派部队前去阻敌，并要求部队一定要坚持到 28 日，以掩护总部兵工厂安全转移。我即令第十四团速赶至辽县以南的桐峪一带，务必把敌人扼阻于黄崖洞外围地区。

21 日，辽县之敌一路进至桐峪东北之桥上、人家岩一带，遭我第十四团一营痛击后缩回。另一路由大小阴沟向西林背运动时，也遭我第十三团三营重创，辽县之敌欲配合黎城之敌进攻黄崖洞的企图被粉碎。25日10时许，黎城之敌600余人进犯桐峪，途中遭我伏击后退回西井。狡猾的敌人又于当夜绕至上赤峪、下赤峪，企图从这里偷偷进犯黄崖洞。在上下赤峪担任戒备的我第十四团两个连，因连续作战，部队过分疲劳，警戒麻痹，致敌从两个连之间溜了过去，深入赤峪沟内，距黄崖洞兵工厂仅10余里。

在这危急关头，据守在赤峪沟北面一个高地的我第十四团三个连队发现了敌人，旋即与敌在赤峪沟内展开激战。这时，在上下赤峪的两个连也从侧翼追了上来，前后夹击，使鬼子腹背受敌。从赤峪沟到黄崖洞一带，四周都是陡峻的悬崖峭壁，其窄处仅几十米。鬼子不能从绝壁上攀越，只能拼命向我军据守的阵地猛攻。敌凭借优势火器发起集团冲锋，并数次扑上阵地。我指战员靠刺刀、手榴弹打退敌人，子弹打完了就用石头砸。如此浴血鏖战两天两夜，部队虽然付出了重大代价，其中扼守黄崖洞主阵地的一个连打得仅剩下两个班、十几个人，而且人人负伤，但仍始终牢牢占领着阵地。

战至28日，黄崖洞兵工厂的所有人员都安全撤离，各种机器也都转移一空，我们部队奉命撤出战斗。当付出了伤亡200余人沉重代价的日寇到达黄崖洞时，看到的只是一条空荡荡的山沟。

后来有一首流传在辽县、黎城一带的民歌，唱的就是这次战斗的胜利：

鬼子毒辣又凶狠，调兵进攻黄崖洞；
浩浩荡荡往前行呀，结果碰了一个钉。
出潞城来到西井，到处碰到地雷阵；
大战坚持了好几天呀，那里又遭正规军。

两班人守黄崖洞，数千鬼子来进攻；

大战坚持了好几天呀，两班拼了两千人……

正当第十四团为保卫兵工厂与敌人鏖战时，10月26日，日军第四独立混成旅团冈崎大队500余人，取道蟠龙镇以东之关家垴西犯。刘邓首长集中第三八五旅、第三八六旅、新十旅主力和决死第一纵队两个团，将该敌重重包围于关家垴高地。战斗中，彭德怀副总司令亲临我第七六九团视察，命令部队不惜一切代价坚决攻下敌人阵地。敌火力很强，且有飞机扫射轰炸，我数次冲锋，伤亡很大。但是，我指战员不顾一切牺牲，勇猛攻击，几经反复，在兄弟部队配合下，终将敌人大部歼灭，歼敌60余人退至垴顶一块狭小地域固守待援。据被日军抓去跑回来的民夫说，日军士兵在死人堆里抱头痛哭。此时，敌2000余人在10多架飞机配合下赶来增援，我旅奉令撤出战斗。残敌在援兵接应下，遗尸280余具，仓皇逃走。

关家垴之战，是我旅在历次反"扫荡"中打得最为艰苦惨烈的一次战斗，涌现出许多可歌可泣的感人事迹。我讲一件事：第十三团有一名文化干事，叫张文彦，是东北大学电机工程系的一名高才生，投奔延安参加革命，入延安鲁迅艺术学院，毕业后来我旅。在关家垴战斗中，他身负重伤，临终前告诉身边的同志说，他一生无所求，只希望组织上能接纳自己成为一名共产党员，并把口袋里仅有的几块钱拿出来作为党费。他还把他非常喜爱的一支派克笔送给团政治委员，感谢团政治委员对他的培养和教育，使他懂得了许多革命道理。百团大战结束后，我把他的要求向邓小平政治委员作了汇报，邓小平政治委员当即宣布追认张文彦同志为模范共产党员，并要旅和第十三团整理他的事迹材料，号召部队向他学习。

百团大战期间，是我旅战斗最为频繁的一个时期，共进行大小战斗

70余次，毙伤俘敌1500余人，缴获大批枪炮弹药及军用品，部队经受了严酷的磨炼，战斗力有了明显提高。

作为一位亲历者，回顾三个多月的百团大战，除战斗频繁、战况激烈外，还有两个特点是非常突出的：

一是部队思想政治工作空前活跃。各参战部队针对气候恶劣、物资困难、部队伤亡、过度疲劳以及敌机轰炸、施放毒气等情况，及时进行思想教育和技术演练。每次大的战斗之前，各团还普遍进行组织上的准备，选好行政和党内代理人，进行干部和党员登记。为维护战场纪律，各级还成立了战地工作委员会，分工担任救护、领导群众参战、收集资材、纪律检查和宣传鼓动工作等，从而减少了战场上的混乱现象。

二是各县民兵、群众参战支前工作非常踊跃，组织也十分严密。各地多由县委书记或县长带领，开设运输线，筹集粮草，运送弹药，转运伤员，保障了战役战斗的顺利进行。随军转战的民兵、民工，肩负重载，脚踩泥泞，克服艰险，忍受饥寒，不分昼夜地支持部队。各地群众纷纷动员起来，抬担架，当向导，送情报，做军鞋，运柴草，送蔬菜等，大大鼓舞了我军战斗意志。

举世瞩目的百团大战，是八路军在华北广大人民群众的支持和配合下，独立发动的一次进攻战役，其兵力之众、规模之大、范围之广、时间之长，举世罕见。这次战役，歼灭了日军大量精锐部队，有效破坏了华北地区交通线，沉重打击了日军“囚笼政策”，极大地鼓舞了全国人民的抗日热情，遏止了国民党妥协投降的暗流，提高了中国共产党和八路军的声威，在抗日战争史上写下了光辉的一页。

陈士榘

这次伏击，我们歼灭日军一千余人，缴骡马七百余匹和大批军用物资。

- 1909年生，湖北荆门人。
- 1927年，加入中国共产党。
- 1937年8月，任八路军一一五师三四三旅参谋长。同年参加平型关战役、广阳伏击战，重创日军。参与开辟晋西抗日根据地。
- 1939年，任晋西支队司令员。
- 1940年7月，率部到山东，后任一一五师参谋长。
- 1942年，任山东滨海军区司令员。
- 1943年，率部组织了攻克赣榆县城等战斗。
- 1944年，参与组织山东攻势作战，率部恢复和扩大了滨海地区抗日根据地。
- 1945年，任新四军兼山东军区参谋长。
- 1955年，被授予上将军衔。
- 1995年7月22日，逝世于北京。

威震广阳

陈士榘

1937年深秋，我八路军一一五师三四三旅奉命由五台山南下，驰援娘子关，寻机歼敌，以配合忻口会战，保卫太原。

连续七天的行军开始了。战士们顶着寒风，踏着泥泞，在崎岖不平的道路上急速行进。由于平型关大捷，部队士气很高，一路上，“为保卫山西而战”“为保卫太原而战”“发扬平型关战斗精神”的口号声此起彼伏，在山谷里久久回荡。

日军板垣师团在平型关遭我师沉重打击后，即改变战略部署，由平型关与雁门关之间的茹越口突破了晋北友军防线。当其到达忻口时，遭到友军和我八路军第一二〇师、一二九师各一部的猛烈抗击，被迟滞于忻口以北。为摆脱忻口受阻被围的处境，日军从平汉线把主力第二十师团、一〇九师团调来，由石家庄沿正太路西犯娘子关，企图突破晋东防线直下太原，以解忻口之急。我们识破了日军的诡计，决定寻找机会给它一个沉重打击。

我们部队开往平定途中，突然听到一个消息：娘子关地区的国民党军在日军进攻时，抵抗不住，日军于10月26日占领娘子关后，沿正太路及其南侧的大道向榆次、太原进犯。据情报，日军从娘子关西进的是由川岸文三郎率领的二十师团，该师团除以主力沿平定、阳泉、寿阳县进逼榆次，直取太原外，又以一个师团的兵力出动于正太铁路左翼。沿公路与正面部队齐头并进；另外，一〇九师团的一个大队由九龙关进逼昔阳县。为配合国民党军队保卫太原，我三四三旅奉命向昔阳县以西的沾尚镇附近进发，待机打击左翼进犯之敌。

10 月 30 日，我旅到达正太路南之沾尚地区，此时，日军已占领了平定及其以南的白家掌一带。预计日军左翼必经沾尚、松塔向榆次开进。于是，我们决定在广阳巧设伏兵，痛击敌人。

为了选择有利地形，我们翻山越岭，进行察看，广阳地处沾尚至松塔之间，是个不到 200 户人家的小村镇。附近都是南北走向的山岭，山峦重叠，沟壑纵横，塔的山沟长达几十里，便于我们运动作战，从沾尚经松塔至榆次，虽有条碎石泥结公路。但由于年久失修，加上山洪暴发，沙石冲击，已经破坏得不成样子，似路非路，似河非河，不便于日军机械化运动，这里地形复杂，又有疏落的树木，便于我部队隐蔽，正是打伏击的好地方。经过一番认真勘察，各部军都找到了理想的埋伏地点。山上虽然很冷，但我们的军装都被汗水湿透了，当想到这里将变为敌人的坟场，大家的心里有说不出的高兴。

11 月 3 日，侦察人员向我报告，日军正向广阳方向开来。于是，我们连夜进行兵力部署，将部队埋伏在广阳到松塔之间大川里：以六八六团的一、三营为主要突击部队，进入前小寨，离村以北高地；六八五团进到狼沟北山，除以主力一部配合六八六团出击外，其余部队要选择好阵地，准备打击日军回头增援的兵力；我带旅部部分参谋人员随主要突击部队六八六团行动。

旅指挥所设在三营背后的山头上，电话刚架通，铃声就响了。通信参谋接过电话，轻轻地对我说："参谋长，师长请你讲话。"我刚把听筒对准耳朵，就听到了师长林彪的声音："陈士榘吗？你们那里布置的怎么样了？”“按原预定计划，部队已进入设伏地点。”我简短地回答。“千万注意，不要暴露了目标。天气冷一点，告诉大家坚持一下，不要因小失大。”师长嘱咐说。

“是的，一定告诉部队注意隐蔽。”我接完电话，刚想转告六八六团团长李天佑同志，哪知，一抬头，我俩的目光却碰到了一起。不知什么时候，他已经来了。没等我说话，李天佑就说：“我现在就出去看一看，顺便告诉各营注意隐蔽，特别是天亮以后，更要加倍警惕，不能露一点痕迹。”

“对！我和你一起去，先看看大家的情绪怎么样，再把师首长嘱咐的话传达给大家，让部队坚持住，克服眼前的困难，打好明天这一仗。”说着，我们两人走出指挥部。

初冬的夜空，群星闪烁，寒风将山头上的树摇得呼呼作响。我们站在山头上仔细观察部队埋伏的现场，看不到一个人影和一丝亮光，夜色中，周围的大山默默地耸立在祖国的原野上，和我们一样静静地等待着敌人，等待着将日军埋葬在它的深沟大壑之中的那一刻。

我和李天佑同志走到三营阵地，警惕的哨兵悄悄问过口令后才放我们过去，当走到离公路只有一二百米的山沟时，我们转了一圈才发现树林中的战士三三两两挤在一起，背靠着背取暖。由于天冷，谁也睡不着，有些人在小声地谈论着什么，我们怕惊扰了他们，便悄悄从树林边绕过，到了另一个山沟，又见七八个战士聚集在一起，有一个人在讲着什么，其他人都围着他，聚精会神地听着。被这情景吸引，我扯了李天佑同志一下，和他一起慢慢走近这些战士，听他们谈话的内容。原来是参加过平型关战斗的同志，正给周围几个新战友讲自己打日军的经验。

“不是说日军很难打吗？”一个战士问。

“这都是那些恐日派造出来的。”又是那个讲故事的战士的声音：“他们不敢打，就说日军厉害、难打。其实日军也是人，子弹照样打得进，刺刀照样穿得过，只要勇敢地打，一定能把他们消灭掉。”

“这么说，明天我们一定能打胜了！”

“当然啦。只要隐蔽好，事先别让敌人发觉，那就保准打个大胜仗。”

听到这里，我和李天佑同志暗暗为有这些信心十足、士气旺盛的战士们而高兴。

我们在阵地上走了一圈，发现各连战士都在休息待命。完全看得出来，大家对即将到来的战斗都抱着必胜的信心，这对我们这些临战前的指挥员是个极大的鼓舞。看完埋伏隐蔽的情况，我们满意地转到营指挥所，李天佑同志把师部的关怀转达给营的领导干部，又一再嘱咐大家，一定要照顾好自己的部队，好好隐蔽休息，迎接明天的激战。

夜色消散了，黎明到来了。

11 月 4 日早晨 7 时，日军举着太阳旗，气势汹汹地从沾尚向松塔行进。先是侦察搜索的骑兵部队，随后是主力部队，其中有步兵、炮兵和少量装甲车。他们自从在平型关吃了苦头，比较鬼了，行军时总是把辎重部队夹在中间，前有骑兵开路，后有步兵保护，天上还有飞机掩护。队伍缓缓行进，蛇一样向前蠕动。它们每通过一个地方，我们的观察哨就甩动帽子或摇动树枝，发来信号。

到晌午时分，日军第二十师团主力 4000 余人大部分进入了我们的伏击区。川里公路上尘土飞扬，人喊马嘶。隐蔽在山头上的我军指战员目睹着这些骄横地践踏着中国土地的日本侵略军，不由怒火心中烧。但为了整个战斗的胜利，只能强压下满腔怒火，耐心等待着总攻时机。我和李天佑同志都举着望远镜，不住地向敌人来路方向观察瞭望哨发出的信号，战士们也和我们一样，个个都怀着紧张、兴奋的心情，像猎人一样静静地等待着野兽的到来。

“叮铃铃”“叮铃铃”……

架在山洼里的电话不断地响，师首长和旅指挥所不停地联系。

时间一分一秒地过去。大战前夕的焦灼心情是难耐的。

终于，远方观察哨那里发来了信号：日军二十师团殿后的七九联队后卫已经离开沾尚，后面只有两个步兵连，再没有后续部队了，好，进口袋了！我们的心一下子兴奋了起来。

时间已是下午 3 点多钟了，太阳稍微西斜的时候，这条蛇的头部已伸到松塔镇，而它的尾巴还在广阳附近慢慢地拖着，一步一步地爬进了我们为它设下的陷阱。

“咣！”一声信号枪响，我英勇的六八五团、六八六团各路伏兵从山间、林中猛虎般地杀了出来，喊杀声，机关枪声，步枪声，手榴弹、迫击炮弹的爆炸声响成一片，震撼山谷。

这一突然的袭击，使日军无不惊慌失措。他们还没弄清是怎么回事，就被我军压在山沟里，欲进不成，欲逃不能，加上辎重队的骡马一乱，队伍霎时就变得七零八落、人仰马翻。有些日本兵虽然一边跑一边射击，但也无济于事。他们总算在乱了一阵之后，才清醒过来，重新组织力量，利用山沟洼地进行抵抗。

我们的战士在公路上东冲西杀，将这伙日军切成数段，分别围歼。山谷中，我们的战士和日军展开了白刃格斗，刺刀反射着落日余晖闪来闪去。日军也使出他们的招数，作垂死挣扎。可我们的战士为着民族存亡而战，一身正气，斗志昂扬，愈战愈勇，日军哪是我们的对手！

杀了一阵，我从望远镜里发现对面山脚下有少数日军逃到路北洼地，便命令随行的警卫排排长带两个班冲下去抓它几个俘虏，以便今后做瓦解敌军的工作。警卫排个个配有短枪和长枪，打仗勇猛而灵活。我用望远镜目送着警卫排长带着战士冲下山去，期望他们能出色地完成这一任务。

我正在视察，忽听山脚下响起一阵激烈的枪声，从枪声辨别出是冲锋枪和驳壳枪在响。几分钟后，枪声停止了。我想，一定是警卫排把敌人压到北面山脚下了，这回大概能抓到几个日本兵了。我集中精力朝北山脚下瞭望。不一会儿，警卫排长他们就回来了，只带来几支缴获的大盖步枪，却没有抓到一个俘虏。原来，那些日军由于受武士道精神的毒害，一个个顽固不化，我们的战士只好将他们消灭掉。

枪声渐渐疏落下来。经过半小时的恶战，山谷中大部分日军被消灭，但还有一些零星日军藏在石崖下企图顽抗。六八五团的战士们，一部分从正面用机枪向敌人扫射，一部分绕到土岔村和广阳村北面在敌人背后扔手榴弹，把这些日军从石崖下轰了出来。逃到小河边的敌人像没头苍蝇一样来回乱窜，不一会儿就被消灭了。

天色不知不觉暗了下来。各营不断用电话报告胜利的消息，我们也不断将战斗进展情况向旅部和师部报告。当我们将战斗进展迅速、战果十分可观的消息报告给师部时，电话里传来了师首长喜悦的鼓励声音。

“好！我们祝贺你们的胜利！希望你们尽快地肃清残敌，将负伤的同志迅速转移下去，战利品也要马上运走，免得明天遭到日军报复。”

我还没有放下听筒，六八六团三营的通信员就来报告说，我们的部队已经进入广阳镇，街内除少数散兵负隅顽抗外，包围圈内再没有日军的踪迹了。

听完报告，我和李团长当即决定将指挥所转移到广阳镇里，以便指挥消灭最后的残敌和组织转移伤员。师部同意我们的决定，并让我们尽可能抓几个日军俘虏。

进入广阳镇，天已完全黑了。街上有两处房子还被少数日军占据着，不时传出几声枪响，我们走近时，战士们已经用手榴弹消灭了一所房子里的日军，只剩下一个日本兵藏在一所小院子里，不时向外打枪，我们不便马上进去。有人主张用手榴弹炸死他算了，我马上制止说：“不能炸死，要抓活的！现在要消灭他很容易，一颗手榴弹或几粒子弹就够了。可是，上级一再要求我们最好能抓到俘虏，这就要求大家想想办法了。”“对！”李天佑同志也同意我的意见。还没等大家开口，我便对李天佑同志说：“我还能说几句日语，让我带上几个人去看看。”说完，我便带师侦察科科长苏静等同志去了。

那个日本士兵躲藏在一所小院子里的南房的里间屋。我让战士们先将小房子团团围住，然后我利用夜幕隐蔽，悄悄地移到窗口，接着用不久前才学会的几句日语向里面喊道：“缴枪不杀，宽待日本俘虏！”几个战士也随我用生硬的日语喊开了。这个日本兵不但不肯出来，还向外打枪。

我们又喊了一气，那个日本兵才不向外打枪了，屋子里静得没有一点声音。为了防止他拼命往外冲，战士们端着枪紧紧地把住各个门窗，我们又向他喊了几句“缴枪不杀！”才听见他用生硬的中国话回答：“明白，明白！”但等了一会儿，不见他出来，于是我们冲进屋去，原来那家伙站在老乡的粮食筐里，欲动不能，挣扎无用，吓得浑身发抖双腿打颤。我知道这是不了解我们政策所致，想给他解释解释，可除了“缴枪不杀，宽待俘虏”，“不要为日本军国主义卖命”等几句话以外，别的日语我们就不会了。正当着急之时，我突然想起汉文和日文有许多字形字意是相同的，马上掏出一个笔记本，借着灯光在上面写了“你不要怕，我们是共产党领导的八路军，宽待俘虏”，“只要你放下武器就不伤害你”几个汉字。他看了之后，也连忙写出“理解”。我一看他不仅认识汉字，而且写得不错，心头很高兴，又写字问他是哪个部队的，叫什么名字？这回我连本子带笔一起给了他。他看看字，又抬头看看我，然后拿起笔在本子上写下“七九联队辎重兵军曹加滕幸夫”。他的汉字写得很好，看来文化程度不低。

通过笔谈，加滕幸夫供出所属部队是二十师团等情况后，我又向他交代了我军的俘虏政策，他不住地点头表示信任。这时，我告诉他，现在要带你到师部去，他问多远，我答 10 公里，我们把他带到六八六团指挥所。李天佑同志一看我带了个活的日本兵来，高兴地笑着说："好啊！你到底抓了个活的回来了。你走了以后，师里打电话问你，我说你抓俘虏去了，师里还说你是个'冒失鬼'，让告诉你注意安全。"我说："不入虎穴，焉得虎子？你不冒险，能抓到俘虏？"一句话说得大家哈哈笑了起来。

我马上给师部打电话报告抓俘虏的经过，师首长表扬了一番，然后和蔼地批评我这个指挥员不该太冒失，并告诉我不要难为俘虏，等一会儿我们就派人去把他带到师部来。我放下电话，进了里屋，看见炕上这个俘虏正大口大口地吃日本饼干和方块糖，原来这是李天佑团长让警卫员从缴获物品里拿给他的，他吃完了便叽里呱啦地说了许多我们谁也难懂的话，看上去他的恐惧心理已经消失了，幸好旅政治部有个宣传干事林兆星懂日语，他一见到日本兵，便用日语和他交谈起来。他用日语宣传我军宽待俘虏的政策，这下可使那俘虏的情绪更加安定了。不一会儿，师部来人把俘虏带走了。

这次伏击，我们歼灭日军1000余人，缴骡马700余匹和大批军用物资。战斗结束，打扫完战场，我们部队又向松塔镇方向追击了一天。然后，我军连夜转入山区。

11月7日，我兄弟部队一二九师三八六旅，在旅长陈赓的亲自指挥下，以七六九、七七二、七七一团再次于广阳以东的大寒口、中山村、户封村等地埋伏，又消灭了日军250余人。

广阳两次伏击战，沉重打击了西犯的日军，有力地支援了友军作战，对保卫太原起了重要作用。

萧　华

我鲁西军民依托青纱帐，到处开展游击活动，仅在这次战斗中就击毙敌人300名，击毁汽车10辆、坦克3辆，敌人狼狈撤走。

- 1916年生，江西省兴国县人。
- 1930年，由中国共青团转入中国共产党。
- 1937年8月，任八路军一一五师政治部副主任。9月，参加平型关战役。11月，任一一五师三四三旅政治委员，与陈光一起指挥了广阳、义棠镇、午城、井沟等战斗。
- 1938年6月，任八路军东进抗日挺进纵队司令员兼政治委员。领导创建冀鲁边抗日根据地。
- 1939年11月，出任鲁西军区司令员兼政治委员。
- 1942年，任一一五师兼山东军区政治部主任、中共中央山东分局委员。参与领导山东抗日根据地的斗争。
- 1955年，被授予上将军衔。
- 1985年8月12日，逝世于北京。

一一五师挺进山东及山东抗日根据地的发展

萧　华

武汉失守后，日军停止对国民党军队正面战场的战略进攻，施之以政治诱降为主，军事打击为辅的方针，把打击的重点指向华北的八路军，相继从华中、华南正面战场及其国内抽调七个师团又五个独立混成旅团加强华北方面军。与此同时，国民党军队逐渐走上消极抗日、积极反共的道路。

山东，位于黄河下游，地处南北交通要冲，且为华北海上门户。山东根据地，南接华中，北连平津，与晋察冀和晋冀豫根据地成鼎足之势，对坚持敌后抗战具有重大战略意义。1938 年 5 月，徐州失守后，山东完全沦为敌人后方。当时山东日伪军队及国民党顽固派军队近 20 万人。而我党领导的起义武装约计 4 万人。以国民党山东省政府主席沈鸿烈为首的顽固派势力积极反共，多方限制和破坏我抗日力量的发展。山东根据地处于敌伪顽夹击之中，形势日趋恶化。

一

为了坚持和发展山东的抗战，使之成为华北抗战的战略一翼与联结华中敌后战场的战略枢纽，中共中央决定派部队进军山东。

萧 华

1938年5月，一一五师接到中央军委和八路军总部关于派遣部队入鲁的指示后，首先组织了一支东进抗日挺进纵队，向津浦路以东冀鲁边平原挺进，与那里的抗日武装会合，建立抗日根据地。挺进纵队以三四三旅政治部、直属队、六八五团二营和一二九师工兵连为基础，又从其他团抽调一部分骨干组成，我任纵队司令员兼政治委员，邓克明任参谋长，符竹庭任政治部主任。7月，挺进纵队组成，于9月27日，越过津浦路，跨进冀鲁边的边缘——乐陵县，成立了冀鲁边军政委员会，揭开了挺进山东的序幕。

此后，一一五师各部队相继入鲁。

11月，三四四旅六八八团奉命由冀南转赴山东，进至馆陶、冠县、邱县地区，由陈赓统一指挥。部队到达这一地区后，于12月配合山东省第六区游击司令部第十支队（筑先纵队的前身）歼灭国民党顽固派军队王来贤部，创建了鲁西北抗日根据地。

11月初，三四三旅六八五团由晋西孝义出发，从安阳北越过平汉路，12月底到达山东菏泽，转入苏鲁皖三省边沿微山湖西区丰县，进入湖西地区。首战崔庄、韩庄，歼灭伪军王献臣部800余人。1939年1月，六八五团与山东纵队挺进支队合编为八路军苏鲁豫支队，接着在沛县争取伪军一部反正。4月，击退了丰、沛、萧三县4000敌军对湖西区的联合“扫荡”，继之击退萧（县）铜（山）敌人的七路进攻。部队扩大到8000余人，创建了以丰县、沛县为中心的湖西根据地。5月，除留第四大队坚持湖西斗争外，主力由彭明治、吴文玉（吴法宪）率领南下，南越陇海路，进入萧县、永城、夏邑地区，与萧县地方武装合编。6月，东越津浦路，进入宿县、灵璧，粉碎了日伪军的七路合击，开辟了宿迁、睢宁、泗县、灵璧地区。战后留下一个大队坚持皖东北，大部兵力留津浦路西并向西发展进入亳县、鹿邑、柘城、商丘等地，与山东纵队陇海南进支队、新四军游击支队配合，开辟了以永（城）夏（邑）萧（县）

宿（县）为中心的苏豫皖区。7月，将所属部队编为三个大队。一大队坚持皖东北，二大队调鲁南抱犊崮山区，三大队于9月回湖西开展工作。

为了继续增强山东抗日的骨干力量，1938年12月2日，八路军总部命令一一五师主力挺进山东。师除将三四三旅补充团与晋西三个游击大队合编为独立支队（即陈士榘支队），坚持晋西斗争外，1939年1月，一一五师代师长陈光、政治委员罗荣桓率领师部及六八六团，从晋西向山东挺进。3月2日，进入鲁西鄄城地区。次日歼灭郓城西樊坝伪军一个团，打开了运（河）西局面。六八六团团长兼政治委员杨勇率领三营及师直两个连留运河以西发动群众，建立政权，扩大部队。师部率六八六团主力继续东进至泰西[①]的东平、汶上、宁阳地区，与山东纵队第六支队会合，协助当地党组织建立抗日政权，瓦解了有1万名徒众的反动“红枪会”，拔除了伪军沿汶河两岸（东平、宁阳县境）的全部据点。5月在肥城以南的陆房地区粉碎日伪军8000余人的九路围攻，歼日伪军1300余人。五六月，一一五师司政机关和直属队各一部，以及东进抗日挺进纵队第七团，先后进入津浦路以东的泰安、泗水、宁阳边区，继而向费县西北发展，配合山东纵队粉碎了日伪军1万余人对鲁中地区的大“扫荡”，开辟了费县西北地区。在此期间，六八六团三营扩编为师独立团，师直两个连扩编为游击第七支队。7月，师独立团和游击第七支队合编为师独立旅，杨勇任旅长兼政治委员。同月，津浦支队由鲁西进入鲁南的临沂、费县地区（10月编入山东纵队第二支队）。9月遵照八路军总部指示，一一五师师部、六八六团、新扩编的特务团、随营学校分别进入鲁南的滕（县）峄（县）费（县）边区，与山东纵队鲁南人民抗日义勇队第一总队（10月调归一一五师建制）会合，拔除日伪据点多处，争取了一些地主武装保持中立，建立和巩固了以抱犊崮为中心的抗日根据地。是年

① 泰西，指泰山以西（即津浦路以西），运河以东，黄河以南地区。

冬，师独立旅一部进入鲁西北，配合一二九师部队、筑先纵队反击国民党顽固派军队的进攻，先后开辟寿张、阳谷、范县、聊城、莘县、朝城、观城等地区。

1940 年 2 月，一一五师为统一鲁南地方武装的领导，将地方武装分别编为边联支队、沂河支队、尼山支队，将争取的地方实力派武装编为峄县支队、鲁南运河支队。为扩大鲁南根据地，向天宝山区发展，一一五师师部率主力由南北进。2 月 14 日，歼灭汉奸孙鹤龄部，解放鲁南山区中心要地白彦镇。3 月 7 日至 22 日，日军集中 2800 余人三次争夺白彦，我军经 14 昼夜作战，歼敌 800 余人，解放了费县西广大地区，随后，又粉碎日伪军 8000 余人对抱犊崮山区的大“扫荡”，讨伐了伪军刘桂堂，开辟了天宝山区。师独立旅与我率领进入鲁西的东进抗日挺进纵队第五支队，于 3 月协同冀中、冀南军区部队进行了第一次讨伐国民党顽军石友三部的战役。同月，师独立旅与东进抗日挺进纵队第五支队合编为新的第三四三旅，杨勇任旅长，我任政治委员。4 月，成立了鲁西军区（机关由第三四三旅旅部兼），我任司令员兼政治委员。同时，鲁西、鲁南主力部队整编。6 月下旬，我调任一一五师政治部主任。7 月，陈士榘率独立支队由晋西到达鲁西。至此，一一五师进军山东的工作全部完成。

1940 年 10 月，根据八路军总部指示，一一五师将所属部队先后整编为 7 个教导旅。苏鲁豫支队第一、第三大队编为教导第一旅（后南下华中，改为新四军第三师第七旅），旅长彭明治，政治委员朱涤新；独立支队第一团、鲁南支队与苏鲁支队编为教导第二旅，旅长曾国华，政治委员吴文玉（未到职，由符竹庭担任）；独立支队第二团与运河支队编为教导第三旅（兼鲁西军区），旅长杨勇，政治委员苏振华；黄河支队编为教导第四旅（兼湖西军区），旅长邓克明，政治委员符竹庭（未到职，由唐亮担任）；东进支队编为教导第五旅（1941 年调归新四军为独立旅），旅长梁兴初，政治委员张国华（未到职，由罗华生担任）；东进抗日挺进纵队第六支队与鲁北支队编为教导第六旅（兼冀鲁边军区），旅长邢仁甫，政治委员周贯五；1941 年 7 月原八路军第二纵队新三旅和新二旅第四团编为教导第七旅，代旅长余克勤，政治委员赵基梅。另辖鲁南军区，司令员张光中，政治委员邝任农。

1939 年 6 月，党中央和八路军总部任命徐向前同志为八路军第一纵队司令员，朱瑞为政治委员兼山东分局书记，统一指挥山东与苏北境内的八路军各部队。1940 年 6 月，徐向前去延安参加党的第七次全国代表大会的准备工作。以后中央多次指示，由一一五师统一山东的军事指挥。党的领导的加强和主力部队入鲁，使山东人民的抗日斗争进入一个崭新阶段。到 1940 年底，山东分局领导的抗日根据地，除苏鲁豫皖边区和苏皖边区于当年 6 月划归中原局领导外，包括鲁西（含湖西）、鲁中、鲁南、滨海、胶东、清河、冀鲁边等根据地，人口 1200 万，土地 3.6 万平方公里，成立了省参议会和行使政府职权的省战时工作推行委员会，并建立了一个行政主任公署，14 个专员公署，95 个抗日民主县政府。一一五师已发展到 7 个旅，共 6 万余人。山东纵队也编为 5 个旅 2 个支队，共 5 万余人，加上各地的地方武装，山东抗日武装力量已发展到 12 万余人。

二

一一五师进入山东之初，山东的斗争形势极其复杂。1937 年 10 月，在日军向山东大举进攻时，国民党军队纷纷逃窜。没逃走的，有的向日军投降，被日军收编为伪军；有的入山为匪，自树旗帜，加之齐鲁自古以来兵患频繁，遗散民间的武器颇多，沦陷后各地迅速冒出各色各样的杂牌武装，“兔子乌龟满地跑，土鳖司令多如毛！”仅临邑一个县就有这类武装 72 股，多者近 1000 人，少者近 100 人。他们啸聚林野，打家劫舍，搞得四乡不宁。抗战开始，国民党山东省主席兼第二集团军总司令韩复榘不战而逃，使山东大好河山沦于敌手。一一五师主力挺进山东前后，国民党顽固派却乘机钻回山东，并收编土匪地主武装，恢复地方政府，消极抗日，积极反共，专事摩擦，使我军与日伪顽的三角斗争日趋尖锐。

但是，山东人民具有光荣革命传统，党在山东的领导基础比较巩固。日军向山东进攻时，地下党举起抗日救亡大旗，武装起义的烈火遍及全省。一一五师挺进山东，为山东抗日斗争增添了力量。在共产党的领导下，山东军民建立敌后抗日根据地进行了不屈不挠的斗争。一一五师在战斗中充分发挥了骨干作用，连续给敌人以有力的打击。1939 年 8 月，梁山伏击，我以同等兵力歼灭来犯日军 300 余人，毙俘伪军一部，缴获野炮两门，九二步兵炮 1 门。梁山战斗后，敌人纠集 5000 多人，汽车、坦克 160 多辆，在各据点守备队的配合下，疯狂报复，扬言血洗梁山。但是，我鲁西军民依托青纱帐，到处开展游击活动，仅在这次战斗中就击毙敌人 300 名，击毁汽车 10 辆、坦克 3 辆，敌人狼狈撤走。

在我军同日军浴血奋战的同时，国民党顽固派趁机制造摩擦。山东国民党顽固派及别动队头子秦启荣部杀害我过路干部和护送人员 40 余人的“太河惨案”，国民党军第五十一军中的顽固派惨杀我鲁南区党委书记赵博等 40 余人的“银厂惨案”等亲痛仇快的事件相继发生。我党我军高举抗日民族统一战线的旗帜，根据毛泽东同志提出的“发展进步势力，争取中间势力，孤立顽固势力”①的策略，一面团结抗日民主人士和抗日友军合作抗日，一面进行反摩擦斗争。记得我们刚到冀鲁边时，逃窜到惠民的国民党山东省主席沈鸿烈，不敢和日军作战，却一心想把我挺进纵队赶出冀鲁边。为了团结抗日，我找上门去做工作。这个人是清末秀才，日本海军学校毕业，曾任张作霖的东北海防舰队中将司令，

① 毛泽东：《目前抗日统一战线中的策略问题》，《毛泽东选集》合订 1 卷本，人民出版社 1964 年版，第 709 页。

后当过青岛市市长，老奸巨猾，诡计多端，尤其擅长辞令。那时我才20多岁，沈鸿烈根本不把我放在眼里。见面伊始，他拐弯抹角地提出：“乐陵是鄙人治下，还望萧司令不要染指乐陵政务，使省府为难。”并说：“贵军防区在山西、河北一线，贵军军饷很难筹措，还须请往河北征粮派款……”他原以为一个软钉子可以把我碰回去，岂知我义正词严地说：“沈主席，蒋委员长曾经在庐山号令全国：如果战端一开，那就地无分南北，人无分老幼，无论何人皆有守土抗战之责任。山东沦陷，我军赶来抗战，沈主席理应协助。难道事隔一年，沈主席就把蒋委员长的话忘掉了吗？”说得沈鸿烈张口结舌，频频擦汗。舌战输了，沈鸿烈又指派土顽不断挑衅，制造摩擦，进而侵占我军防地，杀害我干部群众。在忍无可忍的情况下，我军被迫还击，先后给刘景良、张子良等反共最积极的土顽以迎头痛击，边区的反摩擦斗争才稍有平静。

我党我军在山东敌后的斗争，使日军十分惊慌。他们一面加强对国民党的政治诱降，一面集中兵力对付我抗日根据地。1939年和1940年，敌人在山东1000人以上的“扫荡”共25次，其中1万人以上的两次。1941年和1942年增加到70余次，其中1万人以上的9次。至于1000人以下的“扫荡”和出扰，则无日无之，平原地区尤甚。“扫荡”办法也从“分进合击”“梳篦式扫荡”发展到大纵深重重包围的“铁壁合围”“拉网合围”。1942年秋至1943年初，敌人对鲁中、胶东、湖西、冀鲁边、清河地区轮番进行1万人以上的“拉网合围”。山东军民依照毛泽东同志制定的战略战术原则，机动灵活地开展反“扫荡”。1941年冬粉碎敌人对沂蒙山区的“铁壁合围”就是一个典型的例子。当时，敌人以5万重兵对沂蒙山区进行了两个月的“铁壁合围”。敌人首先袭击山东纵队领导机关驻地，接着以3万兵力，在坦克、飞机配合下，从四面八方向一一五师师部和山东分局驻地留田（临沂北50余公里）一带猛犯，同时在沂河以东隐蔽布置了强大兵力，准备诱歼我向东转移的部队。我留下部分武装坚持内线斗争，大部队连夜乘隙跳到西南方向，转到外线作战。敌人合围留田扑空，就分区“清剿抉剔”，企图追踪我领导机关和主力部队，破坏我根据地。我便派出一部分兵力，示形于敌，在费县东北的石兰打了一仗。敌人跟踪扑来时，一一五师师部又冒着风雪严寒适时转移。敌人又一次扑空后，师部秘密回到中心区，指挥转入内线的主力一部，采取伏击截击等手段，10 天打了 7 仗，毙敌 1000 余人；同时配合地方党政机关，发动群众同敌人斗争。在我广大军民的连续打击下，敌人不得不分路撤退，一次规模空前的大“扫荡”终于被粉碎。

1942 年，山东日伪军对根据地的“扫荡”更加频繁，封锁更加严密，使斗争更加艰苦。一一五师根据中央军委提出的“敌进我进”的方针，在地方武装、民兵和广大群众配合支援下，破袭日伪军据点，制止日伪军的“蚕食”推进，坚持边缘地区的斗争。其中胶东的反“扫荡”规模最大。敌人这次对胶东区的“拉网扫荡”持续 40 多天。使用了 1.5 万余名陆军，还有部分海空部队配合作战。敌人深入我根据地后，分成许多小股，互相保持火力联系，边压缩，边搜索，白天摇旗呐喊，夜晚沿合围圈点火，控制山头，封锁要道，企图将我压缩到牟平县西南的马石山狭小地区聚而歼之。我根据地人民群众利用山头、森林分散隐蔽，主力部队留少数坚持内线，大部跳到敌占区或敌人已经“扫荡”过的地方开展游击活动，策应中心区的反“扫荡”。敌人扑到马石山，才发现我领导机关和主力部队已无影无踪。当时，一个班外出执行任务与我们失去联络，陷于合围圈内。他们为掩护群众突围，往返冲杀数次，最后剩下三个人，在班长带领下，高呼“打倒日本帝国主义”等口号，拉响手榴弹，壮烈牺牲！敌人合围马石山后，又利用胶东三面环海的地势，沿烟（台）海（阳）公路拉成一线，向东平推，直抵成山头。接着又“扫荡”烟（台）青（岛）公路以西地区。由于敌人兵力分散，纵深单薄，我广大军民用“转山头”、钻空隙等办法巧妙地摆脱了敌人。

日军大规模军事挺进达不到目的，又施行军事、政治、经济、文化、特务等手段密切结合的所谓“总力战”，企图用频繁的“扫荡”和稳扎稳打、逐步推进的“蚕食”政策，缩小乃至摧毁我抗日根据地。1940年底，敌人在我根据地建立据点1100多个；1942年底，敌人仅在鲁南就“蚕食”了苍山、码头镇和临沂、郯城、邳县广大地区，使我鲁南基本被压缩成“南北10余里，东西一线连”。在平原地区，敌以据点、碉堡为支点，构成纵横交织的公路网，并沿点线修筑封锁沟、封锁墙。在冀鲁边区，敌人建立了456个据点，平均每两平方公里、8个村庄就有一个据点，封锁沟墙共长1300多公里。各县、区、乡都被分割成若干碎块，每走30公里，要过8条公路，5条封锁沟，真是“出门见碉堡，处处是公路”。几乎没有一个村子不被迫向敌人缴粮、纳税。原来的根据地，完全变成游击区，我军活动极度困难。鲁中、胶东、清河、滨海、湖西地区，同样被敌人“蚕食”、分割和封锁。

敌连续的“扫荡”和大规模的“蚕食”，加上国民党顽固派军队的夹击，使我根据地受到很大损失，抗日军民遭到严重困难。南沂蒙纵横不过50公里的地区，在一次“扫荡”中群众就被杀害3000多人，牲畜被抢去1万余头，粮食被掠夺160余万斤，民房被毁5000余间。广大人民生活极为困苦，不少地区群众断炊。鲁中的泰山区和鲁南山区最严重。军民以米糠、地瓜蔓、树叶、草籽充饥。1941年、1942年是山东抗日根据地最艰苦的两年。到1942年底，我根据地人口减少到730万，面积缩小到2.5万平方公里，部队减员1/4，军械、弹药、被服、医药极端缺乏。有的部队夏天还穿着破棉袄，而冬天却打着赤脚。许多部队每个战士只有几发子弹。然而，我们并未被吓倒，在困难面前变得更加团结，更加坚强。这年8月，根据中央军委关于实行主力军地方化的指示，山东纵队改为山东军区，归一一五师指挥。山东根据地军民和敌人艰苦相持，拼死争夺。

三

正当山东战场处于最艰苦最困难的关头，1942 年夏天刘少奇同志代表党中央由苏北到山东，帮助中共山东分局总结斗争经验，提出了以后的斗争方针和任务，并对山东工作作了指示。

1943 年 3 月，根据党中央决定，山东实行党的领导一元化。罗荣桓任山东军区司令员、政治委员兼一一五师代师长、政治委员，黎玉任副政治委员，我任政治部主任。由山东军区统一领导山东我军主力和地方武装。不久，罗荣桓接任分局书记。1944 年秋，舒同由晋察冀调山东分局参加领导工作。各地区开展了整风运动，贯彻了精兵简政，实行了主力地方化，加强了小部队建设；深入减租减息，进一步调动了广大群众对敌斗争和生产的积极性，开展了以农业为主的大生产运动，加强了军事工业的生产。这些措施，为山东军民克服困难，渡过难关，粉碎敌人的“扫荡”和“蚕食”，恢复和扩大抗日根据地，打下了坚实的基础。

我军根据党中央“敌进我进”的方针，提出了“翻边战术”（即敌人打进我这里来，我们打到敌人那里去），以分散的群众性的游击战争和强大的政治攻势反击敌人，把斗争焦点引向敌占区。1943 年是“蚕食”与反“蚕食”最激烈的一年。敌人的“扫荡”仍很频繁。但是，进一步动员起来的千千万万群众，采用各种方式方法，向敌后之敌进军。在这一年，我们共攻克据点 300 余处，开辟了 5 万平方公里的新区，取得了全歼伪军刘桂堂部和解放郯城、赣榆城等辉煌胜利。

各地民兵在反“蚕食”斗争中进一步发挥了巨大威力。他们用“打、走、散、躲”和“打赚钱仗”等战术，广泛开展“麻雀战”和地雷战，对敌进行袭扰，取得了巨大成绩。特别是地雷战，使敌人无从捉摸，防不胜防。

在普遍开展的“飞行爆炸”运动中，民兵把大量地雷埋在敌人的交通要道上和据点周围，甚至埋在敌人的营房和操场里。敌人走大路大路炸，走小路小路炸，走崖头、山岭、海滩和庄稼地也挨炸。

我们还大力加强小部队建设，出现了许多被誉为“怀中利剑”“袖中匕首”的武工队、游击队。鲁南铁道游击队就是一面鲜艳的旗帜。在津浦路鲁南段和临（城）枣（庄）线上，人们时常看到，急驰的火车突然出轨，车头忽然相撞，满载物资的列车忽然前后脱节。有时敌人补给前线的武器、弹药、布匹、医药，就这样经过游击队员们的手送往根据地。这些列车英雄还常常出入敌占城镇，杀敌夺枪，猎取情报，破坏敌人的仓库，捕捉汉奸特务，进行宣传，在敌占区开展工作。抗战胜利前夕，这支部队已经发展到 2000 人，从敌人手中夺回 400 多个村庄。活跃在沿海地区的海上游击队，经常化装成渔民、船工，以短枪、匕首和手榴弹杀死敌人，夺取物资，破坏敌人的海上交通，有时挺进敌占岛屿或潜入敌占海港袭击敌人。

根据地广大军民还广泛开展政治攻势。我军常常在半夜将敌据点包围，向敌人喊话，或者利用敌人的电话线向日本士兵进行宣传。还专门编印了大批书刊和小说，封面印的是《说岳全传》，内容却是八路军杀敌的故事；封面是《京戏大全》，内容却是“身在曹营心在汉”或“伪军投诚”“纳粹毁灭”等宣传画。我军还开展伪军家属工作，掀起“索夫唤子”运动，组织伪属到据点去叫回丈夫、儿子，仅鲁中区在 1944 年中就瓦解伪军 6900 多人。在敌占区，发展为我们工作的“内线”，开展抗日工作。1943 年，我军利用内线关系赚开赣榆城门，一举将该城攻克。为了惩治死心塌地的汉奸，实施镇压和宽大相结合的政策，我们开展了“红黑点”“善恶录”的工作。凡暗中帮助我军者记红点，做坏事的登黑点，屡教不改的予以镇压。敌占区人民被伪军政人员压榨过甚的时候，就警告伪军说：“小心八路军给你来几个黑点！”敌占区人民在我党我军抗日行动影响下，唱出了充满信心的歌谣：“日本话不用学，再过一年用不着。”

总之，1943年是山东根据地在艰苦斗争中发展的一年。这一年，清河军区部队摧毁日伪军据点133个，毙伤日伪军3100余人，恢复了清河军区与冀鲁边区、胶东军区的联系。滨海、鲁中军区占领了沂蒙山区与诸（城）日（照）莒（县）山区，沟通了滨海、胶东、鲁中、清河军区的联系。11月，鲁中、清河军区部队先后粉碎日伪军1万至2.6万余人的“扫荡”。鲁南、滨海、胶东、冀鲁边等军区为策应鲁中、清河军区的反“扫荡”，展开攻势作战，先后全歼伪军第三师刘桂堂部和第七十一旅。12月，发起第二次讨伐吴化文战役，歼其800人，并攻克鲁山以南的东里店等20处据点。此外，还粉碎了国民党李仙洲部对冀鲁豫边区和鲁南根据地的进犯。这一年，山东军区部队共恢复和开辟7000多个村庄的地区，为开展攻势作战创造了有利条件。

为贯彻中共中央关于进一步巩固根据地，积蓄力量准备反攻的指示，八路军山东军区于1944年和1945年春夏，连续发动攻势作战，歼灭日伪军11万余人。伪军反正的1.1万余人，收复县城20座，拔除据点1200余处，扩大了根据地，沟通了山东各区之间以及与华中抗日根据地的联系，将日伪军压缩在城镇和主要交通沿线，为反攻创造了条件。

1945年8月8日，苏联对日宣战，山东我军立即编成8个师、11个警备旅和4个独立旅，兵分五路，踏着秋禾灿烂的原野，以排山倒海之势，向胶济、津浦、陇海路沿线各大小城市猛进，我军所到之处，广大青年配合我军报仇雪恨，父老妇孺箪食壶浆欢迎我军。山东党政军民领导机关号召解放区青年、妇女、各人民团体，分别担任各种战时勤务，号召敌占区同胞组织起来配合我军解放家乡，号召工人举行武装起义，里应外合收复城市。同时以20万民兵组成子弟兵团支援前线和维持新解放区治安。仅一个月，我军就收复临沂、曲阜等县城46座，烟台、威海等海口、商埠6处，歼灭日伪军6万余人。到抗日战争胜利结束时，山东根据地已拥有2400万人口，12.5万平方公里的土地；我军发展到27万人，民兵50万人。在战火中诞生和发展的山东根据地，像雄狮般地巍然屹立。

张宗逊

实践证明，我们必须发动全民全面抗战，以游击战配合正规战，逐步削弱敌人，在战争中锻炼壮大自己，就一定能够取得最后胜利。

- 1908年生，陕西渭南人。
- 1926年，加入中国共产党。
- 1937年全面抗战爆发后，任八路军第一二〇师三五八旅旅长，转战于晋西北、五台山地区。
- 1938年10月，率部在晋察冀边区开展反“围攻作战”，在滑石片伏击战中歼灭日军700余人。12月，率部赴冀中地区，参与粉碎日伪军“扫荡”和消灭进犯根据地的国民党顽固派。
- 1940年夏，率部参加百团大战。11月，兼任晋西北军区第三军分区司令员，积极开展反“扫荡”斗争，巩固了晋西北抗日根据地。
- 1955年，被授予上将军衔。
- 1998年9月14日，逝世于北京。

滑石片歼灭蚋野大队之战*

张宗逊

1938年9月10日，晋中的敌人第二次占领离石、军渡，炮击黄河对岸的宋家川。三五八旅奉命到方山以南地区活动，以配合河西的守备部队，阻止敌人扩大其占领区，防止敌人西渡。

9月下旬，日军在“中攻武汉、南取广州、北围五台”的作战方针指导下，沿平汉、正太、同蒲、平绥铁路，分二十五路向晋察冀边区北岳区的五台、阜平、涞源等中心地区大举“围攻”，妄图分割摧毁晋察冀抗日根据地。9月29日我接到师部电报：敌集结重兵向晋察冀边区进攻，十八集团军总部命令一二九师和一二〇师配合晋察冀兄弟部队作战，粉碎敌人的进攻。师部命令三五八旅担任配合任务。

10月初，三五八旅旅部即率七一六团和七一四团，从晋西北的方山地区出发，昼夜兼程东进。10月4日，进到同蒲路西侧忻县南北沿线活动。10月8日，七一四团进到平社附近袭击了车站。10月10日，七一六团以一部兵力袭击龙泉庄的敌人据点，并破坏了一段铁路。10月14日，贺师长、关向应政委来电，命令三五八旅主力越过同蒲路以东，进入晋

* 本文节选自《张宗逊回忆录》，解放军出版社2008年版。

察冀边区，归聂荣臻司令员指挥，粉碎敌人的“围攻”，把敌人逐出边区。

10月下旬，三五八旅由忻县西侧的鱼龙沟、杨胡村地区出发，经恩西、白水，在高村、黄寨之间秘密越过同蒲铁路，转移到五台县以南的当地群众叫作“窑头”的地区，该地区出产焦煤。这一线有几个村子，旅直和七一六团驻寨里村、中庄村，七一四团驻白家庄、脑上。部队一到，马上在边区群众协助下封锁了消息，积极侦察敌情、熟悉地形，准备在五台到河边村一带寻机歼灭敌人。

当时，旅部的电台只能和一二〇师师部联络，和晋察冀军区电台还联络不上，消息只能靠一二〇师电台转达。我们只知道五台县城里有敌人，驻地周围的敌情到底怎样，全不了解。11月2日，旅部派七一六团参谋长刘忠带一个骑兵排，冒着风雪到五台一带侦察，准备寻找机会攻打五台的敌人。

11月3日，风雪停了，我们焦急地等待消息。中午时分，刘忠回来了，他说，五台的敌人主力蚋野大队和周围据点的敌人共700余人，昨夜从五台出动，向东进犯，今天凌晨偷袭了高洪口的晋察冀军区二分区五大队，当地军民受到一些损失。同时，二分区司令员赵尔陆通过电话得到上述情况派人来联系，也证实了这股日军动向的消息。那时，晋察冀军区各分区都有一条秘密电话线路和军区直接联络，他们是利用拆来的国民党的电话线，架到远离公路、村落的偏僻山上，敌人不容易发现破坏，这个办法后来我们也用到晋西北根据地。

得到敌人的消息以后，大家都非常振奋。我和张平化主任，七一六团黄新廷团长、廖汉生政委一起研究。我们判断这股敌人是孤军出动，没带多少给养，后方空虚，必然迅速退回原来据点；敌人经过整夜长途行军，3日必然要在高洪口休息，估计3日晚或4日早一定要撤退；按敌人以往的行动规律，必然按原路返回。我们从地图上看，从高洪口到五台，必须经过滑石片，这里是两山之间夹着一条长达数里的山沟，道路就从沟底通过，沟深路窄，我军在此设伏，以短兵火力突然开火，即可陷敌于不利地位。从我们驻地到滑石片却要走 50 里，从高洪口到那里只有 20 里，而我们还摸不准敌人撤退的时间，必须抢在敌人前面到达设伏地区，起码也要和敌人同时到达，打个预期的遭遇战也好。因此，关键的一着是要动作快。于是，我决定，七一六团担任伏击部队；七一四团赶到滑石片西北，负责警戒五台方向准备打援。限定各部队在一小时之内出发。

任务下达的时候，各连队已经做好了晚饭，战士们都说，不吃饭了，打敌人要紧。下午 4 时，七一六团各营就先后从驻地出发了，从获得情况到部队出发仅用了两小时。

11 月初的五台山区，已经刮着凛冽的寒风，漫山铺满白雪。部队在当地老乡带领下，抄捷径向前疾进。各连的干部一边行军，一边跑前跑后进行政治动员。队伍前进的速度更快了。

旅部和七一六团只用了四个多小时，就走完了 50 里山路，在晚 9 点登上了滑石片以西高地。我们借着朦胧的月光，但见两座高山夹着一条狭长的沟道，弯弯曲曲由东南向西北伸展，沟道宽约二三十米，西面是高三至四米的陡崖，不易攀登，东面坡度较缓容易上下。我军只要占据了西面有利地形，就可以用火力封锁敌人，他们就无法爬上东坡，这里的确是打伏击的好地形。就不知道敌人过去了没有，这时侦察员跑来报告，敌人来了。黄团长、廖政委立刻命令部队按原定的部署展开。第三营拦头，迅速占领滑石片西北高地，并以一个排占领大沟东侧高地，卡住沟口，堵住敌人去路；第二营设伏在滑石片附近大沟西侧，准备拦腰打击敌人的行军纵队；第一营在滑石片东南大沟的西侧隐蔽设伏，和第二营部队相接，待敌人进入伏击地区，战斗打响后堵击其尾部；旅和团的指挥所就设在大沟西面的西天和附近。

战斗命令一下达，各连队就迅速跑步向山下预定地点展开。这时，远处就传来一片皮鞋和马蹄走在石子路上的嘈杂声，敌人进沟了。不一会儿，嘈杂的人马声已经来到山下，还夹杂着牛、羊、鸡、鸭的鸣叫声。这些日本兵在高洪口抢掠一番，正洋洋得意，边走路嘴里还叼着烟卷，行军警戒极为疏忽，入沟后一点也没有发觉我军的埋伏。看到这种情景，战士们都按捺不住满腔怒火。黄团长狠狠地说:“看你们还能猖狂多久！”为了指挥方便，团指挥所移到第三营阵地方向。

第三营各连队下到陡崖上时，敌人的尖兵分队十几个人已经过去了，九连几十个精壮小伙子组成的突击队猛扑到沟里，用步枪、机枪、手榴弹一齐向敌人打过去。骄横的日军做梦也想不到八路军会在这里冒出来，顿时人喊马嘶，乱作一团，过了一会儿，敌人集中全部骑兵，向九连正面冲来，企图突出沟口。眼看九连突击队的火力压不住敌人，黄团长对第三营营长王祥发说：“往下压！”王祥发把棉衣脱下往地上一甩，挽起衣袖，一手提驳壳枪，一手拿手榴弹，大吼一声：“十一连跟我来！”战士们像一阵风似的跟着他扑下去。九连长曾祥旺也带两个排，从侧翼向下压。片刻，山下响起了猛烈的手榴弹爆炸声，在团团闪亮的火光中，战士们端着刺刀和敌人展开激烈的白刃格斗，使敌人无法发扬火力，王祥发营长果敢沉着地指挥第三营指战员接连打退了敌人的五次冲击。

与此同时，第二营在营长蔡九和教导员黄新义带领下从大沟西侧向下压，和一个劲向前涌的敌人遭遇，走在前边的第八连连长李家富、指导员徐文礼，没等上级号令，就带着全连跑步接近敌人，勇猛冲杀，把敌人拦腰截断。第二营其他连队紧跟着从山上插下去，用手榴弹和机枪、步枪火力，向敌人侧翼冲击。第五连连长巴尚真和指导员万在明率领全连，硬是在敌人中间突过去，飞速占领了东侧山坡上的一个小庙，控制了制高点，把向东坡上爬的敌人打得滚回沟里。

第一营三连在敌人后尾过完之后，也迅速向敌人侧后包围攻击。敌人正面和侧翼被第二、三营打得死伤狼藉，向前冲不出去，后尾的又转过头来往回突。随后，第一营阵地的枪声越来越密。刘忠参谋长抢着跑向第二营，带上一个连奔向第一营的阵地。

战斗进行到白热化，各连队发扬了我军夜战近战的特长，战士们个个勇敢，人自为战，经过两小时激烈战斗，就将敌人的行军纵队分割成数段。大部敌军被迫躲在陡崖下进行垂死挣扎，少数退到沟西北的石沟村几间土屋里困守，根本没有反击能力了。

这时，敌人已经被打得非常混乱，绝不能让他有整顿组织、恢复指挥的机会。我到团指挥所下达了总攻击的命令，全团冲下去，彻底消灭这股敌人。顿时，嘹亮的冲锋号声四起，战士们端着雪亮的刺刀，喊着“冲呀！杀呀！”像猛虎下山似的冲入沟底，与敌人展开激烈的搏斗，以刺刀和手榴弹最后歼灭被分割的敌人。

第三营九连排长覃学良，率领全排冲向石沟村。快接近村屋时，敌人拼命以机枪扫射，负隅顽抗。覃排长领着战士们冒着弹雨冲到土屋跟前，几个战士迅速爬上屋顶，把一束束手榴弹扔到屋里，炸得敌人嗷嗷怪叫。敌人的机枪哑了，没被炸死的敌人再也不敢待在屋里，发狂地往村外跑。第三营的其他连队也赶到村前，这些日本溃兵有的被刺死，有的当了俘虏。

第二营的陡崖下有三户窑屋，一伙敌人被困在里边，第六连连长周绍训领着战士们冲进屋内，把敌人全数消灭。但见屋里有敌人没来得及架起来的电台，几笼军用信鸽也没顾上放出去。七一六团各连队和敌人进行了终夜的格斗，在拂晓前将敌人全部消灭。只有二三十名残敌绕到北边的灰窑沟，逃出了伏击圈。

七一四团驻白家庄，距离滑石片西边凤凰山的南院村有 100 多里路，接到命令后就马上出发。经过整夜急行军，4 日拂晓才到达南院村附近，正遇着从滑石片逃出来的几十名敌人路过，立即派一个营跟踪追击。这时，五台方向有一小股敌人出动向滑石片增援，和几十名残敌会合。

七一四团马上投入战斗，给这股敌人以迎头痛击。敌人被打得狼狈不堪，扭头就往五台城逃，七一四团紧紧追击，一直撵到五台城下。

4 日早晨，万道霞光照耀着滑石片四周的远山近村。彻夜的枪声停止了，恢复了宁静的山沟里，到处横七竖八地倒着日军士兵和军马的尸体、敌人带着的山炮、小炮（日式掷弹筒）都完好地驮在军马背上，来不及卸下来，毒瓦斯弹、烟幕弹、残刀断枪和军用给养品扔得遍地皆是，疯狂一时的蚋野大队被消灭了。七一六团的战士们在附近的群众帮助下迅速打扫战场，几个战士好奇，把缴获的两只毒气发射器弄响了，毒气冲着团指挥所飘来，我和黄新廷团长、廖汉生政委都第一次吸着这种毒气，幸而及时发现走开了，弄了一场虚惊，没有造成伤害。七一六团打扫完战场就开往高洪口。

七一四团在4日夜间袭击了五台城，因为敌人严密戒备，没能攻进去。城里的敌人却吓坏了，彻夜向城外打枪打炮，消耗了不少弹药。七一四团当夜也开到高洪口集结。

到了高洪口的当天，旅部才和晋察冀军区二分区用电话联系上，通过他们向聂荣臻司令员报告了战斗情况，同时也通过电台向一二〇师贺龙师长作了汇报。滑石片伏击战，歼灭了敌人一〇九师团第一三五联队的蚋野大队长以下 700 余人，俘敌 21 名，缴获山炮 2 门，小炮 4 门，轻重机关枪 30 余挺，步马枪 340 余支，战马 153 匹，电台一部，其他军用品甚多。七一六团的一些连队在高洪口整齐地穿上缴获的日军呢大衣，摆上缴获的武器，高高兴兴让晋察冀军区的记者照相，这张照片保存下来了。后来回到晋西北，国民党当局派驻一二〇师的上校联络官陈宏模不相信我们取得的胜利，贺龙师长嘱咐给他两件日军呢大衣和一柄日军军官指挥刀。在实物面前，这个联络官才哑口无言。

滑石片战斗的胜利，在晋察冀边区的五台、定襄、忻州地区影响很大。群众争相传递胜利消息，聂司令员让边区政府专门派人来慰问，地方群众和部队联欢祝捷；还有“延安参观团”的王智涛、《大公报》记者、“联合国赈灾委员会”于璞等三人也专门前来慰问伤员，给慰问伤员费100元大洋。

11月7日，晋察冀边区粉碎敌人25路大“围攻”胜利结束。日本侵略者“北围五台”的幻梦宣布破产，只落得个损兵折将的下场，狼狈地逃出边区。三五八旅在高洪口稍事休整之后，于11月下旬返回晋西北。这次胜利对国民党骑一军军长赵承绶和部队也有很大震动，赵承绶把他的部队家属基地静乐县娄烦镇让出来给三五八旅驻防。我们经过骑一军防区的时候，国民党官兵都围拢来看我们的战利品。

抗战初期，国民党给了一二〇师两挺丹麦造的反坦克炮和两挺机关炮，师领导把这些炮交给三五八旅编了一个旅直炮兵连。这次利用缴获的山炮和小炮，把炮兵连扩编成旅直属炮兵营。

滑石片战斗，大体发生在三五八旅抗战一周年的时候。第七一六团以比敌人稍多的兵力，以劣势的火器，歼灭了优势的敌人，自己仅伤亡几十人，用事实为三五八旅做了一个总结，在这一年作战中，我们掌握了日军作战的规律，如作战战术完全按正规训练的那一套，行动刻板，带的装备较多，虽然后来减少了一些辎重，但也只能依靠汽车在公路和乡村大道活动，袭击的距离也不敢超过一日行程，往返都是一条路，作战方式是夜间接近，拂晓前形成包围，然后在空军或炮兵配合下进行攻击。另外，日军的致命弱点是和群众对立，得不到我军行动的确切情报。我们进行伏击战就是充分利用敌人战术上的刻板和弱点，以秘密迅速的动作，给敌人以意外的打击。滑石片战斗在群众帮助下，使我军能准确地判断敌人的行动和路线，果断地掌握战机；部队行动迅速，已经做好的饭也顾不上吃，连续行军24小时没有吃饭，七一四团一昼夜行军180里路，又马上投入战斗，这都是新型的人民军队才具有的优秀素质：在战斗中，各级指挥员都发挥了高度机动灵活的战术，弥补了情况变化中，上级指挥的不足，如营长王祥发率全营击退敌人五次以上的冲锋，使敌人始终不能突围；战士们的英勇顽强，猛打猛冲，人自为战，发挥了近战夜战的优良传统，使敌人优势的装备火力发扬不了，从而分割敌人、逐个歼灭敌人。这次战斗证明了毛主席的“基本游击战，但不放松有利条件下的运动战”战略方针是英明正确的。

忆陈庄战斗

张宗逊

1939 年 9 月初，我一二〇师三五八旅的四团、独一旅的二团、独立一支队及津南自卫军等部，奉命由冀中平原转到平汉路西，在群众的掩护下进行整训，准备执行新的战斗任务。

就在这时，聂荣臻司令员和关向应政委来信通知，敌人正调动兵力，有向我进犯模样，要我们在北岳区军民协助下，粉碎敌人的进攻。同时告诉我们，各地的地方武装、后方机关、学校和群众，也都作了反“扫荡”的准备。

果真像聂、关首长所料，驻守正定、无极、行唐和灵寿等地的日军步兵独立三十一大队和伪军守备队共约 1500 余人，突然于 24 日集中于灵寿，企图袭击陈庄，捣毁我军后方机关，破坏我根据地建设。

陈庄，位于鲁柏山区的西侧，磁河北岸，距离灵寿仅百余里，是我晋察冀边区比较大的集镇之一。许多机关、学校、团体都设在陈庄附近。在这以前，敌机曾四次轰炸陈庄，敌军曾一度进扰。这次陈庄又是敌军进犯的目标。

从灵寿到陈庄，除几条绕行道路外，主要道路是经慈峪镇到陈庄的一条。我们按常规估计，敌人会经慈峪进攻陈庄。因此确定，除以四团进至口头镇以南地区，向行唐、曲阳方向警戒以外，其余各部集结于北谭庄至岔头一线两侧的山岭上，布成一个袋形阵势，等待来犯之敌。

25日早晨，隐约的炮声自南方阵阵传来。不多会儿，我们接到报告：敌已自灵寿出动。

就在这时，贺龙师长带着一二〇师师部和七一六团也由冀中回到了北岳区。这就更加增强了我们战斗的力量和胜利信心。

在慈峪镇附近，我们只有四分区五团的一部在那里警戒，对敌人本来没有多大的阻力。可是，敌人却像示威一样，几乎用出了全部火器，作正式进攻。敌人占领了慈峪。我们命津南自卫军逼近敌人，且战且退，诱其深入。敌人的炮火更加炽烈了，消息也不断传来：

“敌人进占北霍营！”

“敌人进到了东西伍河！”

“……”

敌人向着我们设伏的方向来了，我们等待着，等待着……从中午等到黄昏，连敌人的影子也没等到。这是怎么回事呢？

原来敌人进至南谭庄以后，便停止前进。当夜，津南自卫军曾以白头山为依托，几次向南谭庄之敌发起攻击，诱敌出战。然而，狡猾的敌人只以火力还击，不肯前进一步。

敌人不肯上钩，我们只好抑制着急切的求胜心情，把胜利推迟到明天了。不料，次日上午敌人仍按兵不动。下午4点钟，南谭庄、东西伍河和北霍营一线的敌人却出乎意料地全部退回慈峪镇去了。傍晚，情况又有了新的变化，四分区五团转来的电话说：慈峪镇的敌人正向灵寿撤退，大炮、辎重已退去很远。

难道敌人真的会这样轻易撤走吗？分析各种情况，回答是否定的。

日军和我们打交道已经整整两年了。两年来，他们在八路军和新四军面前吃尽了苦头。敌华北方面军司令部给其部属的一份指示说：“……

对付八路军必须采用一套新的战术，找准敌人的弱点，出其不意，以大胆勇敢精神和动作，进行包围、迂回、欺骗、急袭，在近距离进行很快的奇巧袭击……”看目前敌人的行动，可能正是采取“新战术”哩！突然撤退，不过是一种假象。

27日一早，军区司令部从电话里告诉我们：敌人只留下几百人控制慈峪镇，主力1000多人正沿小路向陈庄疾进。……这完全证实了我们昨夜的判断。

敌人的花招是徒劳的，既没有达到迷惑、欺骗、暴露、调动我军的目的，也没能破坏我军后方机关。因为驻陈庄的我军机关、群众早已做好了坚壁清野的准备。正像贺龙师长对敌人“新战术”的评价：“班门弄斧！”贺师长用电话指示我们：敌人是孤军深入，北无据点接应，南边接济也十分困难，因此它在陈庄不敢久留。敌回窜时，必须抓紧战机，在运动中把它消灭掉！

遵照贺师长的指示，我们立即作了部署：津南自卫军以一个营绕道小路尾敌前进；其余继续控制白头山、北谭庄以南阵地，严密监视慈峪镇的敌人；主力二团、七一六团、一支队等部，即刻顺大路向陈庄方向前进。

下午，我各部先后赶到陈庄外围。扰敌的部队也派出去了。但是，还有一个关键性的问题摆在我们面前：敌人会从哪条路逃跑呢？根据过去的经验，向我根据地进攻的敌人，往往是从哪条路来再由哪条路回去。我们也正是依据这条规律设伏，取得了不少胜利。但是敌人的行动开始有了变化，我们却不能不重新考虑：既然敌人来时耍了一套“花招”，那么走的时候也可能来个“新战术”——改变过去的老规律，不走来时的小路，而顺东南的大路逃跑。敌人这样做，既可避免像过去一样遭我伏击，又可与慈峪之敌相呼应。

敌变我也变！我们决定改变以往在敌来路上设伏的做法，确定以二团和七一六团在陈庄以东占领磁河两岸的高地，严密控制敌人东逃的大路。为了防备万一，另以一支队的三营进至陈庄以南的长峪，准备堵截可能由来时小路逃跑的敌人。一支队的另一部顺大路向陈庄靠拢，占领陈庄东侧的七祖院，与敌保持接触。这一方案经师部批准后，部队便开始调动。

占领陈庄的敌人，以为他们的“新战术”取得了胜利。后来在缴获的敌人文件中发现，敌大队长田中省三郎在这天的日记里写道：“……不经大的战斗而占领陈庄，这是指挥者的天才……”实际情况是怎样呢？陈庄附近的机关、学校和群众早已转移了。800多户的村镇上看不到一个人影，找不到一粒粮食，家家户户都空空荡荡，什么也没有，而满街的墙壁上却到处涂写着大字标语：“打倒日本帝国主义！”“把侵略者赶出中国去！”入夜，我一支队和原驻陈庄的“抗大”二分校，又分别从东西两面不断向陈庄袭扰。敌人找不到一个老百姓，得不到任何情报，只是躲在村里盲目还击。

28日拂晓，陈庄上空腾起了冲霄的烟柱——敌人放火烧房子了。这是敌人逃跑的信号，我们命令部从马上准备战斗。

约8点钟，陈庄方向传来了密集的枪声。侦察人员报告：“一支队在七祖院打上了。”根据情况判断，敌寇大概要顺大路向东跑。

这个消息实在令人兴奋。可是，半个钟头以后，独一旅来电话说：“一个侦察参谋亲眼看见，敌人的主力已渡过磁河，正向南顺来时小路退去。”接着，一支队也报告：向七祖院进攻的敌人已经后撤，正涉渡磁河，准备南逃。好狡猾的敌人，果真又来了一个新花样。

综合各方面情况，经过缜密的分析，我们仍肯定原来的判断：敌人并没有发现我军的位置，更没有觉察我军的部署。因此，他们向来路南逃的可能性很小。但是为了慎重起见，我们还是指令二团再抽些部队赶往陈庄西南的长峪一线，防止敌人真由来路逃走。

一个钟头以后，前沿侦察部队送来了报告：敌人又转换了方向，利用河边的芦苇树丛作掩护，正沿着磁河南岸鲁柏山脚下的大路向东逃跑。大家不约而同地长吁了一口气：敌人到底还是朝着给它安排好的死路上来了！

战斗很快打响了。开始，敌人以为我们受了他们“新战术”的欺骗，主力集中在来路上，这里只不过是些小小的游击队，因而并不在意，大摇大摆地向东逃窜。但当它进至冯沟里一带时，却遭到我七一六团的猛烈阻击，再也前进不动了。向长峪急进的部队，听到这边的枪声，也从敌人屁股后面追来。敌人开始慌乱了。

七一六团一营据守的阵地，是伸向磁河的一个突出而又光秃的小山包，像一扇闸门一样，死死卡住敌人东逃的大路，对敌威胁极大。敌人为了夺路逃跑，以两个中队的兵力向这个小小的山包发起了连续的强攻。于是，这里展开了一场激烈的争夺战。我一营从中午一直打到下午 4 点，先后向敌人进行了四次冲击、三次肉搏，阵地坚如磐石，始终紧紧地掌握在我们手里。敌被压在河沟里，成群地挤在一起，火力发扬不了，又无处藏身。据守在北山上的我军部队，则越战越勇，以猛烈的火力射击。敌军一批接着一批倒在淤泥里。

敌人丢下了数百具尸体，好容易闯过了这一关，却又落入了一个更大更紧的包围圈里。敌军向右冲，被我二团顶回；向左突，又被我七一六团另一部杀退。南面是陡峭的鲁柏山，其他三面都有我们的部队堵击。敌人被紧紧压缩在坡门口一带的几个村落里。

这时，老乡们送饭的送饭，送水的送水，有的扛着担架，翻山越岭，从四面八方来到了阵地上。群众的热情，给部队很大鼓舞。战士们吃饱了饭，喝足了水，借着夜色的掩护轮番袭击敌人。鬼子又饥又渴又累，几次企图突围，都被打了回去，只得依靠村子垂死挣扎。

直至最后，敌人还幻想着以出我意料的行动来逃脱被歼的命运。次日上午，他们集中全力，拼命往鲁柏山上爬去。鲁柏山又高又陡，他们趴在光秃秃的山崖上，既无掩护，又无依托，我军以各种火器猛烈射击，又给了敌军很大的杀伤。敌人爬到山顶时，辎重和重火器全部丢掉了，活着的也只剩下二三百人了。

残余的敌人满以为爬上了鲁柏山就可摆脱我军的重围，从山背后溜走。可是，四分区的五团早在山后的万寺崖堵住了敌人从这里的逃路。民兵、游击队和群众卡住了所有的大小山沟和荒僻小道。敌人被围困在方圆不过一里路的山顶上，无粮无水，又缺弹药，而且不断受到我军火力杀伤，处境更加困难。只好不住地呼救。从战后缴到的敌人的电文中知道，他们垂死前曾哀鸣："现在西侧鞍部苦战中。刻下身边忧虑，望至急以飞机送弹药粮秣，并增派讨伐队。"

敌机倒是来了，在上空绕了几个圈子，丢下了几大包弹药和饼干，但大部分都落到我军阵地上了。"讨伐队"其实也早来了。慈峪镇的敌人最多时增至800多，不断向津南自卫军扼守的白头山阵地攻击，但均被击退。

下午，贺师长来到我们指挥所。我们按照他的指示发起了总攻。霎时间，鲁柏山上枪炮齐鸣，杀声震天。五连战士们首先冲上山去，接着，后续部队陆陆续续冲上来和敌人展开了白刃战。敌人在我军勇士们面前，死的死，伤的伤，大部就地被歼。剩下的十几个钻进了偏僻的山沟中，最后也被民兵、游击队一一捕获，无一漏网。

在我军民协同一致的行动下，敌人又一次遭到了可耻的失败！

陈再道

自我们踏上冀南平原开展抗日战争以来，深受冀南人民的拥护和爱戴。冀南部队在党的领导下，在抗日战争的烽火中，逐步锻炼成一支坚强的抗日武装。

● 1909 年生，原名程再道，湖北麻城人。

● 1928 年，加入中国共产党。

● 1937 年全面抗战爆发后，任八路军第一二九师三八六旅副旅长。在刘伯承率领下，参与指挥长生口、七亘村、黄崖底等战斗。同年 10 月，任八路军东进纵队司令员。

● 1940 年 8 月，任冀南军区司令员，率冀南部队 10 个团参加百团大战，对平汉路、德石路进行破袭战。领导巩固和发展冀南抗日根据地。

● 1955 年，被授予上将军衔。

● 1993 年 4 月 6 日，逝世于北京。

反击敌人十一路围攻*

陈再道

为了巩固冀南抗日根据地，加强对敌斗争，1938年12月21日，刘伯承师长率师直和三八六旅补充团、先遣支队三大队等，从太行山来到冀南，直接领导我们对敌斗争。随同刘师长来冀南的还有师参谋长李达同志。邓小平政委在参加了党的六届六中全会之后，也来到冀南。12月30日，在威县落户张庄召开的干部会上，邓政委传达了六中全会的精神。强调了在抗日民族统一战线中，必须坚持党的独立自主的原则和放手组织人民抗日武装，以及坚持与国民党既团结又斗争，以斗争求团结的方针，批判了以王明为代表的只讲联合不讲斗争的右倾错误。对冀南的工作，邓政委提出了要依靠群众，依靠乡村，坚持冀南游击战争，坚持民主阵地的方针。并提出在新的环境及艰苦局面下，要加强党的工作，坚持党的六中全会精神，细心地大胆地创造新的工作方法，以适应新的环境和艰苦、复杂的局面。邓政委还强调指出，要加强地方党和军队党的团结。

六中全会的精神和邓政委对冀南工作的指示，提高和统一了干部思想，对坚持冀南的艰苦斗争起了重要的指导作用。

---

* 本文节选自《陈再道回忆录》，解放军出版社1988年版。

会议期间，刘师长听了我和任穷、菁玉、秀峰等领导同志的汇报。当宋任穷同志说到冀南人民抗日情绪很高，有的老太太用白面做成小日本鬼子，放在锅里煮的故事时，刘师长说："这里群众真不错嘛，连老太太、小娃娃都发动起来了。坚持冀南抗战，军队是骨干，但孤军作战不行。还有两件关键的东西：一是改造地形挖道沟，我看你们挖的道沟，已构成网，这是具有战略意义的创举。再一个是党政军与人民相结合，正如向前同志说的，造成'人山'，这是最重要的。军队要成为密切联系群众的模范。"

我们汇报完后，刘师长最后说："现在日军的第十师团已经从武汉回到了邢台、邯郸一带，看样子是要'扫荡'冀南。我们当然不能让他舒舒服服地抢占地盘，得给他点颜色看看，摆个'八卦阵'，跟他'斗斗法'。"

传达六中全会的会议刚结束，敌人就开始调第十师团主力、第一一〇师团、第二十七师团、第一一四师团各一部及伪军共3万余人，由平汉、津浦两线，分11路对冀南进行大规模的围攻。

刘、邓、徐首长和一二九师的主力部队这时大部分都在冀南地区。师首长直接指挥我们作战，我心里很高兴。

1939年1月11日，师首长召集区党委、军区和行署的领导同志，研究敌情和作战的初步部署。我们一进办公室，师的几位首长正在看墙上挂着标有敌我态势的地图，看见我们来了，忙叫我们坐下。

刘师长看了看我们，然后说："看来这次敌人来头不小，大有一口要把我们吃掉的样子；不仅要把冀南吃掉，还想要吃掉鲁西北呢！可惜敌人的胃口太小，哪能吃那么多。我们要以小部队与敌保持接触，寻机集中主力歼敌。"

接着，徐副师长讲了我军作战的具体部署。

最后，邓政委要求我们要加强群众工作，组织群众参战。并向广大群众和友军说明共产党八路军坚持冀南抗战及作战方式，以免引起群众对我军的误解和给友军制造摩擦的借口。

根据师首长的部署，我率青纵一、二团和二、四分区的部队，阻击由邢台东进之敌。并派主力一部，带领地方武装游击于柏乡、内邱、任县地区，袭扰敌人。

陈赓、宋任穷、李聚奎等同志所率各部也都分配了具体游击地区。

北方的寒冬，朔风凛冽，寒气逼人，但干部、战士的战斗热情都很高，磨刀擦枪准备迎击敌人。

在巨鹿和广宗县交界处有一片树林，是部队隐蔽的好地方。在这片树林的一个村子里，我和青纵的徐深吉、吴富善等同志具体研究了作战部署：以主力一部在分区基干部队和地方武装配合下，阻击和袭扰敌人，而将主力摆在巨鹿、广宗间之机动位置，待机歼敌。

这次敌人“扫荡”的特点是稳步前进，即占领我城镇后，便留下守备部队修筑碉堡、公路，建立伪政权，妄图将我军压缩到狭小地区内消灭或驱逐之。这时，由平汉路出动之敌已占领了平乡、任县、南和等县城，及滏阳河上的主要渡口，切断了冀南与太行山的联系。

1 月 13 日，敌由任县之邢家湾进攻巨鹿城，遭我二分区部队昼夜不停的袭击，16 日才进占巨鹿城。邢家湾到巨鹿只有 40 里，敌人竟用了三天时间才占领。由平乡东犯广宗、威县之敌，被我青纵一部阻击达半月之久，敌不得不增调 2000 多人，分三路向我进攻才占了这两个县城。由石家庄出动之敌，企图配合宁晋县之敌占领束鹿和新河县，被我冀豫支队和一分区李林支队阻击达 20 天之久，毙敌 200 余人。

其他各路进犯之敌，也遭到我军有力的打击。由邯郸出动之敌，在曲周以南之安儿寨，受到陈赓同志率领的三八六旅等部队的猛烈攻击，歼敌步骑兵百余人，在邱县之古城营、广宗之后旧店等地，又歼敌百余人，击毁敌汽车两辆。

1939年2月2日，津浦线之敌由德州、泊镇出动，沿途也遭到我东纵及五分区部队有力的打击，毙敌数十名，曾一度收复武邑、阜城两县城。2月9日，东西两线之敌，在飞机、坦克的掩护下，合击南宫、冀县、枣强中心地区。冀南地区的所有县城遂为敌全部占领。

日军在这次"扫荡"中，对我根据地人民进行了血腥的屠杀，令人目不忍睹。特别是对我妇女、儿童的兽行，尤为残忍。有的妇女被轮奸后，用刺刀刺死。有的新生婴儿被杀死在肢体破碎的母亲身旁，有的被杀死在母腹之中。这就是日本法西斯要在中国建立的"王道乐土"！

敌人的疯狂"扫荡"，残酷镇压，并没有吓倒英勇的冀南人民，我军在人民群众配合下，不断打击敌人。

2月10日，陈赓旅长指挥三八六旅新一团、补充团和韦杰同志率领的六八八团及冀南部队一部，在威县以南香城固地区伏击日军。当威县出动之敌第十师团四十联队的一个加强中队，进至我伏击圈时，遭我埋伏部队的猛烈攻击，经八小时的激烈战斗，将日军大部歼灭。计毙敌大队长以下200多人，俘日军7人；缴获山炮、迫击炮各1门，九二步兵炮2门，长短枪数十支。我军伤亡50余人。

刘师长对这次战斗非常赞赏，称这次战斗是"平原的模范伏击战"。

2月24日，宁晋县之敌200余人，附炮2门，向该县之大杨庄一带"扫荡"，夜宿大杨庄。那时我率东纵二团，在大杨庄以南一带活动，当得知这一情况后，认为敌人孤军深入，而援兵又不能很快赶到，便集中东纵二团、冀豫支队一、二团及地方武装一部，歼灭该敌。战斗打响后，敌凭借房屋，顽强抵抗。我逐屋向敌冲击，将敌压缩在一个院子里。这时敌援兵已出动，我即令部队从四周将房子烧着，在熊熊的大火中，除少数敌人逃窜外，大部葬于火海之中。经昼夜激战，消灭敌百余人，缴获山炮一门，其他武器等。我伤亡60余人。

至5月中旬，我军共进行大小战斗400余次，毙伤日伪军5315人，俘日军7人、伪军79人，缴步枪310支、轻机枪10挺、炮5门，击毁敌汽车49辆，破铁路103里、公路48里。

我们也付出了相当大的代价，伤亡了4000余人。在阵亡将士中，至今使我难忘的是东进纵队政治部主任邓永耀同志。

3月5日，武邑县之敌近百名，向城东徐沙村、西屯地区“扫荡”。邓永耀同志率东纵三团驻在这里。发现敌人后，邓一面派部队掩护群众转移，一面亲率一个排，由徐沙村到西屯侦察地形，占领有利地形，准备伏击敌人。但敌由徐沙村进至西屯西南一片坟地时，发觉了我军。邓永耀同志立即下令还击，打退了敌人第一次冲锋。恼羞成怒的敌人，连续向我进行疯狂的反扑。正当紧要关头，几颗无情的子弹打中了邓永耀同志的头部和腿部。邓永耀同志当即昏倒在地。两名警卫员立即将他背到一个小土坑里。邓永耀同志苏醒后，以低沉急促的声音对警卫员说：“我不行了，不要管我！叫部队快后撤，我来对付敌人！”说着他举起手枪向冲来的敌人射击。在他生命垂危的时刻，他想的不是自己，而是部队的安危，这种崇高的精神是邓永耀同志一生的写照。邓永耀同志终因伤势过重，流血过多，与我们永诀了。为邓主任报仇的怒火燃烧着每个干部、战士，他们举起大刀，上好刺刀，向敌人冲击，将敌人打退，数十名日军做了刀下鬼。

我听到邓永耀同志牺牲的噩耗，肝肠寸断，彻夜难眠，第二天便赶到武邑县的邓庄，向邓永耀同志遗体告别，并决定召开追悼大会，悼念他和其他阵亡的烈士。

追悼大会，在邓庄村南的一个树林里举行。我去和他的遗体告别，一看到他的遗体，我的眼泪夺眶而出。他与我一起战斗时的音容笑貌，豁达大度的英姿，一一浮现在我的眼前。

邓永耀同志是湖南茶陵南皋村人，1929年参加红军，同年入党。是我军一位军政兼优的干部，牺牲时年仅26岁。

邓永耀同志的灵柩，安葬在邓庄村窦氏青山的半坡上。

为了怀念在创建冀南抗日根据地中立下了战功的邓永耀同志，当地政府和群众修建了纪念亭和纪念碑，至今西屯一带的群众每逢他牺牲的那一天，都举行悼念活动，以教育后代。

在这次反“扫荡”中，广大群众积极配合军队作战。有个县城近郊的游击小组，为掩护群众过好年，有计划、有组织地在旧历除夕，通夜轮流袭扰敌人，使得敌人一夜坐卧不安，不敢出城一步，保护群众过了一个愉快的春节。

有些自卫队战斗积极性也很高。在宁晋大杨庄战斗时，我亲眼看到自卫队与部队在一个战壕里战斗。战斗结束后，拉着缴获敌人的山炮飞快地奔跑，半小时就跑了 15 里路。在广宗县某村的战斗中，敌人将房子烧着了，群众不顾自己的房子和财产，而帮助部队抬伤员。在香城固战斗中，群众用锄头打死了跑散的敌人。野战部队、地方武装和群众武装密切结合打击敌人，使敌人陷入我游击战争的汪洋大海之中，日夜不得安宁。

为了总结这次反“扫荡”的经验，3 月 10 日，我们召开了干部大会，邓政委在干部会上做了《关于在新的环境下我们的工作总结》的报告，分析了全国抗战形势，再次强调了坚持冀南抗日根据地的重要意义，并对今后冀南党的领导、政权工作、群众工作、统一战线和军事工作作了指示。

刘师长、邓政委安排了冀南全面对敌斗争工作后，即率三八六旅主力和骑兵团等部队，于 3 月 7 日回师太行。

我们在徐向前副师长领导下，总结了反“扫荡”的经验，其中主要的是：

一、必须牢固树立在战略上是持久的、防御的，战术上是进攻的、速决的思想。在任何情况下，要坚持冀南地区的游击战争，部队的行军、作战要灵活、秘密，飘忽不定，不让敌人摸到我们的行踪。

二、冬季防守，夏季进攻。夏季青纱帐可限制敌快速部队行动，而隐蔽自己，进攻敌人。要教育和号召群众多种高粱、玉米等高秆作物。

三、改造和完善“道沟”，做到进攻时可以隐蔽接敌，转移时可以隐蔽分散，迅速脱离敌人的火力射击，有效迟滞和阻止敌人的装甲车、汽车、骑兵和重武器的移动。

四、部队不可久住一地，要在夜间行动，经常转移，随时做好战斗准备，规定一到两个集合地点，一旦被敌冲散时，部队能很快集合起来，继续战斗。

五、加强自卫队和游击小组的建设，使其成为野战部队的有力助手。配合野战军侦察敌情，捕捉敌特，担负战争勤务，开展麻雀战，疲困敌人。

我们把这几条经验送到师部后，刘师长看了，认为总结得很好，受到称赞。

为了开辟山东抗日根据地，1939 年 6 月 7 日，徐向前副师长遵照党中央的决定，离开冀南去山东工作。徐副师长在冀南一年多的时间里，和我们朝夕相处，做出了许多重大决策，现在要离开我们了，大家都恋恋不舍。

1939 年下半年，敌人凭借其占领的 50 余处据点和铁路、公路以及良好通信联络，对我实行分区“扫荡”。千人以上的“扫荡”即达 10 余次之多，并不断变化战术，如夜间奔袭，或趁天气恶劣偷袭等。但不管敌采取什么新花样，我军依靠农村，依靠广大人民，仍不断消灭敌军。其中，如在巨鹿县凌石屯，我青纵在徐深吉同志指挥下，伏击由宁晋赴巨鹿之敌，击毁敌汽车 3 辆，歼敌 70 余名，俘日军 2 名，缴获轻重机枪 4 挺。在衡水大葛村，我东纵一部，采用围点打援的战术，消灭敌 30 余名，缴获炮一门，机枪一挺。像这样的战斗还不少，都给敌以沉重打击，再次粉碎了敌人妄图消灭和驱逐我军的计划。冀南抗日根据地岿然耸立在敌后，并准备迎接更艰苦复杂的斗争。

萧　克

北渡拒马河，百花山在望。
建立挺进军，深入敌心脏。
放眼冀热察，前途不可量。
军民同协力，胜过诸葛亮。
抗战虽持久，笑我力正壮。

- 1907 年生，原名萧武毅，字子敬。湖南嘉禾县人。
- 1927 年，加入中国共产党。
- 1937 年 8 月，任八路军一二〇师副师长，与贺龙、关向应出兵山西，创建晋西北抗日根据地。10 月，率部参加忻口战役。
- 1939 年 2 月，任八路军冀热察挺进军司令员、政治委员兼军政委员会书记。
- 1940 年 1 月，指挥部队反击敌人的“十路围攻”，经 14 天激战，歼灭日伪军 800 余人，击落飞机 1 架。
- 1942 年 2 月，任晋察冀军区副司令员，协助聂荣臻坚持、发展和壮大晋察冀抗日根据地，指挥该地区的反“扫荡”战役。
- 1943 年 8 月，任中共中央晋察冀分局委员、晋察冀军区代司令员。
- 1955 年，被授予上将军衔。
- 2008 年 10 月 24 日，逝世于北京。

抗战中的冀热察挺进军

萧　克

朱彭总副司令，下了一个命令，
成立一路精兵，军名叫做挺进。
……
本军出师华北，转战冀热察晋。
忠愤耿耿在心，杀敌决不后人。
……
坚定胜利信心，中国决不会亡。
大家起来救国，个个拼命来干。

这首共有150句的六字韵文布告，是1939年初八路军冀热察挺进军成立时，我根据党的六届六中全会精神起草的。当时，在冀热察边及京津地区曾有不小的影响。但事隔多年，我有点淡忘了。前不久，一位同志从北京历史博物馆找到了原文，转送给我。看着这发黄的纸张，吟诵着这熟悉的韵文，冀热察挺进军三年的战斗历程，又浮现在我的眼前。

形势与使命

1938年10月，侵华日军占领了武汉、广州。国民党军队的正面抗战，基本上告一段落。中国共产党领导的八路军，在沦陷区及敌人的侧后，开展游击战和运动战，积极打击敌人，恢复和保卫敌后抗日政权，发动群众，组织群众，在敌后建立了许多大大小小的抗日民主根据地。八路军、新四军及其他抗日武装在斗争中也得到了很大发展，迫使敌人不得不增调兵力对付我们的游击战争。

由于前两种情况，抗日战场发生了重大变化，日本侵略军对正面战场基本上停止大规模进攻，对国民党及其军队采取以诱降为主的政策；对其后方则进行全面的、大规模的、频繁的“扫荡”。至此，抗日战场的重点，逐渐转移到中国共产党领导的敌后抗日根据地。

敌后的抗日力量虽然有很大发展，但还不平衡，有不少空隙，也有些地区抗日力量起来以后，由于主观上和客观上的原因，受到挫折，经过极其艰苦的斗争，才得到巩固和发展。冀热察边区的情况就是这样。在七七事变以前，这里是伪满、伪蒙及冀东伪自治政府统治的地方，是关内外衔接的枢纽地带，又是我军收复东北及热河的前进阵地。我党从抗战开始，就很重视这个地区的战略地位。1937年8月在洛川会议上，毛泽东同志就提出，红军可出部分兵力于敌后的冀东，以雾灵山为根据地进行游击战争，创建冀热边根据地。同年9月，中共中央北方局书记刘少奇同志指示河北省委，抗日战争爆发后，河北省委的中心任务，是配合八路军广泛开展敌后游击战争，并具体指出，党的工作重点要放在农村，动员干部和党员去农村，准备发动游击战争，配合八路军建立以燕山山脉为中心的抗日根据地，不失时机地抓紧准备冀东抗日武装起义。

冀热边特委根据党中央、北方局的指示精神，做了大量发动群众起义的思想准备和组织工作。很明显，我党在燕山山脉及冀热察边地区开展抗日游击战争和建立革命根据地的思想，是明确的，是有战略远见的决策。

由于我党及时确定了要在敌后开展游击战争及建立抗日根据地的方针，所以，1939 年 7 月，中共北平市委在平西地区组织起抗日游击队，配合共产党领导的国民抗日军和八路军活动，初步开展平西工作；9 月，一二〇师派出宋时轮支队挺进雁北地区；11 月，一一五师分出一部分兵力，由聂荣臻同志率领在五台山地区创建敌后抗日根据地，成立了晋察冀军区。1938 年 3 月，晋察冀军区又派邓华支队进至平西，发动群众，建立了三个联合县政府，平西根据地初具规模。5 月下旬，宋时轮支队奉命开到平西，与邓华支队会合，成立了八路军第四纵队，于 6 月上旬由平西向冀东出动。他们连克昌平、延庆、四海、居庸关，东渡潮白河，攻入兴隆城，向冀东挺进。7 月，冀东人民在共产党领导下发动了滦县、昌黎、乐亭、遵化、丰润、蓟县、迁安、平谷等 20 个县共 20 余万人的抗日武装大起义。开滦煤矿 7000 多工人也举行了武装暴动，使北宁路中断了半个多月。冀东起义，是我党领导的以工农兵为主体，联合各抗日阶级阶层的武装大起义。规模宏大，声震中外，在中国民主革命的历史上是少见的。

华北山地游击战争很快发展起来了。1938 年春末，中共中央军委又发出“在河北、山东平原地区大量发展游击战争”的指示。接近北平、天津郊区的大清河两岸人民的抗日斗争，也随着冀中平原游击战争的发展而发展起来了。这样，从七七事变到武汉失守，北平四周地区，不时出现八路军及我党领导下的游击队的活动，对敌人控制的北平、天津，构成很大威胁。不幸的是，具有伟大历史意义的冀东人民抗日武装大起义，由于主观和客观原因，只有三个月就失败了。

冀东人民抗日武装大起义失败后不久，中共中央军委就决定要我去冀东工作。当时，正在召开党的六届六中全会，彭德怀、王稼祥同志同我谈了冀热察游击战争的发展及建立根据地的问题。11 月 15 日，中央军委决定成立八路军冀热察挺进军，由我负责组建。我随即找中央组织部长李富春同志要些干部，还向毛泽东同志请示并要了二十万分之一的热河地图。会后，我与贺龙、关向应、彭真、程子华诸同志一同从延安回到晋西北。在晋西北，我们又进一步研究了组建冀热察挺进军和调干部等问题。1939 年 1 月初，我们一行近百人随一二〇师师部东越同蒲路，到达晋察冀军区司令部——河北省平山县蛟潭庄，聂荣臻等同志热烈欢迎我们，在联欢会上，情绪之热烈，溢于言表。

挺进军成立

1939 年 1 月初，在晋察冀军区司令部，聂荣臻司令员主持召开会议，讨论了党中央和中央军委关于成立冀热察挺进军的决定。他还就冀热察挺进军及地方党和政府的有关问题作了进一步说明。参加这次会议的有彭真、贺龙、关向应、马辉之和我，还有其他几位同志。

会后，我和程世才同志便向平西进发。当时一想到在冀热察地区开展游击战争的前景，心情就十分激动。记得我还作过一首诗，内容是这样的："北渡拒马河，百花山在望。建立挺进军，深入敌心脏。放眼冀热察，前途不可量。军民同协力，胜过诸葛亮。抗战虽持久，笑我力正壮。"这的确是当时心情的真实写照。不论条件多么艰苦，我们对于冀热察地区的抗日斗争的前途，充满了信心。

1 月下旬，我们到平西，就和宋时轮、邓华、马辉之、姚依林等同志商量着手组织挺进军的工作。根据党中央、八路军总部的决定和一二〇师、晋察冀军区的部署，于 1939 年 2 月 7 日，八路军冀热察挺进军在平西的三坡（现称野三坡）正式成立。编制序列直属八路军总部，由晋察冀军区代管。同时，还成立了以我、马辉之、伍晋南、宋时轮（后为程世才）、邓华等5人组成的军政委员会，成立了由马辉之为书记的中共冀热察区党委。挺进军由我任司令员兼军政委员会书记，程世才任参谋长，伍晋南任政治部主任。接着，司令部、政治部、供给部、卫生部、随营学校、兵工厂、被服厂、医院等也陆续建立起来了。这年秋天，在区党委领导下，又创办了《挺进报》。

接着，我们开始对挺进军下辖部队进行整顿工作。挺进军的主力是宋时轮支队和邓华支队。其他还有来平西整训的冀东抗日联军，蓟县、遵化游击队等武装。其间，整顿抗日联军的工作是比较费力的。冀东抗日联军是国共合作建立的抗日武装，干部成分较复杂，我们将抗日联军大部和由白乙化同志领导的抗日先锋队进行了合编。抗日先锋队的干部多数是东北的流亡学生，党员占很大比例，七七事变前在绥远屯垦，事变后，在山西敌后与八路军协同打游击，是一支军政素质很好的游击支队，是王震同志介绍他们来平西，准备打回东北的。这两个部队的合编，使党对抗日联军的改造进了一大步。

3月间，军政委员会和区党委召开了全区党员代表会议，冀东党的组织和平津地下党组织也派同志来参加了会议。我们大家一起学习了党的六届六中全会精神，学习了毛泽东同志的《论持久战》等著作，初步总结了前一时期工作的经验与教训，确定了巩固地向前发展的方针。并且以“巩固平西抗日根据地，开展冀热察游击战争”，为军队和全区人民当前的斗争任务。

但是，这个口号还不具体。如何在这个特殊的地区开展游击战争，我们没有提出具体办法，在那年的四五月间，还曾计划主力再度东进，发动冀东人民举行第二次武装起义。由于整个抗日形势已进入相持阶段，华北形势发生了很大的变化，中央没有同意这个方案，但我们对如何发挥这个地区人民觉悟高，地形好，青纱帐季节利于游击战等条件和优势，则一直在考虑。正在这时，我们收到了4月21日朱德、彭德怀给我和聂荣臻、彭真等同志的电示，指出：根据敌情，我军暂时不宜深入冀东、热河。你们的行动方针是：以北平西山及攀山堡、东西斋堂地区为根据地，巩固地向北发展。求得创造赤城、龙关、丰宁、昌平地区之游击根据地；在冀热察三省边区山岳地带之游击根据地建立后，再相机向冀东、热南及察哈尔省沽源县三方面发展。因此，我们根据朱德、彭德怀的指示，决定采取巩固发展的方针，主力不再东进，只派出刘诚光等20多名干部去冀东加强工作。

1939年冬，根据八路军总部的指示，挺进军取消了支队的建制，将平西地区的部队进行了较大的整编：撤销了原第四纵队第十一、十二两个支队的番号，将第十一支队的三十一、三十二、三十三大队和房（山）、涞（水）、涿（县）游击队改编为第六、第七两个团，把第十二支队第三十四、三十六大队及平西游击队一部分编为第九团，原已合编的抗日先锋队和冀东抗日联军及平西游击队之一部，合编为第十团，冀东临时来平西整训的800多人编为第十二团，仍在冀东的包森支队编为第十三团。部队在整编后，一边战斗，一边进行了三四个月的政治教育和军事训练。普遍召开了政治工作会议，建立了各种制度，加强了党的工作，从而提高了军事、政治素质和组织纪律性，增强了战斗力。在部队整训的同时，平西党还在群众中掀起了参加子弟兵的热潮，进一步充实了部队。这时期，平西全部兵力已达到1.2万多人。在老部队中，党员比例在30%以上，游击队也普遍建立了党组织。从当时冀热察这个地区来说，力量不算小，但和冀热察地区日伪军的数量对比，仍显得悬殊，也较之华北其他抗日根据地为薄弱。主观力量和所担负任务的需要不相称这个矛盾，此时已在逐步显现出来。在主力不东进，平西地区的发展受到限制，而冀东地区的恢复又已证明其能够长期坚持发展的时候，如何使这两块交错相连的地区协同作战？怎样利用地理上威胁日伪指挥中枢和便于进入伪满洲国境的条件？怎样配合华北各地以及正面战场创造反攻前进阵地等问题，就提到冀热察挺进军领导的议程上。11月间，我在区党委和挺进军军政委员会联席会议上提出，以巩固平西抗日根据地，坚持冀东游击战争，开展平北新的游击根据地这个三位一体的任务，来代替年初确定的战略口号。经过酝酿讨论，大家都同意并报中共中央、八路军总部批准。之后，我给干部作了一个报告，在报告中对三位一体的内容、相互关系，实现这一任务的条件、可能性和困难，以及要克服的各种错误倾向，都作了论述。这个报告在《挺进报》发表并一再进行宣传，基本上家喻户晓，深入人心。

我认为，“三位一体”的任务，是在党中央关于坚持整个华北敌后抗战总的战略任务下，在冀热察地区的具体任务。这一任务的三个组成部分，是一个互相关联，互相依存，互相配合，不可分割的整体。平西是华北抗战的重要战略支点，是晋察冀根据地北面的有力屏障，是向冀东、平北发展的前进基地，也是冀热察地区的指挥中心，因此，挺进军的首要任务是“巩固平西”。但是，平西的巩固，如果没有平北、冀东斗争的密切配合，是难以实现的。所以，开辟平北，坚持冀东，对平西的巩固有很大意义。同样，开辟平北也需要有平西的巩固与冀东的坚持。因为只有平西巩固了，才能支援冀东的坚持与发展；才能直接派遣干部和武装到平北。当时的平北不同于冀东，这个地区没有党的组织和党领导的武装，只有一支统一战线的骑兵队，约100人。因此，必须派部队和党政干部一起去。平北是平西和冀东的交通枢纽与结合部，是我军在热察的前沿阵地，地域广大。开辟平北，有利于冀东和平西间的联系，成为坚持冀东的战略回旋区。坚持冀东，固然足与“巩固平西”和“发展平北”同时进行的，而在统一的战略部署上，冀东也可得到更有利的发展条件。平西是冀东游击战争的后方和直接支援者，平西的巩固，可使冀东得到军事上、政治上和干部队伍的直接援助与精神上的鼓励。平西部队可去冀东，支援冀东的游击战争。冀东地方干部和部队在必要时也可来平西整训。至于平北与冀东的关系，也是很明显的。平西到冀东，冀东来平西，都要经过平北，平北是冀东与平西往返的中间转运站、联络站。

“三位一体”任务的提出，从战略上统一了三个地区广大军民的思想，于创建冀热察根据地、坚持敌后游击战争具有重要意义。

巩固平西

平西，当时是指北平以西、北岳恒山东北的宛平、百花山、涿县、涞水以西以北小五台山一带，约 12 个县的地区，这个地区万山重叠，千水奔流，东南临平汉路及涞（水）易（县）支线，北界平绥路，南到紫荆关、易水边，纵横一二百公里。东南方面，还是一块人员稠密，粮产较丰的小平原。从战略上讲，这里逼近平津，是晋察冀根据地北面的屏障，是向冀东和平北发展的前进阵地，因此，巩固平西就成为挺进军向东北地区发展的先决条件。

巩固平西，首先是要统一这个区域武装的领导和指挥。当时在平西一带，活跃着几个方面的部队，有共产党领导的八路军和东北流亡学生组织的抗日先锋队，还有冀东武装起义后，来平西整训的抗日联军及其他五六支抗日武装，他们各不相属，各有防区，自筹粮饷，行动不大协调。这对于根据地的巩固和对敌斗争是不利的。因此，我们和区党委协同，提出“巩固平西”的口号，并加强党政组织的领导和政治宣传工作，逐渐使所有部队在这个口号下团结起来，统一归挺进军指挥。我们边战斗，边整训，在执行 4 个月扩军计划中，扩大了主力 3000 人，成立了平西各县游击大队及房、涞、涿游击支队，边沿区还建立了游击小组。之后，六团去雁北（划归北岳区第五军分区领导），十团去平北，十二团去冀东（十三团原在冀东），平西只留下第七、九两个团。

在整训主力部队的同时，我们还抓了平西的地方武装建设，扩大和巩固县、区游击队。在工作有基础的村庄，建立起游击小组。各县、区、村还普遍建立了民兵组织。这些群众性的武装，在巩固平西根据地中发挥了很大的作用。

1940年1月，挺进军主力一部出击宛平、房山境内的王平口、佛子庄、长沟峪、周口店一线，袭占了南窑、北窑等日伪军重要据点，破坏了从这里运煤至北平的高线铁道，歼敌200多人。在永定河畔、门头沟地区、北平近郊，挺进军也频频出击，连获胜利，给北郊日伪军以很大震动。3月初，敌从察南、平郊各据点集结了日伪军9000多人，分10路向我平西根据地发动了一次大规模的“扫荡”。

敌人在这次“扫荡”中，除以航空兵配合外，还使用了毒气。为了粉碎敌人的“扫荡”，我军适时转移到外线，在广大群众的配合下，机动灵活作战。在碣石防御战、齐家庄伏击战、谢家堡夜袭诸战中取得胜利，又在杜家庄全歼日军坂田中队和猛袭双圹涧，共毙伤敌伪军900余人，并击落敌机1架，敌伪军纷纷败退。这一次敌人对平西根据地单独举行的大“扫荡”，只半个月就被打破了。我们根据地得到了进一步的巩固，部队战斗力更加提高。此后，平西除了不遗余力支援平北、冀东以至雁北及冀中十分区等地外，百团大战时，还攻袭了上下河、巩山堡、坨里车站、阳坊镇，连克蔚县以北以东6个据点，并派小部队活动于西山、妙峰山，震动了北平、张家口等地。秋后，我们的部队外调，敌遂乘隙向我大举进攻，我军民经过协同苦战，恢复了大部分中心地区，斋堂川虽被敌占领，但宛平大部地区，仍然保持了抗日政权。被敌侵占的村镇，也保持两面政权和秘密工作。恢复的地区，工作更深入，军民受到更大的锻炼，根据地更巩固了。这种局面，一直持续到1941年秋。这时期我主力和游击队常常向根据地边缘及外线行动，打击敌人，破袭敌人从北平沿永定河到怀柔的修路工程。九团在上下河战斗中还取得全歼敌一个中队 100 多人的胜利。

为了巩固和发展平西根据地，开辟北平近郊的工作，从 1939 年上半年起，我们派出一个营的兵力，以连、排、班为单位组成武工队，经常到十三陵、妙峰山、卧佛寺、周家花园、潭柘寺等名胜古迹和风景区，宣传党的抗日民族统一战线政策，打击汉奸特务活动，以教育群众，扩大游击区，缩小敌占区。每逢农历初一、十五或星期天，是游人最多的时候，也是我们宣传的大好时机。通过上述活动，我们和各阶层人民建立了不同程度的联系，逐步建立了一些精干的秘密抗日组织和据点。

此外，我们还大力开展对伪军官兵的宣传教育和争取工作。当时，在平西周围约有 4000 名伪军，经过艰苦的工作，他们大都和我们建立了不同程度的关系，其中表现较好的还能暗中掩护我们。在敌人要“扫荡”根据地时，出发前，他们有时就事先通知我们，成为我们获得敌人情报的渠道之一。所以，当时敌人的行动，我们差不多都事先知道。在敌强我弱的形势下，我们之所以能掌握战斗的主动权，立于不败之地，主要是依靠军民团结抗战，而瓦解、争取伪军工作，也起了重要作用。

在巩固平西的工作中，中共冀热察区党委做了大量工作，他们从抓紧党的组织建设入手，开办党校训练班，发展党员。仅头 3 个月，党员就发展了 500 人左右，并很快建立了县、区党委和平西地委。到 1941 年底，平西 5 个县党员已达 3900 多人。同时，又根据抗日民族统一战线政策建立了平西专员公署及各级政府，与各种群众团体以及地区性的群众武装。在反“扫荡”中，地方党、政、群众团体的领导人，带领群众和部队一起打击敌人，真是全民战争。

抗日民主政府还创办了各级中、小学校和夜校，并普遍开展了扫盲识字运动，广泛进行抗日政策的宣传教育，提高了人民群众的抗日救国热情和文化水平。我还以挺进军司令员名义颁发了一些政策性的布告。

这些布告和报纸、传单，不仅在根据地、游击区广泛张贴，有时还散发到华北日伪统治中心的北平，对团结敌占城市上层进步人士，打击、警告日伪反动势力起了很好的作用。

在财政经济政策方面，区党委也做了不少工作。平西人员约30万，面积约4万平方公里，按当时平西根据地的人口和生产情况，经济负担和抗战勤务是很重的。区党委和挺进军为减轻人民的负担，认真贯彻执行《双十纲领》[①]，发动基本群众，实行减租减息，推行合理负担，实行统筹统支，精简节约，减少脱产人员，减轻抗战勤务，并整理财政，调剂贸易等，还从十分区调运了一部分粮食。同时我们还对游击区、敌占区的商人、小贩开展了争取、团结工作，保护他们的合法利益，通过他们把平西根据地的一些土特产品运出去，换回根据地军需民用的布匹、食盐等急需物资。这些措施对改善根据地人民生活和支援抗日游击战争起了积极作用。

由于冀热察党政军民认真贯彻了中共中央、中共中央北方局、北方分局及晋察冀军区关于创建、巩固和发展平西根据地的一系列指示、方针和政策，经过全体军民三年多的艰苦奋斗，终于把平西建成了一个巩固的敌后抗日根据地，并以平西根据地为依托，逐步开展与建立了张家口以南，包括蔚县、涿鹿、宣化、万全、怀安、阳原等县的察南根据地，西部与北岳区的雁北连成一片，为日后解放察哈尔省全部领土创造了有利条件。

① 1940年8月13日，中共中央北方分局在总结了执行政策的经验和体会后，为了用纲领的形式把各项政策固定下来，制定了一个地方性的具体行动纲领——《中共中央北方局关于晋察冀边区目前施政纲领》。这个施政纲领，共20条，所以又称为《双十纲领》。

萧　克

坚持冀东

冀东地区是东北伸向华北的走廊，当时，也是日本帝国主义侵入中国的要冲。敌人把冀东作为兵站基地，以便于扩大对华大规模的侵略战争。

冀东地区人民富于反抗外族入侵和封建压迫的光荣传统，明清之际就曾多次发动过反抗外族入侵的武装斗争，民国以后又受封建军阀的残酷摧残，奉、直军阀在这里三次混战，人民在军阀混战中有自卫的传统和组织。土地革命初期，玉田县一带曾经举行过暴动，1934年迁安也发生过抗日武装起义。这里民间武器甚多，约有20万支枪，并普遍有“联庄伙会”“民团”等形式的武装组织。这个地区人员多，物产丰富，人民政治觉悟较高，共产党组织建立得早且较普遍，和群众有密切联系。因此，毛泽东同志指示八路军总部和晋察冀军区：“雾灵山为中心区域有广大发展前途，且是独立作战区域。派去部队应较精干，且不宜过少，军政党领导人员需有独立应付新环境之能力，出发前应作充分准备。”根据中共中央前后几次指示的精神，除地方党就地布置武装斗争外，八路军也先后派干部及部队到这个地区工作。1938年夏，冀东人民抗日武装大起义后，八路军第四纵队留下的三支各100余人的小部队，自西而东地在密（云）平（谷）蓟（县）、兴（隆）遵（化）、遵（化）迁（安）三个地区坚持武装斗争，李运昌同志率领的抗联一部返回滦县、迁安、丰润一带，并到北宁路以南一带活动，针对敌人“围剿”，他们灵活机动，相机袭敌。包森支队还在战斗中生俘日本天皇裕仁的表弟、宪兵司令赤本大佐。

挺进军指挥机关及冀热察区党委成立以后，冀东大部分干部和部队，先后分批来到区党委、中共中央北方局、北方分局和抗大轮训，受训的干部和来平西整训的部队又都先后派回冀东。冀东的领导和斗争力量加强了，武装力量进一步壮大了，县、区、村政权和党群组织都有了不同程度的恢复和发展。1939 年 6 月，北方分局召开军事会议，为了充分依靠冀东党组织和人民坚持发展冀东根据地，决定将冀东抗日联军和八路军原第四纵队留下冀东的部队，统编为冀热察挺进军第十三支队，李运昌任司令员，李楚离任政治委员，包森任副司令员。改编后的部队进到北宁路南的昌黎、滦县、乐亭地区活动。8 月间，挺进军又派三十四大队到冀东，到 9 月初，冀东部队已发展到 4000 多人。经上述工作和半年的游击活动，我们在冀东北部逐步建立了很多小块游击根据地。随后，平西主力一部（一一〇团）开赴平北、热河西部，在长城内外开展游击战争，与冀东密切配合，互相呼应。

1940 年元旦，为了便于分散活动，扩大游击根据地，中共冀东区分委在遵化县葛老湾召开会议，决定将冀东部队又分为 9 个游击总队。一部到丰（润）、玉（田）、遵（化）地区，以鲁家峪为中心向平原发展；一部以盘山为中心开辟蓟县、平谷、三河地区；一部巩固和发展丰（润）滦（平）迁（安）游击根据地。1940 年春，又以盘山、鲁家峪、潘家峪三块小根据地为基础，建立了蓟（县）平（谷）密（云）、迁（安）遵（化）兴（隆）、遵化、丰（润）玉（田）遵（化）等县政府。1940 年 3 月，中共北方分局在北岳区召集了挺进军和冀东部分领导同志参加的会议，分析了冀东面临的困难，指出了有利条件和光明前途，提出了“巩固地向前发展”的方针，进一步确定了各项具体政策。明确指出：冀东当前的任务是巩固已有的游击根据地，创造新的更多的小块游击根据地，注意向现有区域的间隙发展，力求连成大块区域。没有开辟的山区应力求开辟，使山区和平原联系和配合。使这个地区的同志在思想上和行动上更趋一致，坚持冀东游击战争的信心更为提高。1940 年 6 月下旬，我挺进军一部于盘山百草洼全歼日本关东军的武岛骑兵部队之后，日伪军2万余人向我根据地“扫荡”，我即分兵三路转到热河、滦东和路南。此时，十二团偕党政干部数十人由平西东返，在鸦鸿桥、三女河、任各庄打了几个好仗。在敌人分散“清剿”时，我军又适当集中打击敌人。在一个多月的反“扫荡”中，共作战47次，毙伤敌伪军1500余名，使冀东的东西两块根据地基本相连。1940年7月25日，根据北方分局和晋察冀军区的指示，决定撤销挺进军第十三支队番号，成立冀东军分区。军分区和先已成立的冀东区党分委共同领导抗日斗争。李运昌、李楚离分别任军分区司令员和分委书记。下辖第十二、十三两个团。进一步加强了冀东部队的统一领导。在冀东区党分委的领导下，冀东军民团结一致，积极配合百团大战，向冀东敌据点发动进攻，先后袭入唐山市，攻袭蓟县城，围困赵各庄和古冶车站，打下一些据点，对整个战役起了较大的配合作用。不久，在军分区和专署统一部署下，7个县又发动了8万人的大破交通活动，予敌以重创。我游击队还在工人的配合下，不断袭击敌人占据的工厂、矿山和铁路，地方党组织在乡村发动群众，对敌人据点实行经济封锁。经过一系列的斗争，使冀东游击根据地不断扩大，到1940年底，各小块根据地已发展到2700个村庄，人口120万，初步打通了东部和西部的联系。1941年五六月间，在粉碎敌一个师团零两个旅团的大“扫荡”后，我在青纱帐期间又有了较大的发展。这时期我在长城内根据地比较巩固和发展的情况下，为贯彻预定向东北方向发展的方针，于9月组织3000余人打出长城到了热河，创建了雾灵山与军都山之间的大块游击区。由于长城外是山区，人烟稀少，经济文化比较落后，过去没有党的组织，工作比长城内困难得多。经半年的艰苦工作，我们终于在长城外站住脚了，并在这里成立了晋察冀的“东北工作委员会”，负责收集东北地区情报，争取伪方人员，在伪满建立点线关系，并参加根据地工作。

太平洋战争爆发前后，日本华北方面军为了推行日军大本营“不惜对美英一战”的战略计划，实行以军事为主的总体战略。宣称把冀东变为日本管辖下的“模范区”，让“中国人执政”，“中国军队统治”执行日本的政策，建设“王道乐土”，以便把日军抽走，执行其南进计划。因此，日军抽调大批伪满军和伪治安军进驻冀东。我主力从热南回师，自11月中旬起进行了一个80天的“打治安军战役”，歼其五个团，溃其两个团和一个集团军司令部，缴获了大批武器，使冀东人民武装得到了大力补充，其中两个主力团全部换上了新枪。这使敌酋冈村宁次又慨叹：“对冀东八路军要重新认识！”1942年六七月间，分区又发起以悼念工人大队长节振国、团长陈群、分区副司令员包森、政治部主任刘诚光等同志为动员口号的“复仇战役”，歼敌3000人，使我主力一部又换上了“日式装备”。在坚持冀东抗日游击战争的过程中，我冀东军民越战越强。此时，主力部队连同新建的第十一团达5000人，地方武装近2000人，民兵2万人（多数有枪），根据地也更加巩固了。

越过长城的部队，此时，一部向热南深入，进至平泉、叶柏寿、宁城之间，开展游击战争；一部深入到伪满统治的兴城、绥中（辽西），这是中国最早打回东北去的部队。

开辟平北

平北，是指北平北部长城内外广大地区，是敌人经营已久的占领区。抗战进入相持阶段以后，敌人又增强了统治力量。在平绥路东段和平古（北口）路沿线，分别驻有日军独立第二、十五两个旅团的大部和伪满、伪蒙的军队。在张家口，敌人除设伪蒙疆自治政府外，还设蒙疆派遣军司令部，在蒙疆广大地区建立战略基地。我挺进军对于这个地方在战略上予以极大注意。因为开辟北平、承德、张家口之间的冀热察三省边界广大地区，将使平西和冀东连接起来，使三个地区的游击战争互相配合，也可同大青山的游击战争相呼应。这是坚持长期斗争和将来反攻的重要阵地。

开展平北游击战争，早在 1938 年 6 月就开始了。那时，八路军第四纵队挺进冀东时，就留下纵队政治部主任伍晋南率领的一支武装，在昌平、密云、滦平一带进行游击活动，在三个月的游击活动中，对日伪统治下的平北的军事、政治、经济、文化、民情、地理等情况作了普遍性的调查和了解，并一度开辟了昌（平）滦（平）怀（柔）地区，成立了昌滦怀联合县政府，并建立了各种抗日组织。因敌我力量悬殊，不久，我军即被迫撤出。1939 年青纱帐时节，我挺进军第三十四大队又向平北发展，首先进入十三陵地区开辟根据地。但是，在执行对土匪的政策上有偏差，又没有站住脚，只一个月即返平西。这两次开辟平北虽没有成功，但取得了一些经验教训。同时这几次活动，在平北人民中播下了革命的种子，使这个地区的群众对我党我军有所了解，这给以后的开辟工作创造了有利条件。

鉴于平北地区是伪满洲国、伪蒙疆政府统治较久，并有一套较严密的统治机构的地区，同时又紧靠伪华北统治中心北平及日军的重要战略基地张家口、承德，这是我开辟平北工作的不利条件。但是，另一方面，由于这里地处伪满、伪蒙疆、伪华北这三个政府统治区的接合部，使我有隙可乘；敌人对这里残酷的掠夺和奴役，激发了各族人民对敌人的仇恨和抗日要求；此外，又有平西和冀东人民的斗争相呼应和依托，这是开辟工作的有利条件。当时抗战已进入战略相持阶段，敌人增强了后方的统治。因此，要开辟平北，不仅要正确执行党的各项政策，还要采取正确的战略方针。在军事战略方面，我们吸收江西红军游击战争初期的经验，采取波浪式的发展，在发展中求巩固的方针。在战术上以小部队（加上党、政、民、干部形成一元化的对敌组织）多点渗透，发动和依靠群众，隐蔽开辟，站稳一点再找一个新点，逐次展开，先开辟几个小块根据地，随着根据地力量的壮大和发展巩固，逐步连成大块根据地。因此，1939 年底，冀热察区党委和挺进军根据北方分局关于巩固地向前发展的方针，决定采取以小部队渗透的办法，开辟平北地区，并于 1940 年 1 月，派钟辉琨同志率 20 多名党政干部和第九团八连，进到昌平、延庆之间后五村一带，同原有的一支小游击队会合，很快建立了包括 5 个区的昌（平）延（庆）县政府。此后，继续向怀柔、延庆、赤城、龙关之间的广大地区发展。经过 4 个月的努力，他们基本站住脚。四五月间又派第十团去丰（宁）、滦（平）、密（云）之间开展游击战争，他们和区党委派去的地方党政干部密切配合，开展地方工作和游击战争，也很快站稳了脚。这样，平北西部和冀东的游击战争也能呼应了。在十团去平北稍后，又派段苏权同志任平北军分区政治部主任。地方党这时也建立了中共平北工委，苏梅任书记，当时还建立了平北办事处，张致祥任主任。这样就组成了平北地区的党政军领导机关。

1940 年六七月间，又派程世才同志率第七团进入平北，计划开创更大局面，但由于七团是个正规大团，目标大，很快引起敌人的注意。敌立即增兵前来，不断“围剿”，加上根据地小，容不了那么多人，发生了物资供应上的困难。第七团过去较习惯于集中作战，还不熟悉也没有适应该地区的斗争环境和方式，虽然消灭了一些敌人，但消耗较大，最后不得不撤回平西。这种结果，在思想上，是前期在较顺利的发展情况下，我们有急于求成的情绪。在战术上，一次派出兵力太多，敌人在我游击战争处于发展时期已有教训，所以很快警惕，不让我站稳。这是我们在发展中的一个挫折，也是我军事指导上的一个失策。

1941 年开始，平北中心区大海坨、龙（关）、延（庆）、怀（来），经常处在反“扫荡”的环境中。我取得阎家坪阻击胜利后转到外线，攻袭刁鹗堡、东山庙、怀柔车站等地，这时期，我们取得了白莲峪、沟门、柏查子、一撮毛等战斗胜利，恢复了基本地区。10月，敌开始大规模“扫荡”丰滦密地区，在柏查子、白马关等地区受到打击后，伪满又成立了“西南防卫司令部”；伪蒙疆也配合华北日伪的“治安强化”运动，大挖封锁沟，制造无人区、“绝缘体”，仅在古长城以东的黑河川，就设置七个“人圈”。我军则一直活动到沽源县境内，增编了一个第四十团，又开辟了两个县，成立了专员公署。经过近两年的苦斗，从初创的几个小块根据地发展为大块的平北游击根据地。至1941年6月，平北主力部队已有第十团、四十团2000多人。1942年4月，又从平西派第八团到平北，后与四十团合编。这时，又抽调了一批得力干部，开展了组织群众和建设政权及统一战线工作。相继成立了昌（平）延（庆）、龙（关）崇（礼）赤（城）、龙（关）延（庆）怀（柔）、丰（宁）滦（平）密（云）、滦（平）昌（平）怀（柔）等5个联合县政府和滦（平）昌（平）怀（柔）办事处。在240个村中，发展了2250名党员，并建立了民兵、工农青妇等群众组织。地方武装也在不断加强。虽然自1941年10月至次年七八月，根据地遭到敌人不断地“蚕食”“扫荡”，损失不小，但从总的情况看，我们开辟平北抗日根据地的战略意图是实现了。正如1942年1月31日中共中央晋察冀分局《关于平北两年来工作的指示》中所指出的：分局“……认为平北两年来艰苦斗争的过程中，已经初步形成了根据地”。

难忘的历史一页

从1938年八路军第四纵队东进配合冀东人民武装起义，尤其从挺进军成立到1941年，这段时间，经过同敌人的反复斗争，在平西、平北、冀东的广大地区，消灭了不少日伪武装，基本上摧毁了日伪的区、村政权，迫使敌人龟缩到大中小城市和重要城镇，小股武装和汉奸特务也不敢轻易出来活动。冀热察挺进军和区党委亲密合作，在中共中央北方局、北方分局和晋察冀军区的领导下，执行了党中央和八路军总部的指示，控制了广大农村，根据地人口320万，建立了7个正规团和几个区队共1.6万余人，还有其他脱产的游击部队1万人，并建立了广大民兵组织。根据地以军分区为单位（平北前期以团为单位，后期以分区为单位），形成该地区党、政、军、民一套完整的抗日游击战争的战斗组织，各军分区都有无线电台和挺进军、晋察冀军区相联系，实现了巩固平西、坚持冀东、开辟平北，建立冀热察抗日根据地的光荣而又艰巨的任务。1941年6月，北方分局在《对冀热察工作意见》中指出：完成上述任务，“这是由于正确地执行了开展冀热察游击战争的方针与抓住敌人的某些弱点与空隙”的结果。同时，分局在《关于冀热察形势及今后任务向北方局、中央的报告》中，对冀热察抗日根据地在这一时期的工作予以充分肯定。报告说：“以冀热察边区为中心，创造大块游击根据地的任务，目前基本上已经实现。因此，冀热察党目前工作中心，应放在巩固现有阵地，在巩固中向前发展。”

冀热察抗日根据地的建立和发展，说明在抗战进入相持阶段仍然可以在敌后甚至在伪满、伪蒙长期统治的地区发展和建立抗日根据地。但是，由于是处在关内与东北的衔接地带，处于华北抗战的前线，正像一把钢刀插在敌人心脏，直接威胁着敌人在华北、伪满的统治和交通要道，因此，敌我斗争就一直十分尖锐、残酷。

在1940年上半年以前，敌人大规模“扫荡”的方式是全面、多路进攻，实行抢光、烧光、杀光的“三光”政策。从1940年下半年起，敌人改变策略，以“蚕食”政策为主，对根据地采取分割包围的战术，制造大片无人区。敌人在冀东和平北、平北和平西之间沿平古路、平绥路及永定河一线，以及平西与北岳区之间从涞源到徐水、易县一带的主要交通线上（如紫荆关等地），构筑了一系列碉堡；在平西与冀中十军分区之间沿平汉路两侧，深沟高垒，碉堡林立。敌人每次向我根据地进攻和“扫荡”，都要建立一些据点，以分割和缩小我根据地。例如，在宛平等县，敌人首先在军响、镇边城、青白口、东西斋堂、十字道等重要村庄建立据点，强迫群众在各据点之间修筑公路，然后把各据点附近的小村庄全部烧毁，把群众赶入据点修筑碉堡，建立战略村，实行连保连坐制度。他们不断“蚕食”，扩大其占领区，缩小我根据地，使平西根据地受到了严重摧残。据不完全统计，仅在1941年前，平西158个村庄被烧毁142个，被无辜杀害的群众达1670人，被抢走牲畜7.2万头，平西腹地成了敌人设在南苑空军学校的靶场，每年多次“实习”都有一些村子被烧毁。当时平西比较大的村子，大概只有霞云岭一个村子没有被烧和被炸。

冀东根据地，仅1940年日军就推行了三次“治安强化运动”，有的村子竟被烧10余次。年初，敌人在烧光鲁家峪后，又血洗潘家峪，屠杀1300余人。在平北，敌人同样残酷“扫荡”，划定无人区，烧毁房舍，残杀军民。1941年秋，日伪军1万余人进行了为时两个月的“扫荡”，仅怀柔境内，烧毁房屋2400多间，死伤人数近千，方圆250公里沦为无人区。挺进军第十团及平北地区地方干部，长期搭窝铺，住山洞及长城楼子，和敌人周旋。处于北平之北不远地区的平北根据地，和长城一样，雄峙云燕。

由于敌人残酷“扫荡”，根据地的困难越来越大。平西部队的给养是个大问题，尽管巩固区的群众尽了最大的努力，交售公粮，但是仍难于解决越来越尖锐的供求矛盾。为此，就派部队到敌占区去弄些粮食和补充兵员。这样，又加重了游击区人民的负担。北方分局和晋察冀军区很关心我们的困难，将冀中十分区一度划归冀热察区党委和挺进军领导。虽然十分区物产丰富，但该地区处于平津两大城市之间，敌人对这里也像对平西一样，从1939年起，就开始了频繁的“扫荡”与“蚕食”，当划归冀热察区领导时，已开始由根据地逐步变为游击区。因此，供求矛盾仍未能解决。

这一时期，平北有发展，冀东有大发展，但根据地一开始建立就处于敌人不断的“扫荡”中，这些地区也和平西一样困难。到1941年，党中央做出了关于精兵简政的决定，我们遵照上级的决定和指示精神，根据冀热察三个地区的党政军组织，都能各自独立领导各地区战争的情况，提出撤销区党委和挺进军一级机构，充实基层单位和战斗部队，这样就减少了层次，缩小了目标，减轻了人民的负担，更利于持久作战。经中共北方分局和晋察冀军区决定，于1942年春天结束了区党委和挺进军的工作。经过精兵简政，人民负担减轻了，人民得到了休养生息，抗日的积极性更高；党、政、军、民的基层组织得到充实，各级机关的工作效率和部队的战斗力进一步提高。这时，冀热察地区的斗争形势发生了新的变化，各地区按照原区党委和挺进军的部署，积极开展对敌斗争，根据地不断得到巩固和发展，到1943年，敌人对平西、平北和冀东的分割政策基本上被破坏了，三个地区大体上连成了一片。斗争的实践证明，党中央关于精兵简政的决策是完全正确的，必要的。正如毛泽东同志所指出的，用精兵简政来克服“鱼大水小的矛盾，使我们的战争的机构适合战争的情况，我们就将显得越发有力量，我们就不会被敌人战胜，而要最后地战胜敌人”。[①]以后事实证明，这个地区继续得到很大发展，为抗日战争和解放战争的胜利，做出了很大贡献。

挺进军从成立到撤销共三年，时间不算长，但由于所处地区与斗争的特殊性，使它具有比较突出的影响和历史作用。根据地的建立及建立以后，都和北平、天津这些大城市的地下党的工作密切配合。太平洋战争爆发前后，班威廉、林迈可、史平烈等国际友人，就是从北平进入平西根据地去延安、重庆的。美国飞行员奥利渥·欣斯德尔，在山海关附近被我救起时，异常惊讶地说：真想不到这里还有中国军队！由于对日

① 毛泽东：《一个极其重要的政策》，《毛泽东选集》合订1卷本，人民出版社1964年版，第838页。

伪军工作做得较好，反正起义或能够掩护我活动的伪军伪组织，为数不少。由于敌占区工作的开展，主要是地下党的艰苦斗争，使我们同东北抗日联军与城市点线工作声息相通，得到许多有价值的情报。平津的进步青年学生，在地下交通员的引领下，一批批地来到根据地；我们的干部也可以到平津去办事或治病。李运昌同志1939年初夏为迅速赶回冀东，就是从平西化装进北平城然后转去蓟县的。我们用的药品、纸张、电讯器材、服装染料以至某些武器弹药、小型车床，都可以从敌占城镇弄到。我们的宣传品，经常出现在火车里、城门上；连《挺进报》和画刊，也偶尔被带进北平城。

在开辟冀热察抗日根据地的斗争中，挺进军的许多优秀共产党员干部、战士，如白乙化、包森、王仲华、陈群、刘诚光、刘开绪等同志，为了中华民族的解放事业，献出了自己宝贵的生命。地方党、政权、群众工作、文艺工作等各条战线上，同样有很多同志为革命事业光荣地牺牲了。他们的英名将永远铭刻在人民心里！

杨成武

600多日军除被我们生俘13名外，其余全成了死尸，散布在河套、山谷和村庄里。

- 1914年生，福建省长汀县人。
- 1930年，加入中国共产党。
- 1937年8月，任八路军第一一五师独立团团长。9月，率部参加平型关战役，负责切断日军运输线和阻击日军援军，在腰站地区作战中歼灭增援日军300余人。
- 1937年冬，任八路军独立第一师师长、晋察冀军区第一分区司令员兼第一支队司令员，后兼政治委员和中共地委书记，领导开辟恒山地区抗日根据地。其间，率部收复了涞源、广灵、蔚县等7城。
- 1939年11月，参与指挥黄土岭战斗，歼灭日军900余人，缴获大量辎重，日军阿部规秀中将被击毙。
- 1940年8—12月，参与指挥百团大战，率部参加正太铁路破袭战。
- 1944年冬，任冀中军区司令员、冀中纵队司令员，率部恢复和发展冀中抗日根据地。
- 1955年，被授予上将军衔。
- 2004年2月14日，逝世于北京。

“名将之花”丧命记

杨成武

1939年秋，正是漫山红遍的季节，我策马穿越山野，朝阜平奔去。参加中共中央北方分局召开的组织工作会议。

晋察冀军区成立后，随即由五台迁到阜平，这里变成了晋察冀边区的政治、军事中心。

10月30日，北方分局组织工作会议在青山村一座天主教堂里召开。各地委书记，各分区司令员或政委都到会了。会后，军区还要隆重举行“晋察冀军区成立两周年纪念大会”。不料就在当天晚上，我接到了分区司令部的敌情报告：坐镇张家口的“蒙疆驻屯军”司令，兼独立混成第二旅团旅团长阿部规秀中将，派辻村大佐率日军第一大队和伪军1000多人已进驻涞源城。据侦悉，敌人拟分三路向分区根据地“扫荡”：

西路经北面佛驰往灰堡；

西南路出涞源城经插箭岭奔走马驿；

东路由辻村大佐亲率两个步兵中队、一个炮兵中队及部分伪军共约600余人，有经白石口、鼻子岭向我银坊镇地区“扫荡”之迹象……

敌人这一次突然行动，其实也在我们意料之中。因为涞源是敌我必争之地，如控制在我手，就能出涞源经察南挥兵北上，直逼阿部中将盘踞的老巢张家口；在敌人方面，则把张家口至涞源一线的据点，视为插入我晋察冀军区的一把尖刀，企图用这把尖刀割裂我平西、察南、雁北根据地，阻我向察南、雁北活动，巩固其伪“蒙疆国”占领区。因此，敌人在涞源多置高垒、深沟，经常驻守重兵，并以此为据点，不断向我根据地“扫荡”。

早在9月底，敌人就先从晋察冀根据地的南线，开始了冬季大“扫荡”。800多名日军进犯四分区的陈庄地区，被八路军一二〇师和四分区的部队歼灭。

南线失败后，敌人就把攻击重点转移到北线——我们一分区这边来了。首先，敌人从九宫口经摩天岭、漕庄子、上庄、中庄，动工修筑一条汽车路。这条路与涞源公路干线衔接，可以把大量兵员及武器装备调运到前线来，增强部队的机动性。一旦汽车路筑完，他们在北线的冬季“扫荡”即可全面开始。

我们当然不能让敌人得逞，便立刻组织了“北进支队”，由分区参谋长黄寿发同志率领，专门打击掩护筑路的敌人。10月19日，“北进支队”夜袭摩天岭，消灭了100多名日伪军，把摩天岭公路支路彻底摧毁了。

随后，敌人调动更加频繁，涞源公路线上的军车几乎昼夜不断，大量武器装备运到各个据点。敌人还四出掠夺，抓了1000多民夫和近2000匹骡马……

我记下敌人三路出动的情报，立刻去向聂司令员汇报。

聂司令员把马灯拧亮了一些，注视着桌上的地图，仔细地听完我的话，问：

“情报可靠吧？”

我答道：“涞源情报站的站长，是分区崔喜峰参谋，他们送出的情报，是根据涞源伪维持会和宪兵队的我内线情报员的报告，然后又汇集了五回岭情报站的情报，经过与各地情报人员的核实、分析，再报到分区司令部来的。都是比较及时、准确的。”

涞源是我们北上抗日最先解放的一个县城，那里有坚强的党组织和隐蔽的情报网。县城虽被敌人占领，但四周乡村仍在我们的控制之中。那里的敌人一举一动，我们的情报人员全部掌握在手中。五回岭情报站站长叫崔明贵，个子不高，成天乐乐呵呵，心计极多，他原是东北一个流亡学生，参加八路军后，爱上了情报工作，涞源、易县城里的千头万绪，他几乎了如指掌。经他手出来的情报，对于我们歼灭敌人常起到很大作用，同志们都戏称他是给敌人送终的“催命鬼”。

聂司令员点点头，他显然知道这些无名英雄。

我建议道：“司令员，让我们打一仗吧？”

“敌人有三路，你打哪一路？”

“打东路！”

这一带地形我熟悉。从涞源到银坊全是深山大谷：出涞源城，过白石口，再往南到雁宿崖、银坊，其间只有一条山路可走，两面是大山乱石，不难找到伏击地域。虽然这路是敌人的主力，可是由于大山阻隔，另外两路敌人难以策应，敌主力便成了孤军一支。我想，分区主力团队多数远在管头村以东，打其他两路，部队运动起来困难大些，打东路就方便多了。

聂司令员说：“我同意你的意见，打！你去请彭真、贺龙和关向应同志来，我们再征求一下他们的意见。”

一二〇师刚从冀中地区返回冀西地区，贺龙师长、关向应政委是应聂司令员、彭真书记的邀请，到阜平参加军区成立两周年庆祝活动的。

我立刻请来彭真书记和贺龙、关向应两位首长，向他们汇报敌情与我的作战设想。

贺师长听完后高声地说：

“送上门来的，打嘛！打一个胜仗，庆祝军区成立两周年！”

我们都笑了。彭真书记和关政委也同意打。

聂司令员当即命令我：

“会议你不要参加了，立刻赶回分区组织指挥这次战斗。”

11 月 1 日凌晨，我和两位警卫员骑马离开阜平，返回分区司令部驻地管头村。

途中，我特意绕经银坊镇、雁宿崖、三岔口、白石口、插箭岭、黄土岭……再次详细察看每一处的地形地貌。那众多奇峰峡谷强烈地吸引着我，多好的伏兵藏弩之地呀，战斗计划渐渐在我脑海中形成。

从白石口至雁宿崖一段路，实际上是个宽约 40 米的干河滩，两边的山岭陡峭，如果伏兵两侧，并以一部分兵力诱敌至此，再用火力封住白石口退路，那它就插翅难逃，只能葬身于乱石之中。

特别有意思的是，我脚下的山地，正是古战场。矗立在白石口上的城楼，还锲有“云谷重关”四字；传说杨六郎插箭立营而得名的插箭岭上，六郎庙古风犹存；内长城虽已坍塌，但它那石龙般的城基仍然伏卧在苍莽山野中。这是一块浸透鲜血的土地啊！

战斗迫在眉睫，分分秒秒都不可虚掷。我一面察看地形，一面思考战斗部署，一面利用附近的电话站把作战命令下到各团，让部队准备行动。

看完地形后，我又到达三团驻地银坊镇，和团长邱蔚、政委袁升平进一步研究作战方案，接着下令各团立即按计划开进伏击地域。

11 月 2 日，我们在分区司令部召开干部会议，对作战方案又做一次研究和确认。经聂司令员批准，决定：以部分兵力和地方游击队去牵制、堵击插箭岭、灰堡之敌，不使那两路敌人接近我们战场；三分区的团长唐子安、政委黄文明率其二团，邱蔚、袁升平率三团，分别埋伏于雁宿崖东西两面；团长陈正湘、政委王道邦率一团插至白石口南，随时截断敌人的退路；以素有“狼诱子”之称的曾雍雅、梁正中支队，由白石口向雁宿崖佯动，诱敌深入。待敌进入雁宿崖地区后，全线发起战斗。

这样，我军参战兵力有一分区的一、三团和三分区的二团，共三个主力团，与敌人可能落网的一路兵力相比，占有绝对优势。由于兵力集中，具备了歼灭这路敌人的条件。

我向聂司令员报告作战方案时，聂司令员指示说："一定要抓住战机，争取全歼这一路敌人。我不会离开电话的，你要随时报告战斗进程，彭真、贺龙、关向应同志，都很关心这场战斗。"

放下电话，我命令所属部队进入伏击阵地，当夜指战员们就在山中荷枪露宿。

11 月 3 日是个好天，晴空之下，万岭苍翠，旭日抹红山尖，清冷的穿谷风阵阵扑面，实在令人兴奋。

7 时许，我军同三路敌人先后接火，中路敌人在曾雍雅、梁正中支队频频诱击下，果然大踏步闯入狭谷来了。行至雁宿崖，三分区的二团和一分区的三团突然从东西两面山岗上冒出来，压击敌人。一团则从敌人屁股后面杀进去。三个团百多挺机枪一齐开火，枪声、喊杀声、手榴弹爆炸声在山谷间四转激荡，震耳欲聋。敌人遭到猝然打击，像被追逐的兔子一样四处飞窜，纷纷寻找隐身之地。

很快，敌人就从昏乱中清醒过来了，迅速组织抵抗，先占据河套附近的小高地作为立足点，然后以十几挺机枪、几门山炮为掩护，向三团阵地发起连续反扑。

三团的指战员十分沉着，把敌人放近了，再突然扑出去，以手榴弹、刺刀把他们歼灭在阵地前沿。一、二团的机枪也在敌侧猛扫，打得反扑的敌人像山崩时的碎石那样纷纷从山坡上滚落下去。

下午 4 时，敌人已被歼灭大半，剩下的已被压缩在上庄子与雁宿崖西北的一个小高地上。黄昏前，上庄子敌人全部被歼，小高地上的敌人却还在疯狂抵抗。显然，他们想坚守到天黑，等待东西两路敌兵驰援。但敌人哪里知道，那两路敌人在我们和兄弟部队的牵制、堵击之下，也都寸步难进。

这时，各团都有部队运动到小高地下面，把敌人围得水泄不通。高地顶上是敌人指挥部和炮阵地，辻村大佐正督促士兵四面抵挡。山炮不停地发射，灰蓝色硝烟把山顶都笼罩住了。

三团一营担任对这个高地的主攻，营长赖庆尧（即赖兴中）在最前沿指挥。冲锋号一响，十几挺机枪朝高地顶端倾泻弹雨。三连指导员甩去棉袄棉裤，高举驳壳枪，领着全连冲上去了，霎时占领了山顶。

敌人倾巢扑来，山头上展开了白刃格斗，三连指导员身上数处负伤，一只眼睛都被鲜血糊住了，仍然挥舞着驳壳枪不停地射击。因为只有一面陡坡能够通向高地顶端，而这一面陡坡又被敌人的机枪封锁住了，后续部队上不去，已经攻上去的战士们由于寡不敌众被敌人压了下来。

夕阳落到山后，山峦沟谷渐渐模糊起来，我下定决心，命令部队必须今天解决战斗。

战士们开始第三次冲锋。一团绰号叫“病号排”的曹葆全排也全部投入战斗。冲锋号四面八方吹响，曹葆全同志领着全排着了魔似的冲在最前面，大部队如狂潮一般涌了上去。敌人被压进一条沟底，战士们立刻从两面往下扔手榴弹，这条沟被浓烟烈火吞噬了。当烟消灰灭后，群峰也寂静下来，战士们谨慎地寻找残敌，可是再没一个能动弹的敌人了。

600 多日军除被我们生俘 13 名外，其余全成了死尸，散布在河套、山谷和村庄里。

一团七连连长钟茂华同志，穿着一件日军将校呢大衣，十字披红地挎着一把指挥刀、一把三八盒子，笑眯眯地大步走到营部。营长宋玉琳和教导员郑三生一见，都被他这副模样逗笑了。他们看大衣上金晃晃的军衔，知道这是个大官，但不清楚多大。翻开衣襟，见里面用金丝线绣着“辻村”二字，他们也不认得“辻”字。

钟茂华同志说：“我们迂回到敌人炮阵地侧后面时，打倒一个鬼子官儿，缴获了这套行头。”

可惜，我们在打扫战场时没找到辻村大佐的尸体，所以并不能确定这家伙是死是活。不过，辻村部队是覆没了，其余两路敌人当夜仓皇奔回涞源城。

日军作战有个规律，每失败一次，必然出兵报复，失败得越惨，报复得越凶。而且常常是败兵刚刚归巢，大队人马立即扑来，想趁我正在“消化”胜利果实时，打我个猝不及防。

对敌人这一手，我们有所提防。雁宿崖歼灭战枪声刚刚止息，我立即命令部队：连夜打扫战场，埋葬敌尸，迅速转移。被敌人裹胁来助战的民夫，则组织他们分散回家。谁的骡马就由谁领走，因这些牲畜全是沦陷区群众的财产，我们不能留作战利品。然后，我又通知各情报站，密切注意敌人的动向。

就在这时，白求恩大夫带着医疗队来到了前线。这可真是雪中送炭啊！白求恩大夫的到来，将会为我们挽救多少伤员的生命！我们热烈地欢迎了白求恩大夫。在白求恩大夫的指导下，我们设法给医疗队增添了一些医疗器具。之后，白求恩大夫即率医疗队奔赴军分区甘河净医院去了。

第二天凌晨，来了情报：

驻张家口日军出动其精锐部队独立混成第二旅团的二、三、四、五大队 2000 多人，分乘 90 多辆卡车急驰涞源。涞源城里的残敌彻夜不宁，又在到处抓夫。很显然，敌人是实行报复性“扫荡”来的。可能沿着辻村大佐旧路，进至银坊，然后，或西取走马驿，或东扑黄土岭，寻找我主力决战。

我在管头指挥部把这新情况报告给聂司令员，并且建议再打一仗。

聂司令员笑了，问：“部队情况怎样？”

“刚打了个胜仗，伤亡很小，士气很高，正在银坊、司各庄一带休整，出击方便。银坊以东，直到黄土岭，地形仍然利于设伏，只要敌人敢于由银坊东进，我们一定能伏击成功。”

聂司令员指示我：你们先以小部兵力在白石口一带迎击敌人，把他们引向银坊，让他们扑空。然后你们隐蔽起来，让敌人寻找你们决战。你们却在银坊北面示以疑兵，诱敌东进，等他们进到黄土岭后，你们再利用有利地形集中兵力歼灭它。聂司令员最后说："你们先做准备吧，我和彭真、贺龙、关向应三同志再商量一下。"

很快，聂司令员又来电话了，他高声道：

"彭真、贺龙、关向应三同志都赞同我们的意见。成武同志，你争取打个更大的胜仗吧！贺龙同志怕你兵力不足，决定让一二〇师特务团从神南北上，天黑前赶到黄土岭地区，归你指挥。"

首长们这么支持，我真高兴。这样，参战部队就有一、二、三、二十五团，特务团，还有游击支队和分区直属炮兵连，取胜就更有把握了。

敌人上次分兵三路吃了大亏，这次恐怕不会再分兵了，可能集中力量一路"进剿"，极力寻找我主力决战。当时，我们并不知道，率领这支敌兵的指挥官，竟是赫赫有名的阿部规秀中将。

阿部规秀是接替去年被我军击毙的常岗少将，来统率独立混成第二旅团的。该团在日军中堪称精锐，而阿部又是在日本军界享有盛誉的"名将之花"，是擅长运用新战术的"俊才"和"山地战专家"，以伪"蒙疆国驻屯军总司令"的身份，兼任独立混成第二旅团的旅团长。日军的旅团长一般由少将出任，中将够得上荣膺师团长之职了。阿部上个月晋升中将，并担任北线进攻边区的总指挥。辻村大队被歼，使他在刚刚晋衔之后如同挨了八路军一记耳光，丢了脸面。所以，他在第二天就亲率精锐之师出马扫荡了。

我们虽不知道阿部亲自出山，但阿部骄野成性，轻狂自负，刚刚晋衔，急于报效天皇，也并不知道我们的厉害。临行前，他在一封家信中写道：

……爸爸从今天起去南方战斗！回来的日子是十一月

十三四日，虽然不是什么大战斗，但也将是一场相当的战斗。八时三十分乘汽车向涞源城出发了！我们打仗的时候是最悠闲而且最有趣的，支那已经逐渐衰弱下去了，再使一把劲就会投降……圣战还要继续，我们必须战斗。那么再见。[①]

这时，我们部队正在进行战斗动员，“打一个更大的歼灭战”的口号，强烈地激动着战士们的心。一分区和三分区的群众也从各地赶来，组织了许多担架队、游击小组、侦察小组，帮助我们放哨、侦察、救护伤员、送水送粮。方圆几十公里的战场都在沸腾着。

当天夜间，敌人又越过白石口一带的内长城，进到雁宿崖下，他们把我们已经为之埋葬的一些敌尸，一具具挖出来，用木杠子抬到一起，架上柴堆，浇上汽油，点火焚化。整条山谷弥漫着焚烧尸体的焦臭味，几里外都可望见熊熊烈火，可以听见战马惊惧的嘶鸣……

11月5日，一千四五百日军从龙虎村向白石口前进。“狼诱子”曾雍雅、梁正中支队在白石口与敌接火，他们忽而坚决堵击、忽而大踏步后撤，像翻飞的鹞子那样紧紧缠住猎物不放，使敌人既求战不能又追赶不及，气得暴跳不止。当晚，到达银坊镇，敌人开始实施“三光”，银坊一带村庄大火冲天，彻夜不熄，好在群众都已撤离，没有受到太大的损失。

11月6日，敌人两次扑空后，急不可耐，终于离开银坊镇，倾师东奔黄土岭。

“敌人来了！”

消息传来，各团士气大振。这天，我们丝毫不惊动缓缓东进的敌军。晚间，敌人搭起帐篷，解开行囊，在黄土岭、司各庄一带宿营。夜里，天气陡变，浓云蔽空，星月无光，太行山上的阵阵冷风，扑击着寂如坟

① 这是作者后来从缴获的日本《朝日新闻》上查到的。

岗的黄土岭。

我部队乘夜展开，一团、二十五团在寨坨、煤斗店集结，卡住了敌人的东进道路；三团从大安出动，占领了黄土岭及上庄子以南高地，三分区的二团则绕至黄土岭西北尾随敌后前进。在敌人毫无觉察的情况下，我们完成了包围。

11月7日，天空飘洒着密密的雨丝，周围群峰都消逝在浓雾里，给人一种神秘莫测的紧张感。"黄土岭"听起来像黄土高原上的土山，其实不是，它是太行山北部群山中一座岬口，四周有许多深沟大谷和一条不甚宽的干河滩，时已深秋，山里冷得早，林木脱尽叶子。地上是一片枯草。

上午，敌人继续东进，前进时十分警惕，总是由先头部队（约30多人）携重机枪数挺、轻机枪数挺，先行占领路侧小高地，然后大队才跟进。

中午12时，敌先头部队已接近黄土岭东面的寨坨村，大队还逶迤在上庄子一线。直到下午3点，全部人马才离开黄土岭，陆续进入狭谷中的小路。这时，我一团、二十五团迎头杀出，三团及三分区的二团从西南北三面合击过来，把敌人团团围住，压缩在上庄子附近一条长约两里，宽仅百十米的沟里。我军100多挺机枪从各个山头一齐朝沟中打。分区炮兵部队也连续发射了数发炮弹，这条山沟立刻被弹片、碎石和浓烟覆盖住了。

敌人依仗其兵力雄厚和优良火器，向我寨坨阵地猛冲，遭到反击后，乃掉头西向，妄图从黄土岭突围，逃回涞源。我三团紧紧扼守住西、南两面阵地，我兄弟部队一二〇师的特务团也赶到，从三团的左侧加入战斗，使敌人欲归无路，只能就地抵抗。

黄土岭东有个名叫教场的小村庄，那里是敌人指挥部。此刻，一群穿黄呢大衣的军官，站在一座独立院落的平坝前，正用望远镜朝山头瞭望。这情景，恰被一团长陈正湘用望远镜发现。他急忙把目标指示给分区配属给一团的炮兵连连长杨九秤，杨九秤指挥迫击炮连发数弹，正打在敌指挥官人群中，随着“哐、哐、哐”几声巨响，敌军官立刻倒下一片……

敌人失去指挥官，极度恐慌，他们抬着指挥官的尸体，朝黄土岭拼命突围，又遭到我三团、特务团迎头痛击。随之，他们又向寨坨突围，又被我一团击退。这以后，敌人反扑势头顿减，战法也乱了，不得不收缩兵力固守了。

入夜，估计敌人残存兵力尚有七八百人，由于我各团之间联系困难，不便于乘夜攻击，我便命令各团固守已有阵地，不使敌人漏网。同时派小部队袭扰敌人、疲劳敌人。拂晓时我开始总攻击。

8日凌晨，日军飞来5架敌机，在战场上空盘旋侦察，过一会儿，投下七个身披降落伞的指挥官，看来是来指挥黄土岭残敌突围的。

果然，8时许，敌人留下200多人在上庄子掩护，其余开始向司各庄方向凶猛突围，各种枪声像海潮那样轰响着。一团和二十五团果敢地插上去，切断了敌突围部队和掩护部队的联系，三分区的二团、我一分区的三团和一二〇师的特务团也开始全线攻击……

中午，一团报告，三岔口方向传来机枪声，我断定这是敌增援部队与我三岔口曾雍雅支队接火了。

情况很快就查清了，敌人纠集了前所未有的重兵：驻保定的一一〇桑木师团、驻大同的二十六师团、驻张家口的独立混成第二旅团余部……纷纷出动，从灵丘、涞源、唐县、完县、易县、满城等方向分多路向黄土岭合击，先头部队距黄土岭已不到30里了，敌人企图在我们的包围圈外面形成个更大的包围圈，把我们的参战部队一网打尽。

聂司令员得知以上情况后，立即指示部队撤出战斗，注意敌情变化。

敌人的冬季大“扫荡”全面开始了。我们不再恋战，迅速撤离黄土岭战场，跃至外线作战，不断从敌人侧背予以突击。到11月底，敌人的“扫荡”部队损失渐大，疲惫不堪，又捕捉不到我们的主力，不得不全线溃退。

从而，我们取得了冬季反“扫荡”的胜利。

黄土岭战斗，是晋察冀军区一次空前的胜利。我们共歼灭900多名日本侵略军，缴获200多满载军用品的骡马车，五门火炮，几百支长短枪及无数弹药，还生俘了十几个鬼子。可惜的是，有两三门炮因为来不及搬运，只好埋在黄土岭河滩里了。

这样，我们从11月3日至8日，六天中就连续取得了雁宿崖、黄土岭两个歼灭战的胜利，共歼灭日本侵略军1500多人，并缴获了一大批武器和军用物资。

一天下午，我们正在总结，聂司令员突然打来电话，他喜悦地高声说：“成武同志，好消息啊！延安拍来贺电，说你们打死了阿部规秀中将，我祝贺你们啊……”

我又惊又喜，根本没想到这位中将旅团长竟亲自率兵深入黄土岭，并且被我们打死了。放下电话，我向旁边正在统计战果的秘书陈子端喊道：

“老陈，聂司令员说，我们打死了阿部中将，总部祝贺我们哩！”

陈子端一怔，拍着统计表叫道：“中将？我们还不知道有这个死鬼呐，哈哈哈……”

在场的人都高兴地开怀大笑。原来敌突围时抬的那个指挥官尸体正是阿部规秀。

《朝日新闻》特派员于11月20日发出的详报说：

……阿部中将亲临第一线，以便视察敌情，随时下达命令。当到达上庄子以南约一公里的一处人家时，敌人一发炮弹突然飞至身旁爆炸，阿部中将右腹部及双腿数处负伤，但他未被重伤屈服，仍大声疾呼“我请求大家坚持”。然后俯首向东方遥拜，留下一句话：“这是武人的本分啊。”负伤后约三小时，即七日晚九时五十分，中将壮烈死去……

巧的是：当时有十七八个群众被敌人关押在独立院落东边的小屋里，他们蜷缩在一个大炕上，亲眼看到炮弹在屋前连连爆炸，日军指挥官全炸倒了，连那条高头狼狗也炸裂了肚子，可是却没有一块弹片飞到小屋子里来，他们无一负伤，暗中称奇：八路军炮真神。

我急忙给一团挂电话，转告了这个喜讯，并且要他们立刻到战场寻找阿部中将的遗物。当天，阿部的绣着两颗金星的黄呢大衣，和把上嵌金包银的指挥刀被我们搜到。

阿部中将被击毙，日本朝野震动，陆军省发布了阿部规秀的阵亡公报。《朝日新闻》以通栏标题痛悼此人：《名将之花凋谢在太行山上》，连登三天。其他各报也频频报道阿部的生平、战功、死讯。他的骨灰送回东京时，“帝都降半旗致哀”，“以高龄的柴大将为首，杉山大将、东防司令官稻叶中将、代理陆军大臣中村以下各位将领到车站持吊旗致哀……”

阿部规秀是日军侵华战争以来丧失的一个高级将领，也是中华民族整个抗日战争中消灭的职务最高的一个日军指挥官。党中央、八路军总部和全国各地的友军、抗日团体、著名人士，纷纷拍来贺电，祝贺我们所取得的胜利。全国各地的报纸也纷纷报道黄土岭战斗经过，刊登各种祝捷诗文。真是欢声动地，贺电满天，广大人民异常振奋。有趣的是，远在大后方的国民党中央政府，这次不说我们“游而不击”了，蒋介石还发来贺电，并奖励三万元军资。贺电如下：

×电悉，杨支队予敌重大打击，殊堪嘉奖。中正（二十八年十月）

朱总司令：据敌皓日播音，敌辻村部队本月江日向冀西涞源进犯……支日阿部中将率部驰援，复陷我重围，阿部中将当场毙命等语。足见我官兵杀敌英勇，殊堪奖慰。希饬将上项战

斗经过及出力官兵详查具报，以凭奖赏，为要。中正（二十八年十二月）

不久，彭真同志指示我，就黄土岭战斗经过写一篇文章，驳斥国民党内部那伙诬蔑我们“游而不击”的人。我便写了一篇题为：《名将之花凋谢在太行山上——瞧一瞧八路军是不是游而不击》的文章，登在当时的抗日刊物《新长城》上。

反“扫荡”胜利结束后，一天，五回岭情报站转来日军的一封信，信是写给我的，信口还插三根鸡毛，以示“万分火急”。

我拆开一看，竟是驻张家口日军警备司令小柴写的。

杨师长麾下：

中日之战是中日两国政府的事，麾下与鄙人同是人类一分子，没有私仇，参加战争仅是为了吃饭，国家的争论与我们无关，别因此影响我们的友谊。麾下之部队武运亨通，长胜不败，鄙人极为敬佩。现鄙人有两件事求教：一是请通知鄙人在黄土岭、雁宿崖被麾下部队生俘的皇军官兵的数目、军职、姓名及他们的生活近况；二是战死的皇军官兵是否埋葬？埋在何处？可否准予取回骨灰，以慰英灵……

我把此信拿给同志们看，同志们会心地笑了。敌人的百般狡辩不能歪曲这场战争的性质，敌人的嘤嘤哀鸣也丝毫引不起我们的怜悯之情。我当即复他一信，首先驳斥他所谓“国家争论与我们无关，参加战争仅是为了吃饭”之类的言论，指出他自己就是法西斯的侵略工具，是中华民族的死敌。我们进行的是正义的战争，正义的战争是必胜的。然后通知他，八路军一向优待俘虏，对于放下武器的敌人，一律宽大处理。俘虏们生活得很好，已开始认识自己的侵华罪行，表示反对这场侵略战争。对于那些做了你们炮灰、蒙受你们给予的灾难的死者，我们已妥为安葬，并立有石碑，以兹标志……

在胜利的喜悦中，我更深深怀念牺牲的同志。白求恩大夫在分区甘河净医院，不顾指间刀伤，为一名患颈部丹毒合并蜂窝组织炎的伤员动手术，不幸被这种病毒感染。他带着高烧、病痛，继续救治黄土岭战斗中下来的伤员。后因自己病情恶化，终于在 11 月 12 日和我们永别了。

噩耗传来，我心情异常悲痛。原想反“扫荡”胜利后，把白求恩大夫请到分区司令部来好好休息几日，再请他为我们一分区卫生工作做些指示，谁知竟不能了。他用他的生命滋润了我们战士的生命，他以他的卓越医术和无私无畏的共产主义精神，支持和激励着我们战士在黄土岭勇猛杀敌。他的名字是和黄土岭胜利、和中国人民抗战胜利紧密相连的。

这几天，有多少令人终生难忘的事啊！

两个外国人，一个是日本侵略者阿部规秀中将，一个是加拿大共产主义战士白求恩大夫，一个是在侵略战争中命丧太行山，一个是为中国人民的解放事业贡献出自己的生命。

他们都是在长城脚下这块古战场上逝去的。但是，白求恩大夫的精神和业绩像巍巍太行山一样永远屹立在中华大地上，而阿部规秀只是太行山脚下的一堆粪土……

东团堡歼灭战 *

杨成武

正太战役结束以后，前方总部命令八路军各部队进入大破袭战的第二阶段。

晋察冀军区立即组织了涞（源）灵（丘）战役[①]和一系列对铁路、公路的破袭战。决定在涞灵战役中，把主要力量首先使用于涞源地区，夺取涞源城，拔掉附近各据点，然后转移攻势于灵丘地区，相机攻取灵丘城和附近各据点，打开边区西北地区，以便同晋西北和平西抗日根据地形成面的联系。

聂司令员命令我指挥由第一、二、三、二十、二十五团和骑兵团主力、一分区特务营，第一、三游击支队、分区工兵连等组成的右翼部队，参加涞源战斗。左翼部队第六、二十六团和察绥游击支队位于蔚县南部和灵丘东部担任掩护。挺进军第九团活动于桃花堡、矾山堡之间，阻击平绥路东段增援的敌人。此外，二分区、军区教导团、冀中军区一部都

---

* 本文节选自《杨成武回忆录》，解放军出版社 2007 年版。

① 涞灵战役第一阶段时，邓华同志指挥五分区部队在灵丘、广灵牵制敌人，配合一分区部队作战。涞灵战役第二阶段时，杨成武同志指挥一分区部队在涞源、蔚县牵制敌人，配合五分区部队作战。

进行相应的配合行动。

自从黄土岭战斗击毙日军阿部中将之后，驻张家口的日军独立混成第二旅团恨不得一口吃掉我们，却又无从下口。新任旅团长人见与一中将也是一个双手沾满中国人民鲜血的刽子手。他派兵深入我边区，在涞源城、东团堡、三甲村、白石口等地设下据点。驻大同的日军二十六师团，则把魔爪伸入灵丘、广灵、南坡头等地。军区之所以选择在涞灵地区发起战役，就是为了斩断魔爪，拔除敌人设下的据点。

但是，当我军大举出击正太路时，涞源地区的敌人已有警觉，各据点相继增加了兵力，仅涞源城就增加到500多人。他们纷纷加固工事，储备粮弹，严加警戒。这就大大减少了我军突袭成功的机会。

我带着三分区的二团和一分区的三团从井陉返回分区，略作休整，即向涞源方向进军。事先曾派分区侦察科新任科长姜洪照同志带人到涞源一带进行侦察。经研究并报军区批准，我们决定由一分区的一团攻涞源城，三分区的二团攻三甲村，一分区的三团攻东团堡。

我曾经住过涞源和三甲村，也到东团堡看过地形，对这几个地方都很熟悉，指挥作战时根本用不着看地图。我把前方指挥所放在三甲村附近内长城的一座烽火台上，这里离涞源城极近，离东团堡有七八十里，位置理想，三处战场，不用望远镜能直接观察到的就有两个。

东团堡位于涞源城东北，是敌人供应线上的重要中转站，又与上庄、中庄、王喜洞、摩天岭等据点相呼应，成为敌人在涞源、宣化公路上封锁我根据地的一大支撑点。

东团堡内外筑有上下三层的大碉堡、地堡、围墙、外壕，设有铁丝网、鹿寨，构成了坚固的环形工事。守敌是日本侵略军独立混成第二旅团的一个士官教导大队，共170多人，全是从其下属部队中挑来受训的士官，训练有素，武器精良。翻译官名叫金井，朝鲜人。我地下工作人员曾多次做他的工作，他对我们的抗日斗争也曾表示同情。

半个月前，三团长邱蔚曾派了四名侦察员化装成老百姓进东团堡侦察。那回，他们正赶上日军放映无声电影，强迫当地老百姓去看，以宣扬他们的“王道乐土”和“大东亚共荣圈”。我们的侦察员混进看电影的人群中，虽然金翻译官有所觉察，但他睁一只眼闭一只眼，没向日军报告。在我地下工作人员的帮助下，侦察员把敌人的人员和武器装备等情况了解得清清楚楚，又平安地出了据点。

东团堡周围数十里的乡亲，恨死了据点里那帮奸淫掳掠、杀人如麻的日本侵略军。三团进军东团堡路过乌龙沟、其中口等村庄时，乡亲们群情激昂，有的泣诉日军的罪行，有的兴高采烈地说：

“这下可好，龟孙子的死期到了。你们不知道，叫东团堡的鬼子杀了我们多少人呀！”

还有位乡亲拍着自己的胸脯说：“你们要能拿下东团堡鬼子据点，我们家就给你们杀一头大牛慰劳！”他们有的主动给我们带路，有的跑来给我们抬担架，给了我们很大的支援。

三团于夜间潜入离东团堡十里外的村庄，天亮后，邱蔚同志带领侦察参谋刘贵、作战参谋杨兴唐及一营长赖庆尧、二营长郭延林、三营长陈宗坤同志上山看地形。邱蔚同志看完地形后，在电话里向我报告了作战部署：一营攻打上庄据点，切断东团堡与中庄的联系；二营在东团堡的东面和南面担任助攻；三营在东团堡西面及西南面实施主要突击，九连为突击队。

夜色降临了，明净的秋月照着长城内外的荒山野岭。我站在烽火台上，于9月22日20时，向参加涞灵战役中涞源战斗的所有部队发出了攻击命令。

过了片刻，激烈的枪弹声骤然响起——涞源战斗开始了！

战斗一打响，烽火台上的指挥所电话铃声就响个不停，各团的战况不断报来。

一分区一团正在向涞源城猛攻。敌人火力很猛，我方打得异常英勇，正在一步一步地逼近敌人。

三分区二团用炮火猛轰三甲村东山上的敌堡，战士们冒着敌人的弹雨，奋勇劈开一道道铁丝网，跨过外壕，向敌堡发起攻击。

一分区三团三营，在东团堡附近的馒头山打响，战士们在民兵们带领下伪装狗叫，匍匐前进，砍开铁丝网，紧接着把日军哨兵也砍倒了。正在碉堡内睡觉的日军惊醒了，可是未等他们还击，战士们就把成捆的手榴弹扔进堡内，把他们炸成了一堆碎尸。担任突击任务的九连在火炮和机枪掩护下，由东团堡的农会主任赵宗带路，向东团堡守敌首先发起冲击。其他连队也一齐猛攻。可是担任助攻的二营被带错了路，未能按时赶到东团堡。在这种情况下，三营的同志们仍然奋起攻坚。敌人打开探照灯，使用各种武器向我还击，并与冲去的我方战士展开白刃格斗，厮杀声和刺刀的撞击声响彻夜空。

“几个团都打得很艰苦呀！”我对高鹏同志说，他点点头。我们知道，遇到这种情况，部队伤亡不会小。

一夜恶战过去，传来一分区一团攻占了涞源东关、西关和南关的战报，但是涞源的大部敌人并未被消灭，他们退入城内防守。三分区二团曾一度冲入三甲村和中庄两地，遭到敌人猛烈的反击，被迫退出。一分区三团九连在拂晓前攻占了东团堡西南角的炮楼，打开了突破口，三营主力随之突入村内。二营赶到东团堡之后，八连以勇猛神速的动作抢占了村南路口的碉堡。但是敌人很顽固，不时组织反冲击，我军在东团堡杀了个几进几出。攻击上庄据点的三团一营，曾夺得敌人一座堡垒，敌人发动了连续反扑，一营几度力拒，终因伤亡过重，不得不后撤。其他方面，担任攻击插箭岭、白石口、张家峪、王喜洞、摩天岭、沟堡等据点的兄弟部队，都无进展。只是五分区六团攻克了北口，特务营占领了辛庄，挺进军第九团占领了桃花堡、白乐镇、吉家庄三个据点。

情况严重。我拿起电话筒子，找到了邱蔚同志。

“邱蔚，怎么回事？东团堡还拿不下来吗？涞源城附近几个据点不拔掉，拿下涞源城就更困难了！明白吗？”

“明白！”从听筒里，传来邱蔚同志嘶哑的声音，“司令员，部队又发起了强攻……鬼子真狠哪，施放毒气，好多战士中毒倒下了！眼下我们正在采取防护措施，继续攻击中……”

“这群法西斯强盗！”我骂了一声，转而对邱蔚同志说，“告诉营、连干部，东团堡的守敌除了军官以外，几乎全是士官，都是带兵的人，对付他们，不能光是死攻硬拼，要多动点脑子！”

邱蔚同志心领神会，立刻去找人想办法。我又和三分区二团团长肖思明同志挂通电话。他告诉我，三甲村的四个碉堡已被他们攻占了一个。攻击部队虽然被迫撤下来了，但是并没有放弃这个碉堡，而是留下一个班，搬了好多手榴弹上去，等于在敌人腹地安了颗钉子。我交代肖思明同志：

“那个碉堡要控制好，可别让它丢喽！我马上调一门山炮给你，你用它打另外的炮楼！”

肖思明同志高兴极了。

一分区一团的战斗完全陷入胶着状。代理团长宋玉琳同志忧虑地向我报告说，部队仍在东、西、南城关与退入城内的敌人激战。他还如实报告说，一营有一个排在攻打敌人失利时，战士们没有撤下来，排长慌得自己先跑了回来。

我告诉宋玉琳同志，不要放弃已经得到的阵地，但是也不必死啃硬骨头，部队可以原地略作休整，监视敌人，待我们调整部署以后再说，至于那个临阵逃跑的排长，当然应该对他执行战场纪律。

在烽火台上，我与分区几位领导同志简单而又慎重地交换了意见。我提出：目前我们的兵力过于分散，以致进攻受挫，应该按照集中兵力，各个歼灭敌人的方针，以一部兵力监视城内敌人，集中力量先扫除周围各据点，再攻涞源城。几位领导和参谋人员都同意我的看法。我们将此意见报告军区，聂司令员立即复电：同意改变部署。

部署改变之后，一分区一团奉命抽出一个营与三分区二团合攻三甲村，其余部队继续监视涞源城敌人。我要肖思明同志部署好第一、第二梯队，做好准备，将支援火力集中于敌薄弱部位后，突击部队即秘密向该部位集结，在火力掩护下强行袭击。

下午，我给肖思明同志配备了一门山炮，由于这门炮是缴获来的，没有瞄准镜，炮弹极少，因此交代他顶多打三发。肖思明他们小心翼翼地从炮筒里向敌人东山碉堡瞄准，哪知，刚打了两发，并未命中，碉堡里的敌人就吓得跑了出来，向涞源方向逃窜。肖思明同志乐得大喊大叫，忙叫一营长吴生荣同志带人冲击，随即占领了东山碉堡。

黄昏后，一分区一团三营利用暮色悄悄地离开涞源城关，涉过拒马河，赶到三甲村，和三分区二团一起，把三甲村敌人团团围住。一团三营副营长张英辉同志带着三个连包围了一座小山，用铡刀劈开铁丝网，朝一个碉堡扔了几百颗手榴弹，把碉堡炸开了一个口子。三甲村的敌人垂死挣扎，各种枪支通通从枪眼里伸出来射击，二团一位叫遂志任的班长冲上去，一使劲，把敌人一支三八步枪拔了出来。在二团和一团三营的猛烈攻击下，日军死的死，伤的伤。至24日清晨，三甲村150多个敌人，除20多名日军和50多名伪军被生俘外，其余全部被歼。

太阳升起来了，我对高鹏同志说：

“三甲村的战斗差不多了，走，下去看看！”

我们一行人跨上战马，驰向三甲村旁边的小山头。战地上的硝烟还未散尽，空气中弥漫着呛人的气味，到处是敌人的尸体、枪支弹药以及成堆成箱的罐头、饼干和酒。部队正忙着打扫战场。我估计涞源城的敌人很快就会出来增援，便与肖思明他们研究了打援的办法。正说着，天空中忽然传来炮弹的呼啸声，肖思明同志喊了一声：

“司令员快走！”

话音未落，只听“哐！哐！——”一阵震耳欲聋的爆炸声，三甲村周围的山上冒起了一团团浓烟。

我们策马返回的路上，那炮弹竟像粘上我们似的叮叮哐哐地跟在身后炸个不停。我们跃过小河，才摆脱敌炮的射击。驰入山谷，空中又响起了敌机的引擎声。

“来了个报丧的！”高鹏同志笑道。

我们重新回到烽火台时，涞源城的敌人已经饿狼似的窜出来了。我们居高临下，清楚地看到涞源小盆地里的战斗情景。100多个日军端枪扑向三甲村，快接近村子时，我方阵地各种武器一起开火，前头的日军顿时像被疾风吹折的高粱秆子一样纷纷倒地，后面的日军慌忙拖枪溃逃。不一会儿，日本士兵又被他们的军官驱赶着，再次扑了上来。和第一次冲锋一样，他们留下一大堆尸体，又掉转头逃了回去。就这样，敌人像一群受了惊的牲畜，一会儿被赶过来，一会儿被轰过去，来回折腾着。最后，敌人的飞机胡乱投了几颗炸弹，也一撅屁股飞走了。残余的日军只好灰溜溜地缩进涞源城。

三甲村又回到了人民手中，饱受日本侵略军蹂躏的村民们欢呼雀跃，当即就有180多名青年报名参加了八路军。

在拿下三甲村的同时，中庄、白石口、下北头等敌据点也被我们攻克了。

可是，东团堡仍在血战中……

一分区三团面临着极为严峻的考验。

东团堡的守敌，全都是战斗经验丰富，武士道精神十足的日军军官和士官。他们凭借坚固的工事，将轻、重机枪和掷弹筒打得如泼水一般，不时地施放毒气，有时还组织战斗群反冲锋。战斗打响的那天，正巧士官教导大队井出大队长接替原大队长甲田。这两个家伙都被围在里边了。激战两夜之后，敌外围工事均被我占领，残敌麇集于西南角一地主大院里，依仗核心工事挣扎待援。

一分区三团的指战员们戴着浸过水的口罩，前仆后继，勇猛冲击，民兵们也参战了。他们运送伤员，抢下烈士遗体，见到戴口罩、倒在地上的人就往外拖。激战中，三团党总支书记杨志德阵亡了。消息传来，我的心情很沉重。我早就认识杨志德同志，红军时期他就开始做部队中的党务工作了，是一位优秀的红军干部。

三团的重伤员，全部被送往乌龙沟，由印度援华医疗队抢救。印度援华医疗队这是第二次到一分区来。他们首次来一分区时，是由巴苏华和柯棣华大夫率领的。我们请他们吃过饭，作过一些交谈，对他们的国际主义精神，我们都非常钦佩。涞灵战役一开始，巴苏华和柯棣华即于9月23日带领医疗队赶至乌龙沟，开设火线医疗站，直接负责救护东团堡战斗中我军伤员。巴苏华和柯棣华以高超的医疗技术和满腔热忱的态度，抢救了许多身负重伤、生命垂危的战士。他们亲眼看到日本侵略军使用的达姆弹给我军指战员造成的伤亡，表示了对法西斯分子的极大义愤。他们对我军战士无比英勇的战斗精神，十分敬佩。在反法西斯的斗争中，我们结下了深厚的战斗友谊。

24日中午，邱蔚同志向我报告：上午8时许，40多名日本兵向九连扑来。九连沉着、灵活，待敌近至四五十米处，才突然开火，将敌击退。三排还趁机夺占了大院西南角一暗堡，予敌很大威胁。日军甲田大队长赤膊上阵，亲率数十名日本兵举着战刀向我一排扑来。一排长于勇带领全排与敌展开肉搏，他一人就接连刺死四个日本兵，自己头部也被刺伤，最后毅然拉响四颗手榴弹冲入敌群，与日本兵同归于尽。九连与敌激战三个多小时，连续击退敌人六次反冲击。邱蔚同志亲眼看见一个排冲进去同敌人肉搏，全部壮烈牺牲。沉痛与仇恨使他几乎忘掉一个指挥员的职责，差点跟着冲进去……

这天晚上，已是攻击东团堡的第三夜。邱蔚和王建中同志集合全团，再次进行动员，鼓励大家下定决心，今夜把敌人消灭。动员之后，部队进入阵地，团指挥所向前移，支前的乡亲们积极准备运送伤员的担架和牲口。

20 时整，部队对敌核心工事发起了总攻。二营七连一排用炸药包炸开大院东大门，并占领两座房屋，保障连主力占领围墙东南角碉堡。九连、十二连乘机突破围墙，相继占领西南、西北两个碉堡。十二连攻击的碉堡三丈多高，40 名战士抬着大梯子在火力掩护下，奋勇往前冲。梯子一架上碉堡，三班长王国庆就背着二十几颗手榴弹往上爬，正当他要往碉堡里塞手榴弹时，却被敌人的子弹打中，挂在梯子上牺牲了。十二连党支书记黄禄气红了眼，又背着二十几颗手榴弹爬上梯子，把王国庆同志身上的手榴弹也取下来，合在一起塞进了敌人的碉堡，四五十颗手榴弹在堡内轰然爆炸，把日军全部炸死了。

东团堡的残敌最后退守东北角碉堡顽抗，死不投降，并连续施放毒气，致使三团指战员大部分中毒，只好暂时停止进攻，继续包围敌人。

这一夜，三营损失极大。一、二营伤亡也不小。三营长陈宗坤急得打电话直接找我要兵，说着说着，声音变了调，发起脾气来。我理解陈宗坤同志此时的心情，他为失去那么多的好战友而难过，对使用毒气的敌人恨之入骨，并且急于求胜。我对他说：

“陈宗坤，现在不是发脾气的时候！赶紧组织剩余力量，包括文书、理发员、炊事员，准备向残存的顽敌作最后的冲击！打完仗，再给你补充兵员！”

25 日上午，一架敌机从张家口方向飞来，给东团堡残敌空投下几箱东西。第一个降落伞飘飘摇摇，恰好落在敌人的铁丝网外。正在三营阵地前沿的邱蔚同志叫侦察参谋刘贵带上两个侦察员，去把敌人空投的东西弄一个来看看。刘贵他们爬过去，扛来个木箱子，打开一看，全是黄头绿底的日本子弹。这时，天上降落伞全都落了地，可把战士们乐坏了，因为都掉到我方阵地上。日本飞机既为我们补充了弹药，那一张张降落伞布还给我们的战士提供了小包袱皮。

当天傍晚，阵地上显出一种异样的静寂。三团的同志们虽然连续作战几天几夜，疲劳至极，但仍在积极准备着继续冲击，他们知道，东团堡的日军士官只要活着出去一个，就会带出一群残害中国人民的日军来！

突然，从残敌据守的碉堡上传出几声清脆的枪声，原来，敌人营垒里有一个人，逃离敌巢时，被敌哨兵发现，打了几枪。

这个人就是金翻译官。事后，邱蔚同志把这个情况向我作了汇报。

24日上午，邱蔚同志看到我敌工人员对日军战场喊话无效，一场血战不可避免，便亲笔写了一封信给金翻译官，要他寻找机会逃出来，千万不要当日本法西斯的殉葬品。信中还请他把敌情了解清楚，报给我们。信是由东团堡区公所武装部一位叫赵进的同志冒险带进去的。金翻译官从碉堡上下来，悄悄地接过信，看完后便放进嘴里嚼了几下，咽下去了，然后又返回碉堡。

25日下午，敌人准备突围。三团再次从四面猛攻，置敌于绝境。甲田见大势已去，便将粮食、物资和枪支弹药堆放在一起，洒上汽油，命令所有剩下来的人员跳入火中自焚。他还挥舞指挥刀，将一个不愿自焚的日本兵的肚肠挑出来，杀一儆百。金翻译官在我地下工作人员马奎同志的带领下，趁机溜了出来。日军哨兵发现后，连打几枪，都没有打中，他安全地到达我方阵地。金翻译官一见到邱蔚同志，“啪”地敬了个日本式的军礼，抖动着惨白的双唇说：

“太君只剩下27个了，他们把机枪、掷弹筒浇上汽油，准备跳到火里，统统死啦死啦的。”

邱蔚同志一听，马上挂电话向我报告。我大声喊道：

“邱蔚，赶快命令部队冲进去，要不鬼子放火一烧，就缴不到那些机枪、掷弹筒了！”

三团立即从四面八方攻向残敌龟缩的角落，这时，武士道精神十足的日军爬到屋顶上，疯狂地饮酒，唱着《君代国歌》，跳着日本武士舞，向东方遥拜，然后发出如牛般的吼叫，一个个纵身跳入熊熊大火。等到战士们冲入时，日军官兵已全部烧死，部分武器也被烧坏了。尽管如此，三团在乡亲们的支援下还是缴获了不少轻、重机枪和掷弹筒，另外还有步枪 100 多支和大批的弹药、罐头和粮食等物资。

凶狠、顽固的东团堡日军士官教导大队被我全歼，使华北的日本侵略军受到极大震动。在三团返回的路上，乡亲们扶老携幼，箪食壶浆，慰劳部队。那位表示要“杀头牛”的乡亲，果真杀了头牛送来，向战士们祝贺胜利。

9 月 28 日开始，敌人从蔚县、涿鹿县各个据点和张家口陆续以小股兵力朝涞源方向增援，渐渐增多到 3000 多人，猛烈进攻我们。我右翼部队不能继续扫点攻城，奉军区命令，主力撤出战斗。涞灵战役的前一阶段即告结束。

涞灵战役的后一阶段，由邓华同志指挥左翼部队进行。一团奉命调入左翼部队，他们在南坡头战斗中打得十分出色。

整个涞灵战役于 10 月 10 日结束，历时 18 天，歼日伪军 1100 多人，缴获大量枪支弹药和军用物资。我军也付出了一定的代价。在战役进行期间，各地党、政、民进行广泛动员，大力支援前线。涞源县县委书记李媇亲任战地动员委员会主任，涞源人民把大批熟食、蔬菜、水果送往前线，易县妇女自卫队组织了有百副担架的妇女担架团，由妇女队长松森同志带领，步行百多里运送伤员。龙华县一、二、三区动员参战人员近 800 人，全县组织三个运输站，专事运输军需品。我们的每一个胜利，都与广大人民群众的支援分不开啊！

东团堡的歼灭战，使涞源警备司令小柴俊男不寒而栗，痛心疾首。后来日本侵略军重占东团堡，这位败军之将小柴俊男还大言不惭地立了一块大石碑，两面分别用中文和日文锲下一首《长恨歌》。这首歌中虽然充满法西斯的臭味，但作为这段历史的佐证，故将全文抄录如下：

东团堡警备队长恨歌

行军西征涞源县，路越一岭叫摩天。
围绕长城数万里，西方遥连五台山。
南到白石山更大，东与易州道开连。
千山万水别天地，有座雄岩紫荆关。
察南边境一沃野，小柴部队此处观。
窥谋八路军贼寇，中秋明月照山川。
丰穰高粮秋风战，敌军踏破长城南。
精锐倾尽杨成武，势如破竹敌军完。
盘袭怒汹如恶鬼，我含笑中反攻然。
惨复天地炮声震，团堡一战太凄惨。
此处谁守井出队，彼处谁攻老三团。
敌赖众攻新手替，我仅百余敌三千。
突击不分昼和夜，决战五日星斗寒。
穷交实弹以空弹，遥望援兵云貌端。
万事休唯一自决，烧尽武器化灰烟。
烧书烧粮烧自己，遥向东天拜宫城。
高齐唱君代国歌，决然投死盘火里。
英魂远飞靖国庭，壁书句句今犹明。

杨成武

一死遗憾不能歼灭八路军，
鸣呼团堡士壮烈肃然千古传。

昭和十五年秋

部队长陆军中佐从五位勋三等小柴俊男作

这篇为日本法西斯匪徒歌功颂德的碑文，在叙述战斗的惨烈情景时，却也衬托出我三团作战的英勇，更流露出敌人对我们八路军的刻骨仇恨。涞源县的同志派人将碑文抄送给我时，正好是八路军“百团大战”的第三阶段——反敌“报复扫荡”胜利结束。读了《长恨歌》，我想，日本帝国主义者不停止对中国的侵略，那么，他们的《长恨歌》是永远写不完的，现在只是开始！

许世友

在抗日战争的熊熊烈火中，胶东半岛这把刺刀，越磨越锋利，越磨越闪亮！

- 1906 年生，河南新县人。
- 1927 年，加入中国共产党。
- 1938 年 8 月，任抗日军政大学校务部副部长。10 月，担任八路军一二九师第三八六旅副旅长，参与创建冀南抗日根据地。
- 1939 年 2 月，与陈赓所部在冀南香城固战斗中伏击日军中队，毙敌 200 余人，生俘 8 人。
- 1940 年 9 月，调任山东纵队第三旅旅长。
- 1941 年春，指挥胶东地区八路军和地方武装抗击日军，开辟了胶东地区抗日斗争的新局面。
- 1942 年 2 月，任山东纵队参谋长。10 月，任胶东军区司令员，为胶东抗日根据地的发展和巩固做出了重大贡献。
- 1955 年，被授予上将军衔。
- 1985 年 10 月 22 日，逝世于南京。

粉碎冬季大“扫荡”*

许世友

1942年11月，胶东大地渐渐换上冬装。从渤海湾吹过来的朔风，一阵紧一阵。

日军很快就要大“扫荡”的消息，也传得一阵更比一阵紧。连日来，日军往胶东大量增兵，车辆不绝，调动频繁；各据点日、伪军纷纷出动，拉丁抓夫，抢粮、抢牲口；挖掘封锁沟的范围扩大，进度加快；烟台日军加强警戒，封锁消息；伪军驻守的一些据点，已经由日军接防，或由日、伪军共同驻防；日、伪派往我根据地的特务增多，活动加剧；日军调拨大量武器弹药给赵保原等投降派队伍。种种迹象表明：一场大规模的“扫荡”已经迫在眉睫了。紧接着，上级正式通知我们，日酋冈村宁次已经由北平飞往烟台。

冈村宁次是日军驻华北派遣军最高司令官，以嗜血成性和阴险狡诈而臭名远扬。他亲临胶东，绝不是偶然的。胶东半岛三面环海，一面沟通冀鲁平原，水陆交通便捷，物产富庶，自然条件得天独厚，战略位置十分重要。在日本法西斯“大东亚圣战”的战略计划中，一直把胶东作

* 本文节选自《许世友回忆录》，解放军出版社2005年版。

为往来于海上与华北之间的重要通道和“以战养战”的补给基地之一。罗荣桓同志率领八路军第一一五师挺进山东以后，曾经意味深长地说：“胶东是未上到枪身上的一把刺刀。”随着胶东抗日游击战争的蓬勃开展，我军在重新打开牙山中心根据地以后，依靠牙山，稳步向东、西两翼发展，巩固和扩大了昆嵛山、大泽山根据地，大大改变了胶东战略局势，使胶东半岛这把刺刀上到了枪身上。胶东大地，抗日刀光闪闪，斗争烈火熊熊。日军赖以运送人员、军火以及其他物资的这一重要通道和补给基地，受到重大威胁。三四月间，日、伪军出动一万余人，在土桥次郎中将指挥下，对胶东抗日根据地实施了春季大“扫荡”。5月间，日、伪军又组织4000多人“扫荡”胶东。入秋以后，日、伪军分头“扫荡”胶东各海区。当时胶东的行政区划，分为东海、西海、北海、南海四个专区。现在，从日军调兵遣将之多、动员范围之广和准备时间之长来判断，特别是冈村宁次秘密抵烟，预示着胶东抗日军民所面临的日军冬季“扫荡”，将是空前规模和极端残酷的。

我自从胶东1941年五个月反投降作战以后，即回到山东纵队（后改为山东军区）。1942年，为了适应敌后游击战争的严重局面，统一胶东五旅、五支队与地方武装的作战指挥及后方生产建设，上级决定成立胶东军区，以五支队机关改建为胶东军区机关，取消五支队番号，五旅属胶东军区指挥。在敌人的冬季大“扫荡”之前，我来到胶东，任胶东军区司令员，林浩同志任政治委员。

11月上旬，军区在海、莱边区召开营以上干部会议，作了紧急的反“扫荡”动员，研究部署了反“扫荡”的作战计划。根据以往反“扫荡”斗争的经验，会议确定采取“保存有生力量，保卫根据地，分散活动，分区坚持”的方针，在胶东军区统一领导下，以烟青路为界，将主力部队和地方武装分为两个指挥系统：烟青路以西有第十三、十四、十五团及西海、南海、北海三个军分区，归五旅指挥；烟青路以东有第十六、十七团及抗大胶东分校、军区直属队、东海军分区，归胶东军区直接指挥。在东、西两个指挥系统内，以团、营或连为单位，划分地区，分散活动，避免大部队过分集中。我们总的意图是，敌人要“拉网”，我们就破“网”。部队分散坚持，目标隐蔽，行动快捷。一个连，一个营，活动到哪里，就在哪里以部队为骨干，带领群众开展游击战，坚持根据地。军区作战会议结束后，各部队立即在干部、战士中作了传达动员，使大家充分认识敌人冬季大“扫荡”的紧迫性和残酷性，作好必要的准备。坚决争取反“扫荡”斗争的伟大胜利。与此同时，胶东区党委动员全区人民紧急行动起来，投身到反“扫荡”斗争中去。区党委和军区领导机关还精简疏散大批人员，充实县、区、村和各战斗部队，加强对基层反“扫荡”的领导。

11 月 17 日，敌人突然由青岛、高密派出汽车六七百辆，沿烟青路、烟潍路向莱阳、栖霞、福山等地大量增兵。21 日清晨，天色阴沉，朔风骤剧。蛰伏在莱阳、栖霞、福山之敌全部出动，在投降派赵保原、秦毓堂等部的配合下，多路奔袭栖霞、牟平、海阳、莱阳边区，“拉网”合围以牙山、马石山为中心的抗日根据地。合围圈南北不过 90 公里，东西仅 75 公里。日军出动 15000 人，加上伪军和投降派赵保原等部 5000 余人，总兵力达两万人，另有海、空军配合“扫荡”。敌人多路分进合击，密集平推。白天摇旗呐喊，步步进逼，无山不搜，无村不梳，烧草堆，挖新坟，掘地堰，清山洞，连荒庵、野寺以及巴掌大的小土地庙也不漏过；夜晚则野地宿营，烧起一堆堆篝火，岗哨密布，在山口要隘还设置了带响铃的铁丝网。敌人曾得意地夸口说：“只要进入合围圈内，天上飞的小鸟要挨三枪，地上跑的兔子要戳三刀。共产党、八路军插翅难逃！”

胶东地区人民群众积极投身到反“扫荡”斗争中，各村普遍实行“坚壁清野”，以“三空”（搬空、藏空、躲空），对付敌人野蛮残酷的“三光”（抢光、杀光、烧光）政策。他们大力支援我军作战，当向导，递情报，送给养，挖地道，隐藏军用物资，掩护与疏散伤病员，表现了高度的聪明才智和自我牺牲精神。例如，日军常常利用狼狗搜寻地洞口，这是很厉害的一手。群众研究出一种好办法，即用辣椒面拌上烟梗末撒在地洞口的周围，狼狗一闻到这种刺激性很强的气味，连打喷嚏，嗅觉顿失。再如，当时部队的女同志和地方妇女干部多数剪了短发。敌人在“扫荡”中，见到妇女就查头发，专门抓捕、杀害安假发髻的妇女。在妇救会的动员下，东海几个县的妇女纷纷铰掉发髻，使敌人真假难辨。

黄昏降临了。险峻的牙山峰峦，渐渐隐没在苍茫的暮色之中。抗大胶东分校趁敌人合围圈“网口”欲收未紧之际，一举跃进到敌人背后。在地方武装的配合下，大破烟青路栖霞、福山段，并三次袭击福山城，给敌人造成很大威胁。

在海、莱边区活动的我第十七团一部，夜晚被敌人围困于朱吴北山。夜色茫茫，寒风刺骨。四周山梁上，簇簇火堆，层层叠叠，仿佛一条条吞吐着烈焰的凶恶的火龙。待到黎明将至，天愈黑，风愈狂。日军人困马乏，一个个东倒西歪。该部指战员隐蔽贴近敌人的封锁线，朝着篝火堆猛然甩出一批手榴弹，把昏睡中的日军轰得蒙头转向。大家趁势一跃而起，破“网”而出，只伤了一名战士。

敌人的“网”愈收愈紧了。我坚持牙山、马石山地区的各部队和地方武装率领一部分群众突围，有的部队由于指挥不够灵活，受到一些损失。24日，日军收“网”合围马石山。莱、海、栖等地群众2000多人被围困在山上。五旅第十三团一个交通班，在执行任务后途经马石山，毅然决定留下来带领乡亲们连夜突围。他们和地方干部、民兵一道，往返数次冲破敌人的“火网”，护送出群众1000多人。拂晓以后，当他们再次杀进重围抢救群众时，被日军团团包围在山峦上。全班10名战士燃烧着复仇的怒火，奋勇杀敌，7名战士阵亡，3名战士弹尽路断，紧紧拥抱在一起，拉响手中仅剩的一颗手榴弹，英勇献身，血染马石山岗。

群众赞誉他们为“马石山十勇士”。在马石山反合围的激烈战斗中，许多地方工作人员、民兵和群众纷纷以树棍、石头与日军拼杀，宁死不屈。日军攻占马石山后，露出极端凶残的本性，将被抓捕的500多名群众全部杀害，老弱妇孺，无一幸免，制造了惨绝人寰的“马石山惨案”。

我们胶东军区指挥机关率第十七团一营，在敌人开始“扫荡”的时候，就反其道而行，由西向东，隐蔽穿越敌人的合击圈，一气插到日伪据点附近，接着东行冯家，绕道棘子园。等到敌人回师向东拉“网”之际，我们判断继续东进则必中敌人的诡计，遂改奔西北方向，飞插鹊山后。这里临近胶东日军的大本营烟台，紧靠牟平、福山之敌东、西“扫荡”的主要通道。有人说这是一着险棋，其实险中不险。敌人做梦也不会想到我们胶东军区指挥机关敢于钻到它的鼻子底下来，加之日、伪军几乎倾巢而出参加“扫荡”，所以它的据点附近反倒成了我们活动的“安全地带”。把敌人的行踪摸清以后，我们继续向西跃进。抵达烟青公路时，正好碰上大批日、伪军自莱阳、栖霞向烟台开进，我们隐蔽在距烟青公路不足一里地的柳家庄，安然无恙。不久，胜利返回根据地。在整个穿插行动中，我们行程200多公里，未损一兵一卒，保存了胶东军区指挥机关，实施了对反“扫荡”斗争的不间断指挥。

凶狠狡诈的敌人合围牙山中心根据地，企图一举“剿灭”我抗日武装的阴谋破产以后，又施弄新的花招。他们扬言再度合击马石山，并以部队的频繁调动造成假象。11月28日，日军集结的重兵突然掉头向东，对昆嵛山及文登、荣成一带进行梳篦式的“铁壁合围”。日、伪军5000余人严密封锁烟青公路，北起渤海，南至黄海，成一线密集平推，并以兵舰6艘、汽艇20余艘分别在渤海、黄海游弋封锁，以图彻底围歼由牙山、马石山突围东进的抗日部队。

“敌人向东我向西，山峦沟壑任纵横。”敌人的“网”张得越大，空隙越多。我们的干部、战士绝大多数是胶东生，胶东长，人亲地熟，如鱼得水。第十六、十七团以营、连为单位，化整为零，穿隙插孔，破“网”突围。敌“扫荡”至荣成山区，残酷杀害被围群众300余人，制造了又一起血腥惨案。我驻荣成县崂山村兵工厂的一个警卫排，英勇抗击日寇，毙伤100多个敌人，因弹尽援绝，全排同志高呼“共产党万岁！”抱枪投海，壮烈牺牲。

敌人由西向东寻歼我主力，又一次扑了空，急得像疯狗似的，四下乱窜。12月中旬，日军再次张“网”西进，接连合围牙山、磁石山和蚕山、崮山地区。坚持牙山区斗争的抗大胶东分校，协同民兵广泛开展地雷战、麻雀战，炸得敌人胆战心惊，草木皆兵。在伪军中流传开了这样一句话：“到了牙山，进了鬼门关！”在蚕山区，被围群众1000多人，由部队掩护突围。

在冬季反“扫荡”斗争中，五旅主力驰骋在烟青路以西地区，灵活巧妙地从侧背狠狠打击敌人，炮击平度，袭扰招远，连战夏甸、驿道、朱桥、日庄等日伪据点。11月26日起，胶东军区主力部队与地方武装结合，在南、北、西海区相继举行大破袭，炸桥破路，伏击敌人，多处切断烟潍、烟青公路交通。当敌人于12月中旬越过烟青路，西进“扫荡”平、招、莱、掖边区时，五旅主力适时跳到外线，在福山猴子沟、莱阳北孔家等地成功地部署了伏击战，打得日伪军丢盔卸甲，鬼哭狼嚎。

敌人精心策划的冬季大“扫荡”，损兵折将，疲惫不堪，不得不于12月底收兵回窜。胶东抗战史上日军规模最大、时间最长的“扫荡”，终于被胜利地粉碎了。

胶东抗日军民以反“扫荡”斗争新的胜利，跨进了新的一年！

秋季攻势捷报传*

许世友

日军受到中国共产党领导下的抗日军民沉重打击，在太平洋战争中又遭失利，为了挽救颓势，在中国正面战场上再次向国民党军队发动新的攻势，又打又拉，以打促拉，诱迫国民党投降；在我解放区战场被迫收缩兵力，采取重点守备，实行攻势防御。在山东省境内，敌人的“蚕食”政策已经失败，日军又以其40%以上的兵力南调；伪军数量虽多，战斗力不强。抗日武装力量有了很大发展。山东军区要求各部队，充分利用当前的有利形势，发扬主动积极的进攻精神，在山东战场组织一系列攻势作战，向敌人展开局部反攻，扩大解放区，缩小敌占区，打通和改善各战略区的联系，夺取有利的反攻阵地。

这时胶东地区形势更为有利。在抗日军民反“扫荡”、反“蚕食”、反封锁斗争中，日军不断受到消耗和削弱，加之一部分日军他调，驻胶东日军兵力锐减。日伪占领区日渐缩小。胶东我军主力部队和地方武装越战越强，基于民兵团和普通民兵团大发展，四个海区之间打通了联系，扩大了机动回旋余地。我军主力部队和地方武装，不仅能够在各个海区

* 本文节选自《许世友回忆录》，解放军出版社2005年版。

坚持分散性的游击战，而且有可能一次集中六七个团的兵力，用于较大规模的攻势作战。在胶东战场，虽然敌强我弱的形势还没有从根本上改变，但整个战局却进一步朝着有利于我、不利于敌的方向发展。

1944 年八九月间，胶东原野，高粱露红，玉米吐金，丰收在望。日军从胶东抽调兵力一部，西去参加对鲁中、滨海地区的“扫荡”。日、伪、顽又在胶东策划新的抢粮阴谋。为了策应鲁中、滨海地区军民反“扫荡”斗争，武装保卫秋收，我们决定利用青纱帐作为天然屏障，不失时机地展开大规模秋季攻势作战。

这次战役攻势，我们投入三个主力团和四个军分区独立团，共七个团的兵力，以第十三团全部，第十四、十六团各一个营，军区特务营及四个军分区独立团为主攻部队；以第十四、十六团大部作为战役预备队。各地方武装及民兵密切配合作战，参加民兵多达五万人。整个战役行动作为一个有机的整体，采取统一指挥，分区作战，此起彼伏，交错进行的方式，选择敌伪要害据点，集中兵力予以痛击，紧接着开展全面的政治攻势，结合围困、袭击、伏击等手段，造成巨大声势，以收“我打一点，迫退一片”的效果。各部队在战役前根据军区布置的任务和具体作战对象，作了周密的侦察，构筑类似的碉堡、围寨进行实际演练，在物资保证等方面也做了充分准备。

我军的秋季攻势，以胶东西部战略要地大泽山区为重点。为了迷惑和调动敌人，错乱敌人的部署，我们首先在南海地区打响。8 月初，我第十三团两个连及南海军分区独立团一部，一举攻克平度以南敌人重要据点兰底、万家，歼灭平度伪自卫第二团约两个营，揭开秋季攻势的序幕。8 月 19 日，秋季攻势作战全面铺开。我南海军分区独立团五个连，配合即墨大队、平度独立营，强袭平度以东重镇古岘。投降派赵保原、李德元、隋永胥等部 3000 余人分路会援，被我军打得落花流水。古岘被克，威震南海。南海地区各部乘胜扩张战果，连下张格庄、麻岚、移风店、闸子、贾家营等敌伪据点，南越胶河，直逼胶济铁路，大大改变了南海区的局面。

8 月 23 日，战役重心转至西海地区。我第十三团与西海军分区独立团各一部，在西海地区发起强大攻势，向大泽山区敌伪盘踞多年的旧店、大田实施突击，全歼守敌五个连。接着，横扫大泽山周围的七十里铺、下店、小庙后、驿道等据点，连战皆捷。8 月 29 日，我第十三团一部，配合军区特务营，攻克日军在招、莱、栖边区的重要据点马连庄，歼日军 18 名、伪军一部。大泽山区至此完全获得解放。

西海激战正酣，东海又传捷报。东海地区以攻打水道为重点。水道突入东海根据地，是敌人钳制昆嵛山、堕山区的前哨阵地和“扫荡”“蚕食”烟青路以东地区的重要屯兵基地。敌人把水道看得比牟平城还重要。我们确定东海地区攻势作战首战水道，单纯从局部看，困难不小。水道是敌人防守的重点，有碉堡、炮台 11 座，工事异常坚固。水道战斗一打响，牟平日军必定南下来援。这是水道难打的一面。可是，难和易在一定条件下会互相转化。水道孤立突出，已处在抗日根据地包围之中；我军的秋季攻势相继在南海、西海地区告捷，日伪内部惶惶不安；此时水道守敌仅有日军 38 名和伪军两个中队，兵力单薄；牟平日军南援，路途较远，易遭伏击。从战役全局着眼，拔掉水道这个硬钉子，必然震动整个东海地区。所以，困难再大，也要坚决打好这一仗。军区经过周密部署安排，以军事打击与政治攻势相结合。在发起攻击前，先由“日本解放联盟”（以在华的日本人和被俘日军官兵组成）派人前往宣传喊话，使十名日军士兵放下武器投降，占驻守日军总数的四分之一强。8 月 24 日晚，我们以第十六团一个营和东海军分区独立团为主，采用偷袭爆破手段攻进水道据点，将负隅顽抗的日军全部歼灭，伪军被迫缴械投降。第二天上午，烟台、牟平日军 80 余人和伪军 300 余人，急匆匆地沿着牟平、水道公路南下增援。我们以区中队和民兵沿途节节阻击，并部署东海军分区独立团第二营及牟平独立营在尺坎附近设伏，敌伪大部被歼，剩下的狼狈而逃。水道一战，震撼整个文登、荣成、牟平地区之敌。我们遂即大举开展政治攻势，猛烈扩大影响。战旗所指，势如破竹。东海军分区独立团一部，在区中队和民兵配合下，沿牟平、水道公路向北挺进，集后、玉林两个据点的伪军全部缴械，高岭伪军弃堡逃窜。文登、荣成、威海独立营等部，在广大民兵积极配合下，围困文登。伪军一个中队宣布反正，其余敌伪弃城而逃，文登县城于8月30日获得解放。此后，我军兵分两路，一路东攻荣成，一路北逼威海。文、威路守敌流窜一空，烟、威路敌伪望风而逃。9月2日，我军解放荣成县城，伪军副大队长滕品三率领六个中队及伪组织人员共670余人，全部反正。威海卫周围日伪多年修建的20多个据点，四天之内，被我军一扫而光。

9月上旬，我军的作战重心又适时转移到北海地区。自9月2日至10日，以北海军分区独立团为主，迭克蓬莱、黄县、龙口之外围据点10余处，恢复了蓬、黄山区根据地。

随着战役攻势的急剧胜利发展，我军挥师直指敌人在胶东境内重要交通动脉烟青路。我们以第十四团、十六团、北海军分区独立团各一部及一些地方武装，由南、北两路，对烟青公路展开总破袭。刀锋所向，锐不可当。9月5日一夜之间，拔除榆科顶、齐家沟等敌伪据点五处。烟青路沿线各据点守敌，风声鹤唳，一夕数惊。敌伪军和伪组织人员竞相逃命，我军克复敌伪据点数十处，有时一天连克据点多处，如同摧枯拉朽。至9月下旬，烟青路莱阳至福山段近100公里（除栖霞县城以外）完全置于我军控制之下，彻底粉碎了敌人依靠烟青路封锁线分割我胶东根据地的毒辣阴谋。

胶东我军秋季攻势作战，历时一个多月，获得重大胜利。这一战役行动，打乱了日军的重点守备和攻势防御计划，有力地策应了鲁中、滨海地区军民的反“扫荡”斗争，牵制敌人机动兵力1万人以上，迫使敌人又从上海、青岛经海上增兵烟台、石岛。此战役共歼灭日伪军5000余人，攻克与迫退敌伪据点138处，使140多万人口和文登、荣成两座县城及2500多个村庄获得解放，扩大根据地5000余平方公里。胶东抗日武装力量迅猛发展，四个海区根据地完全连成一片，并沟通胶东解放区与鲁中、渤海解放区的联系，大大增强了胶东抗日军民对敌伪进行反攻作战的力量。

在抗日战争的熊熊烈火中，胶东半岛这把刺刀，越磨越锋利，越战越闪亮！

王新亭

要想战胜强大的日本帝国主义，除了充分发动群众，实行全面抗战以外，别无他途。

- 1908 年生，别名王兴亭，湖北省孝感县（今孝感市）人。
- 1930 年 8 月，加入中国共产党。
- 1937 年全面抗战爆发后，任八路军一二九师政治部组织部部长，率八路军工作团和七七二团的三个连，到上党地区开展统一战线工作。
- 1938 年 1 月，任三八六旅政委，参与指挥长生口、神头岭、响堂铺等战斗。
- 1940 年，兼任太岳军区政委，率部参加百团大战。
- 1941 年，任太岳纵队政治部主任，组织太岳地区反“扫荡”斗争。
- 1942 年初，率南进支队到中条山区开辟抗日根据地。
- 1944 年，任太岳军区副政委兼政治部主任。
- 1945 年 8 月，任太岳军区司令员、晋冀鲁豫军区政治部主任。
- 1955 年，被授予上将军衔。
- 1984 年 12 月 11 日，病逝于北京。

沁源围困战 *

王新亭

围困沁源

1942年冬，太岳军区广大军民，通过开展强大的政治攻势及积极的军事斗争，终于粉碎日寇推行的“蚕食”，挫败了他们的大“扫荡”，迫使日寇不得不将其主力部队撤出太岳地区。但是，日寇灭我之心不死，仍留下一部分部队，新修一些据点，并把这些据点当作钉在我根据地内的“钉子”，企图用这些“钉子”来监视和限制我抗日军民的活动，继续推行其“山岳剿共实验区”的作战计划。

日寇当时留置下来的这一部分部队和所孤守几处据点是：沁源县城关、沁源县城东之阎寨、城西之中峪店、城北之交口和柏子等几处交通要道上的较大村镇。并以沁源县城关当作主要据点。主要兵力由日寇的两个大队和部分伪军组成。县中有日军第六十九师团第六十旅团之伊藤（第一一八）大队，第五十九旅团第八十四大队，以及2000多名伪军。

针对上述情况，经过我太岳区党政军领导机关研究决定：在党的一元化领导下，依靠广大人民群众，广泛地开展群众性的游击战争，实行

* 本文节选自《王新亭回忆录》，解放军出版社2008年版。标题为编者加。

长期围困、战胜敌人的方针。

我太岳军区于1942年11月11日，向各军分区和部队发出了关于《围困腹地之敌，断绝其补给线的指示》。并把三十八团从外线调回，执行长期围困沁源之敌的任务。同时，中共太岳区党委指示中共沁源县委："在党的一元化领导下，依靠广大群众，广泛开展群众性的游击战争，实行长期围困，战胜敌人。"根据上述指示，组建了"沁源围困指挥部"，由三十八团团长蔡爱卿任总指挥（后为李懋之），中共沁源县委书记刘开基为政委，沁源县长张学纯和县游击大队长朱秀芝为副总指挥。沁源县委副书记侯振亚为副政委。全县划分为11个战区，以三十八团和二十五团、五十九团、洪赵支队各一部为骨干，结合全县民兵和基干队，组成了13个游击集团，开展群众性的围困沁源敌人的斗争。

日寇在我军民开始围困之下，一方面继续抓夫赶修碉堡、战壕，加紧修筑沁源至安泽（俗称安沁大道）和沁源至沁县（俗称二沁大道）的公路；另一方面，则派出一部兵力，对我根据地或游击区的村镇实行奔袭、清剿以及展开特务活动，诱骗群众建立伪组织，参加"维持会"，收买群众向其靠拢。根据当时收到的报告，仅在20天的时间内，日寇就从交口一个据点内，先后派出几股兵力。出动达10次之多，奔袭包围我游击区的村庄20多个，抓走群众130余人，劫去牲口100余头。为了诱骗群众，日寇还对被抓去的群众进行专门的施政训导，尔后，发给"良民证""出入证"才予以释放。同时，还强迫附近村庄的群众订立所谓"连环保"，拉拢一些人建立所谓"维持会"等伪组织。

根据上述情况，我们很快地召集了第三十八团和沁源县的领导同志分析形势，研究对策。会上陈赓同志明确指出："我们太岳、太行、晋察冀等山区根据地，都是插在华北敌寇心脏中的尖刀，冈村宁次为了消灭这些山区根据地，要在沁源搞实验区。总结出经验以后，再到其他山区根据地推行。日军以沁源为中心，是对我太岳区采取中心突破，逐渐向四周扩张的策略，以达到其逐步‘蚕食’我太岳区之目的。”这时，第三十八团团长蔡爱卿同志插了一句：“他们这是在做梦摘月亮，想得高。”陈赓司令员又说：“日寇嘛，总是要千方百计蚕食我们的土地，但是我们决不能让他们如意，要千方百计把他们赶走。当然，也不能硬打，要用围困的办法。”蔡团长略有顾虑地说，三十八团兵力不够。陈赓同志说：“只是派你们去做骨干，第二十五团、五十九团也抽调一部分兵力，派去发动群众，带领民兵，开展一场全民战争。”陈赓同志这一番话，使大家对围困作战的目的和方针、方法有了进一步理解，个个都充满了信心。最后，我也向大家强调地指出：这次反对日寇占领的关键是争取群众。按照中国的一句老话说，就叫“得民者昌，失民者亡”。我们要争取群众，发动群众。开展一场人民战争，取得胜利。而日寇也正在大量地往城里和各个据点抓捕诱骗群众。也想尽早地把群众控制在他们手中，把维持会成立起来，进行伪政府那一套的统治。据此，我们指示围困沁源指挥部，首先要做到两点：（一）搞一次空室清野，发动人民群众进行大转移。（二）按照划分的战区，派出游击集团，分片保护群众，打击进山搜捕群众的日伪军。

沁源是我党领导下的老根据地了，沁源人民受我党教育多年，觉悟非常高。当沁源县指挥部的动员号令下达以后，群众立即行动，积极响应。马上摔掉自己家的箱箱柜柜、坛坛罐罐，藏好带不走的粮食，填死村上祖祖辈辈用过的水井，背起日常必用的衣物和用具，担上婴儿，扶老携幼，15000多男女老少，仅在短短的几天之内，就迁移到深山里来了。在离日寇占领的据点10里以内和运输线附近5里以内村庄的群众都脱离了敌占区，没有给日寇留下一点可资利用的物资。同时，结合武装斗争，就开始了对沁源日寇的围困。

人民群众的转移，使得日寇失去了老百姓的维持，各方面都发生了困难。于是，更加频繁地对我军控制的山区进行奔袭搜捕。由于日寇围捕的面积扩大，兵力也随之分散。有段时间内，日寇派出二三十人一股的小分队，一天多达十余股。为了保护群众，打击日寇的嚣张气焰，县指挥部及时向各战区和游击集团发出号召和命令。用“麻雀战”“冷枪战”等方法，狠狠地打击小股搜山的日寇。各个游击队得到县指挥部的命令后，立即行动起来。“八仙过海，各显神通”。有的游击集团挑选出军队和民兵中的神枪手，每天埋伏在日寇进山奔袭的大道、小路旁边的山头上，专打冷枪；有的游击小组把住进山的路口，在夜间插上当地的一种取名叫“红眼针”的东西，等日寇白天来拔除这些“红眼针”时，隐藏在山头上的神枪手，就用冷枪或排子枪射击。民兵英雄任燕仅在这个阶段内，就打死打伤日伪军 20 多人。由于我各个游击集团开展行动十分活跃，对日寇搜山行动给予了很大杀伤，使他们非常惊恐，小股部队再也不敢肆无忌惮地进山围捕人民群众了。

坚持斗争

由于斗争时间的持久和寒冬腊月的来临，日寇“扫荡”时被转移出来的几万群众，在食宿等问题上发生了严重困难。有些群众挤在简陋破烂的房子里，有的住在一些草棚和牲畜圈里，还有的挤在一些长期不用的小土窑洞里，甚至有人家一直露宿在山沟的树丛下。加上当时群众携带的粮食大部分已经吃完，过冬的棉衣好多人家又没有带出来，不少人因为冻饿而得了病，这些实际问题，增加了我军民围困沁源日寇的新困难。又加上日寇乘机进行不断奔袭、包围村庄，个别地主、坏分子借机造谣，煽动群众搞“维持”活动，弄得群众情绪动荡不安，有些群众对在山里安家产生了动摇。于是，从城里转移出来的群众想回城里去维持个冬天，从城镇周围转移出来的群众也认为日寇冬天不会出来抓人，想暂时回家去过冬，甚至有些人已经偷偷地跑了回去。生活问题能否很好地得到解决，成了当时围困沁源日寇斗争的关键。据此，太岳区党委发出指示，提出：坚决发动群众，解决人民群众的生活问题；彻底揭露敌人的阴谋诡计，加紧组织围困斗争；要对群众的吃、住、穿认真地加以解决，不要只靠硬骨头精神，等等。太岳区党政军领导还决定从外地给沁源人民调拨一些粮食，并号召群众主要靠自己想办法，从思想上准备长期斗争，设法克服困难。

太岳区党政军机关的指示发出后，鼓舞了沁源人民克服困难，坚持围困斗争的信心。在县委书记刘开基等同志的领导下，组织了一次全民讨论会，内容是回去维持呢？还是坚持斗争？这次群众大讨论是一次非常成功的政治思想大发动，很多群众表示，守在山里喝凉水，也不回去当汉奸。

我太岳军区领导，为了帮助群众渡过暂时困难，号召部队掀起每人每天节约一两米运动，并且利用游击活动的空隙时间，帮助转移出来的群众挖窑洞，就山取石、采木，盖些简易房屋。还派出一部分主力部队，不断伏击日寇的运输队，将截获的粮食分发给群众，也解决了一些燃眉之急。

沁源县委和围困沁源指挥部，还组织干部深入群众当中，进行调查研究。根据自愿的原则，把转移出来的群众进行适当疏散，妥善安置，并提出“团结互助，自力更生，坚持长期斗争！”的口号，以坚定群众的斗争信心。沁源县政府还曾特意拨出100石公粮，借给最困难的群众。同时政府还号召群众互助互借，通过这项活动，群众中互相匀粮达600多石，此外，围困指挥部还号召群众到敌人的据点内把“扫荡”前埋藏的粮食抢出来。开始只有少数比较勇敢的人去，以后很快就发展成为群众性的行动。沁源县城关群众在半个月之内就抢出740多石粮食。据围困指挥部估计，当时从日寇各个据点内抢出来的粮食，约有2000石以上。

这就初步解决了群众的口粮问题，到春节来临时，太岳区调拨给沁源群众的粮食，也由兄弟县的民兵给送过来，安定了在山里坚持斗争的群众情绪。当太岳区党委派行署主任牛佩琮等同志去慰问沁源军民时，搬进山区的三万群众，不仅住进了新挖的5000余孔窑洞和能防寒的简易住房，而且家家户户有了口粮，有些小商贩还从外县给大家办了一些年货，使搬迁出来的移民，在山里欢度了反日寇占领和围困日寇据点的第一个春节。

占领沁源的日伪军，也利用寒冬腊月和春节到来之际，大量派出伪军、特务到山头上向隐藏在山洞和山沟里的群众喊话。他们大喊大叫："老乡们！天冷了，不要在山沟里冻死饿死。春节快到了，有家的快回家吧。皇军不杀一个老百姓，只要回城里去，没有吃的皇军给粮，没有住的皇军给房。"他们还曾抓住一个开明士绅，一定要他出面担任维持会会长，他几次借故推辞，日寇都不答应。有一天日寇还将给他做的礼帽、马褂和一块沁源维持会的牌子都捧在他面前，强迫他当维持会长。他想出了两条缓兵之计。一条是叫日军必须把山里的八路军、民兵都统统的抓住或消灭；另一条是必须把原来住在城里的居民统统的抓回来。日军的伊藤大队长一听，气得骂了他一通。当时，这个士绅还争辩地说："太君，皇军如果不把山里的八路军、民兵统统的抓住，他们神出鬼没，不定哪一天就会摸进城里来要我的命，我不敢当维持会长。皇军住在这里，以后还要向维持会派粮派款要民兵，城里原来人数很多，现在回来的连妇女孩子才有一二百人，我向谁派去？到时候我实在拿不出什么东西来维持皇军呀！"他这么一番推托，弄得日军伊藤大队长也无话可言了。日寇又派了几次重兵进山搜捕，但这时我们的游击队，日夜监视着日伪军的行动，只要日伪军一进山，各个游击集团就按分工的战区，掩护群众有组织地进行转移。与此同时，沁源县委和围困指挥部还提出"坚持不维持，与敌人斗争到底"的口号。在全县的范围内，广泛开展宣传，还发表“告人民书”，印发传单、标语，传播胜利消息。太岳区党委也非常重视沁源人民的围困日寇的斗争，曾指示沁源县委和围困指挥部，要求他们动员各方面的力量，通过各种关系，在群众当中深入教育，反复说明：维持敌人是可耻的行为，是自寻死路。只有坚决斗争，才是生路。沁源县的县委书记、县长等都亲自率领各级干部深入到敌占据点和交通线附近的村庄，向群众反复讲清形势，动员群众“一定要把敌人困死在据点内”。并且说明党和政府保证不饿死一个人，不冻死一个人的决心。经过我们上下各级党政军机关的宣传教育与耐心说服，广大群众的政治觉悟迅速提高，被日伪军抓去过的群众都纷纷地将日寇发给他们的“良民证”和“出入证”交给了政府；没有被日伪军抓住的群众更加信心百倍地投入了围困斗争。不少地区还举行群众大会，庄严地宣誓：“宁饿死在山沟里，也不回城里维持鬼子”，“铺地盖天，餐风饮露，也要和敌人斗争到底！”

麻雀战　地雷阵

在人民群众已经发动的基础上，太岳军区指示围困指挥部，要大力组织对敌斗争，开展群众性的游击战争。围困指挥部根据太岳军区的指示，迅速调整了兵力，命令部队带领民兵，对敌占据点和沁安大道，普遍展开“麻雀战”“冷枪战”和“地雷战”。广大人民群众配合部队和游击队，使用土制的抬枪、榆木炮等武器，袭击据点，摸敌哨兵。12月5日及30日，数百名民兵和群众，在主力部队的配合下，先后袭击阎寨、中峪店敌人的据点，使日伪军昼夜不得安宁。我三十八团的一个连，在民兵的配合下，一个早晨，突然袭击沁源出操的日寇，当场打死打伤日寇40余人。在日寇修筑的安沁大道上，游击队和民兵到处敷设地雷、三角钉、针刺等，毁坏敌人的运输车辆数十台，还在亢驿以西黑虎岭公路的陡坡及转弯处，泼水结冰。使日寇的汽车打滑，由山上摔到山沟里。迫使日寇不得不将汽车改为骡马驮载进行运输。但掩护其运输队的日寇小分队，又经常遭受到我军和游击队的袭击。

1943年初，在围困沁源指挥部的统一领导下，在部队和民兵的掩护下，每天夜间，都有数百名群众，摸进日寇守备的据点内及其附近村庄搬运粮食。先后夺回粮食7000余石。同时，党政领导开始注意解决群众的盐、布、棉花、火柴等日常生活必需品。夺粮斗争的胜利，进一步解决了粮食困难，加上日用必需品逐渐得到解决，更加提高了人民群众长期坚持围困沁源日寇的信心。

为了适应长期围困沁源斗争的需要，我太岳军区曾针对当时的情况，指示围困指挥部，加强民兵的训练教育，采取轮换的办法进行一些长期训练。1月5日开始，围困指挥部组织全县的十几个民兵游击集团，在统一领导下，采用集中和分散等不同方式，对民兵进行了定期训练，从而加强了民兵在围困斗争中的作用。从1942年10月2日，到1943年1月24日的三个多月内，沁源民兵共参加作战872次，毙伤日伪军444人，缴获大牲畜123头，羊1000余只。

日寇在我广大军民的围困之下，面临重重困难，为了继续守住沁源等重要据点和缩短补给线，1943年1月25日，第三十六师团第二二二联队之斋藤大队由沁县西伸，接替原来占据沁源之伊藤大队。之后，将沁源外围之阎寨、中峪店两个据点放弃，集中兵力守备沁源城关与交口据点。其兵力部署是：斋藤大队部和一个步兵中队及一个机炮中队驻守沁源城内，一个步兵中队及部分伪军驻守燕关，另一个步兵中队和部分伪军驻守交口据点。并大肆展开特务活动，扬言要在一个月之内完成建立“维持会”的计划。同时，在军事上仍然采取远途奔袭，包围我军指挥机关和部队驻地。企图摧毁我军民对其孤守据点的围困。但是，日寇因补给困难，军事奔袭行动没有持续多久，便停了下来，又连忙组织力量，抢修二沁大道，并打算在 2 月份修通，以便依托沁县运来补给物资，继续守备沁源据点并向我军实施奔袭。

断敌补给

根据日寇兵力的调换和抢修二沁大道的企图，我太岳军区及时指示围困指挥部，将斗争的重点适时地集中到围困沁源城关和袭击二沁大道上来，日寇费了九牛二虎之力修好的二沁大道，经常遭到我军游击队和民兵的破坏、袭击。仅仅通车了两三次，即行中断。有一次我民兵埋设地雷，炸毁日寇汽车 5 辆，死伤鬼子兵 50 余人。官军村的两名民兵英雄郑士威和李德昌领导的民兵游击小组，日夜活动在二沁大道上，他们一年内埋设地雷 150 余次，炸死炸伤日伪军达百人以上。

民兵们还经常研究日伪军二沁大道上的活动特点。根据日伪军的行动规律。创造出各式各样的击敌方法。仅在地雷方面，就研究出许多种类。比如，日伪军中了民兵的踏雷以后，就胁迫民夫走前头，为他们开路，替他们送死。民兵们创造了踏拉雷（即前边的踏上挂弦，后边爆炸）用这种方法放过民夫，专炸日本鬼子。后来，日伪军听得雷声响，就向大道两旁的水沟里躲避，民兵们又发明了连踏雷，让地雷在沟内连续爆炸，使日伪军无处藏身。为了防止日寇使用探雷器侦察和刨出地雷，民兵们又研究出雷下雷，当日伪军刨出上边的地雷后，让下边的地雷爆炸，使日伪军丧命。所以吓得日伪军惊呼："送粮怕进鬼门关，背粮怕走沁河滩。"有时候弄得日伪军一二百人行军，往往要摆成几里长的纵队，一边搜索，一边前进。沁源到交口的距离仅 40 华里，在我军民的沿途打击下，日伪军通常要行走一天时间才能到达。我广大军民把日伪军依赖生存的这条生命线，变成了一条死径。当时，还在日伪军内部流传着"过了圣佛岭（沁源至交口必经之地），进入鬼门关……如若死不了，就是活神仙"

的悲句，由于我军民不断袭击二沁大道上的日伪军和运输队，使其给养和物资严重不足，迫使驻守沁源的日寇把几十匹战马也杀吃了。

经过半年来的围困斗争，日寇又被迫换防。从胶济路上调来白晋线一个新编第六混成旅团，于 8 月 15 日派了一个木村大队，在大军绕道的护送下，开来沁源县，接替了倒霉的“山岳剿共区实验”任务。

日寇处于进退两难境地，它明知继续“实验”下去，将毫无结果，撤退又怕给“皇军”丢脸。所以只好派来一个不能打仗的、新建立的部队来驻守沁源城，也好继续进行其已经吹得很响的“山岳剿共区实验”。当时，新调来的木村大队长曾经自称：“你们八路军没有攻坚武器，我有坚固据点护身，我大日本皇军，赖在沁源不走，你奈何我不得……”

针对日寇再次换防的情况太岳区领导要求沁源围困指挥部，进一步动员人民，继续坚持斗争，决不能松劲。太岳军区也曾向沁源围困指挥部指出：广大军民既然能把“伊藤”“斋藤”赶走，你这个“木村”也休想赖在乌龟壳里不走，除非日寇全部葬身于乌龟壳里。我们还号召军民，要有钢铁般的意志，要有必胜的自信心，要有同日本鬼子比赛到底的顽强决心。

1943 年 9 月 28 日，陈赓等同志在准备参加七大赴延安之前，曾把围困沁源指挥部和沁源县委的同志叫来汇报和研究了一次围困斗争的情况，听完了汇报以后，陈赓同志指示说：“围困沁源的主力部队决定只留第三十八团一个营，县基干部队和民兵集团的战斗力已经有很大提高。木村大队出扰不多，战斗力也弱，它不敢像斋藤那样嚣张。围困战的任务不能因为主力部队少了战斗就放松了，要特别防止发生麻痹松懈情绪，继续积极斗争下去。已经取得成功经验的各种打法要发扬。敌人已经调集三万兵力，又要对我区进行大‘扫荡’了，你们赶快回去配合反‘扫荡’，然后，赶快恢复围困优势。”

接着，太岳区党委和太岳军区发出《关于加强人民武装工作的指示》。

指出："在更加接近胜利与更加艰苦的敌后斗争中，一方面要实行精兵简政，减轻根据地人民的负担。另一方面要加强人民武装建设，普遍开展群众性的游击战争。要进一步深入群众工作，培养抗日民主的政治觉悟，发扬人人尚武精神和保家卫国的政治热情。从而形成在游击战争中的伟大力量，并奠定将来反攻大军组成的基础"。根据指示，沁源县委和围困指挥部普遍训练了干部，发展了民兵自卫队，对他们加强形势教育与军事训练。不仅中青年男子参加民兵自卫队，还有许多青年妇女也参加了。她们还要求发给武器，直接参加战斗，主动提出要当"树树哨"。连一些老人和孩子也参加了民兵游击队交给的站岗放哨、检查路条和捉"特务"等活动。在充分发动群众的基础上，该县形成全民皆兵的形势，同时县大队也升格为"沁源独立团"，成了当时太岳区人民武装建设的一个典型。

日寇木村大队被换来沁源防守据点后，我军主力部队就只剩下了三十八团的一个营，带领地方部队和民兵，继续参加围困沁源日寇据点的战斗。当他们得知日寇要派运输队向沁源送给养时，就以县独立团为主，主力部队协助，带着能战的游击队伏击日寇车队。他们第一次在石渠截击日寇的马驮人背的运输队，战斗一开始，就形成了地下地雷炸，上边机枪步枪打的可观场面。打得日寇四散奔跑，被歼者 50 余人，还缴获了枪支 30 余。还有一次是伏击日寇的汽车运输队，炸毁汽车 5 辆，击毙 30 余人，缴获了一批军用物资。战斗一直进行到沁源和交口日寇出来接应时才结束。这些战斗，使沁源独立团得到了锻炼。

1944 年初，整个战局有了变化，日寇为了打通中国大陆交通线，以利对侵占东南亚的补给，并增兵太平洋，加强防御力量。同时也为了加强对国民党正面战场的进攻，以压迫蒋介石投降。日寇首先在华北调整部署，撤退一些次要据点的兵力，尔后抽调部队向华南集中。

同年 2 月，"集总"根据日寇大量抽兵南下同时在我根据地军民不断地打击和政治攻势的瓦解之下，出现了战斗力较前大为削弱的许多新情况。命令我华北各抗日根据地的军民，乘日寇撤退据点，集中兵力南运之机，抓紧时机，袭击日伪军据点，压迫敌人撤退，消灭其一部，并积蓄自己的力量，准备大反攻。

困走沁源敌

1945年春，太岳区广大军民在国内外大好形势的鼓舞下，热烈响应毛主席发出的关于“扩大解放区，缩小沦陷区”的号召，区党委和太岳军区决定，对沁源守敌发动大规模的围困作战。指出：日寇已经成了强弩之末，全线开始崩溃，沁源党政军民要实行总动员，在全太岳各县的支援下，对困守城关与交口之敌发动总围攻。决定下达后，第一军分区代理司令员李成芳，政委（地委书记兼）顾大川，政治部主任刘有光等同志，亲自去围困沁源前线，传达上级精神，发动广大人民群众，调整兵力部署，对日伪军据点展开猛烈地袭击和围攻。从3月中旬开始，在全太岳区各县的积极支援下，沁源县的广大党政军民齐出动，在沁源与交口两据点的周围和二沁大道上，首先埋设了各式地雷5000多颗，封锁敌人。并且用灰土、柴草、圪针刺等分段铺设，进行伪装，明雷暗雷相结合，造成了一个真真假假的地雷阵。尔后派出各个游击集团，抵近日伪军的炮楼、岗哨，以冷枪袭击敌人。同时派出一部分穿便衣并进行了化装的游击小组，摸到敌人的据点内部，进行袭扰。一时间，在敌人的据点内，不仅黑夜是我们游击队的活动天下，就是连白天也可以畅行无阻了，闹得日伪军日夜不得安宁，吃不上饭，喝不上水，还到处挨打。在不到一个月的时间内，日伪军踏响了我游击队埋设的地（石）雷300多个。仅4月9日那天，从沁河到河西村的五里路之内，就踏响了60多颗地雷。同一天，从沁县窜出1000余日寇向沁源救援，结果在二沁大道上，触炸了 90 多颗地雷，遭到了重大杀伤。

在我军民猛烈围攻之下，沁源据点内的日伪军丧失守备信心，终于 1945 年 4 月 10 日，从沁源撤退，逃回了沁县老巢。在撤逃过程中，又连连遭到我民兵游击队的阻击、截击和地雷的轰炸，共炸死炸伤敌 300 余人。沁源县广大军民经过 30 个月的艰苦围困斗争，在党和军区的领导下和全太岳区人民的支援下，终于获得了最后的胜利。

在这次围困作战中，共进行了大小战斗 3500 多次，毙伤日伪军 4300 余人，曾经造成过一个 1600 平方里范围的“有鬼（日寇）无人（沁源人民）区”。日寇的“山岳剿共实验区”计划最终以惨败而告结束。

当时担任太岳区党委书记兼军区政治委员的薄一波同志，后来曾在《没有人民的世界》一书序言中指出：“在抗日烽火燃遍祖国大地的日子里，敌后军民在中国共产党的领导下，用自己的机智勇敢和流血牺牲，写下了无数可歌可泣的英雄史诗。1942 年到 1945 年，晋冀鲁豫区太岳抗日根据地沁源八万军民坚持二年半之久的对敌围困斗争，就是其中极为壮烈的一页，值得我们和子孙后代永远铭记不忘。”薄一波同志还亲自将沁源人民的战斗精神向党中央作了汇报。《解放日报》当年还发表了《向沁源军民致敬》的社论，高度赞扬了沁源人民。

后来，我曾在太岳军区的一次干部会议上，讲到了沁源军民围困日寇据点的几种作战方法：

一是广泛地进行麻雀战、冷枪战，摸敌哨兵，袭击骚扰。如我三十八团的一个连，摸到沁源城边，对城内正在出操的日寇，突然开火，一次就毙伤日寇 40 余人。日寇和伪军的枪支、弹药、军用品，常常被我们的民兵巧妙地摸出来。有一位老情报员，带领两个民兵，黑夜摸进交口日寇据点内，打死敌人哨兵，赶出 60 多只羊来。

二是大摆地雷阵，在日寇守备据点内的营房、城关大街、小巷和据点周围的村庄以及道路、岔口，到处张贴“此处有地雷”的纸条子和插上木牌子。真真假假，假假真真，地雷爆炸声不断响起，炸得日本鬼子胆战心惊，草木皆兵，寸步难行。

三是破坏敌人的交通线。在沁源至沁县的二沁大道上，民兵和游击队广泛地敷设地雷、三角钉等，并伏击日寇的辎重部队，使其不能通车运输，得不到物资补充。尽管日伪军出动1500余人，大肆抓夫抢修临（汾）屯（留）公路，却被我沁源军民不断袭击，损失300余人后，日寇只得放弃修路计划，又缩回屯留。

四是断绝日伪军的粮源和水源。1943年初，每天夜间都有数百名男女老少，在游击集团地掩护下，摸进沁源城内及其附近村庄搬出粮食达7000多担。城内的水井，也被民兵用砖石填死，或用粪便弄脏。井上的提水工具全部被毁坏，扰得日寇饮食全无，无法坚守据点。

沁源军民围困日寇据点斗争的胜利，也是我全太岳区人民的伟大胜利。它生动地证明了毛主席关于人民战争思想的伟大和正确，显示了人民群众游击战争的强大威力。沁源据点内的日寇不是被飞机、大炮给轰走的，而是被沁源八万多军民所汇成的巨流冲走的。这次沁源广大军民对日寇的长期围困斗争，是以军事斗争为主，结合政治攻势和经济封锁等全面、全民的斗争。广大军民在党的一元化领导下，创造出许多可歌可泣的英雄赞歌。诚如当时《解放日报》在题目为《向沁源军民致敬》的社论中所指出的那样："模范的沁源，坚强不屈的沁源。是太岳抗日根据地的一面旗帜，是敌后抗战中的模范典型之一。"

廖汉生

不论我走到哪里，都可以听到战士们怒不可遏的发誓：“日后碰到日本强盗，一定叫他用血来偿还这笔血债！”

● 1911 年生，土家族，湖南省桑植县人。

● 1933 年，加入中国共产党。

● 1937 年全面抗战爆发后，任八路军一二〇师三五八旅七一六团副团长、政治委员，开赴山西抗日前线。同年 10 月，率部参加雁门关伏击战切断了日军运输线，有力配合了忻口战役。

● 1939 年初，率部作为一二〇师主力挺进冀中。4 月，任独立第二旅副政治委员，代旅长。

● 1940 年，再任七一六团政治委员，参加了晋西北夏季反“扫荡”战役和百团大战。

● 1944 年 10 月，任八路军南下支队第五干部大队政委，奉命率部分干部重返洪湖地区开展工作，任新四军第五师第三军分区政治委员兼中共襄南地委书记，巩固、发展了襄南抗日根据地。

● 1955 年，被授予中将军衔。

● 2006 年 10 月 5 日，逝世于北京。

雁门关伏击战 *

廖汉生

（1937年）10月间，根据总部命令，八路军重新恢复了政治委员制度，恢复了政治机关，我也由七一六团副团长改任团政治委员。

一天，师部通知贺炳炎团长和我去受领任务。我俩立即策马赶到驻在神池县义井镇的师部。

一进门，贺龙师长、关向应政委、周士第参谋长就问："部队的情绪怎么样？"

我们把指战员求战杀敌的急切心情向师首长作了详细报告。贺关周指点着地图，给我们介绍了目前的态势和任务：

忻口战役已经开始，正在进入紧张时刻。在日军进攻正面担任防御的是阎锡山的晋绥军、卫立煌的中央军以及西北军、川军，部署在忻州北面的山中。这些山一旦打开，太原就失去了最后一道屏障。我们八路军担负配合、支援忻口战役的任务，一二〇师在忻口以北的敌后开展游击战争。具体部署是，三五九旅和三五八旅在原平以西攻击大牛店等地日军侧翼，你俩率七一六团直属队和第三营组成贺廖支队，再向北去，

* 本文节选自《廖汉生回忆录》，解放军出版社2012年版。

插到雁门关，以游击战争袭扰、伏击日军的南北运输线，切断敌人的交通，占领雁门关。

我们向师首长表示："坚决完成任务！"

临出门，贺龙师长又提醒道："现在打的是日本侵略军，不是过去的国民党军了，作战对象变了，一定要注意在战术思想上也要很快扭过来。"

回到团部，贺炳炎团长和我传达了师首长的战斗意图，率团直属队和第三营组成贺廖支队向雁门关地区挺进，第一营则随三五八旅旅部和七一五团行动。

我支队一路急行军赶到雁门关西南临洮梁山中的老窝村驻下，侦察敌情，寻找战机。

老窝村的群众为了躲避日本侵略者的侵扰，都逃到山里躲藏起来了。我们派人找回逃散的群众，帮助收割地里的莜麦，宣传八路军的抗日主张，赢得了群众的热烈拥护和积极支持。由一位放羊老汉的引导，我们插到雁门关附近勘察地形，同时派出侦察员摸清了日军的运输规律。

雁门关是内长城的一个重要关口，也是沟通雁北高原与晋中腹地的门户，为历代戍守要地，民间广泛流传的杨家将镇守三关的故事就发生在这里。古今不同的是，古代大道经雁门关进出，而现代的汽车路是从关西的山腰处盘旋而过，距关口尚有几公里。

自从忻口会战打响后，日军汽车队南来北往，很是繁忙，向南经太和岭口往忻口前线运去援兵和弹药，向北出广武往大同拉回伤兵和死尸。日军自以为这一带中国军队早已败退一空，因此警戒疏忽，肆行无忌。

我们得到情报，10 月 18 日日军将要从原平撤回死伤的士兵，于是决定打它一个伏击。

由于敌车队不走雁门关过，那里并没有日军驻守，只在广武驻有少量兵力，我们主动改变师部指定的位置，确定在黑石头沟一带的公路设伏，同时派少量兵力占领雁门关。我们的计划得到了师部批准。

为了打好对日作战的第一仗，贺炳炎团长和我召集连以上干部开会，布置任务，进行动员。

我有意识地问到会的干部："怎么样，你们说打不打？"

话音刚落，会场上响起激昂的喊"打"声，各连连长纷纷代表本连争当突击队。三营营长王祥发和十一连政治指导员胡觉三提起日军血洗宁武城的暴行，十一连连部驻的那家八口被杀了七口，连不满3岁的小孩子也被刺刀戳死了，只剩下痛不欲生的老太太。他们表示决心，一定要叫敌人以血还血，把雁门关变成日本侵略者的鬼门关！

我接过大家的话题，动员说："是的，我们一定要为死难的同胞报仇！打好对日作战的第一仗！要把敌人血洗宁武的罪行作为向部队进行战斗动员的材料，掀起复仇杀敌的高潮。"

任务传达下去以后，整个部队沸腾起来了，指战员们摩拳擦掌。"为死难同胞报仇！打好对日作战第一仗！"的战斗口号喊得十分响亮。

10月17日，部队由老窝村进至离雁门关汽车路不远的王庄、秦庄隐蔽宿营。贺炳炎团长和我带上各连干部到黑石头沟一段汽车路去看地形，确定伏击部署，并派人预先做破路工作。

18日凌晨5时，部队踏着牧羊人走的山间小道向预伏地——雁门关南山脚下的黑石头沟开进。

此沟南低北高，沟底尽是山洪冲下的乱石头，汽车路顺沟由南向北而上，南端有一座小石桥。这是个打伏击的好地方。

上午9时许，我们到达沟西侧的山上，各连队迅速进入伏击位置，团指挥所设在一处山头上。

不一会儿，日军车队拖着滚滚烟尘像长蛇一般从南向北驶来。据观察哨报告约有百十辆之多，我从指挥位置上看到的就有二三十辆，前面的几辆车拉着伤兵、死尸和护卫的武装士兵，后面都是空车。

日军车队缓慢地拐过小石桥，爬上陡坡，进入我伏击地域。

就在这时，贺炳炎团长一声令下：“打！”各种火器一齐射击，步枪、机枪交织成密集的火网，团属迫击炮连把一颗颗炮弹准确地吊进车厢。

打头的几辆车被打着了火，燃烧爆炸，车上的敌兵纷纷跳车。

随着冲锋号响，三营营长王祥发率领突击连如猛虎一般扑下山去，其他几个连也相继发起冲击。部队打得很猛，一下子就把敌人压到乱石滚滚的沟里。

根据我们在红军时期的老经验：打伏击战，只怕敌人不来，只要它钻进伏击圈，那么这一仗消灭敌人的把握十分就有了八九分，特别是当部队往下一冲，敌人就垮了，战斗也就接近解决了。但是今天，我们面对的是凶猛残暴的日本侵略军，正像战前贺龙师长提醒我们的那样，日军的战斗力与过去的敌手有很大的不同，他们遭我突然打击后很快就从一时的慌乱中清醒过来，趴在汽车肚子底下用机枪向冲下山来的我军扫射。

我们的战士很勇敢，一边冲，一边甩手榴弹，很快冲到汽车前，不管敌人听不听得懂，喊着“缴枪不杀”，上去抓俘虏。

日军从车肚子底下爬出来，端着刺刀作拼死的反扑。看到敌人那副狰狞的面孔，战士们分外眼红，喊着“为宁武死难同胞报仇”的口号，勇敢地迎上前，与敌人展开白刃格斗。

贺炳炎团长和我带着几个警卫员也冲下山，靠前指挥。

战斗打响不久，在黑石头沟北边担任警戒的分队报告，从广武方向又开来日军车队，也有百多辆，满载着向忻口增援的弹药和士兵，急急驶进黑石头沟。

我警戒分队冲着打头的几辆汽车一顿猛揍，打着了火。后面的日军迅速跳车登山，顺着西边的山梁转到我军左侧，向在公路上出击的我军射击，对我威胁极大，天上敌机 4 架也赶来助战。

我们立即把部队重新拉上山。在这个过程中，我军的伤亡骤然增大，贺炳炎团长的警卫员被敌人机枪打倒，负了重伤，贺炳炎的胸前也被一颗子弹横着穿过，把他的皮袄贯穿了两个洞。

我们看到伏击目的已经达到，战场形势急转直下，遂主动撤出战斗。

这一仗，我们击毁敌军车二三十辆，毙伤敌兵200多名。黑石头沟里黑烟滚滚，击毁的汽车从南北两头把路堵死了，日军南北两个车队300来辆车被阻在沟里，动弹不得。据战后到过现场的群众讲，日军一直收拾到夜晚才撤走，临走时在黑石头沟竖了一块木牌子，写着此地被打死67人，提醒过往车队千万小心。

这一仗，我们的伤亡也不小。据统计，负伤53人，阵亡50人。十一连损失最大。该连政治指导员胡觉三在与敌人格斗中，发现车下藏着一个敌兵，上前去捉活的，却被那家伙一枪打中了胸膛，不幸牺牲。撤出战斗时，由于情况紧急，我们只把伤员背了出来，胡觉三等50位牺牲同志的遗体没能抢运出来。

烈士们捐躯赴国难，血洒雁门关，成为激励我们英勇抗战的楷模。他们的牺牲，不仅换取了对日作战的初战胜利，更重要的是振奋了中华民族的精神。雁门关一仗，再次打破了日本帝国主义不可战胜的神话，为我们、为民族证明了一条在当时还未被许多人完全认识的真理：日本帝国主义是不足怕的，是完全可以战胜的！

战斗结束的当天下午，我们回到老窝村驻地。由我起草电报向师部报告了战况，师首长回电予以嘉勉，并命旅部将我团第一营归还建制，赶到雁门关地区与团主力会合。

两天后，我们又把部队拉到雁门关西边的山垭子上，选择从广武方向来的汽车路将要上垭口的地方作为伏击点，第一营、第三营分别摆在汽车路东西两侧，伏击日军从北向南的运兵车队。

吸取上一仗的经验教训，我们事先对公路、桥梁进行了彻底的破坏，贺炳炎团长和我各带两个连到黑石头沟及斗口梁子一带破坏了七座桥梁和几千米的电话线。

20日上午，日军200多辆汽车结队而来。过去日军从广武过雁门关地段，都自恃援兵众多、弹药充足，端坐在汽车上不下来。自从18日在黑石头沟遭我伏击后就改变了。这次在广武镇就下了车，首先是一个营的步兵通过，人走前，车走后，并有五架飞机侦察助战，边搜索边前进。

敌变我变，为了避免过大的伤亡，我们在给敌人以猛烈、突然的火力袭击之后，立即撤出战斗。团部把一营带回来，王祥发营长率三营占领了雁门关，把抗战的旗帜插到了古关上。

在忻口会战的日子里，我七一六团接连在雁门关一带伏击敌汽车队，袭扰并一度切断了交通运输线，迟滞了日军对忻口前线的增援，使敌人没有饭吃，没有子弹，没有援兵，造成了很大的困难，也给忻口正面防御作战的国民党守军以有力的配合。

南京国民政府特对七一六团进行传令嘉奖，海内外报纸也大力宣传雁门关伏击的战果，称之为“雁门关大捷”。

毛泽东主席在和英国记者贝特兰的谈话中、在《抗日游击战争的战略问题》一书中，列举了包括我贺廖支队对大同雁门关间敌主要运输道路的截断、雁门关的两次夺回在内的诸多胜仗，说明“八路军起了非常大的作用”。

雁门关伏击，作为一二〇师抗战之初有代表性的一仗载入了八路军英勇抗战的光荣史册。

刘志坚

我是八路军，是专打日本鬼子的。

- 1912 年生，湖南省平江县人。
- 1931 年，加入中国共产党。
- 1937 年 8 月，任八路军第一二九师政治部宣传部部长。
- 1938 年春，任一二九师政治部副主任，参加神头岭、长乐村等战斗。
- 1939 年 6 月至 1940 年 5 月，任八路军第一二九师东进纵队政治委员。
- 1940 年 6 月，任冀南军区政治部主任，同年秋，率部参加百团大战。参与开辟发展了冀南抗日根据地，坚持艰苦的敌后游击战争。
- 1955 年，被授予中将军衔。
- 2006 年 3 月 11 日，逝世于北京。

巧妙设伏　出奇制胜

——忆七亘村大捷

刘志坚

1937年9月下旬，日军在侵占我北平、天津和保定之后，气焰更加嚣张，大举南下和西进，企图占领整个华北和中原地区。为了保卫太原，国民党政府军事委员会和第二战区急调10余个师，在太原以北的忻口地区组织防御。同时，又调集8个师，据守娘子关，以配合忻口之战。

日军猛攻忻口10多日，连遭我国守军沉重打击，伤亡惨重。日军虽三易其指挥官，也未能挽回败局，不得不急令其沿平汉路南犯石家庄的第二十、一〇九两个师团，由正太路西进，企图先夺取娘子关，后占领太原，以解忻口之危。

娘子关，坐落在太行山中麓——山西省平定县城东北45公里处，是晋东著名关隘，出入山西的咽喉，也是正太路沿线的重要关卡。如果娘子关失守，不仅使坚守忻口的国民党军队腹背受敌，而且也会使太原处于晋东、晋北两路日军的钳击之中，难于防守。因此，我党中央对坚守娘子关非常重视。1937年10月6日，中共中央军委主席毛泽东就向国民党政府军事委员会指出，日军攻占了石家庄，必将沿正太路西进。

所以，晋东的娘子关和九龙关，须预先集结重兵把守。事实果然不出我党中央所料。10月10日，日军占领石家庄以后，立刻派川岸的第二十师团和鲤登的第一〇九师团，沿正太路西犯。该线国民党守军数万人未能阻住日军的进攻，相继溃退，晋东门户娘子关告急。为阻止日军西进，支援国民党军队作战，保卫太原，我一二九师根据八路军总部的命令，在师长刘伯承的率领下，以昂扬的战斗意志，火速向娘子关东南及以南日军的侧后进发，寻机歼敌。

10月18日，我一二九师师长刘伯承和政训处主任张浩率师部及第三八六旅进抵山西省平定县地区。那时，我任一二九师宣传部长，随师部及三八六旅搞宣传鼓动工作。师部和三八六旅进驻平定县马山村后，刘师长立即召开营以上干部会议，传达了中共中央军事委员会华北分会的指示，介绍了平型关战斗的经验，并分析了抗战形势。此时日军已攻陷娘子关东南的旧关及附近高地，该地国民党守军曾万钟部的1000余人被围困在旧关以南山地之中。接着，日军用炮火正面猛攻娘子关，受到国民党守军孙连仲部的坚决抵抗。日军屡攻不克，就以一〇九师团继续攻击娘子关，而以二十师团一部由河北省井陉县测鱼镇向正太路以南山地进犯，妄图对娘子关守军实行迂回攻击。这时，国民党的一些部队，因害怕日军断其后路，纷纷撤退。晋东前线，情势危急！

在此危急情况下，刘师长当即令三八六旅第七七一团在平定县的桃家岭、七亘村一线采取运动防御战法，阻止日军西进。同时，速调第七七二团回马山村，准备侧击西进的日军。

为巧妙设伏，出奇制胜，10月25日午饭后，刘师长带着师司政机关干部和警卫班30余人到七亘村附近察看地形。他选好一处高地，让警卫员架好望远镜，仔细进行观察，并不时地让参谋在地图上标出要点。忽然，对面山后传来稀疏的枪声，枪声越来越近。10分钟后，从七亘村东的山谷中冲出一股日军，向刘师长等人射击。刘师长即令参谋处长李达指挥警卫班抗击敌人。李处长指挥警卫班，很快将敌人打退了。不一会儿，又有一架敌机在空中盘旋，大家劝刘师长早点离开这里，他却坚定地说："别忙走，我们再看看。"他又认真观察了一番七亘村四周的地形之后，才满意地笑了。

七亘位于太行山脉中段、晋冀两省接壤处，又是平定、昔阳、井陉三县的交界地带。古称"太行八陉"之一的井陉，有两道大门可穿过太行山进入山西平定县。北门是娘子关，南门就是七亘。该村四面环山，重峦叠嶂，沟壑纵横，峡谷陡峭，道路奇险，素有"龙虎环抱"之称，实为屯兵设卡之要地。该村东邻山西省平定的甲南峪、东石门村，直通河北省井陉县的测鱼镇；西邻改道庙、营庄，直达平定县城。村边有一条宽不足两米的大道，路南边是高约 10 米的土坎，路北是几十米深的山沟。经过对七亘村实地调查和对敌情的分析，刘师长认为，七亘村是日军二十师团进犯平定、太原的必经之路，也是我军伏击日军的理想之地。

果然不出刘师长所料。25 日下午，日军二十师团开始向平定方向进犯，还有辎重部队约 1000 余人，在距七亘村 10 公里的测鱼镇宿营，刘师长听到这个消息，马上对师部作战人员说："七亘村是测鱼镇通往平定的咽喉要道，日军明天一定经七亘村向前方运送军需物资，送到嘴的'狗肉'，一定把它吃掉！"讲到这里，他拿起铅笔，走到地图前，在"七亘村"三个字周围果断地划了一个红圈，接着又说："就在这里设伏"，"切断日军二十师团的交通，夺其辎重。"说完，他拿起电话命令陈赓旅长调集部队在七亘村路南的土坎上设伏，准备痛击敌人。

依据刘师长的命令，陈旅长马上派七七二团副团长王近山，带领第三营进抵七亘村，进一步详细察看地形，选择伏击地，进行战前准备。

在战前动员大会上，陈旅长对大家说："同志们，抗日以来，'大哥'一一五师，在平型关打了大胜仗，'二哥'一二〇师在雁门关一带也打了胜仗。我师七六九团，在夜袭阳明堡机场的战斗中，歼灭日军100余名，毁伤敌机20余架，有力地配合了忻口防御战。我们呢？我们进入晋东以来，还没有打仗。刘师长在电话里对我说：‘你三八六旅也要打胜仗。’现在，就看我们的了！”他还号召：“全旅官兵要迅速掀起一个打胜仗的比赛热潮，一定要打好七亘村这一仗！”陈旅长这富有强烈感染力的讲话，进一步鼓舞了三营指战员的斗志，大家摩拳擦掌，等待着出击的命令。

10月26日拂晓，王近山副团长带领三营进入伏击地区。他将两个连又一个排布置在七亘村至甲南峪间的大道南侧，把另外两个连作为预备队，控制七亘村以南高地，并派出侦察分队，在东石门村一带活动，及时掌握敌情。营指挥所设在离大道约300米的青脑北边的山头上，从那里俯瞰山下，七亘村及大道两旁的景物，尽收眼底。指挥所配备重机枪一挺，作为伏击战斗的火力指挥信号。

天高云淡，秋色宜人。上午8时左右，王副团长带着三营营长郭国言、副营长雷绍康等人，爬到一个最高的山头，察看敌情。突然，他们从望远镜里看到，约距3公里处有一股日军正向七亘村运动。随后，又得到侦察人员的报告，说日军的辎重部队有300多人，前后各有100余名步兵掩护，向七亘村开来。得到敌情，王副团长马上向陈旅长报告，并立即召集郭营长、雷副营长，教导员罗明海、副教导员尤太忠、九连连长刘臣须、十连连长罗绍起、十一连连长李春山、十二连连长邓世松及九连指导员何开生、十连指导员梁天喜等人开紧急会议。王副团长指出：“我们的任务是伏击日军，夺取辎重。”他根据日军行进队形，进一步明确了各连的主要战斗任务：十二连担任正面突击日军辎重部队，夺其辎重；十一连担任穿插，阻击和包围，配给轻机枪三挺。战斗打响以后，十一连要沿山沟迅速占领七亘村南大道两侧，切断前面敌步兵同辎重部队的联系，并阻击敌步兵对其辎重部队的援助。然后，要以一部分兵力，抢占七亘村西南边不到100米高的定盘山，形成对敌军步兵的包围，防止敌军步兵抢占和利用村庄负隅顽抗，力争将其全歼于大道上，以保证十二连顺利消灭敌军辎重部队，特务连的一个排负责阻击后退之敌。接着，各单位跑步进入阵地。战士们为了搞好隐蔽，灵活地利用地形地物，有的钻进草木丛，有的用野草和树叶把自己伪装起来，有的藏在土坎、岩石后，个个严阵以待。

从测鱼镇出来的日军辎重部队约有300多人，一匹匹骡马，一峰峰骆驼驮着各种军用物资。前面开路和殿后的各有100多名步兵，耀武扬威，大摇大摆地朝七亘村方向走来。

日军沿正太路西犯以来，一直未受到任何阻击，所以他们十分麻痹，警戒搜索也相当疏忽。先头步兵与辎重部队约距300米，后面掩护的步兵距辎重部队更远一些，从远方望去，犹如黄蛇蠕动。走在队伍最前面的一个日本兵，扛着一面日本旗，昂首挺胸，神气十足。但他们根本没有想到，就在前面的七亘村，我八路军勇士们早已给他们挖好了葬身的坟墓。上午9时左右，日军步兵开始进入我伏击区，埋伏在草木丛中的我军战士，双手紧握钢枪，两眼怒视着相距只有几十米的日军，个个恨得咬牙切齿。

日军先头开路部队接近营庄时，辎重部队正好行至我十二连伏击地前面。王副团长即令重机枪向日军扫射，伏击部队随之向日军猛烈射击。刹那间，成群的手榴弹，密集的子弹，像从山崖上泻下来的瀑布倾向敌群。正在行进中的日军，被这突如其来的袭击打懵了，还没搞清是怎么回事，就死伤了一大片。这时候，我十一连按照原定计划，迅速抢占了七亘村南大道两侧及该村西南的定盘山，将日军步兵和辎重部队拦腰切成两段。当日军先头步兵企图掉头增援辎重部队时，遭到我十一连的阻击；后面的掩护部队，又被十二连击毙的横躺竖卧的马匹、骆驼及抛弃的军用物资挡住道路，被截击在中间的辎重部队，上天无路，入地无门，完全丧失了控制能力。骡马和骆驼受到惊吓，四处奔跑，畜撞畜、人撞人，人畜相撞，在狭窄的道路上自相践踏，尘土飞扬，血肉四溅。残存日军一窝蜂似的朝东石门方向逃窜，刚跑到甲南峪，又遭我预先埋伏在那里的特务连一个排的猛烈袭击。这时，王副团长命令九、十连投入了战斗。紧接着，我十一、十二连在副教导员尤太忠的带领下，一个个犹如猛虎下山，奋不顾身地扑向日军，展开了白刃格斗。冲在最前面的十二连战士杨绍清，面对向他包围过来的7个敌人毫无惧色，左刺右挑，愈战愈勇，一连刺死6个，捅伤1个。还有一个战士在同敌人拼杀中，身上5处受伤坚持不下火线。当他同一个日本军官搏斗时，已筋疲力尽，但他急中生智，嗖地一下将手中的步枪向敌人掷去，在敌人一愣的瞬间，猛扑过去将其压倒在地，用牙咬掉敌人的鼻子，并趁敌痛不可忍之时将其击毙。

在我军与敌人进行激烈战斗的同时，平定县城的中学生组成的战地服务团，在牺牲救国同盟会的领导下，冒着枪林弹雨投入了紧张的战地服务。七亘村、马山村附近的民兵和群众也在地方党的领导下，投入了战斗和战地服务工作。年过半百的董三元老汉，机智勇敢地从日军那里夺到一挺轻机枪，立即送到七七二团团部，交给教育股长卢仁灿。事后刘师长称赞他是“老英雄”，并赠给他一床军毯。

激战至11时左右，日军除一部分掩护部队逃回测鱼镇外，其余均被我歼灭。

这次伏击战，共歼灭日军300余名，打死、缴获骡马和骆驼300余匹以及大批军用物资。

战斗结束之后，七亘村及附近村庄的群众，都纷纷前来向我们祝贺胜利。下午6时左右，陈旅长来到七亘村。当时搬运战利品的指战员和人民群众，一下子把他围拢起来。陈旅长面带笑容，对大家说：“同志们，七亘村这一仗，打得干脆利落，是一个漂亮的伏击战，以很小的代价取得这么大的胜利，打得好哇！以后，还要多打这样的胜仗，直到把日本军队全部赶出中国去！”此时，战场上还堆放着很多战利品，有日军的骡马、炮弹、子弹、无线电器材、药材、毯子、黄呢子大衣、日本罐头和压缩干粮等等。战士和群众看着这些胜利品，都乐得合不上嘴。有的战士把日军的钢盔戴在头上，把呢子大衣穿在身上，腰间还挂上日军的洋刀，模仿日军的模样和腔调，逗得大家哈哈大笑。这时，郭营长牵来一匹日军大洋马，对陈旅长说：“旅长，这是我们营送给你的战利品。”陈旅长说：“好！我收下这匹战马。还要请你们挑一些最好的马，送给我们的刘师长，还要送一些到延安，向党中央报喜。”郭营长回答说：“请首长放心，我们一定照办！”当时，老百姓都没见过压缩饼干，有的认为它是大麦花。陈旅长笑着对大家说：“这是压缩饼干。”当场让七七二团团长叶成焕搬出几箱，叫大家品尝。

10 月 27 日晚上，七七二团在昔阳县东冶头村召开大会，庆祝七亘村大捷，并悼念在战斗中牺牲的烈士。有上千名群众参加大会。会上，陈旅长亲自把一面红旗奖给了第三营。第二天，又召开了七七二团班长以上干部会议，叶团长作了总结报告，陈旅长讲了话。陈旅长说：“这一仗打得很漂亮，但这仅仅是个开头。我们要认真总结这次战斗的经验，再接再厉，创造更大的战绩！”

可是，就在我们狠揍日军的当天，国民党第二战区前敌总指挥兼第十三军军长汤恩伯却给刘师长打电话说，他们已经决定放弃娘子关，并劝说刘师长也赶快撤兵。刘师长果断地回答：“我们还准备在七亘村一带再打一仗。”汤恩伯听了后说：“好，好。我们等着贵军的捷报。”之后，汤恩伯硬是带着他的部队撤走了。

日军遭到我军伏击以后，退到测鱼镇。第二天，他们一面派出部队在七亘村附近收殓尸体，一面整顿部队，调集兵力，准备继续西进。刘师长认为，日军侵犯华北以来，作战一直比较顺利，七亘村的失利，对他们来说是微不足道的。他们目空一切，并没有把八路军放在眼里。特别是二十师团正向平定进犯，急需军用物资，要运送军用物资，在其打通正太路以前，唯有从七亘村通过。据此分析，刘师长当机立断，指示陈旅长继续利用七亘村的有利地形，准备再次伏击日军。

这次伏击地点选在七亘村西边。10月28日，七七二团副团长王近山奉命带领三营进入伏击阵地。他把九连和十连埋伏在七亘村至改道庙间的大道南侧，将十一连、十二连及特务连一个排作为预备队，并派出侦察分队，侦察测鱼镇日军的动静。

上午10时左右，侦察分队发现一股日军辎重部队向七亘村开来。这次，日军接受了前次遭我袭击的教训，加强了对辎重部队的保护，以100余人的骑兵开路，300余名步兵在后掩护，继续沿大道西进。王副团长当即将这一情况报告陈旅长。陈旅长在电话中命令："近山，坚决出击！"并派第二营和第一营的一个连火速赶去增援。11时左右，日军先头骑兵开始进入我伏击区。这次日军的警戒搜索，较上次严密，凡可疑之处，他们都先用炮火轰击，然后才向前推进。日军边走边打，大道两侧不断响起轰隆轰隆的爆炸声。但我三营指战员由于有了第一次作战的经验，人人沉着镇静，个个隐蔽巧妙。即使呼啸的炮弹掠过头顶，炸在身边，大家也严守纪律，纹丝不动。不一会儿，下起了秋雨，战士们爬在泥水里，隐蔽如初，一动也不动。一个骑在马背上的日本兵，看到山上山下均无动静，便得意地吹起口哨，朝后面打"旗语"，通知辎重部队大胆前进。当日军骑兵通过改道庙到达营庄，辎重部队进入我军伏击圈时，王副团长一声令下，我伏击部队一起向日军辎重部队发起猛烈的火力袭击，顿时，打得日军人仰马翻，狂呼乱叫。刚刚爬上营庄的日军骑兵，看到辎重部队受到袭击，马上转过头来增援，并集中火力袭击我营指挥所。我侧翼部队发现后，当即予以猛烈的还击，日军骑兵部队被打得稀里哗啦，乱作一团。这次伏击，由于日军加强了掩护部队，加上风雨交加，道路泥泞，我增援部队未能按时赶来，所以，战至黄昏，日军的骑兵和步兵拼死掩护其部分辎重部队，向平定和测鱼镇逃去。

这次战斗，我歼灭日军100余名，缴获骡马数十匹。

七亘村连续两次伏击战，共歼灭日军400余人，打死和缴获骡、马和骆驼400多匹（峰）及大批枪支、弹药、粮食和衣物。我伤亡30余人。

记得我师北上抗日刚到太原时，周恩来副主席亲自同国民党军第二战区司令长官阎锡山交涉，要求供给一些武器装备，但阎锡山只给几门迫击炮和一点子弹、手榴弹，子弹还不够一人一发。这次我们用缴获来的枪支，替换了部分新战士手中的红缨枪。事实充分说明，我党独立自主、自力更生的方针是十分正确的。正如《游击队歌》中所唱的："没有吃，没有穿，自有敌人送上前。没有枪，没有炮，敌人给我们造。"特别值得一提的是，在这些战利品中，还有一个意外的收获，就是缴获了一份我们渴望已久的山西省和华北地区的军用地图。具有讽刺味道的是，这些军用地图都是中国印的。显然，这是日军从阎锡山的部队里得到的。前些时候，刘师长途经太原时，曾经向阎锡山要几份山西省和华北地区的军用地图，他回答说没有。我们只好用中学生的袖珍本地图代用。现在，当我们把缴获的军用地图送给刘师长时，他喜出望外，风趣地说："没想到日本人用中国印的地图打中国人。怪不得阎锡山说没有地图了，原来是跑到日本人手里了。他对八路军这么小气，对日本人却是如此大方。"

在日军疯狂进攻太原的情况下，我军三天之内以一个营的兵力在七亘村两次成功地伏击日军，沉重地打击了日军不可一世的狂妄气焰，提高了太行山区广大人民抗战的胜利信心。七亘村大捷之后，当地群众中流传着这样一句民谣："日出东海，日落西山。"意思是说，日军从东海来犯，要在太行山西边落下去。就连一直怀疑我军游击战的国民党高级将领汤恩伯也受到了很大震动，当他在电话里听到七亘村战斗的胜利消息时，很佩服地对刘师长说："看来，还是你们的游击战行啊！”

七亘村伏击战，虽然不算很大的战斗，但它是一二九师先头部队进入太行山以来打的第一个胜仗，人们叫它“开门红”。的确，这一仗对于打击日军嚣张气焰，振奋民心，支援友军作战，鼓舞我军士气，丰富对日军作战经验，创建太行山抗日根据地都有重要意义。

黄新廷

我们与冀中人民结下了深厚的战斗情谊，真是军爱民，民拥军，军民一家鱼水亲。

● 1913 年生，湖北沔阳县宋家墩（今属洪湖市）人。

● 1932 年，加入中国共产党。

● 1938 年，任八路军一二〇师三五八旅七一六团团长，率部在晋西北抗战。同年 9 月，于五台滑石片设伏，全歼日军一一〇师团蚋野大队。

● 1939 年，率部参加齐会村、陈庄等战斗和百团大战，在齐会村战斗中重创日军吉田大队。

● 1944 年，任一二〇师三五八旅副旅长。

● 1945 年，任一二〇师三五八旅旅长。

● 1955 年，被授予中将军衔。

● 2006 年 5 月 12 日，逝世于北京。

威震冀中平原的齐会歼灭战

黄新廷

齐会一战，一二〇师威震冀中平原，此役经三昼夜激战，基本歼灭日军吉田大队，成为抗日战争初期首创平原游击战大量歼敌精锐的模范战例。七一六团参加了齐会战斗，当时我任该团团长。

当机立断　周密部署

1939 年 4 月 18 日晚，我团随师部由高阳县庄头地区向东转移。经过两个晚上的夜行军，20 日拂晓前到达河间县东北的卧佛堂、大小朱村地区，与先期到达相邻地区的我师独一旅靠拢。此时全师两个旅 7 个团，还有冀中军区第二十七大队在这个地区会合，准备进行整训，并待机作战。我团驻小庄、任村、齐会三个村子，是全师西翼的屏障。

正是清明时节，冀中平原春光明媚。然而冀中的局势却依然是相当严峻的。一二〇师驰援冀中以来，虽然四战四捷，和冀中的部队一起打破了敌人第三、四、五次围攻，但敌依仗其军力优势，侵占了我冀中区的全部县城和主要集镇。冀中平原上，敌据点林立，炮楼密布，各据点之间相距不过一二十公里，我回旋地区大大缩小。敌人到处拼凑伪政权，推行“治安肃正”；以据点为依托，经常出来抢粮食、抓民夫，胁迫群众平道沟、修马路；不时集结兵力，梳篦拉网，进行“扫荡”作战，企图在青纱帐起来之前消灭我军，或将我逐出平原，以确保其占领的平、津等要地和津浦、平汉等铁路运输线的安全。其侵略气焰十分嚣张。我们要想站稳脚跟，稳住冀中局势，巩固和发展这块抗日根据地，就必须以英勇的战斗，给疯狂的敌人以更沉重的打击。

战机终于来了。4 月 20 日，日军第二十七师团的吉田大队 800 余人，伪军数十人，分乘汽车 50 余辆，携山炮两门，随带满载弹药、给养的大车 80 余辆，浩浩荡荡，由沧州开到河间县城。

吉田大队开到河间，是跟随我军行踪而来的。但他的情报不甚准确，以为我军在该地区不过 2000 左右的兵力，不知我是万余人的大军集结。仅这一点，吉田就要倒大霉了。他决定出兵“扫荡”，打我一个措手不及。但他也明白我们是著名的贺龙指挥下的主力，预测将是一场激战，所以出发之前，令部下尽量多带弹药，各种炮弹、枪弹、手榴弹、掷弹筒，满满装了几十辆大车，仅山炮炮弹就带了 420 多发，这在当时，就日军“扫荡”作战来说，也是一个很大的数量。连他的士兵也惊讶：“扫荡作战中，就数这次携带的弹药多得出奇！”

4 月 22 日下午，吉田大队带着长长的大车队，出河间县城西门，转而向北行进，傍晚到达河间城北三十里铺。

就在这天晚上，我们师部召开了各旅、团首长和师直营级以上干部会议，部署整训工作，同时，全师将士也在师部驻地大朱村开联欢大会，庆祝一二〇师和冀中三纵队合编，并进行整训动员。贺龙师长、关向应政委、周士第参谋长、甘泗淇主任等领导同志都到了会。联欢大会开始，贺龙师长整整灰布军装，摸摸浓密的胡子，首先站起来讲话，正讲着，侦察员气喘吁吁地跑来报告：吉田大队已进驻三十里铺，离我不到 15 公里。于是贺师长话头一转，把联欢大会变成了战斗动员大会，他说：

“同志们！为了巩固和发展冀中抗日根据地，这三个月来，我们各部队并肩作战，密切配合，取得了一连串的胜利。同志们连续行军打仗，都很疲劳了，原想让大家休息一下，但敌人不让我们休息，现在已经送上门来了，怎么办呀？”接着，他幽默地说：“既然敌人把礼物送上门来，能不收下吗？本来今天晚上叫战斗剧社给同志们演几个小戏，现在就不演了，各部队立即带回，连夜做好战斗准备，隐蔽待机，听命令行动。我们要在冀中平原上打一个漂亮仗，等战斗胜利以后，再来开一次祝捷大会！”

他嘱咐指战员：“今天晚上大家辛苦一下，熬个夜，把工事修好，准备和敌人干，要注意防炮、防毒、防火（防敌人烧房子）。”

最后，贺师长号召“军民一心，团结起来，坚决粉碎敌人的进攻。敌人来了，要狠狠地打，来多少，消灭多少！”他猛一挥手，结束了这个简短有力、风趣生动的战斗动员。

贺师长亲自动员，给全师增添了巨大的力量。指战员们精神振奋，热血沸腾，决心打好这一仗，开创冀中抗日斗争的新局面。

我们正在听贺师长的讲话，周士第参谋长把我从会场叫出来，对我说：“敌人在三十里铺，离你们最近，你们要严密监视敌人的行动，看他是向东还是向北，随时向师里报告。”我随即告团参谋长王绍南，立即派出侦察，一直派到三十里铺敌人鼻子底下，随敌前进，及时报告敌人的动向。

晚会提前结束，部队还没有带出会场，师首长就召集旅团领导紧急研究情况，对吉田大队的行动企图进行了分析判断：敌人这样大的兵力北出河间，很可能企图在任丘、吕公堡、大城诸敌配合下，进行“扫荡”作战，向我驻区进攻。

这一坨敌人兵力不少，装备精良，训练有素，又异常残暴凶恶，被华北日军视为精锐之旅。因血洗南京城、屠杀中国人民有“功”，吉田大队从官佐到士兵，人人佩戴“勋章”一枚，骄横不可一世。这次倾巢出动，可谓来者不善。

平原游击战，敌强我弱，我通常是进行分散的小规模的游击，一次消灭一小股敌人，积小胜为大胜。这次是敌装备精良的一个大队，要一口吃掉它，能不能吃得了？怎样才能稳操胜券、全歼敌人？师首长审时度势，作了缜密的研究：

敌虽兵力较大，装备精良，但不明我军虚实，系孤军冒进；分散在周围的日伪军只有2000多人，既要守点，又要防我游击队袭击，不可能大批增援；我七个团、一个大队集中在附近，兵力对比占绝对优势。以我重兵打孤立少援之敌，这是取胜的基本条件。

敌虽来势汹汹，但我是连战连胜的正义之师，已取得平原作战的经验；冀中新部队经过几次反围攻作战，战斗力已有很大提高，且两师会合，士气正旺，这是克敌制胜的最重要因素。

我军现驻区是冀中抗日根据地较巩固的中心区，人民拥戴八路军，痛恨日本兵，群众基础好。

敌骄傲狂妄，轻举妄动，必然给我以可乘之隙。这叫作骄兵必败。

结论：歼灭吉田大队，是有把握的。

师首长当即下了决心：抓住有利战机，隐蔽待机，实行外线速决的进攻战，歼灭吉田大队。

接着又进一步分析了敌人的攻击方向，是由西向东，还是由北向南？师首长判断：向东的可能性较大。因为向东距我领导机关驻地路线最短，同时可得到西北方向任丘、北面吕公堡、南面沙河桥、东北方向大城等敌的策应配合，对我形成四面围攻的态势。

七一六团摆在全师的最西面，敌人如果向东进犯，七一六团则首当其冲。

根据以上分析判断，师首长作了周密的部署：以七一六团正面交战，视战斗发展情况，以主力断敌退路，尔后合围攻歼；以少量兵力警戒各据点之敌，阻敌增援，保证主力攻歼的成功。

当然也估计到这个敌人不是那么好打的。它兵员充实，老兵多，火力强，弹药足，战术技术好，官兵信奉法西斯主义，有武士道精神，在失利的情况下，仍十分顽固，宁死不降；而我军武器装备差，火力不如敌人。因此确定了白天固守，夜间反击，连续包围，不断杀伤，最后歼灭的基本战法。

贺龙师长特别叮嘱我：敌人如果向东进犯，你们"亚六"[①]是首当其冲。你们团是打头阵的，白天一定要守住，紧紧抓住敌人，大量杀伤、消耗、疲惫敌人，夜间要坚决果断地反击；敌人如果逃跑（敌不善夜战，通常是天黑就收兵），就与兄弟部队协同，包围歼灭敌人。并令我立即回团部署战斗。

这时，著名的国际主义战士白求恩正在一二〇师。贺师长部署完毕以后，对白求恩说："你的医疗队放在哪里好？还是跟师部在一起，好不好？"白求恩说："还是靠前一点，放在齐会附近吧！"贺师长问："为什么？"白求恩说："你不是说齐会是战斗的中心吗？战士们需要我们和他们在一起！"听了这话，贺师长转身对我说："听见没有？告诉大家，白求恩大夫就在你们身边，和你们一起战斗！"这种高尚的国际主义精神，大无畏的战斗风格，对我们是一个很大的鼓舞。战斗发起以后，白求恩就率领医疗队来到距齐会仅有 5 里地的屯庄，手术室就设在村南的一个小庙里。由于这里离战场近，医疗队及时地抢救了不少伤员的性命。

我赶回团里，令三个营都要连夜备战，以做到有备无患，万无一失，并令各营立即组织指挥员现地勘察地形，选择阵地和进攻路线。平原作战有个特点是无险可守，村落是唯一依托。白天战斗一打响，就要顶，

---

① 一二〇师当时代号为"西伯利亚"部，七一六团代号简称为"亚六"，七一五团为"亚五"。

敌人打炮也好，放毒、放火也好，都要顶住，不能走，一走就失去依托，谁走谁吃亏。要顶住，就必须充分利用地形、房屋，修建坚固的工事。因此，令各营连夜加修工事，务必做到坚固可靠。同时令各值班分队不解背包，随时准备夜里应付紧急情况。政治处则分头下去，协助各营进行政治动员，组织群众转移。一声令下，全团立即行动，投入了紧张的备战。

我和政委金如柏、副政委黄新义，参谋长王绍南、政治处主任颜金生等研究了情况、任务和打法，重点研究了齐会村的战斗。

冀中抗日根据地创建以来，齐会逐渐成为中心村庄，人民群众抗日热情高涨，积极支援八路军。在这个村子作战，群众基础很好。齐会，据说历史上曾有三条河流在此处会合，古河道虽然早已干涸，但总的来看，在平原上，仍不失为一个地形较复杂、易守难攻的好战场。该村有400多户人家，是一个比较大的村庄。村内有一条南北街，街两旁是许多小巷和房屋，有一定纵深，利于我布兵作战。村东南有大水塘，水比较深，是我布防的天然障碍物。大水塘上有一座小石桥，为进出的通道，利于我阻击敌人。村沿有一些零星房屋可作为前哨阵地，利于我防守。

我团驻齐会村的三营，前身是红二方面军的第六师十六团，老底子是洪湖赤卫队，经过长征，可以说是身经百战，战功卓著，战斗力很强。指战员大多数是红军，骁勇善战。营长王祥法经验丰富，沉着老练，由他指挥作战，可说是主将得人。

我们决定：把固守齐会的重任交给三营，一营相机使用，随时准备支援三营的防守作战，二营为预备队。我们先用一个营对付吉田大队的全部兵力，留两个营在关键时刻加入战斗，可以始终保持主动的地位。决定白天固守，黄昏后一、二营从外线进攻，三营伺机反击，里外夹攻，大量歼灭敌人的有生力量，为师主力合围全歼该敌创造条件。

作战方案定下以后，团的领导干部分头到各营布置任务、进行动员、检查指导。我立即赶到齐会，向三营作具体部署。

我们曾与吉田大队较量过，3 月 1 日黑马张庄一战，我们巧布伏兵，消灭它 200 多。王祥法听说要二打吉田，十分兴奋。

我向他交代了此次战斗的意图，并共同研究，明确了具体打法：敌人兵力较多，我们不在村外打，那样兵力就分散了；就从村沿打起，在村沿利用有利地形如塄坎、坟包、树丛、土坑、水塘和房屋等，在村里再利用街巷和房子层层阻拦，节节抗击，不断杀伤敌人、消耗敌人，叫它欲打不下，欲罢不能，把它粘在齐会。

我提醒王祥法，贺师长的意图不是把敌人打跑，而是要全歼。你们要紧紧抓住敌人，不能让它退出战斗逃跑。这将是一场恶战，任务很艰巨，你们要想一切办法坚持到天黑，为上级调整部署围歼敌人赢得时间。留一个连作预备队，使用到最吃紧的地方或用于夜间反击。

打法一定，王营长立即部署兵力，区分任务。各连进行了简短的战前动员。战士们听说要打大仗，个个摩拳擦掌，决心书、保证书雪片似地飞向连部、营部。老乡们听说八路军要在这里打日军，一传十，十传百，纷纷从家里跑出来，扛着镐头和铁锹，和战士们一起挖工事，掏枪眼，军民并肩，决心把齐会村变成坚固的战斗堡垒。

动员和组织群众转移的工作十分艰难。老乡们抗日心切，非要留下支前不可。特别是青年小伙子，纷纷找到连部、营部恳求："让俺们留下吧，难道打鬼子没有俺的份？"一位 50 多岁的老大娘找到王营长说："别瞧你大娘老了，给你们烧烧水、做做饭，也是俺们一片抗日的心意！"经过再三劝导，才说服了老乡。临转移前，老乡们把烙好的饼子、煮好的鸡蛋硬往战士手里塞，还不住地嘱咐：吃得饱饱的，多杀几个鬼子！全营指战员，没有一个不深为感动。一些山西籍的战士说：冀中老乡真好，为他们流血牺牲，我心甘情愿！

万事俱备，只待敌人。战士们在阵地上养精蓄锐，像猎手等待猎物一样等待着敌人的到来。

黄新廷

八路神威　顽敌丧胆

22日夜12点，吉田带着大队人马悄悄出发，贸然东进。23日拂晓前从丰截河村渡过了古阳河，路上搜索了几个村子，没有发现八路军的踪迹，9时占领了南北大齐、北齐曹村一线。于是放开胆子，督领人马直奔齐会。

敌人从三十里铺一出动，我便衣侦察就跟踪报告了。我们当即把团指挥所移到小店村南杨家坟。我们心中都很敬佩：贺龙师长所料不差，敌人果然向东来了。

我们站在麦地里，用望远镜瞭望着。不久，镜筒里出现了敌人的身影。我立即打电话命令三营准备迎击敌人。一会儿，敌炮兵在一座砖瓦窑附近部署发射阵地，步兵分三路展开成战斗队形，从西边掩杀过来了。

敌人离齐会约800米时停止了前进，突然“轰”的一声，一发炮弹的爆炸声打破了激战前的寂静。这是敌人的火力侦察。王营长告诉战士：“不要开枪，等敌人靠近了再打。”中路敌人一个步枪中队，一个机枪中队，左路、右路各一个步枪中队，看到村子里没有什么动静，就大着胆子，弯着腰，向齐会搜索前进。敌人越逼越近，狰狞的面目看得清清楚楚，战士们屏住呼吸，紧握着武器，等候着开火的命令。当敌人进入我火力射程之内时，王营长一声令下：打！霎时间机枪、步枪、手榴弹一起开火，前面的敌人哀号着倒下了一片。

枪声一响，吉田明白村里八路军不少，当即命令炮兵猛烈射击。两门山炮一齐发射，村子里腾起阵阵烟雾。随着炮火延伸，敌再次发起攻击。在重机枪拼命射击掩护下，端着刺刀的日军从西、北、南三面向齐会猛攻过来。三营利用村沿的有利地形和工事顽强抗击，战士们不慌不忙，等敌人靠近了，又是一顿排子枪、手榴弹，连续打退了敌人三次冲锋。

三次猛攻未逞，吉田气急败坏，命令施放毒气。我们曾受过敌人毒气的袭击，早有防毒的准备。三营指战员们立即把大蒜嚼烂，塞在鼻孔里，再用湿毛巾把口鼻捂严。为保证机枪火力，共产党员纷纷把水壶送给机枪班备用，自己忍着毒气的强烈刺激，流眼泪，打喷嚏，有的呼吸困难，仍奋不顾身地坚持在阵地上。

吉田估计毒气已经奏效，再次组织兵力发起冲锋，哪知我军早有防备，毒气奈何我不得。敌人一上来，我机枪响得更欢，手榴弹投得更猛，敌人一个接一个倒了下去。吉田督队继续猛攻。战士们跳出工事，同敌人展开白刃格斗。一时刀光闪闪，喊杀声震天。九连连长曾祥望大吼一声，从敌人军官手中夺过一把战刀，一口气砍死 3 个日军。

村沿战斗，敌我双方争夺得非常激烈。一所房子、一片树林、几个坟包，失而复得，得而复失，一进一退地战斗持续不断。村南一块阵地被敌一个小队夺占，三营立即组织反击，战士们散开成半圆形队形，在机枪火力支援下向敌猛扑过去，夺回了阵地，歼敌一个小队，仅小队长带二三人死里逃生。敌右翼中队立即组织兵力前往接应搭救，又被我打死打伤七八个。

战斗异常激烈，不少同志为神圣的抗战事业贡献出了生命。有一个机枪手，子弹打光了，又被敌阻隔，他怀抱机枪，忍着剧烈的伤痛，以坚强的毅力在阵地上爬过来爬过去，集中了牺牲的同志的几颗手榴弹绑在身上，等日军靠近身边，他猛然一拉弦，与几个敌人同归于尽。

三营在村沿战斗中消灭了不少敌人，但自己伤亡也不小，而且弹药也不足了。营长王祥法仍按预定方案，指挥各连撤进村子，转移到房子里、屋顶上，逐街逐巷、逐房逐屋地同敌人展开争夺战。他们早已把各家房子打通，把长板子、梯子架在屋顶，把许多砖瓦房改造成了坚固的堡垒，使敌人每占领一堵墙，一间房，都要付出很大的代价。

中路的敌人突进了村子，攻占了几所房子，一部分爬上了房顶。我机枪射手在高大屋顶上等个正着，一阵猛烈的扫射，敌人有的陈尸房顶，有的从房顶上栽了下去。有个日本兵妄想偷袭我房顶的机枪阵地，他借着一股旋风刮起的灰尘作掩护，倏地爬上较高的一座房子，以烟囱作依托，向我机枪阵地射击。我早有防备，几支枪早已对着这座高房。这家伙一举枪，有个战士立即从怀里掏出手榴弹甩了过去，“轰”的一声，弹片击中了那个日本兵的面部，吓得他连滚带爬下了房顶。敌人没办法，竟然把山炮拖来向我轰击。我三营指战员有的英勇牺牲，有的面部被弹片击伤，满脸流血，顾不得包扎，仍浴血搏斗，而且越战越猛。

吉田一看巷战中部下死伤惨重，而进展却很缓慢，便使出了更毒辣的手段：放火烧房子。妄图以火攻把我三营置之死地或逐出村外。火苗借着风势，越烧越猛，齐会村霎时间浓烟滚滚，火光冲天。三营指战员沉着镇定，迅速组成防火组、战斗组。战斗组连续抗击敌人，防火组则奋力灭火。当敌人以烟作掩护逼近房屋时，我房顶上的监视员一声令下，手榴弹冰雹似的投向敌群，炸得敌人血肉横飞，尸体狼藉。但终因火势过大，房子一间一间跟着倒塌，一些街巷被敌人占领。

我站在杨家坟区观察战场，指挥战斗，流弹不时从身边掠过，枪声、爆炸声、喊杀声不绝于耳。突然见村子里烟火冲天，判定敌人是放火烧房。估计三营吃紧，是一营加入战斗的时机了。于是告诉参谋长：命令在敌人侧背待命的一营跑步上来增援，从东北方向实施进攻，造成反包围的态势，协助三营稳定齐会的防御。

一营接令后立即展开成战斗队形，从东北方向猛烈向敌进击。吉田果然凶猛顽强，他不怕两面受敌，以部分兵力、火力转入防御，抗击一营的进攻，仍以主力向三营猛攻，企图一举拿下齐会。由于大白天在平原上进攻，敌火力远胜我火力，一营将村外敌人消灭一部，将其余敌人压缩到村沿以后，敌依托房屋和工事顽强抵抗，一营进攻受阻。于是出现了这样的态势：敌人包围着村子，我们又夹击着敌人，双方形成阵地对峙。一营虽未能突进村内与三营会合，但杀伤了不少敌人，消耗了敌人的有生力量，牵制了敌人一部分兵力火力，减轻了三营的压力，对三营是个强有力的支援。

你顽强，我比你更顽强！浓烟烈火中，三营营长王祥法站在屋顶上挥臂高喊：同志们沉住气！一营就在村边。东南角隔着一条街，火烧不过去，大家往那里撤！我们一定要坚持到底，完成上级交给的任务！在王营长指挥下，战士们边打边撤。掩护撤退的十二连几个战士，在火苗乱窜的屋顶上瞄准敌人射击，子弹打光了，就甩手榴弹，以自己的鲜血和生命，掩护战友安全地向东南角撤退。有一个班剩下的四名战士，被敌人围困在一间屋子里撤不出来，子弹打光了，敌人越围越近，情势十分危急。班长告诉战士：上刺刀，准备拼！敌人见屋里没有动静，猛地冲上来踹门而入。班长大喊一声："杀！"四把雪亮的刺刀刺进日本兵的胸膛。他们乘敌慌乱地瞬间冲出了屋子。

三营撤到东南角以后，阵地就剩下几座大院了，这几个大套院都是砖房，比较坚固。炮火的硝烟，浓重的毒气，大火的烈焰，笼罩着齐会。指战员一个个被黑烟熏得像铁匠一样，有的被火焰燎伤，有的衣服被烧破，但大家同仇敌忾，战斗情绪仍然十分高昂。王营长向全营提出了"战胜火攻，战胜毒气，坚持到底，保证胜利"的响亮口号。同志们在阵地上纷纷表示决心：圆满完成上级交给的战斗任务，保证师、团领导战斗意图的实现。全营调整了组织，调剂了仅有的弹药。共产党员守在最危险、最吃紧的地方。轻伤员也都拿起了武器，准备抗击敌人新的进攻。好在一营奉团的命令，不让敌人有喘息的机会，不停顿地组织猛烈的进攻，使吉田忙于两面应付，对三营的攻势有所减缓。

贺师长始终关注着齐会村的战斗。我们随时将主要情况向他报告，及时得到了他的指示。正当齐会烟火冲天，战斗最吃紧的时候，贺师长又来电话询问情况。糟糕的是三营的电话线断了，村内情况不明。我们几次派人联络，均中途伤亡。贺师长得悉后，即令七一五团派一个连务必突进村内查明情况，支援战斗。七一五团派七连沿道沟隐蔽前进，以突然勇猛的动作，从东南方向向敌人冲去。三营九连连长曾祥望见此情景喜出望外，立即派排长张化林带战士前去接应。张化林指挥战士一顿猛打，吸引了敌人的火力，七连乘势一个猛冲，打开了缺口，冲进了村内，与我团三营会合。敌随即组织反扑，封锁了七连打开的缺口。

增加了生力军，三营如虎添翼，士气更加高涨。为了守住最后的阵地，王祥法登上屋顶观察战场，只见村东南水塘的那座小石桥上，敌人设置了重机枪阵地，扼住了我进出的唯一通道，同时与西北角上的炮兵阵地构成了火力联系，对我造成严重威胁。王营长决心夺回小石桥，以求打破敌人的包围，相机恢复同团的交通联络。

这时，十连杨连长站了出来，要求亲自带领六班前往夺回小石桥。王营长说："好！注意动作要隐蔽、勇猛、突然，我组织火力掩护你们！"杨连长率六班匍匐前进，我重机枪一阵怒吼，把墙头上敌人的歪把子机枪打成了哑巴。杨连长和战士们乘机跃起，迅速接近了水塘前一片四五十米的开阔地。杨连长叫战士们拧开手榴弹的盖子，紧紧握在手中，自己也掏出了盒子枪，把子弹顶上了膛，并对战士们说：过了这片开阔地，就到桥头了。我们一定要把小石桥夺回来！同志们，拼吧！受伤不要紧，白求恩大夫就在我们后边！

四五十米的开阔地，多少险阻啊！敌人的炮弹、枪弹不断地往那里倾泻。我掩护火力也不示弱，猛烈向敌射击。就在这密集的弹雨中，杨连长和战士们分头跃进，子弹噗噗地钻进他们身旁的泥土，有的战士挂了花，有的就在这块开阔地上牺牲了。但剩下的同志仍一往无前，利用敌炮火间隙，匍匐、翻滚、跃进，终于通过了这片开阔地，接近了桥头，把手榴弹一排排甩了过去。桥上的敌人被这猝不及防的猛烈袭击打懵了，就在敌人惊恐发呆的瞬间，杨连长和战士们已猛扑上去，同敌人扭打起来，以刺刀、枪托将敌消灭，一举夺桥成功。格斗中杨连长腹部受了伤，鲜血把灰布军装染红了一片。

突然间，西南方向坟地里敌机枪阵地的火力向桥面压来，杨连长忍着伤痛说："咱们要固守桥头，就必须摧毁坟地敌人的机枪阵地。"他捂着肚子，带了几个战士就向敌阵地爬去。当接近坟地正要投手榴弹时，杨连长腹部又一次受伤，倒在了地上。战士们高喊着"替连长报仇"的口号，愤怒地向敌冲去。这时，王营长指挥村里的战士，从侧面向坟地之敌攻击，在我两面夹击下，敌不支，从工事里拖出机枪逃跑了。但随即敌又组织火力封锁了桥面。

卫生员给杨连长做了包扎，随后把他抬到医疗队。白求恩大夫检查了他的伤势，看到他腹部伤势很重，不断渗出血水，立即给他做了手术。这位伟大的国际主义战士激动地说："我真想象不出你是怎样忍受这样大的伤痛而坚持战斗的！"

四面埋伏　天罗地网

齐会打得正紧的时候，周围据点之敌企图增援吉田大队。贺龙师长早有部署，我阻援部队早已进入阵地以逸待劳。任丘之敌300余人南下，被我预伏在麻家务附近的独二旅五团迎头拦击，被迫向西北方向退走，大城之敌200余人到新广安，被我冀中二十七大队击退。吕公堡只有敌百余人，势单力薄，被我游击队袭击钳制，根本没敢出来。

至17时，贺师长判断，援敌已经退去，吉田大队已孤立无援，天一黑可能逃跑，即决心调整部署，调动兵力，断敌退路，围歼该敌。令独一旅的七一五团及二团各一个营赶到刘古寺、西保车设伏，敌如南逃，即协同七一六团加以包围歼灭；令独二旅四团埋伏于四公村、杨庄附近，敌如西逃，即协同七一六团追击部队予以围歼。以上各部，于18时到达指定位置。

周士第参谋长随即电话告我：贺师长正在调整部署包围敌人，各部已开始行动，关键是你们三营要紧紧抓住敌人，不要让敌人逃跑，坚持到20时时，你们全团发起反击。

战斗即将进入第二阶段——围歼敌人的阶段，吉田大队已成瓮中之鳖。我心情十分振奋，即令一、二营做好进攻的准备，20时整准时发起反击。

我们正在研究一、二营的进攻路线，有个姓李的老汉自动跑来当向导。我们看他年岁大了，劝他别去，李老汉说："我家几辈住在齐会，哪家有几个灶火口我都知道。别看我老了，腿脚还灵着哩！"我们拗不过，只好派通信员送他到二营当向导，多亏老汉道路熟，反击发起后，他领着二营顺利突进村内。

离全团发起攻击还有3个小时，我合围部队正在向指定地点运动，眼下最要紧的，是三营能不能坚持到20时，必须马上派人进村向三营传达上级意图。这时参谋长王绍南同志挺身而出："团长，我进村去一趟！"我和政委商量了一下，感到参谋长亲自跑进村了解情况，传达任务，对三营是一个鼓舞，同时又可以加强第一线的指挥，就同意了他的请求。王参谋长带了两个通信员，在四连机枪火力掩护下匍匐前进，向村庄爬去，爬到一个池塘边上时踩塌了虚土，土块哗啦啦掉进水塘，这异样的声音立即引来了敌人的射击。四连的机枪猛烈射击压制敌人，王绍南和通信员趁机迅速前进，爬到村边三营的阵地。三营战士搬开机枪，王参谋长从架枪的洞口钻了进去，穿过几个挖通了的房间，找到了营部。王参谋长向三营领导介绍了敌情和师、团的歼敌部署，表彰三营打得勇敢、守得顽强，共同研究了下一步的作战方案，并派回一个通信员向我们通报了情况。这样，我们对完成任务就更有信心了。

天，慢慢黑下来，村子里的枪声突然稀疏了，吉田望援兵，援兵不到；想进攻，力量不足；想撤兵，又不大甘心。他的部队士气沮丧，进退两难，举棋不定，如热锅上的蚂蚁。他兽性大发，命令炮兵猛烈发射毒气弹。我团驻地小店和师部驻地大朱村村沿都毒气弥漫。

毒气侵来，正在村沿指挥作战的贺师长和司令部人员都中了毒，头晕目眩，呼吸困难。医务人员要抬贺师长进村治疗，贺师长摆摆手，又打了一个手势，要过蘸了水的口罩戴上，稍事休息，又继续坚持指挥。

20 时整，反击时间到了。我们指挥一营由北向南、三营由西向东，同时突然发起攻击。三营和七一五团七连正在顽强抗击日军的进攻，听到四面枪声不断，知道反击已经开始，非常兴奋，立即反守为攻，趁势向外突击。一霎时枪声大作，喊杀声震天。我全团兵力展开反击，攻势锐不可当。打了一整天，还能组织起这样猛烈的反击，实出吉田的意料。敌虽几面挨打，仍依托房屋和村沿工事顽固抵抗。经八小时夜战，我夺回了一些阵地，又杀伤了许多敌人，这时，北半村的敌人已经肃清，群众担架队也跟着进来了，立即把伤员抬出去，送到屯庄交给白求恩医疗队治疗。

24 日 4 时，我组织各营再次发起猛攻，包围圈越缩越小，将残敌压缩到村西南一些房屋和断墙残壁之间。

面对我包围攻击，敌伤亡惨重，而援兵又无望，吉田感到情况不妙，再不撤兵，难免全军覆没，这才决意利用夜幕作掩护，率残部突围。各股残敌一面抵抗我之围攻，一面派人收容伤员，收集同伴的尸体和遗物装上大车。装不了的，掘坑掩埋，砖瓦窑附近成了敌人的临时墓场。我小分队又乘机袭击收容伤员和收集死尸的日本兵，霎时间这些人又成了伤兵、死人。

敌人终于在四面楚歌中做好了突围撤退的准备。两发信号弹临空，敌随军大车开始移动。接着，吉田集中火力和兵力打开一个缺口，向南逃窜。我当即令二营猛追尾击。一营已鏖战一天，转为预备队。三营经一昼夜激战，杀伤了大量敌人，已胜利完成任务，本身伤亡也很大，令其打扫战场，整顿组织，待命行动。英雄的营长王祥法身负重伤，大腿被炸断，幸亏白求恩大夫亲自操刀，给他接好了断腿。

二营指战员不顾夜战的疲劳，迅猛向敌追去。拂晓，抓住了敌人的后尾，歼其一部。敌边打边退，十分狼狈。

我派骑兵通信员告二营营长蔡久：敌正向马村方向逃跑，你们要咬住敌人不放，猛追猛打，千万不要让敌人跑掉。二营接令后，以更加迅猛的动作向敌追击。这时太阳升起来了，附近老乡赶来送水送茶送大饼，拍巴掌，喊口号，给子弟兵助威。

敌逃向马村，遭到我抢先一步占领该村的七一五团四连的迎头痛击。原来，七一五团在西保车附近设伏，一夜候敌不至，奉命东移南北留路村待机，进至马村附近，正碰上敌人向南突围，遂不等命令，即主动果敢地以四连先敌抢占了马村。

前有堵截，后有追兵，吉田不敢恋战，乃折向东逃窜，企图经找子营村向南留路村方向突围。敌本来是要向南逃回河间的，被我一堵，又被迫向东，这样，它越走就离河间老巢越远了，看来吉田已料到我在其归路上预伏有重兵，不得不采取迂回曲折的退却路线了。不管你吉田有多么狡猾，我团二营和七一五团穷追不舍，并攻占几个小村，自西向东，对敌后卫发起进攻。

敌无可奈何，只得以一部兵力抢占找子营村，以村庄为依托进行抵抗。同时，士兵们一天一夜未得进食，饿得实在难以行军打仗了，不得不稍事停歇搞饭吃。日军一进村，就挨家挨户找吃的，哪知我人民群众早已坚壁清野，不要说吃的，村里连个人影也没有。敌垂头丧气，不得不就地埋锅造饭。此时村内外枪声一片，敌慌慌张张，狼吞虎咽地吞了几口夹生饭，即在吉田督战下以主力向南留路村猛攻。

贺龙师长早已布下天罗地网，哪容敌人逃窜！早在敌人折向东突围时，贺师长已下令埋伏在郭官屯的三团迅速前出抢占南留路村。三团接令后立即跑步前进，到达南留路村时，见先头敌人已进至村西一二百米处，情况万分紧急，战机稍纵即逝，团当即令第一、二营为第一梯队，迅速抢占村西沿有利地形，坚决击退敌人的先头部队，令第三营为第二梯队，占领村内街巷及坚固房屋，准备与敌进行巷战。这时，独一旅副旅长王尚荣、政委朱辉照同志，冒着敌人的炮火，在南北留路村之间开设了指挥所，亲临一线指挥。旅副政委幸世修赶到三团，传达命令，进行动员，号召全团指战员勇敢战斗，不怕牺牲，坚决阻击敌人，不让敌一兵一卒逃跑。

与此同时，七一五团稍做准备，即向盘踞在找子营的敌人进攻，双方展开激战。老乡自动跑来当向导，领着七一五团的精悍分队绕到敌人侧后，利用塄坎、房屋等死角，接近敌人固守的房子和道沟，一顿手榴弹甩过去，炸得敌人鬼哭狼嚎，乱成一团。敌赶忙集合散乱的队伍，还未集合好，即被我打散，敌人集合，又被打散。我七一五团正面猛攻，侧后突袭，10时左右，将敌逐出了找子营。

敌失去依托，被迫在找子营村东集结兵力，在炮火掩护下，以密集队形拼命向南留路村突围。敌炮火十分猛烈。三团的不少工事被敌炮火摧毁，许多房子被炸塌，部队仍奋力阻击。三团原是冀中的新部队，合编后在红军干部带领下，打得更英勇顽强。幸副政委负伤不下火线，与三团指战员并肩战斗；团政委朱吉昆同志身中两弹，仍坚持指挥，危急时刻身先士卒与敌拼杀，又中一弹而光荣牺牲。指挥员的模范行动大大鼓舞了部队的士气，全团不怕伤亡，奋勇堵击，使敌始终不能前进一步。

战至11时，敌对南留路村久攻不下，被三团堵住了去路，后面又有七一五团和我团二营的包抄尾击，乃被迫转入防御，占领南留路村与找子营之间的有利地形，进行土工作业，顽抗待援。敌人原先满载弹药给养的大车队，此时满载着伤员和死尸，在道沟里排成一路纵队，足有数百米长，进不得，退不得，被钉死在道沟里不能动弹。伤兵在呻吟，马匹在悲鸣，对敌人来说，可真够惨的了。而我们所得的战利品，可真叫多，枪支、子弹、刺刀、背囊、杂物等，田野里抛得到处都是。

贺师长见敌固守待援，即指挥七一五团、二团、三团各一部，再次将敌团团包围。贺师长考虑到周围地形平坦，白天攻击不易奏效，同时需要进一步调整部署，遂决心白天围困，黄昏后发起进攻，只令小分队不断袭击，使敌不得喘息。为防备敌人向南逃窜，又命令我调二营到张曹村设伏，断敌退路。同时令一团、五团向任丘、吕公堡、大城方向警戒，阻敌增援，保证围歼的顺利发展。

黄昏时分，我合围部队发起向心突击，又经半夜围歼，将残敌压缩到南留路村西面张家坟狭小地区。这场夜战，打得敌胆战心惊。当年参加侵华战争的中国驻屯步兵第三联队第八中队上等兵内匠俊三在战时笔记中写道：

“在我经历的战斗中，没有比这次扫荡作战给人留下最深刻的记忆。”“我前面的马车上装着六七具战死者的尸体，有的人死于手榴弹和步枪，很大的伤口张开着，鲜血染红了军装。有的人头部中弹。目睹这凄惨的场面，难过地走了十几公里路，在我前面一连20多辆马车，都装着战死者躯体。仅在一次战斗中就出现如此之多的伤亡，这在中国事变发生以来，即使是南苑战斗，或武汉作战也不曾有过。”

这就是夜战中敌人狼狈万状而又垂死挣扎的景象。

敌虽被我压缩到张家坟狭小地区，但困兽犹斗，突围之心不死。25日3时，残敌集中兵力火力猛攻张曹村，企图夺路南逃。我团二营早在此等候多时，八连正面抗击，五连向敌右翼侧击，使敌数次猛攻都未能得逞，徒然留下多具尸体。攻张曹攻不动，拂晓，吉田又组织残兵转而向东再攻南留路村。守候在那里的三团再次英勇抗击，连续打退敌人九次冲锋。

敌人像无头的苍蝇，乱冲乱撞，始终逃不出我之包围，只得又回到张家坟猬集一团。至此，残敌已完全丧失反扑能力，被迫掩埋尸体和枪械，掘壕据守，等待援兵。吉田多次发电催促，但各据点出动的援兵，早被我五团、一团、冀中二十七大队等阻援部队击退，吉田等待援兵，只是望梅止渴而已。

25日下午，贺师长等领导同志来到南留路村三团阵地，在亲自观察战场、了解情况以后，贺师长说："打了两天两夜，敌人死的死，伤的伤，剩下的不多了，又无弹药补充，战斗力已极大削弱，全部歼灭敌人的条件已经成熟。"他命令我团、七一五团、二团、三团立即调整组织，补充弹药，从四面接近敌人，进行近迫作业，于黄昏同时向敌发起总攻，最后解决战斗，全歼残敌于张家坟区。

黄昏，我军发起总攻。突然天气骤变，狂风突起，尘土飞扬，遮天蔽日，刮得对面看不清人，无法进行战场观察，同时由于各部动作不够整齐，协同联络不够密切，当攻入张家坟区时，狡诈的吉田已乘隙率残部逃走。我军立即追击，歼其后尾一部。

漏网之敌连续困战三天三夜未得休息，已精疲力竭。他们困倦到极点，半路上一进村就倒头大睡，又被我附近游击队袭击，一些日军在睡梦中糊里糊涂地丧了命。800多人的队伍，最后仅剩下80余人，经沙河桥逃回河间城。

齐会歼敌700余人的大胜利，是与冀中人民踊跃支援我军作战分不开的。战前频繁地送情报，使我们及时掌握了敌人的情况；卸门板，甚至拿出桌椅板凳、箱子柜子，协助我军加修工事。战斗中帮助我们放哨、带路、抬担架、送弹药。三乡五里的群众，用小推车送猪肉、贴饼子、煮红薯。人民群众不惜一切地支援我军作战，更激励了我军杀敌的斗志。许多群众都以亲自到前线送慰问品、抬担架为无上光荣。甚至百里以外村庄的群众，也纷纷赶来支前。他们知道一二〇师南方人多，爱吃鱼，就在白洋淀上捕捞鱼虾，一担一担送到部队。白求恩医疗队门前，老乡们人来人往，络绎不绝，女的挎篮子，给伤员送吃的，男的扛着担架，要求把伤员接回家中养伤，我们连续追击、包围敌人时，伤员就托付在群众家中，他们掩护、护理、喂水、喂饭、接大小便，就像对待自己的亲人。这许多激动人心的情景，至今想起来犹历历在目。

齐会战斗的三天三夜，在吉田大队的历史上是没有过的。胸前挂着“勋章”、显赫一时的精锐之旅，东撞西撞，始终未能逃出贺龙师长布下的天罗地网。吉田大队基本上全军覆没。吉田本人不久也被解职调回国内。这一仗，打出了八路军的威风，严重打击了敌人的疯狂气焰。一二〇师威名远扬，人民群众传颂“八路军是神兵，贺龙是活龙”。中共中央发来贺电，党中央机关报发表社论，对齐会大捷给予表彰。冀中人民更是兴高采烈，奔走相告，传诵胜利的喜讯。蒋介石、程潜等也致电嘉勉，齐会大捷锻炼了部队的战斗力，鼓舞了人民群众的抗战热情，更坚定了广大爱国军民抗战必胜的信心。

皮定均

太行山是我的第二故乡。八年抗日战争，我的大部分时间是在那里度过的。

- 1914 年生，安徽省金寨县人。
- 1931 年，加入中国共产党。
- 1937 年全面抗战爆发后，任八路军一二九师特务团团长。
- 1940 年 2 月，任太行军区第五军分区司令员。
- 1943 年 3 月，任太行军区第七军分区司令员。
- 1944 年 8 月，奉命组建豫西抗日游击支队并任司令员，率部参加建立太行抗日根据地的斗争，坚持敌后抗日游击战争。
- 1955 年，被授予中将军衔。
- 1976 年 7 月 7 日，在福建指挥军事演习时，因飞机失事不幸遇难。

邯长大道上的日日夜夜

皮定均

太行山是我的第二故乡。八年抗日战争，我的大部分时间是在那里度过的。此后，不论是在中原、华东艰苦转战的年月，还是在为祖国社会主义建设的胜利而欢欣鼓舞的日子里，我都深切地怀念着它，向往着它，特别使我难忘的是 1939 年从日寇手里夺回邯（郸）长（治）大道的日日夜夜。

一

1939 年 7 月初，日寇向晋东南进行大规模的“扫荡”。敌人先攻占了白（圭）晋（城）公路沿线各城镇，割断了我太行、太岳两区的联系，接着又气势汹汹地沿邯长公路西进。正当我太行军民以艰苦战斗准备迎击敌人的时候，盘踞在冀西、太南地区的国民党顽固派朱怀冰、庞炳勋、孙殿英、侯如墉等部，却趁火打劫，想借日寇的刀枪把我军赶出太行山，恢复其反动统治。他们派出大批的特工人员骚扰我后方，策动地主分子造谣，破坏我军民关系。这时，正如刘伯承师长所说：太行军民面临着“前门打虎，后门拒狼”的艰巨而复杂的斗争任务。

皮定均

为了粉碎敌顽夹击的阴谋，首先斩断日寇伸进太行山区的魔爪，6月底，我们一二九师特务团奉师首长的命令，开赴邯长大道沿线的武安、涉县、黎城、潞城一带迎击敌人。特务团是刚刚由师特务营扩编起来的，名义上是个团，实际上不到两个营，担负这样重大的任务是十分困难的。但行动前邓小平政委说得好：“只要我们按照毛主席的指示，广泛发动群众，开展真正独立自主的山地游击战，我们就能够战胜一切敌人。”邓政委的话对我们鼓舞很大。我们于7月初到达了涉县外围，寻找战机。

7月12日，部队行至涉县西北十几公里的岭后村时，侦察排长曹宝安从前面飞奔回来报告：“鬼子进占涉县以后，派出一支300多人的先头部队，渡过清漳河，进到河南店。这几天连降大雨，河水暴涨，隔断了他们与东岸大部队的联系。”这真是个难得的良机！我们当即研究了一下，并到山顶上看了地形。决定以一营趁雨夜天黑，急袭河南店，给西进的敌人一个迎头打击。

部队正要出发，迎面跑来几个老乡。他们是刚从河南店逃出来的，一见我们，就高兴地说：“鬼子兵大都驻在北街三个骡马大店里，只有20多个人驻在村西北角的关帝庙。漳河水涨，鬼子没吃没喝的，就在地里掰棒子吃，砸家具烧。”这些情况帮助我们进一步判断了敌情，确定了战术手段，也使我们更加有信心了。

在伸手不见掌的黑夜里，部队冒雨疾进，悄悄地摸进了河南店北街。敌人根本没有料到我们会在这大雨滂沱的深夜里突然降临。当我们二连的勇士们爬上屋顶，揭开屋瓦，雨水滴在鬼子睡的铺上时，敌人还以为是房子漏了，慌忙起来躲雨，战士们迅速扔进了几十个手榴弹，把屋里的鬼子报销了一半。侥幸活着的鬼子，连鞋都没穿，就鬼哭狼嚎地奔向村西北角，想抢占关帝庙那个高地。哪知我三连一排早已歼灭了关帝庙里的敌人，正好架起刚缴获的歪把机枪，集中火力给奔跑的鬼子一顿痛击。残敌扭头窜往河边逃命，但漳河的激流却无情地吞噬了他们。对岸的鬼子摸不着头脑，以为我军在渡河，便以机枪大炮向河里乱放。就这样，涉水逃命的鬼子，除少数逃上岸外，其余全部葬身漳河。

二

河南店的战斗，鼓舞了群众。生动的事实告诉人们，真正抗击日寇保卫人民利益的，是共产党领导下的八路军。从此，群众更紧密地团结在我们周围。抗日的热情更加高涨了。

沿邯长路西进的敌人，在河南店受到沉重打击后，战术上有了变化：前进的速度减慢了，兵力更加集中，行动更加小心，一天只向前爬几公里，进一段，安一个据点，采取稳扎稳打的方针。要想再找到河南店战斗这样的歼敌战机是困难了。于是我们就派出一支部队在前面边打边走，一方面掩护邯长路两侧的群众坚壁清野，另一方面以我军主力插至敌人背后，发动群众开展交通破击战，以积极的行动迟滞敌人。

从武安到涉县的公路线上，在井店、阳邑、猛虎村、鸡窝铺一带，我们把部队分成数股，配合党政部门组织的工作队，分别深入公路两侧的村庄，在群众中组织起无数支破击战的队伍。一到夜晚，公路上便成了我们的天下：部队以迅速的动作把据点监视起来，然后让群众一拥而上，男女老少一齐下手，挥动锹、镐、斧、锯，砍电线杆，割电线，毁桥梁，破涵洞，挖路面……几个钟头的工夫，公路被挖得一段一段的，甭说鬼子的汽车不能开，就连鬼子的人马都很难通过。群众三三两两地扛着木桩、电线往家走，有的说：“这回俺家可有东西晒衣裳了。”有的说：“这些木头拿回去可以箍个小桶！”三番五次的破击，使群众的胆子越来越大，积极性越来越高。白天，敌人用种种手段，抓来群众为它修路。可是群众采取“磨洋工”的办法，能拖就拖，能挨就挨，或者边修边破。这样，敌人在前面修，我们在后面破；他们白天修，我们晚上破，使敌人的电话经常打不通，公路长时间通不了车，后方得不到情况，前方得不到补给。“皇军”的威风慢慢消失在邯长路上了。等鬼子爬到黎城，已经是两个月以后的事了。

三

敌人占领黎城后，邯长路好像是打通了。但实际上，敌人的兵力被分散了，处处都拉着一副挨打的架势，随时都有被人民武装各个歼灭的可能。邯长路像一根骨头一样卡在敌人的喉咙里，吞又吞不进，吐又吐不出。为了维护这条交通线，敌人又采取了新措施：从各个据点抽调兵力，组织50到100人的机动部队，在公路两侧三四公里的地区进行反复的“清剿”，企图以优势兵力消灭我地方武装，镇压群众。可是敌人这一招也不灵。还在敌人开始西进的时候，沿线群众就做好了坚壁清野的准备，同时，我们把部队进一步分散，以连排为单位组成游击支队，再分成三五人一伙的战斗小组，带领群众在敌人据点外围交通沿线展开了麻雀战，专打敌人四出骚扰的机动部队。树林里、村头上、山坡下、小道旁，到处都是我们的游击小组，鬼子一出动、游击队就四处伏击、袭扰，敌人往往被打得晕头转向还不知子弹是从哪里打来的。即使有时敌人发现了我们，追到这个山头或那个山沟，却又从侧面打来了一阵枪，敌人赶忙掉转头来向那里追，结果连个游击小组的人影也追不着。在东西长垣、东西黄须、霞庄一带，鬼子就这样被我们零打碎敲地歼灭了好几股。出来时，他们摆着“皇军威风”；回去时，马上驮着一具具的死尸，搞得鬼子有山不敢靠，见沟不敢过，遇林不敢进，东奔西窜，永无宁日。有时，游击队故意示弱，诱敌远离据点和交通线，瞅准机会，迅速集中兵力，对敌人后方据点来一个突然袭击。等到敌人的“机动部队”赶回来时，连它的“老窝”也被游击队抄掉了。几十天后，敌人的分区“清剿”，在太行军民的打击下也被彻底粉碎了。

在这段日子里，虽然没有什么大的战斗，但是团参谋处的战绩统计却每天在增加着消灭敌人的数字：十几个，二十几个，最多时达到五六十个。

在这场激烈的斗争中，群众是怎样的呢？反“清剿”开始时，他们心里还有点害怕，我们游击小组进行战斗，就让他们躲在高山上、树林里。当我们打了一些胜仗以后，少数胆子大的青年人就敢跟在我们后面捡个子弹壳、拾个罐头盒了。后来干脆就跟游击小组一起去打仗。有一次，鬼子在东西黄须、霞庄一带抢去几十头牛羊马驴，被我们游击小组在半路上夺回来交给了群众。他们亲眼看到游击队是怎样打鬼子的，知道鬼子并不可怕，参加游击小组的人就愈来愈多了。我们将一部分缴获来的枪发给他们，并教会他们一些游击战的战术动作，再带着他们打了几次仗，新生的游击小组就建立起来了。开始，还是主力部队带着干，到后来，群众干脆自己组织起来，三五个人组成一个战斗小组，拿起大刀土枪，随时随地跟敌人战斗，然后用缴获的武器武装自己。这样，在不长的时间里，一支新生的游击大军成长起来，群众性的游击战争在邯长大道两侧轰轰烈烈地开展起来了。

四

在我声势浩大的群众性游击战打击下，敌人的“清剿”失败了。鬼子虽然付出了惨重的代价，邯长路的交通补给还是得不到保证。他们只得退缩到公路线上，增加几十个小据点，并抽出部分兵力，在公路上巡逻，企图保住邯长路的通信和运输安全。

敌人以为这一手十分巧妙可靠，但实际上是被迫将重点防守变成分兵把守了。我们抓住敌人这一个弱点，瞅准机会，一个一个地收拾，有时一夜搞掉它好几个。敌人害怕我们夜晚袭击，一到晚上便鸣枪放炮，像除夕迎财神一样，盲目地打上一个通夜。我们摸清这个情况后，每晚派一两个人在据点外面放火、打枪，闹得敌人通宵不能安眠。经过我游击小组接连几天的折腾，敌人满以为白天可以平安无事地睡大觉了，哪知我们又利用白天来收拾他们。每当敌人在中午熟睡的时候，游击小组就装成修路的，做小工的，给敌人送东西的，维持会送情报的，混到碉堡门口，一阵手榴弹，把睡梦里的敌人送上了西天。等到别的碉堡发觉赶来支援，我们早已安全转移了。东阳关到黎城间的许多据点，就是这样被收拾掉的。

我们白天整掉几个据点后，敌人更加恐慌了。为维持这条交通线，敌人在公路上加派了巡逻队。因为敌人已经吃够了“分区清剿”的苦头，再也不敢徒步在公路上游来晃去，只得乘汽车在公路上巡逻。开始，我们还以为敌人在运兵，后来见到路上来来去去老是那几辆车，才发觉是敌人乘车巡逻。起初游击小组感到很为难，汽车跑得这样快，怎么打呢？这的确是个新问题。后来我们根据地形和敌汽车巡逻规律，研究了好几种伏击汽车的办法。东阳关到黎城是一条漫长的夹沟，两边是几丈高的峭壁，汽车非要从这条沟里通过不可。我们利用夹沟的坡度，在沟底几十米处挖了一个约一米高的陡坡，当敌汽车开到离这里 100 米左右时，埋伏在两侧的游击小组便鸣枪迎击。敌人一听到枪响必然加快车速向前跑，一头撞上这个陡坡，四轮朝天，翻到沟里。参加这样的伏击是十分有趣的。在停河铺和玉石桥之间，我就看到过一个这样的场面：这天，200 多鬼子护送 100 多辆汽车，由涉县开往黎城。一出东阳关，游击小组就“照顾”了一路。汽车好不容易过了玉石桥，开进了那条夹沟。刚听到汽车的响声，侦察排长曹宝安便笑着对我说：“团长，快看吧，咱们的节目快开始了。”我顺着他的手指向沟口望去，只见为头的一辆汽车刚刚露头，就听“叭”的一声枪响，站在车上的一个探头探脑的翻译被二连的神枪手李全友揍倒了。一个鬼子军官挥着手叽里咕噜一阵，汽车加快了速度。“砰！”又是一枪，这个家伙的脑袋歪在汽车上不动了。接着，轰隆一声巨响，领头的那辆汽车倒扣在壁沟里，后面的汽车想躲，哪里来得及！只见一辆辆碰在一起，不少敌人被压在车子下面嚎叫。这时，我们的伏击小组像有经验的猎人一样，一枪一个打开了活靶。等到后面的汽车停下来，敌人向山头组织冲锋的时候，我们已经转移到东北方一个 500 多米的高山上休息谈笑多时了。

在停河铺东西两侧，鬼子挨了几次揍，再也不敢派汽车在公路上大摇大摆地巡逻了。就是大批车队经过，也变得小心翼翼，每逢上山下坡，穿沟过桥，都不得不把车子停下来，派兵搜索后，才敢先派一辆车试行一段，其他车再跟上来。战士乔保和看到后，哈哈大笑着说：“鬼子可真会出洋相，汽车还会接力赛跑呢！”

五

鬼子为了维护邯长路的畅通，采取了更疯狂的手段：放弃沿线的小据点，建立和巩固大据点；在交通线两侧二三百米以内，见树就砍，见草就割，见沟就填，企图把公路两侧变成无人区，使我军民不能接近公路线。敌人这一手够毒辣的，我们给它起了个名字叫“光光政策”。怎样对付敌人这个毒辣手段呢？我们和群众共同研究对策，民兵小队长范克新说：“鬼子有脚就能出来，有手就能砍树、填沟。只有把他们的手脚捆住，才好办。”这话给了我们很大的启发：要想彻底粉碎敌人的“光光政策”，就只有把敌人限制在据点里面，叫它有脚有手动弹不得。

我们把师部发的几千个地雷变成了捆绑敌人手脚的绳索。在斗争的第一阶段，我们采取“欲擒故纵”的办法，将游击小组撤离交通线。敌人闯了几天，没有遇到打击，渐渐麻痹了。一天晚上，我们在据点外面扎了三个草人：一个鬼子兵，一个八路军，一个老百姓。八路军手里端的刺刀插在鬼子的胸膛上，老百姓拿的红缨枪捅在鬼子背上，旁边插了块木牌，上面写着："打倒日本鬼子！"第二天一早，一队鬼子出门看见这个场面，顿时怒火冲天，一个鬼子伸手去拔牌子，一个鬼子用劲踢草人，只听轰隆几声巨响，草人和牌子底下的地雷统统爆炸了，鬼子死伤了一大片。

从此以后，路边、沟旁、草堆、树根以及房子里的桌椅、板凳、锅碗瓢盆，随时都会给敌人一个突然爆炸。敌人终于被捆住了手脚，牢牢地拴在据点里，再也不敢乱动了。

这时，黎城的敌人还没有尝到地雷的滋味，依然四出活动。黎城西北五六里处，有一条大沙沟，沟里有两个村庄，叫上下桂花。这条沙沟盛产水果，特别是梨子最有名，个儿大、水分多、味道甜，当地人称为"冰糖葫芦"。梨熟后，鬼子常来抢。我们摸准敌人摘梨的规律，便于一天夜里，派四连去梨园旁边的树丛里设伏。第二天上午 9 时，30 多个鬼子把枪大背在身上，大摇大摆地走进了梨园。他们把枪一架便爬上树去摘梨吃。这倒把四连连长难住了："隔枝不打鸟"，敌人分散在树上怎么打呢？四连连长很机灵，脑瓜一转就想出了对策：决定集中两个排的火器一齐射击，另派一个排以快速动作去取枪。只见四连连长把手使劲地向上一挥，二、三排对准树上的鬼子开了火，连鬼子带梨子掉得满地都是。与此同时，一排的同志闪电般地跑过去，抓起枪就走。没被打死的鬼子看枪没了，撒腿就往城里跑。四连的同志一直追到城根。城里的鬼子听到枪声，连忙来了个"火力拦击"，剩下的几个徒手的鬼子也被他们自己歼灭了。经过这一仗，黎城的鬼子也被我们教"乖"了。

邯长大道又成了我们的天下，沿线敌人的据点，变成了风雨飘摇的孤岛，守敌也更加惊恐。我们随便在据点外面或山上扎上几个草人，放上几声冷枪，敌人的机枪大炮就会打上几个钟头。敌人真正陷入了风声鹤唳、草木皆兵的境地。

六

鬼子施用的种种毒辣手段，全被我英勇的太行军民战胜了，黎城的鬼子也只好乖乖地听我们指挥，躲在城里一动也不敢动。这时，夺回邯长大道的条件已经成熟了。

12 月 8 日，师首长命令：对邯长大道之敌发起全线出击。

我们配合兄弟部队，首先进击邯长路中段，像快刀斩巨蟒一样，一下子把邯长路切成了几十段。经过 10 天的激烈战斗，敌人被迫在 22 日开始全线总退却。当天，我团配合兄弟部队强攻赵店镇。第二天，对黎城之敌又展开猛烈的争夺战。敌被迫弃城东逃。公路沿线之敌，也仓皇向东溃退。我主力和游击队在当地群众配合下，连夜追击，紧紧地盯住敌人，连克了停河铺、玉石桥两个重要据点。

我团主力一直沿公路北侧进行平行追击，部队连夜急行军，经东西长垣，绕道直取东阳关。

东阳关，是晋东南的第一关，山峦重叠，地形险峻，是邯长大道的咽喉，晋豫交界的险隘。为了追歼溃退之敌，部队充分发扬了我军不怕疲劳、连续作战的优良作风，接连翻越几个山岭，急奔东阳关。拂晓前，先头部队第一连抢占了东阳关的北高峰，卡住了关口。当时，我们估计敌人已经沿着公路跑了。忽然，远远看到街东头烧着一堆堆大火，恍惚中还有人来回走动，就马上派四班去搜索。谁知满街都是鬼子兵，正准备开饭，街里到处堆满了物资。原来，鬼子企图凭借东阳关天险来阻击我追击部队，争取时间，把从太行山掠夺来的物资运走，根本没料到我军来得这样神速。他们只注意向我军可能追来的西南方向警戒，没料到我们会从东北角上这样突然地出现在他们的背后。我一连四班看到这种情景，全班凑近街口，一个排子手榴弹接着一个排子枪，打得敌人敲锅砸碗乱成一团。鬼子还以为是小股游击队来袭击，急忙集中所有炮火，向我一连强攻，作最后挣扎。我一连战士全力扼守北峰阵地，敌人多次冲锋，都被我坚强的战士一一揍下去了。北峰阵地仍然掌握在我军手中，它像一只巨掌一样，紧紧地按住了敌人的脖子，使其一动也不能动。后续部队听到枪响，一气跑了十几公里，赶到后就向敌人发起了猛攻。鬼子正想烧掉物资弃关逃窜，一看势头不对，赶紧纠集残兵败将，丢下大批物资，从东阳关东南小道狼狈逃窜了。

我军居高临下，继续东追，一鼓作气，连下响堂铺、河南店、涉县。至 26 日，涉县至武安间敌十几个据点全被我军摧毁。窜进邯长大道的日寇，除少数逃回武安、邯郸外，大部被我军埋葬在太行山和邯长大道上了。

五个月的激烈斗争，粉碎了敌人企图分割太行、歼灭我军的阴谋。邯长大道上的日寇，不管是采用长驱直入、稳扎稳打，还是分区“清剿”、实行“光光政策”，都被我太行军民用群众性游击战争击破了。

钱 钧

我们进行的是反侵略战争，战士们士气高昂，又加上当地群众对我们积极支援，我们完全可以变被动为主动。

- 1905年生，原名钱运彬，河南省光山县人。
- 1927年，加入中国共产党。
- 1937年全面抗战爆发后，任八路军一二九师教导团团长。
- 1938—1945年，任山东纵队第四支队二团团长，第十二、第一支队副支队长，第一旅副旅长兼参谋长，泰安军分区副司令员，沂山支队支队长，鲁中军区第三军分区司令员兼警备第三旅旅长。参加开辟泰山、沂山抗日根据地。
- 1955年，被授予中将军衔。
- 1990年4月13日，逝世于南京。

五井歼灭战

钱　钧

1939年10月25日，我所在的八路军山东纵队第一支队，在临朐县五井镇遭到驻青州、临朐城的日、伪军的突袭，我军奋起迎敌，英勇拼杀，取得了全歼来犯日军40余名和击毙伪军100多名的重大胜利。这一战斗，被当年11月3日《大众日报》誉为“山东抗战两年来最模范的胜利战斗”。

1939年初春，八路军鲁东游击第七、第八支队在临朐、沂水、博山三县交界处整编为八路军山东纵队第一支队，马保三同志任司令员，我任副司令员。这年6月，我们和驻扎在鲁中的第二、四支队紧密配合，粉碎了两万多日伪军的第一次大“扫荡”，扩大了根据地。8月，我一支队奉命经淄河流域进入临朐县。上级首长交给我部的任务是保卫沂山、鲁山根据地，面向胶济线，保持鲁中与胶东、渤海根据地的联系，并具体指示我们，部队驻在临朐西南山区，这样，西与活动在淄川、博山、莱芜地区的四支队为邻，南面靠近驻南麻的八路军山东纵队指挥部，东向安邱、昌乐地区发展，开展游击战争，消灭日伪力量，扩大鲁中抗日根据地。同时，为粉碎敌人第二次大“扫荡”做好各项准备工作。

根据纵队首长指示，我部从三岔店向东北进入临朐，在布防问题上，我军原则是既能有利于打击敌人，又要防备敌人对我军袭击。我们将三营两个连的兵力放在嵩山脚下的暖水河一带，司令部驻在茹家庄。一营营部和一、二两个连队驻防在距司令部以北 8 华里的五井镇，三连设防平安峪、冶源一带。五井镇东边约 300 米远有莲花山，是该地区的制高点，放置了一个班哨，警戒临朐城的敌人。

五井镇距临朐城 30 多华里，是临朐通南麻、莱芜的必经之地，战略地位非常重要。这个镇子四周是石砌围墙，高五六米，四面各有一门，东门最为高大。镇内人烟稠密，店铺较多，是邹（县）、滕（县）、曲（阜）、泗（水）等县的买卖人常来常往的大集镇。支队司令部很重视这个地方，不但派驻了较多的兵力，而且决定我常驻这里，以便在紧急情况下能及时指挥部队作战。

部队驻防之后，一面抓紧练兵，一面发动群众，建立政权，以求尽快建立起巩固的根据地，做好反“扫荡”的准备。

10 月 25 日凌晨 2 点多钟的时候，镇子里一片寂静，除了执勤的哨兵外，紧张工作了一天的战士和群众都已入睡。突然，我被村外激烈的枪声惊醒。清脆的三八枪声告诉我，可能是日军来了。然而，这几天我们却没有得到敌人可能来犯的任何情报。看来，敌人是很狡猾的，想趁我们到此地不久，立足未稳，侦察、通信联络等工作还不完备的时候，搞突然袭击。

我思索着刚要出门，一颗八二迫击炮弹落在院子里，顿时房屋颤抖，尘土飞扬。

日军的炮弹继续向镇内发射，沉重的爆炸声在五井镇上空回荡。我军指战员面对敌人的突然袭击不慌乱。战士们迅速集合起来，遵照命令奔向前沿阵地。激烈的枪声从东面传来，我立即赶到东门。一营营长李福泽同志已在这里，指挥部队开始向敌人还击。

这时我们设在莲花山上的班哨撤回来了，哨兵一跑进东门就气喘吁吁地急问：“副司令员和营长在吗？”

“在！怎么回事？”我急促地问。

“莲花山被敌人占了！”哨兵回答。

“是鬼子还是汉奸？”

“鬼子！”

我吃了一惊，感到情况严重。莲花山不仅是制高点，而且地形复杂，地势险要，其东面与大埠山、小埠山相接，是控制五井镇的重要位置。现在制高点陷入敌手，对我军极为不利。

哨兵向我报告了莲花山被占领的经过。原来，敌人采用偷袭的办法，悄悄摸到山下，攻占了山头，我军班哨寡不敌众，被迫撤出阵地。

五井战斗的序幕，就这样在我军处于被动局面的情况下突然拉开了。

一阵激烈的枪声过后，敌人停止了射击，周围恢复了寂静。莲花山被雾气和硝烟笼罩着，灰蒙蒙一片，除了山顶的庙宇和树木有点模糊的轮廓外，其他什么也看不清。

我和李营长迅速分析敌情，部署了兵力：一连守东门，监视南门；二连到北门，兼顾东北角炮台处。同时，选派几名侦察员出镇摸清敌情。

敌人从北门发起攻击，我军奋勇阻击。但莲花山上的日军一枪不放，敌人在耍什么花招？

侦察员回来了，从一名伪军俘虏口中得知：40余名日军是从临朐城来的，三四百名伪军是从青州、临朐两个地方来的。眼下日军大部分集中在莲花山上，配有八二迫击炮、掷弹筒、轻重机枪等武器。

听完侦察员的报告，我心里有了底。从来犯之敌的人数和火力配备情况看，估计敌人不会有牵制五井而向南攻我茹家庄司令部或更大的企图。只要在这里给其有力反击，最多午后，他们就会撤退的。拂晓偷袭，午后返回驻地，这是日军常用的战法。我军呢，三连驻平安峪一带，相距不远；临朐独立营在下五井，与五井镇形成犄角之势。五井镇内虽然只有两个连队，武器也较差，但我们进行的是反侵略战争，战士们士气高昂，又加上当地群众对我们积极支援，我们完全可以变被动为主动。

掌握了敌情，进一步调整了作战方案：牵制日军，断其退路；狠狠打击伪军，将其击溃；然后集中兵力围歼日军。

这时，敌人从东门、北门和炮台处同时向我军发起疯狂的进攻。

借着炮火的闪光，我们搞清了敌人进攻的阵势：东门是日军，北门和炮台处是伪军。很显然，敌人依仗火力的优势，齐头并进，互相策应，梦想一举得手。然而，他们没料到，这正给了我军各个击破的好机会。我们当机立断，决定由我在东门指挥战斗，李营长赶去北门，以灵活的战术，辅之以政治攻势，首先打掉伪军的嚣张气焰，挫其进攻势头。

李福泽营长赶到北门时，进攻的伪军已接近到围子前面。李营长一面组织阻击，一面命令副连长鲍汉源带一个排出了北门，向敌侧翼运动。同时组织战士在围墙上喊话：“中国人不打中国人！”“中国人不给鬼子当炮灰！”伪军本来就士气低落，在我们的政治攻势面前，就更加胆怯、理亏。但在伪军官的威逼和火力掩护下，仍继续向我军逼进。战士们的阵阵排枪、手榴弹在敌群中纷纷爆炸，伪军被阻击在围墙下，双方在僵持着。伪军正要组织新的进攻时，突然侧后枪声大作，杀声震天，我们的迂回部队和临朐县独立营向敌人开火了。伪军受到夹击，又不摸我军底实，一时乱了手脚。一阵猛烈地阻击之后，伪军抱头鼠窜。数百名伪军如此不堪一击，我们当时也感到意外。事后得知，原来一名伪军大队长被我军击毙，鲁南警备军的所谓副司令王德平也负了重伤。“树倒猢狲散”，那些伪军士兵看到当官的死的死，伤的伤，谁还想卖命？于是，他们抛下日军，丢下 100 多具尸体，一哄而散，狼狈逃命去了。

在伪军进攻北门的同时，东门受到日军猛烈的攻击。迫击炮、轻重机枪发疯般地向我东门开火，几十名日军哇哇叫着向我军冲锋，有的已占了东门外的房屋，有的已接近围墙。“打！”我一声令下，步枪、机枪一齐射击，手榴弹像冰雹似的向敌人投去。日军第一次冲锋被击退，高大的东门依旧在我们手中。但是，我们也有伤亡，伤亡的同志被送下阵地。

弥漫的硝烟，混合在晨雾里，周围一片黑暗。日军受到第一次打击后更狡猾了，也更狠毒了。他们一面打枪，一面推出从镇外抓来的老乡，强迫他们把高粱秸扛到东门下，企图放火烧毁大门。看到敌人这种卑鄙伎俩，战士们怒火满腔。等老乡们一退走，一排手榴弹扔下去，随着一阵爆炸声，火熄灭了，日军的阴谋又破了产。

我军仅有两挺轻机枪算是重武器，为了迷惑敌人，使其摸不清我们的火力配备情况，我们的机枪手时而点射，时而连发，和敌人对峙着。

击溃北门的伪军后，我们立即调整了部署，加强了东门的防守力量，同时命令镇子外的部队向莲花山侧翼迂回。

日军见伪军溃逃，东门又轰不开，烧不毁，攻不下，便像发了疯一样，气急败坏地又开始了从东门到炮台一线的进攻，迫击炮、掷弹筒、机枪在疯狂地发射，镇内和围墙上成了火网。

郭连副牺牲了，又有个班长挂了彩。指战员们更加愤怒了，“为死伤的同志们报仇啊！”怒吼声随着密集的枪弹和手榴弹一同飞向敌群。

日军装备精良，攻势极其凶狂。我军民协同一致，沉着迎敌。指战员在前沿阵地上勇猛还击，救护人员在奔跑着抢救伤员，群众在帮着运送弹药，有的战士在街上巡逻，劝说群众不要走出来，以免遭受伤亡。这军民团结作战的场面，使人立即想到，这就是我们的铜墙铁壁，任何敌人在这样的铜墙铁壁面前只能碰得头破血流。

日军的进攻遭到我军猛烈反击，丢下不少尸体，又一次败退下去。但敌人不甘心失败，仍然没有撤退迹象。敌人已被我军拖住，我们可以转守为攻了，抓住战机，就可以围歼敌人。我派通信员到司令部驻地向司令员报告战况，并请调机炮连火速前来参战。为了确保全歼敌人，让李营长派通信班长马体义前往平安峪传令三连赶来投入战斗。

战斗还在继续。太阳已从东方升起，日军布阵情况清晰可见。通过观察，我们发现莲花山北麓一座石碑旁，有一挺重机枪，东门外北边高大的坟堆后面和张家店南面的乱石堆里，各有一挺轻机枪，三挺机枪成品字形，交叉火力，组成火网。

为了迷惑敌人，一个战士用步枪挑着军帽贴着围墙往上一举，立即引来敌人的一阵子弹，军帽时隐时现，位置不断变换，招引敌人不停地向军帽射击。有几个战士看这个办法奏效，也仿效着吸引敌人火力，其他战士则借机瞄准射击敌人。我称赞战士们机智勇敢。一个战士风趣地说："副司令员，这叫捉弄洋鬼子！"战士们都笑了。

战士们笑声刚落，忽然发现坟堆边的机枪不叫了，一个手持指挥刀的日军，伸头伸脑向镇上张望，也许那家伙发现自己受了嘲弄，在寻找报复的目标。"送他回老家！"我一边自语着，一边顺手接过身边的通信班长杨中山手中的步枪，给了那日军一枪，随着枪声，那家伙粗笨的身体倒在了坟堆旁，再也没动。

敌人经过一阵短暂的喘息，又在猛烈火力掩护下，连续向东门攻击，并数次企图爬越围墙，但都被我军击退，双方再次陷入僵持。

暂时沉寂之后，敌人的机枪又猛烈扫射。但好一会儿，不见敌人进攻。

"敌人又搞什么鬼？要逃跑？"我分析着，判断着。

果然，日军开始向莲花山收缩了。

这时，我机炮连奉命赶到，并且从司令部带来了青州、临朐城之敌暂无兵力向五井增援的可靠情报。围歼敌人的战机已经成熟，我们决定：立即出击，夺回莲花山。

机炮连出南门，监视莲花山，防敌西进，并准备轰击山头，配合部队占领制高点。李营长带一连从正面出击，二连已迂回到敌后背。

进攻开始了。一连战士勇如猛虎，向山上冲锋。山上守敌，凭借着有利地形和几件重武器，负隅顽抗。山坡上枪声大作、硝烟滚滚，喊杀声响成一片，爆炸声震耳欲聋。

时间已近中午，连续激烈的战斗，战士们体力消耗太大，汗水不停地流，喉咙里干得像冒火。战斗如此紧张激烈，谁也顾不上去找水喝。就在这时，镇内群众冒着枪林弹雨，把水送到阵地上来了。指战员十分受感动，又怕群众遭受伤亡，连声喊着："乡亲们，危险！危险！快下去！"

日军疯狂扫射，战士们被压在山腰。

我们的迫击炮怒吼了，炮弹不停地落在敌人据守的山头上、大庙里。顿时，山顶上腾起股股烟柱，碎裂的石块向四面八方崩落。在炮火支援下，李营长带领一连的战士们一跃而起，巧妙地利用地形地物，迅速接近山头。

穷凶极恶的日军为了挽救其覆灭的命运，端着刺刀，号叫着向我军反扑。一场肉搏战在山头上展开了。一连战士英勇顽强，越战越勇。体魄魁伟的新战士夏标，把满腔仇恨和怒火都凝聚在刺刀上了，他双手紧握枪杆，咬着牙，一步步逼向敌人，在"杀！""杀！""杀！"的怒吼声中，一连刺死三个敌人。

战士李树明盯上了敌人的重机枪，经过拼杀，硬是夺了过来，他自己因此而光荣负伤。

营部通信员杀跑了敌人的炮手，夺来了迫击炮。

经过近一个小时的冲杀，五井镇的制高点——莲花山重新回到我们手中。残敌丢盔弃甲，夺路逃窜。

决不给敌人喘息的机会，必须穷追猛打，这是聚歼顽敌的最后关头。战士们奋勇争先，紧紧追赶，将敌人团团包围在莲花山东北山脚下四五百米处的一片坟地里。

日军突围无效，援兵不来，预感到末日来临，只得凭借坟包、树林，进行垂死挣扎。

坟地周围平坦开阔，不易接近，我军几次进攻，都受到阻击，并有新的伤亡。看到残敌逞凶，战士们眼中冒火，怒不可遏，几次请求冲锋，表示不惜代价，拿下坟地，消灭敌人，为死难的同胞们报仇。我理解大家的心情，但是，作为一个指挥员，必须对战士负责，努力做到既要消灭敌人，又要尽量减少牺牲，即使在接近全面胜利的时候，也不能有丝毫疏忽。我冷静地考虑着、观察着，等待着最佳战机。

这时，胶东军区通信营的部分同志从这里经过，也参加了战斗。三连已从平安峪赶来，从南面山上压了下来。日军处于四面包围之中，已成瓮中之鳖。

敌人见势不妙，携带两个掷弹筒、一挺轻机枪，企图突围逃跑。“小日本，你跑不了啦！”战士们叫骂着，一阵猛烈的火力把敌人压了回去。

我军重新组织了部队，三个连队向残敌发起了全面进攻。我军所有武器一齐向敌人开火，强大的火力压住了敌人。三连战士们选择较为有利的攻击方向和地形，经过两次冲杀，攻占了外围坟包，迫使守敌退入坟地中心。我军发起冲锋，在喊杀声中攻占坟地，消灭了残敌。

至此，五井战斗胜利结束。除伪军留下100多具尸体外，日军40余人悉数被歼，无一漏网。仅有一个日本兵因掉在枯井里而没有被击毙，做了俘虏。我军总计缴获重机枪一挺、轻机枪四挺、八二迫击炮一门、掷弹筒两门，还有大盖步枪30余支和一批手榴弹。战后查明：日军中队长木莫、小队长岩井和石日，在这次战斗中毙命。

五井战斗胜利的消息，很快传遍了沂蒙山区。送慰劳品的乡亲们从夜晚到天明，川流不息，送来了煎饼，送来了染红了皮的鸡蛋，送来了猪羊……五井镇扎起了彩楼，有的村里组织了秧歌队，有的搭起台子唱地方戏，来庆祝子弟兵打了胜仗，感谢子弟兵为他们出了气。

我军为了进一步从政治上打击敌人，削弱其士气，将日军留下的全部尸体加以洗刷，裹上白布，尸体上放着各种宣传品。同时给驻临朐城的日军送去一信，内称：

临朐城日本驻军部队长阁下：

贵军于25日在五井与我军激战终日，贵军官兵全部阵亡，尸体俱全，现放在莲花山庙前，希接知后酌情处理。如需帮助，愿尽力为之。查日军侵华以来遭遇中国人民之坚决抵抗，我军配合人民，持久抗战，誓死打败日军，收复失地，不达目的，决不罢休！敬候明察。

第八路军驻五井部队首长

中华民国二十八年十月二十九日

数日后，日军数百人前来收尸，我军得到情报后，转移到茹家庄、西山一线，严阵以待，准备和日军再战。从望远镜里看到，敌人垂头丧气地走上莲花山，见到尸体，脱帽致哀，接着抬起尸体，匆匆离去，走时留下一封信：

八路军驻五井部队长阁下：

贵军人道主义，本军钦佩，留下尸体完整无损，特此谢意。

大日本皇军驻临朐部队长

昭和十四年十一月二日

五井战斗，论其规模与缴获，仅是一次一般性的战斗，但当时影响不小。它不但对向我鲁南根据地进行第二次“扫荡”的敌人起了牵制与打击的作用，更重要的是进一步激励了广大民众的抗日斗志，坚定了抗战必胜的信心，也赢得了广大民众对我们八路军这支抗日队伍的拥护和支持。

王振祥

当真以为一个中队就能打我一个团呀，揍他！

- 1913 年生，山东郓城县人。
- 1932 年，加入中国共产党。
- 1937 年，任一二九师骑兵营二连代连长，11 月在河北元氏县北马村战斗中歼灭日军百余人。
- 1938 年，任一二九师骑兵团团长，在冀中冀南开展反“扫荡”作战。
- 1940 年，率部参加百团大战。
- 1943 年 7 月，被派送延安中央党校学习。
- 1955 年，被授予少将军衔。
- 1993 年 9 月 23 日，逝世于北京。

回忆一二九师骑兵团开辟冀西抗日根据地片断

王振祥

卢沟桥事变后，中华民族面临亡国的威胁。由中国工农红军改编的八路军各部队，根据毛主席、朱总司令的命令，为了挽救民族危亡，毅然挺进华北，深入敌后，揭开了波澜壮阔的八年抗战的序幕。

我一二九师骑兵团，在刘伯承师长，张浩、邓小平政委等直接领导指挥下，跃马扬刀，冲锋在前，出太行、战冀西、扫平汉、歼日伪，紧紧依靠地方党和人民群众，在初创晋冀鲁豫抗日根据地的斗争中，胜利完成了师首长交给的任务。

奔赴抗日前线

1937 年秋，八路军第一二九师奉命开赴华北抗日前线，由红十五军团骑兵团和陕北部分骑兵改编的我一二九师骑兵营（即骑兵三团），随师部一起行动。

9 月底，我们在陕西韩城东南选定几个渡口，在一天拂晓乘小木船渡过了汹涌澎湃的黄河。部队渡河后，便马上沿万荣、侯马通往晋中的大道，向北挺进。

王振祥

10月中旬的一天，团长夏云庭（后改为夏云飞）、一直在我团帮助工作的师政治部组织部长徐立清和我，奉命来到驻和顺县城的师部，刘伯承师长向我们布置了任务，刘师长说："举国上下都在要求抗日，就是国民党蒋介石政府不争气，国民党那么多的军队，让日军一触即溃，不触也溃，望风而逃。你们看像不像个夹尾巴狗？跑得那样快。"徐向前副师长说："对老百姓可像个疯狗，纪律坏极啦！指望国民党抗日是靠不住的……"刘师长继续说："根据党中央毛主席指示，我们师要以太行山为依托，面向晋冀鲁豫广大地区，充分发动群众，开创抗日根据地，广泛开展游击战争，坚持长期抗战。给你们团的任务是：马上到石家庄、元氏、赞皇、内邱等冀西地区，发动群众建立抗日政权，背靠太行山，面向平汉铁路沿线，在广阔平原上充分发挥骑兵的特长和作用，开展游击战，破坏交通，牵制与打击敌人。"为了加强我团与师部通信联络，师首长给我团配备了一部电台，三名报务员和三名电话员。此外还给我团抽调了一批干部。

刚领受任务完毕，师部得到情报：阳泉、昔阳方面一路敌人正向和顺运动。师首长当机立断，命我带两个连立即去阻击。刘师长说："这里往北都是群山，有险要地形可选。你可采取运动防御，根据情况，抓住机会，狠狠打击，迟滞敌人前进。"徐副师长讲："到前面很快把情况搞清楚，报告我们，要注意多联络。"

我立即带着通信员到城北刘家窖村，向第一、二两个连的干部传达了师首长的决心和命令，给各连交代了任务。根据命令，一连一排长张金仓同志带一个加强排，沿泊里村、郭家垴、沙谷驼方向迅速前进，准备抢占高野底、四十亩、杨家坡一带有利地形，查明敌情，接触敌人。该排进到四十亩村时，就发现有五六百日本兵，还有一些驮乘马匹，由杜庄向白羊岭方向扑来。这个排立即在松岭南1295高地西北侧占领有利地形隐蔽，把走在前面的几个日本兵放过去，待后续大队人马接近时，突然以机枪、步枪、手榴弹猛烈向敌开火，顿时把敌人打得人仰马翻，呼嚎乱叫，当场击毙敌二三十人。待敌后续部队赶到，以密集炮火向我打来时，这个排已经脱离敌人，绕道归队。我一连另两个排在马圈沟、沙谷驼、郭家垴间的险要地形上设下埋伏，卡住口子，一再给敌人以有力杀伤、节节阻敌进攻，直至黄昏前，敌人才进到我控制的泊里村两侧1527.6和1306.4高地前沿。敌人两次猛攻泊里村及两侧高地，均遭挫未逞，不得不退到百官坪、马圈沟地区宿营。当晚，我们看到敌驻地方向燃起两堆大火，听到敌人一阵狂叫，据群众报告，是敌焚烧尸体。

第二天拂晓，敌人兵分两路向我攻击。上午9时许，一路攻占了泊里村西侧1527.6高地，另一路向西迂回威胁和顺县城。这时接到刘师长电话，他说："师直属机关已经转移，我也马上离开这里。"刘师长指示我们脱离敌人，向牛川、皋落方向转移，会合我团主力，按原计划行动。在师首长亲自指挥下，我团在这次战斗中共毙伤敌百余人，胜利地完成了任务。

开辟冀西抗日根据地

和顺战斗后，我团在库城、柳沟一带休整。师派来了团政治委员邓永耀同志，徐立清同志回师政治部。几天后，我团又经皋落翻过摩天岭、黄庵垴、朱家庄、郝庄，抵达赞皇县以南的院头。由于地方党同志做了宣传工作，群众知道八路军是中国共产党和毛主席领导的队伍，是过去的红军，因此，受到沿途群众的热烈欢迎。尤其是到达院头时，欢迎场面更热烈，街上挤满了人，男女老幼个个喜笑颜开。这个说"这可真是自己的队伍来啦"，那个讲"这才是真正打鬼子的队伍呢"。很多群众烧水倒茶，送粮送草，军民亲如一家人。

我们刚到驻地，地方党的负责同志傅贯一、董月三等就来看望部队，问寒问暖。随后，共同分析研究这一带的情况。地方同志介绍说，不管是敌人的控制区还是非控制区，不管是铁路两侧还是离铁路线再远一些的地区，敌我斗争的情况都很复杂。当地有一些真正抗日的团体和组织，但也有的是以封建迷信组织起来的会道门，有的是以看家护院为名的联庄会，有的人拉起三五十人、百把十人，自称“司令”“主任”，真是三里一霸、五里一王，主任满天下，司令赛牛毛，一片混乱局面。当时有三种反动势力，一是国民党军队中溃下来的散兵游勇；二是随机而起的遍地股匪；三是一些地方豪绅乘机招兵买马拉起来的反动武装，他们以“看家护院”“保卫地方”为名，到处抢劫掠夺、派粮派款、私立捐税、抓丁拉夫、奸淫妇女，无恶不作，逼得人们东逃西奔，人心惶惶。因此，三害不除，就无法发动群众开展抗日救亡运动。为此我们确定，当前任务是消灭三害，发动群众。

我团到院头的第二天，得知该地西北秦家庄附近有一股土匪，我们派一连去袭击。于拂晓仅用了一个多小时，就消灭80余名土匪，缴获机枪一挺、长短枪30余支。之后，我们用这些枪支组织武装了赞皇游击队，由董月三同志领导。同时，就此成立了由傅万祥（又名傅贯一）、张桐琴等同志参加领导的赞皇县抗日救国战地委员会，既是动员人民抗日的机关，也是县的最高行政机关。接着还相继成立了农、青、妇抗救会。

11月初，我团二连袭击了临城县西北祁村煤矿日本鬼子的一个小队，收复了这个矿区，解放了被日军抓去强迫挖煤的群众400多人。我们乘此胜利展开临城县的工作，组织了抗日救国运动委员会，建立了军事指挥部，派我团参谋李满贵同志为指挥长兼临城县独立营长（该同志在二次打临城县时牺牲）。

在赞皇附近有国民党宋哲元部被打散的一个营，约200余人，营长纪云亭是个吃喝嫖赌、少爷公子出身的大烟鬼。该营纪律很坏，到处敲诈勒索、欺压人民。为了争取一切可以争取的力量抗日，我团先派人去做他们的工作，劝说抗日，并收编为冀西抗日游击大队。不久，发现这个营长勾结日军，企图拉部队投敌，我们立即把他们弄到院头地区，解除了营长的武装，大部人员送给兄弟部队，补充了主力。在这同时，元氏县抗日政权相继建立，组织了军事指挥部及县独立营，派我团的军事教员张化伯同志去指挥。

骑兵团根据师首长关于“充分发动群众，开辟创建抗日根据地”的指示精神，在石家庄、元氏、赞皇、内邱等广大地区，展开剿匪、锄奸、反霸、收拾散兵、破坏铁路、袭扰打击敌人的一系列活动，使这一地区的土匪被消灭，散兵游勇被肃清。一些反动组织势力土崩瓦解。农村、集镇的广大群众动员起来了，农救会、妇救会等团体普遍成立，出现了父母送儿当兵、妻子劝郎上战场、青年踊跃参军，各阶层人士“有力出力、有钱出钱、支援抗战”的新高潮，进一步巩固、健全了各县抗日政权，扩大了抗日地方武装。我团还在石家庄以西井陉地区扩充了一批青年知识分子，组成一个宣传队，在发动组织群众运动中发挥了极大作用。

北马村痛歼日军

高邑城西南邢郭，有一个名叫岳兆麟的旧军人，也是个财主，他与驻高邑县日军勾结，招兵买马，收罗了一批地痞、流氓、赌棍、散兵，扩充到百余人的反动武装，名曰“看家护院、保卫地方”，实际是二鬼子、地地道道的伪军。他们派粮派款，一切由附近村庄供养，还经常糟蹋妇女，当地人民恨之入骨。根据群众要求和我们得到的情报，11 月 30 日夜间，我团由院头以南的官都村、郝家庄出发，对南邢郭的反动武装进行奇袭。第二天拂晓前，我们将村庄包围起来，摸进村以后，敌人正在沉睡，就像捉小鸡似的，被我们一举歼灭。岳兆麟畏罪自杀。

这一仗打得干净利索，天亮又召开了声讨汉奸卖国贼的群众大会，宣传了我党的抗日主张，并号召大家组织起来，打倒日本鬼子。接着，开仓分粮，救济贫苦的老百姓，大大激发了人民群众抗战的积极性。

我团在冀西地区的积极行动，给敌人造成很大威胁，恰似一把尖刀插入平汉线翼侧，使日军惶惶不安。歼灭岳兆麟武装以后，我们估计，日军可能要来挑衅，就作了相应部署。不出所料，12 月 2 日中午时分，驻高邑县城的敌人果然出动了。200 多鬼子，分乘 18 辆汽车，向北马村方向运动。敌人出城不远，遭到我团在西塔影村附近警戒的第四连的有力阻击。战斗刚打响，敌人就碰上我们侦察班用黑色炸药和铸铁壶制成的土地雷，炸掉一辆汽车。我第四连在广阔原野上，巧妙地利用各种有利地形，展开疏散的战斗队形，并派出一个排分成几个战斗小组，以声东击西的打法，在节节阻击敌人，迫使敌人不能乘车，也弄不清楚我们到底有多少人马。由于我第四连的积极行动和巧妙打法迟滞了敌人的进攻，战斗一直打到下午 5 点来钟，敌人被诱到北马村附近，已拖得精疲力竭，狼狈不堪。我团第四连完成阻击任务后，除留团侦察班在北马村以西的高地上监视敌人外，沿陈家庄、五马山北撤，绕道经石庄家、北沟、南清河，到郭庄、南北回车、嘉应寺归队。

天黑后，正当我部队吃饭休息时，接到侦察班及地方同志报告：日本鬼子进了北马村，进村时到处打枪，乱找东西，看样子不足 200 人，汽车停在村东角场院上。北马村的群众事先动员，下午已转移，并做了坚壁清野等充分准备。还说，敌人进村后乱了一阵子才平静下来，现在只看到些火光，可能是敌人烧火取暖。根据这个情况，我们命侦察班继续搞清楚敌人住的确实地点及岗哨位置，并监视敌人的动静。根据各种情况判断，敌人夜晚不会撤走。团领导决心留四连警戒团的后方，留守人员及马匹，团部带一、二、三连采取夜间袭击，消灭这股敌人。团政委邓永耀同志亲自给部队作了思想动员，各连迅速做好了一切战斗准备。

部队于当晚 11 时出发，徒步夜行军，到达北马村时，约后半夜的 1 点多钟。监视敌人的侦察班汇报，敌大部住村东南角两家大户人家的大院内，靠近停车场，警戒不多，只有门口与停放车辆的地方，有极少数人活动。我们立即命令：三连从村当中冲进去突击街心一个大院内的敌人；二连从村东南角突击敌人停车场，争取迅速把汽车烧掉；一连从村西南角向敌人突击，并视情况接应二、三连的战斗。

这夜风很大，敌人岗哨大多在打瞌睡。我第三连一排长韩永正（外号韩猛子）首先带领全排摸到敌人院内，看到日军都在横七竖八地躺着睡觉，突然用机枪、冲锋枪、手榴弹向敌人开了火。随后全连冲进去，打得敌人嗷嗷乱叫，乱作一团。与此同时，我第二连摸到停车场，该连四班长魏大明同三个战士点燃了汽车。这时，警戒停车场的敌人才发觉，慌忙打响机枪，我班长和两个战士当场牺牲。二排长王清山看到情况紧急，带着几个战士抱着柴草，不顾一切滚到汽车跟前，烧着另几辆汽车，熊熊大火顺风而起。敌人两次向我猛烈反击，想抢救汽车，都被二连击退。我第一连也冲到车场跟前。就此，各连与敌人展开激烈的搏斗。由于我们先敌开火，突然猛烈，给敌人以很大伤亡，并烧掉了敌人的全部汽车，使敌人只有招架之功，没有还手之力。当战斗进行了个把小时后，敌人龟缩到一个大院内的土炮楼和两座较坚固的房子里，拼死顽抗。战斗相持了两个多小时，我们于黎明前将部队撤出战斗。

当我们撤出战斗后，敌人仍处在惊慌之中，机枪、步枪及掷弹筒声一直响到天亮。第二天中午，由石家庄、元氏县增援之敌乘 20 余辆汽车赶到。这时，北马村的敌人才敢走出炮楼，收拾尸首，整理残局。尔后发疯似的放火烧毁北马村的房子，乱放一阵枪炮，慌慌张张向高邑县城鼠窜而去。

这次战斗共消灭日伪 140 余人（主要是日军），烧毁或击毁敌汽车 18 辆，缴获步枪、机枪及其他一部战利品。我部团政治处青年干事汪昌明、排长王清山等10余名同志牺牲；排长戈全发等10多名同志负伤。

这次战斗的胜利，对冀西元氏、赞皇及其附近地区有一定的影响。首先是打击了正面这段铁路沿线的敌人，使日军不得不调兵遣将，增强沿线据点的力量，这就达到了牵制敌人的目的。其次，也有力地鼓舞了群众的抗战情绪，密切了军民关系，扩大了我军在群众中的影响。这次战斗受到刘伯承等师首长的表扬，指出："北马村战斗是一次诱敌深入打歼灭的胜仗，取得很大胜利，望你们再接再厉。"

纵横驰骋平汉线

1938年1月底，接师首长电：令骑兵团过平汉铁路，到河北省束鹿、旧城一带，与我地方党领导的一支抗日武装取得联系，高举抗日民族统一战线的旗帜，以实际行动扩大我党抗日救国主张，动员群众、争取一切可以抗日的力量。

我团从冯村、田家口之间跨过铁路，经柏乡、大曹庄，相机首次攻占了宁晋县城，摧毁了伪政权武装，生俘了在清朝做过九门提督的日伪汉奸王怀庆，并缴获一批枪支和马匹。我们挑了几匹高大的马送到师部，刘师长选了其中的一匹大黑骡子，作了坐骑。

尔后，部队开往码头里一带活动，联络一些抗日组织团体。在此期间，我们到新河县慰问了宁都起义的领导者董振堂将军的家属。之后向北行动，路过束鹿县以西赵家司马一带时，由赵辉楼、赵月芳（后改名为赵光远）同志组织起来的抗日自卫队1000余人与我们接头。我们向他们传达了毛主席关于统一战线、团结一切可以团结的力量、全面抗战的指示，介绍了在我党领导下的平型关、阳明堡等战斗胜利的影响下，各地人民群众纷纷组织起来参加抗战的大好形势，共同研究了当地情况，交换了意见。他们表示坚决抗战，愿听从指挥，急切要求加入八路军抗日的行列。由于我团有任务急需向北行动，故介绍他们到巨鹿、南宫一带，找东进纵队司令员陈再道同志接洽。后来，该自卫队改编为冀豫支队，后归三八五旅。赵辉楼为副旅长，赵光远为政治部副主任。

2月初，我们到束鹿以北辛集，得知旧城一带有一支抗日武装已编入吕正操、孙志远同志领导的冀中抗日救国自卫军。我团在辛集地区活动几天，摧毁当地的维持会和一些反动组织，组建了有当地进步人士参加的抗日救国动员委员会。同时，我团将晋县维持会、保安队赶跑，一度收复县城。当月，由梁俊亭同志带领我团三连，在石家庄以东塔元庄伏击了日军由石家庄开往藁城装载军用物资的两辆汽车，击毙了全部押运的十余个鬼子，击毁汽车一辆，缴获汽车一辆及许多步马枪、迫击炮弹、军用物资。当我们把缴获的汽车开到辛集时，广大群众纷纷围上来，看了又看，摸了又摸，有的含着眼泪说："咳，我活了几十岁，还是第一次看到敢打日本鬼子的队伍呢！"也有一些绅士、政客、官僚跑来道贺："我早就说共产党好，我是坚决拥护抗战的！""贵军真是不负民众之重托！"

2月中旬，师电令我团返平汉线路西，另有任务。在由路东转回元氏西北的南佐镇时，得知以惯匪李小争为头子的所谓"护国军第一师"活动在高邑、宁晋、赵县一带，其"第五旅"约500人，窜到元氏以西的北苏阳骚扰群众。我团立即在元氏县独立营配合下，一举歼灭这股匪徒，俘敌旅长以下400余人，缴获迫击炮一门、重机枪二挺、长短枪200余支。战斗结束后，我们很快奔赴临城县以西黄腊沟，与师政治部主任宋任穷同志会合。

在短暂的四个月里，我骑兵团在元氏、赞皇、临城等地发展了大批抗日武装，在此基础上扩建了冀西独立团（后编为三八五旅十三团）夏云飞同志调任独立团团长；教育股长刘毅同志任政治处主任。骑兵团由我接任团长，邓永耀同志仍任政治委员，梁俊亭同志任副团长，刘春山同志任政治处主任，王成德同志任供给处处长。

3月中旬，宋任穷同志率领我团过铁路到巨鹿一带，由东进纵队司令员陈再道、政治委员宋任穷同志直接指挥，开辟创建冀南根据地。

杨世明

敌人的火车、军用列车三天两头出轨翻车，成了常事。车厢一节节被毁坏，敌人有的死亡，有的被俘。

- 1907年生，湖南浏阳人。
- 1931年，加入中国共产党。
- 1937年全面抗战爆发后，任晋察冀军区第二军分区六大队营政治教导员、第四团政治处副主任、第十九团政治处主任，第五军分区五区队政治处主任，第四十三团政治委员。
- 1943年在北岳区反“扫荡”战斗中与日军进行交通战，毁坏日军大量机车，被评为“一等战斗英雄”。
- 1955年，被授予少将军衔。
- 1986年6月29日，逝世于北京。

战斗在晋北铁路线上

杨世明

1941年后半年到1942年底，日本侵略者在我华北地区推行所谓“治安强化”，实行极端残酷的烧光、杀光、抢光的“三光”政策和蚕食政策，制造“无人区”，对我根据地进行反复“围剿”和“分进合击”，疯狂进行大“扫荡”。我晋察冀二分区在党的领导下，积极展开反“扫荡”斗争。

1942年5月4日晨，敌人袭击定襄南庄、赵家庄（河南区队[①]机关、警通连驻南庄，定襄县委机关和一中队驻赵家庄）。警通连和一中队掩护河南区队机关、定襄县委机关转移中战斗伤亡共78人，伤排长1人，战士41人；区队部总支部书记贾臣汉（山西朔县人）、通讯参谋杜文周（定襄人）、政指赵俊以下36人牺牲。

5月5日晨，敌人分九路合击阎家庄、赵家庄、岭子底、河南坪一带。河南区队部机关、警通连和一中队在阎家庄以南爬山经芦苇底村向南涧村附近突围，当天晚上过滹沱河到崞县同川温东社村休息一个白天，晚

① 河南区队是按晋察冀军区统一编制组成，共648人，分为一、二、三、四、六、七中队（连）、区队警通连（没有五中队）。六中队、七中队固定在寿阳、阳曲县掩护我区干部展开工作。河南区队活动于忻口以南，同蒲线以东，正太线以北铁路沿线地区，因地处滹沱河以南，故名。

上经宏道镇附近嘴子村过滹沱河，从定襄平川到忻县令归村休息半天。当天下午1点许，忻县城敌人分两路向令归村扑来，区队部和一中队、警通连立即转移到忻县五峰山下之肖家村休息半天，晚上行军爬定襄南山十八盘到连尖塔。

敌人在其统治不了的地区，见房烧，见人杀，见东西抢，凡农具粮食运不走的皆烧掉，实行残酷的大屠杀，力图使我根据地人力、物力归于毁灭。这一时期，仅在大南邢、芳兰镇、碳窑沟、白泉郊、上零山和东峪一带就杀害无辜群众千余人。南涧村、马家窑村、瓦扎坪、藏孤台、西笏口村等20多个村庄大部被毁，有的被烧为灰烬。对定襄边山游击根据地，实行"蚕食"政策，在蔚家梁、土岭口、宽沟、南王村、中霍、季庄、宏道镇、受禄镇等地建立据点，企图切断我山区与平川的联系。在定襄平川中间之忻窑铁路上，建筑东楼村、定襄城、王进村、蒋村、史家岗、芳兰镇、河边村、济胜桥据点，把定襄平川分成几块。

敌人在平川地区进一步实施治安强化，推行保甲制度，建立户口登记，强迫群众照相，发所谓"良民证"。建立自卫团，日夜站岗检查行人，气焰十分嚣张。通过同蒲路北段和忻窑铁路，不断输送兵员和军用物资进攻北岳区。北岳区包括石家庄至北平（北京）以西、北平至大同平绥路以南，大同至太原同蒲路以东，太原至石家庄正太路以北广大地区，共5万平方公里。

在上述情况下，6月2日河南地区党的委员会讨论决定，由我率领区队主力一、二、三、四中队（连）、定襄大队、忻县大队，任务是：

一、破坏同蒲铁路北段和忻窑铁路敌人运输，牵制和迟滞敌人对我北岳的"扫荡"运输计划。

二、发动和组织群众，扰乱敌人的"治安强化"运动，打开定襄、忻县平原新的局面。

三、护送我东北、华北往返延安的干部、学生等和物资通过忻窑线和同蒲铁路封锁线。

部队区分：河南区队活动于同蒲铁路北段，从太原北之皇后园至原平镇。定襄大队活动于牧马河以南、滹沱河以北地区。忻县大队活动在忻县以南之麻会镇，豆罗至石岭关一线。

日军一进山西，就占据了北同蒲路和忻窑铁路，沿线五里一炮台，三里一岗楼，布成了梅花形的警戒网。我们紧紧依靠定襄、忻县人民群众，在政治上向敌人展开攻势，在军事上我之战术转变为“敌进我进”。积极破坏敌人的交通器材，在同蒲路北段和忻窑支线，对敌人的据点不断袭击、扰乱。

1942 年，敌在晋西北边缘区加紧蚕食，至 6 月，共建据点 320 多个，晋西北根据地缩小三分之一。日军对我根据地区“扫荡”蚕食和封锁的同时，对我大青山游击根据地实施了以“施政跃进”运动计划为主要内容的“总力战”，进行疯狂的“扫荡”蚕食和封锁，妄图彻底摧毁我根据地，以达到其“确保蒙疆自治区”的目的。为配合我晋绥军区一二〇师及晋西北人民反“扫荡”的胜利，我率河南区队四个中队（连）和忻县民兵拆铁路、割电线。日伪军、汉奸惊慌不安，他们一面遣兵调将大出发，一面施展诡计，实行“强化治安”，设立爱路村，成立自卫团，汉奸特务到处横行。在这种恶劣的情况下，我们积极向敌人展开交通战。6 月 7 日黄昏，我们打入敌人自卫团的同志送出一个紧急情报：第二天拂晓将有一列运送军用物资的火车通过。我忻县四区区委书记郭延周同志找我商量后，深更半夜率 200 多民兵和我们两个连进入金山铺村以南的铁路上，用扳子把两根道轨上的螺丝、夹板取掉，又将铁丝缠在道轨上，安上粗麻索，埋伏在 20 米以外的沟渠里。天刚麻麻亮，列车从忻口站开来，当火车开到我破坏点时，“轰隆”一声栽了跟头，战士们冲上车去，活捉 2 个鬼子、8 个伪军，缴步枪 10 支、手枪 1 支、83 箱子弹、300 多匹洋布，其余运不走的军用物资放火烧了。当天，我又率部队到忻县南太平村，向民兵队长了解到，敌人每夜有一列架着枪炮的铁甲车出来巡视铁路。当日晚上我带部队和百余名民兵到忻县车站北十多里路的大檀村南面，先把一段铁轨上螺丝取掉，扎上铁丝拴上大绳。五更天，鬼子的铁甲车气势汹汹开来，探照灯白光刺眼，快到埋伏地点时，我一声令下，把道轨拉开，鬼子见势不妙，加大马力开倒车，刚退约二里路时，后面一段道轨又突然拉开，鬼子没有料到这一着，来不及停车就翻了一个屁股朝天，我们立刻冲到铁甲车边，打不开门，就把手榴弹从枪口里塞进去，30多个鬼子当即送了命。当敌人援军赶来，我们撤出阵地已老远了。

这次连续破坏敌人军用列车和打敌人铁甲车，给我的启发很大，虽然把敌人火车焚了，但车头全是钢铁的焚烧不了，又没有炸药。根据这次体会，我创造了“支高铁轨破坏法”。这种方法简单有效，只要把铁轨的四块夹板取掉，用一根一尺至二尺长的事先预备好的木头，将铁轨支起来，利用这一节轨道、枕木和火车头相撞，不需要炸药，能把敌人火车头的水箱、锅炉撞坏。7月2日晚上，我们在忻县与定襄交界之处义井村以东四里路之处就是用这种方法破坏火车头的。

同蒲路北段从那时候起，敌人的火车、军用列车三天两头出轨翻车，成了常事。车厢一节节被毁坏，敌人有的死亡，有的被俘。车上的物资有的被焚毁，有的成了缴获品。据不完全统计，6月8日至8月初两个月中，破坏敌人火车13列，毁坏火车头9辆，击毙日军中岛五六等20余名，俘中野久吉等13名，伪警务段警察、司机、司炉等26名，烧毁车厢48节，缴轻机枪3挺、六〇炮1门、步枪94支、刺刀18把，子弹93箱、洋布343匹，黄色炸药两大箱、文件16包、衣服60箱，白面、大米38袋，其他物资不计其数。此外还烧毁敌人进攻北岳区搭营帐用的木料、席子等一列车。

1943年一年中，北岳区打退敌14次“扫荡”。1月至6月，我仍然率河南区队主力。这期间，一、三中队毁坏敌人火车11列，车头8辆（河边至芳兰镇之间2列，蒋村至王进村之间2列，安邑至张庄之间2列，忻县城至播明1列，金山铺至忻口3列，界河铺至原平1列）。配合北岳区内线主力反“扫荡”胜利。激烈的战斗，是1943年冬季配合北岳区反“扫荡”战役。这一战役从1943年9月16日开始到12月15日结束，整整三个月，敌人动员的兵力计有一一〇、六十三、二十六等三个师团大部主力，独三混成旅团与六十二师团的半数主力，独一、独二混成旅团之一部，加上伪治安军十三、十四、十五、十六、一〇五、一〇六等六个团主力及冀晋两省三十余县的伪保安队，共计35000余人，连同散置于我北岳区周围点线上的敌伪守备部队总兵力4万余人，在我北岳区10万平方华里的战场上，实行陆空配合“扫荡”。

敌寇还动员了一切汉奸伪组织，“剿共委员会”“新民会”以及伪“合作社”，企图用最毒的手段，破坏我秋收、秋耕与征收工作，洗劫我粮食、资料、毁我之人力、物力，从经济上毁灭我全体军民的生活条件，消灭我根据地与坚持根据地的主力军和军政指挥机关。

针对敌人的阴谋企图，晋察冀军区令二分区河南区队继续大力破坏同蒲路北段和忻窑铁路交通要害（重要桥梁、机车）。打破和迟滞敌人的进攻计划。根据军区命令，我二分区司令员郭天民、政委赵尔陆同志电报指示：“河南区队杨世明对忻定平原敌情、地形和部队比较熟悉，确定杨率部队去完成上述任务。”配合北岳区反“扫荡”战役，我率河南区队一、二、三、四中队，在原平至忻县城，忻县城至定襄河边村和敌人展开交通战。

三个月反“扫荡”战役中，河南区队破坏敌人火车15列，车头12辆，打坏敌人铁甲车1辆，炸毁了忻县城至忻口间的播明大桥，这是用打火车缴获敌人的400公斤黄色炸药炸掉的。

炸毁该桥后，敌人强迫各村派马车、牛车将播明站的一部分军用物资运到忻县城。敌人抢修26天，用枕木做桥墩才临时通车。敌人修桥期间，我们以小分队扰乱多次，袭击忻口站、北曹张和董村、忻县东门外铁道边，定襄王进村、河边村、济胜桥等敌人据点。

1943年8月以后，敌人的铁路警备大大加强了，因为当时是敌人“决战输送准备期间”。铁路上敌人增加了机动部队，铁甲列车增多了，但我河南区队仍然很主动，要想白天翻车就白天翻车，要想晚间翻车就晚间翻车。在那期间，晚上往往“轰隆隆”一声响，接着一阵子机枪步枪声，敌人火车便倒的倒，歪的歪，在路轨上不能动了。接着车厢里燃起熊熊的火焰，车被焚烧了，火焰一直卷向半空，将平川数十里都照得明亮。在忻窑支线上，北同蒲忻县至豆罗段、忻口至原平段，到处都有被翻出了轨，横倒在路轨上的火车头。搞得敌人胆战心惊，吓得敌人不敢黑夜开车。当地群众形容说：

黑夜不敢开，
白天更小心，
火车变牛车，
电话打不通。

人民群众看到鬼子连续遭失败，纷纷赞扬游击队和民兵：

游击队民兵真英雄，
连日彻夜打日本，
护送干部过敌区，
保卫边区立了功。

1943年12月3日，解放日报第一版题为《半月军事动态》一文中，“敌伪所得的，只是大量武器的损失和大量交通器材的毁坏而已。（只同蒲路北段的火车头和车厢，就被我毁坏 25%以上。）”

1943 年冬季反“扫荡”胜利结束后，晋察冀边区于 12 月 30 日颁布了“反扫荡”战斗英雄奖励条例，经过一个多月的慎重选拔与严格审查，最后由党政军民领导机关评定，部队一等战斗英雄了九名：一分区有安全福、崔冒儿；二分区有我、阎清才；四分区有邓世军；陆军中学有郑有年、谢福仁；雁北分区有糜德喜；军区直属队有王化三。部队二等战斗英雄 5 名，三等战斗英雄 9 名，战斗模范 29 名，地方战斗英雄 1 名，二等战斗英雄 6 名，三等战斗英雄 2 名，地方战斗模范 33 名。

所有的战斗英雄模范均给以物质奖励。在英雄榜上头 3 名：杨世明、邓世军、郑有年各奖第一等战斗英雄奖章一枚，望远镜一架、奖金 500 块银圆。奖给我的 500 银圆，我告诉秘书张定邦同志：分给河南区队、定襄县大队每个中队 50 元，作为部队改善伙食用。我个人分文没要。

正是元宵佳节（2 月 8 日），我们大家从地方、部队、学校、工厂、农村聚会一起来开群英大会，共开了 5 天，大家痛快地讲自己的战斗经过，介绍宝贵的经验。像这样的盛会，在边区也是第一次。晋察冀军区程子华副政委在群英大会上讲话中，专门指出我的姓名，给我鼓舞极大。他说：“去年反‘扫荡’战役中，又创造了最有名的光辉战绩，像我们河南区队政治主任杨世明，在去年反‘扫荡’里，毁坏了同蒲路敌人的机车 25%以上。……”

我们真是快乐极了。当我们想到快乐从哪里来的时候，就不能不想起在中国共产党的正确领导、毛泽东同志给我们想出了打日本鬼子的好办法，朱德总司令员、彭德怀副总司令员带领八路军保卫祖国、保卫家乡。若是没有共产党，没有共产党领导的八路军，没有广大人民群众的支援、参军、参战，我们谁能成为什么英雄模范？在这个大会上，我们都学到了更多的东西。我们决不自满自足，一定要把大会上所学到的东西带回去，向敌人展开更激烈的斗争，打更多更大的胜仗，保持我们的光荣称号。

杨世明

1944年3月间，八路军亚五、亚六部队[①]先后两批来到定襄县南涧村，学习破坏敌人火车的经验。我给三五八旅的干部同志们两次介绍破坏敌人火车的经验，介绍了我创造的破坏敌人火车三种方法（支高铁轨破坏法、离轨破坏法、临时拉轨破坏法），并在南涧村作了示范，这里铁轨枕木有现成的，那时候因敌寇把农具抢光，定襄县委书记范富山同志在南涧村搞了一个铁匠炉，发动民兵到铁路上搬铁轨打锹镐、菜刀等。这些铁轨由民兵抬回来，每公斤五分钱，这是1941年春晋察冀地区有明文通知统一规定的价格。

1944年二三月间，河南区队一、三中队先后在同蒲铁路和忻窑线破坏敌人火车三列。

河南区队从1942年6月起至1944年3月，先后在同蒲北段和忻窑线上，总共破坏敌人火车43列，火车头29辆，铁甲2辆。占八路军八年抗战破坏敌人火车107列的42.2%。29辆车头都是在同蒲路的忻窑线上破坏的。占平汉、平绥、北宁、津浦、正太铁路线之百分之百。（见1945年7月7日《解放日报》第一版《八路军、新四军及华南抗日纵队八年抗战主要战果》一文中破坏敌人火车、火车头两项。）

---

① 抗日战争初期八路军一二〇师三五八旅三个团的代号是：七一四团简称亚四；七一五团简称亚五；七一六团简称亚六。

李懋之

太岳根据地并不是敌人想象的那样：是一块平展的“磨盘”，可以任“铁磙”碾压。其实就是敌人筑起铜墙铁壁，也休想阻止我们的自由行动，因为，这是我们中国人的神圣国土。

● 1910 年生，山西省襄垣县五阳村人。

● 1931 年，追随吉鸿昌在察哈尔抗击日寇。

● 1938 年，参加八路军。历任山西青年抗敌决死队第一纵队游击大队副大队长、游击第一团副营长、二一六旅参谋主任、八路军太岳纵队二十五团参谋长、抗日军政大学太岳分校参谋长等职。

● 1939 年，指挥耿壁奇袭战，创造决死队首次缴获日军步兵炮和机关枪的战例。

● 1940 年，参加百团大战，在大落坡反击战中，率部与日寇进行白刃格斗，全歼敌人。

● 1943 年，加入中国共产党。

● 1943—1945 年，组织军民对沁源日寇进行了艰苦卓绝的围困战，积极展开地雷战、麻雀战、蜜蜂战和交通伏击战等。

● 1955 年，被授予大校军衔。

● 2009 年 2 月 11 日，逝世于北京。

日本“军官战地观战团”覆灭记

李懋之

1943 年 9 月中旬，日军在同蒲和白晋两铁路线上，调兵遣将，集结重兵，并在各前沿据点，囤积粮秣、弹药和作战物资，准备对我晋东南太岳抗日根据地进行大“扫荡”。

太岳区党委和军区司令部，于 9 月 20 日发出紧急指示，号召全区立即进行空舍清野、破大路、埋地雷，组织教育群众和民兵自卫队准备反“扫荡”；对城关和交口转移出来的难民要分散安置，妥善隐藏，不能让敌人抓回去搞“维持”。军区还规定了各主力部队转向外线敌占区，积极打击敌留守部队的任务，并要求部队不能过早离开根据地，要在敌人开始行动后，与敌人保持一定距离，若即若离，边打边退，到有利时机，迅速脱离敌人，转到外线去；县区武装要以班排为单位，分散打击敌人，掩护群众和县区机关干部，要保持高度警惕，避免敌人奔袭搜捕；民兵干部带领民兵打游击，保护群众转移隐蔽。

9 月 25 日，陈赓司令员在赴延安之前把我叫到军区司令部，要我汇报 11 个月来对沁源日军围困战的情况，以便到延安后向中央军委汇报。我向陈司令员着重汇报了对敌三十六师团格木联队斋藤大队的战斗情况，特别强调了在主力部队带领和援助下，县区基干队、民兵轮战队的作用，以及沁源人民宁死不屈、英勇斗争和迫使敌人再次换防的情况。

陈司令员听了我的汇报后说：“我们对沁源敌人的激烈斗争，已取得很大成绩，真正使敌人陷入了汪洋大海。现在，敌人又调集了约3万人的兵力，由华北派遣军司令官冈村宁次亲自组织指挥，以驻临汾的六十九师团长清水中将为前敌指挥官，太原第一军团参谋长为督战，敌现已到达平遥，将于10月1日开始对我根据地进行大‘扫荡’。此次‘扫荡’的目的，是要用所谓铁磙式‘三层阵地新战法’，以全面实施和彻底实现其‘山岳剿共实验区’的计划。日军此种‘扫荡’是对沁源人民不‘维持’敌人的报复行动，手段会是很残酷的，你们要有充分的思想准备。‘扫荡’即将开始，你赶快回去吧。”

赶回驻地后，我向部队传达了陈赓司令员的指示，要求大家做好反“扫荡”的准备工作。

敌人这次对太岳根据地进行的“铁磙扫荡”，是想把我军压到黄河北岸一举全歼，以创造模范“剿共实验区”，为其他地区“剿共”示范。其战斗编成与兵力部署，是以同蒲、白晋两线的六十九师团、六十二师团和三十七师团十几个日军大队，还有伪“剿共”第一师、第二师和地方伪军共约3万人。除留两个大队及伪“剿共”二师位于临汾和高平为总预备队以外，其余全部投入第一线作战。具体部署是用两个大队置于同蒲线东侧（霍山西麓），成纵队南北展开于七八十华里的地段内，构成西侧封锁阻击线，协同腹地“扫荡”部队南进；用三个大队置于白晋线西侧之古县、松交、良马一线成纵队南北展开于八九十华里的地段内，构成东侧封锁阻击线，协同腹地“扫荡”部队南进。封锁部队均提前展开。用九个大队各成三层横队（梯队），各梯队距离10至15华里，展开于同蒲线上的介休和白晋线上的南关镇之间，构成“铁磙”，每天或隔天滚进二三十华里。两侧封锁部队的推进与腹地“扫荡”部队同步。第一梯队以日军为主，配属特工队、便衣队，主要任务是捕捉合击我主力部队，一旦与我主力接火，侧翼封锁部队即奔进合击；第二梯队以日伪军混合编成，胁迫大量民夫，组织成抉剔掳掠后送队和俘虏工作队。主要任务是实行“抉剔清剿”，劫掠财物，后运敌区；第三梯队又以日军为主，主要任务是继续“清剿”，捕捉我小部队和零散人员，掩护二梯队侧后，扩大抉剔战果。这就是所谓的“箕形阵势三层铁磙式新战法”。敌人用此新战法妄图消灭我主力部队，摧毁根据地，全面实现“山岳剿共实验区”计划，用心十分恶毒。

1943 年 10 月 1 日，敌人开始自北而南“滚进”。10 月 3 日，我洪赵支队一部向外线灵石方向转移时，在王陶西南地区，遭来自介休敌人的合击，激战半个小时，毙敌 10 余人，循小径跳出合击点。4 日，洪赵支队主力在圪宜头遭敌合击，我伤亡 80 余人，损失机步枪 50 余支，入夜分散突围。同日，我三十八团主力在北平镇西地区阻击“滚进”之敌时，遭来自霍县敌人合击，我奋战至夜，杀伤敌人 50 余人，我伤亡 10 余人，入夜转移到灵空山地区。5 日，我五十九团在渡口伏击由古县南下之敌，毙伤敌 30 余人。7 日，由南庄向外线转移时，在药王坳遭屯留吾元和张店敌之封锁部队合击，激战半日，毙敌 30 余人，我伤亡 70 余人，入夜跳出合击点。11 日，我二十五团主力一部，在安泽艾蒿与“滚进”之敌接触，遭来自安泽敌人合击，激战半日，毙伤敌 60 余人，我伤亡 4 人；入夜转到兴唐寺，又遭敌西侧封锁部队合击，我有部分损失，后跳出合击点。在敌“滚进扫荡”过程中，困守沁源之敌趁势四出搜掳，遭到我坚持内线斗争的游击小部队和飞行兵不断杀伤，敌无一次成功。

敌人的“腹地扫荡”部队于 10 月 17 日“滚进”到临屯公路两侧时，我军区接到临汾谍报站的报告，说东京日军参谋本部，从华北各地抽调旅团长、联队长和少佐百余人，还有军官学校学员共 180 余人，组成“军官战地观战团”，由旅团长服部直臣少将率领，已到达临汾，将乘汽车沿临屯公路进入太岳区，来“战地观战”，学习冈村宁次的杰作——“铁碌式三层阵地新战法”。

军区情报科长刘桂衡得到这个重要情报后，立即报告陈赓司令员。陈赓当机立断，用十万火急的电报，命令王近山（太岳第二军分区司令员）带领十六团秘密转进到临屯公路西端设伏，一定要完全彻底歼灭这个“观战团”，不能让他跑掉一个，并指示要速战、速决、速离。

王近山是一员负伤多次的猛将，打仗总是猛扑、猛冲、猛打、狠杀。他带的十六团是陈赓将军培养出来的一支能打仗的部队，是八路军一二九师三八六旅中善于打近战、夜战和伏击战的一个团。抗日战争初期，陈赓将军率领三八六旅驰骋于豫北和晋南平原，在响堂铺和香城固歼灭过日本侵略军。这支部队同日本兵几次交锋，摸透了日本兵的脾气：我越勇猛，敌越稀松；我越猛冲，敌越害怕。

王近山带领十六团是在敌人开始向岳南“扫荡”前，于 10 月 18 日夜转移到外线临汾东南冈头村隐蔽的。他接到陈赓司令员的十万火急电令后，立即向部队进行政治动员，他说，日本“军官战地观战团”共有 180 多人，大多数是将校级军官，三分之一是军官学校的学员，也算尉级军官，我们要下决心不惜一切代价彻底消灭它！这是一个千载难逢的良机，万万不能错过，万万不能打击溃战，必须打歼灭战。一次能消灭这么多日本军官，能顶上消灭他们的 5 万日本兵。尤其是在敌占区里边打这样的歼灭战，这将是抗日战争史上最光辉的战绩，也是震撼敌人大本营的一颗重磅炸弹，这在抗日战争史上也将会成为一次突出的模范战例。这不能不说是个奇迹。这是一个很光荣的任务，大家要来个杀敌立功的竞赛。

指战员们听说要消灭的都是日本军官，还有不少日本将军这样一个重大任务，一个个摩拳擦掌，精神抖擞，纷纷表决心说：“这是一个很难得到的机会，拼死也要完全消灭敌人。”

10 月 22 日夜，部队秘密转进到临汾东北，洪洞东南，临屯公路西段的韩略村（敌据点）西南地区，封锁消息，隐蔽起来，积极准备战斗。在我同蒲路情报站和当地党、政府和民兵协助下，王近山亲自带领团营连干部于 23 日化装侦察了地形，现场制定了伏击方案，具体分配了各营连的伏击地点和战斗任务。返回住地后，接到刘桂衡科长送来的同蒲情报站的鸡毛信。信中说："在临汾城里的日军'战地观战团'已编好车队，3 辆小吉普车，10 辆大篷卡车，没有派部队掩护，只有军官学校的学员带有步机枪。24 日早晨出发，沿临屯公路向我根据地开进。"王近山接到报告后，当即下令，要部队在午夜前吃饱饭，12 点准时出发，轻装进入伏击地区。各营连于 24 日凌晨 2 时进入伏击地区后，各按预定的作战方案占领了阵地，伪装好自己，装上子弹，揭开手榴弹的拉火盖，悄然无声地等待敌人。

上午 8 时，只见曲亭方向的临屯公路上尘土飞扬，敌"观战团"的车队开来了。敌人满以为"铁磙扫荡"胜利了，抗日民主根据地已成为他们占领了的天下，在他们经营了六七年的"统治"区内的据点之间行进，可以畅行无阻，遂大模大样，毫无戒备地开进来了。

8 时 20 分，插着"太阳旗"的车队进入我伏击圈。三辆小吉普车在前，十辆大篷卡车紧跟在后，车速也相当快。打蛇先打头。我三营九连按计划首先跳上公路，挡住敌人去路，步枪、冲锋枪、轻机枪对准小吉普车突然开火，猛烈扫射。敌驾驶员倒下去了，小汽车不能动了，受了伤的敌酋服部直臣，慌忙跳下汽车，大喊大叫，妄图组织力量冲开前进道路。此时，我二营六连已在敌人车队后尾堵住敌人的退路。同时两侧伏击部队，杀声震天，一齐冲杀过来。手榴弹一个接一个投入敌人的车队，轻机枪、步枪和掷弹筒不停地投向敌人。敌人已失去指挥能力和集团抵抗能力，一个个乱躲乱窜，有的钻在车底下，有的趴在公路旁，无组织地各自抵抗。手榴弹投到敌人汽车底下和车厢里边，敌人的汽车开始起火爆炸。敌军官手枪子弹已打完，我战士冲到敌人面前，敌举战刀向我扑过来，我战士眼明手快，先打一枪，再刺一刀，结束了一些敌军官的性命。敌学员举步枪与我格斗，被我捅死不少。当时战斗十分激烈，日军军官受了伤还不肯放下武器，真有那么一股“武士道”精神，至死不投降。带队的服部直臣看到同伴死伤累累，血流遍地，逃生无望，遂带头举刀破腹自杀。其余敌人看到指挥官已自杀，也纷纷举刀自杀。

此次战斗进行了一个多小时，敌人除两个学员钻在公路下的狼窝洞里漏网外，其余180余人，全部被我击毙。此役缴获手枪60余支，步枪60余支，轻机枪3挺，战刀百余把，烧毁汽车13辆。10时，我部队撤离战场。战后谍报报告，被我打死少将军官9人，大、中、少佐军官99人，学员60名，汽车司机15名。

日军“军官战地观战团”被歼灭后，冈村宁次非常震惊、气愤，疑有内奸，严令搜查，派飞机到韩略附近各村滥炸了一通，并调兵包围洗劫各村，敌占区的人民惨遭杀戮。冈村宁次愤怒之下将清水师团长撤职查办，将韩略据点的日军小队长砍了头，伪冀宁道（驻临汾）道尹也被罢了官。冈村宁次亲手策划的“扫荡”计划，不得不提前20余天结束。

歼灭敌“军官战地观战团”的重大胜利，受到党中央和八路军总部的专电表扬，临汾谍报站受到了特别嘉奖。延安《解放日报》于1944年1月3日发表了题为《临屯公路上韩略村伏击战，我毙敌旅团长以下全部“军官观战团”，造成在敌占区伏击战的光辉范例》的专题通讯，报道了我军一二九师三八六旅十六团，于1943年10月24日，在山西洪洞县韩略村，歼灭以服部直臣少将为首的侵华日军“军官战地观战团”180余人的消息。

冈村宁决策划的“铁磙扫荡新战法”，满以为组织得天衣无缝，一定可以达到消灭我军，摧毁太岳根据地，完成“实验”计划的目的。但没料到太岳全区山峦起伏，沟壑纵横，到处有茂密的森林，丛生的荆棘，天然崖底，人凿洞穴。我军民熟悉地形，敌有难以到达之处，我无难以飞越之地，太岳根据地并不是敌人想象的那样：是一块平展的“磨盘”，可以任“铁磙”碾压。其实，就是敌人筑起铜墙铁壁，也休想阻止我们的自由行动，因为，这是我们中国人的神圣国土。